Unzensiert

2011

1. Auflage Januar 2011

Copyright © 2011 bei
Kopp Verlag, Pfeiferstraße 52, D-72108 Rottenburg

Alle Rechte vorbehalten

Lektorat: Dr. Renate Oettinger/Thomas Mehner
Umschlaggestaltung: Angewandte Grafik/Peter Hofstätter
Satz und Layout: Agentur Pegasus, Zella-Mehlis
Druck und Bindung: CPI – Clausen & Bosse, Leck

ISBN: 978-3-942016-56-8

Gerne senden wir Ihnen unser Verlagsverzeichnis
Kopp Verlag
Pfeiferstraße 52
D-72108 Rottenburg
E-Mail: info@kopp-verlag.de
Tel.: (0 74 72) 98 06-0
Fax: (0 74 72) 98 06-11

Unser Buchprogramm finden Sie auch im Internet unter:
www.kopp-verlag.de

Andreas von Rétyi

UNZENSIERT
2011

Was die Massenmedien
Ihnen verschweigen

Ein Jahrbuch

KOPP VERLAG

Inhalt

Vorwort für ein ganzes Jahr

Als mein Verleger Jochen Kopp mir vorschlug, ein »alternatives« Jahrbuch zu verfassen, das eine Auswahl wesentlicher Ereignisse beleuchtet und sie unabhängig vom jeweils herrschenden Tenor der Massenmedien kommentiert, interessierte mich die Idee sofort. Die besonderen Schwierigkeiten dieser Aufgabe lagen dabei allerdings auf der Hand. Allein schon die Themenwahl, die auf breiter Basis erfolgen sollte, schien eine Herausforderung.

Nicht zuletzt durch meine Mitarbeit an der gleichnamigen DVD-Serie *Unzensiert* sowie am Informationsdienst *KOPP online* und an der wöchentlichen Publikation *KOPP Exklusiv* wusste ich auch um die schier unglaubliche Materialfülle – ebenso um das »verschwörerische Potenzial« der Themen. Denn es ist immer wieder erstaunlich, wie wir von offizieller Seite an der Nase herumgeführt werden!

Oft sind es die Details, die im Mainstream stillschweigend untergehen, die Einzelheiten zu politischen Hintergründen, geheimdienstlichen Aktionen oder auch geheimnisvollen Todesfällen. Doch beeinflussen eben genau jene wesentlichen Details das Gesamtbild oftmals so entscheidend. Durch sie können sich die Verhältnisse völlig umkehren, plötzlich sieht alles anders aus. Es sind die entscheidenden Stücke im Puzzle.

Die großen Medien sind weitgehend abhängig von Politik, Industrie, Geheimdiensten und einer diktierten Konvention. Diese Medien müssen mit den Wölfen heulen. Bestimmte Themen dürfen in jener etablierten Landschaft des sogenannten »Qualitätsjournalismus« angeblich im Interesse der »political correctness« nicht aufscheinen, doch sind oft noch ganz andere Interessen im Spiel.

Wer sich einmal ansieht, wie viel Werbung die rege Chemieindustrie in diversen Magazinen schaltet, kann sich vorstellen, dass hier massive Abhängigkeiten geschaffen werden. Die Werbung finanziert die Magazine. Sollten die Chefredakteure dann beispielsweise Bücher über die Unwirksamkeit der Chemotherapie oder umgekehrt: auch Bücher über tatsächlich nachweisbare Erfolge alternativer Therapien in Vorstellungen und Besprechungen aufnehmen lassen, ja, diese Werke vielleicht sogar noch positiv bewerten, dann kann es schnell sehr kritisch werden. Die Werbung fällt weg, das Magazin sitzt auf dem Trockenen. So kann Meinung gesteuert werden, denn Geld regiert bekanntlich die Welt.

In *Unzensiert 2011* soll es nun nicht darum gehen, die etablierten Medien ständig unter Beschuss zu nehmen, sondern weit mehr um eine völlig unabhängige und offene Berichterstattung. Doch ist dieses Buch auch ein durchaus vielfach persönlich gefärbtes Jahrbuch. Hier fließen dementsprechend oftmals persönliche Ansichten ein, und auch die einzelnen Schwerpunkte und die ausgewählten Themen spiegeln – ebenfalls ganz »unzensiert« – immer wieder individuelle Vorzugsaspekte wider. Es wäre ohnehin schlichtweg unmöglich gewesen, auch nur die wichtigsten Ereignisse einzubringen, und so dürfte der Leser das eine oder andere Thema auf den folgenden Seiten vermissen. Hier bleibt nur die Hoffnung auf gegenseitiges Verständnis. Jeder Tag bringt verblüffende, tragische, ungewöhnliche Neuigkeiten. Das Buch hätte 365 Kapitel oder aber zumindest 900 Seiten haben müssen, um all dem einigermaßen gerecht zu werden. Und dennoch – oder auch gerade dann – wäre die Darstellung zu knapp geworden.

Worum es vielmehr ging, war eine teils punktuelle Auswahl bei einem gleichzeitig breiten Spektrum als Reminiszenz an wesentliche Vorfälle, die beispielhaft für das aktuelle Geschehen in unserer Welt stehen sollen, zentriert auf das Jahr 2010. Nur so konnten die angesprochenen Ereignisse und Entwicklungen noch einigermaßen umfangreich dargestellt werden. Dabei habe ich auch einige weniger wichtig erscheinende Aspekte eingebracht oder Themen diskutiert, die in den Massenmedien kaum oder gar keine Beachtung fanden, obwohl ihnen sicherlich ebenfalls ein deutlicher Stellenwert allgemeinen Interesses zukommt. Wobei auch dies letztlich wohl immer im Auge des Betrachters liegt. Etliche Entwicklungen werden uns noch für Jahre beeinflussen.

Einige Themen mussten nach eingehender Prüfung weggelassen werden, da eine Bewertung des Geschehens zum betreffenden Zeitpunkt nicht einmal annähernd möglich war. Im Vordergrund stand eine informative und abwechslungsreiche Auswahl, um möglichst ein echtes »Lesebuch« zu schaffen, wobei die einzelnen Kapitel auch innerhalb der Hauptabschnitte nicht immer der Jahreschronologie folgen können, sofern thematische Zusammenhänge eine andere Abfolge erforderten. Insgesamt steht jedes Kapitel für sich und kann unabhängig von den anderen gelesen werden. Auf diese Weise kann der geneigte Leser jederzeit spontan ein Thema zur Lektüre herausgreifen, ohne dass die Kenntnis der vorherigen Seiten erforderlich wäre.

Etliche Kapitel basieren auf eigenen Recherchen und Beiträgen, wie sie vor allem auf *KOPP online* von mir erschienen sind. Im Buch werden sie dann auf aktueller Basis vertieft und ergänzt. Viele Abschnitte des Buches greifen bei den entsprechenden Schwerpunktthemen auch auf die oft sehr umfangreichen Detailrecherchen meiner geschätzten Kollegen zurück, die als unabhängige Fachleute unter anderem ebenfalls regelmäßig bei KOPP publizieren und mit mir redaktionell zusammenarbeiten. Ohne sie wäre dieses Buch nie entstanden. So geht mein Dank namentlich an F. William Engdahl, Eva Herman, Thomas Mehner, der erfreulicherweise auch wieder die gestalterische Umsetzung besorgte, Michael Grandt, Udo Ulfkotte, Udo Schulze, Gerhard Wisnewski und viele andere. Ebenso an meine Familie und Freunde, die mich bei der Umsetzung unterstützt, Teile des Buches kritisch gelesen und viel Geduld für einen oft nervösen und hektischen Autoren aufgebracht haben, der in den vergangenen Monaten ständig nur noch von *Unzensiert* sprach. Nicht zuletzt möchte ich natürlich auch meinem Verleger Jochen Kopp herzlich für seine stets kreativen Anregungen, seine Geduld und natürlich die gelungene Realisierung des Projektes danken!

So ist es meine Hoffnung, dass alles in allem ein informatives und ungewöhnliches Jahrbuch entstanden ist, ein Buch mit nicht alltäglichen Einsichten und unabhängigen Bewertungen der aktuellen Geschehnisse.

Andreas von Rétyi
Coburg, im Dezember 2010

1.
Geheimpolitik und Geostrategie

Frankreichs Frage:
LSD-Experimente in den USA

Im Februar 2010 ging beim US-amerikanischen *Bureau of Intelligence and Research* – dem Amt für nachrichtendienstliche Information und Forschung – eine delikate Anfrage ein. Das Schreiben kam aus Frankreich. Es war definitiv nicht irgendein x-beliebiger Brief; auch der Absender ließ dies unmittelbar erahnen. Das Schriftstück stammte nämlich von Erard Corbin de Mangoux. Sicherlich ein Name, der nicht alle Tage in den Nachrichten zu vernehmen ist, doch auch das hat seinen Grund. Corbin de Mangoux ist Chef des französischen Auslandsgeheimdienstes DGSE (*Direction Générale de la Sécurité Extérieure*). Und nun wollte er endgültige Klärung über einen Vorfall, der bereits viele Jahrzehnte zurücklag.

In der vertraulichen Anfrage von 2010 ging es um mysteriöse Vorgänge in einem südfranzösischen Dorf namens Pont-Saint-Esprit, *Brücke des heiligen Geistes*. Angesichts dessen, was sich dort im Jahr 1951 ereignete, nimmt dieser Name beinahe schon eine zynische Doppeldeutigkeit an. Der französische Geheimdienstler führte eine neuerliche Untersuchung eines in der Öffentlichkeit fast völlig vergessenen Falles von Massenwahn durch, so geschehen ebenda, in Pont-Saint-Esprit. Rund 500 Bewohner des idyllischen Ortes wurden damals Opfer von Halluzinationen und Wahnvorstellungen.

Was aber hatte die US-Regierung mit alldem zu tun, mit Ereignissen, die in der Nachkriegszeit in einem verlassenen Nest in Südfrankreich stattgefunden hatten? Nun, offenbar doch eine ganze Menge. Wieder aufgekommen war die tragische Geschichte durch ein Buch von H. P. Albarelli jun., veröffentlicht am 24. Januar 2010. Hier beschreibt der investigative Autor, dass jener bis dahin unerklärliche Wahnausbruch unter der Bevölkerung von Pont-Saint-Esprit seine Ursache in einem geheimen Experiment der US-Regierung nahm – Titel des Werkes: *A Terrible Mistake: The Murder of Frank Olson and the CIA's Secret Cold War Experiments* – zu Deutsch: *Ein schrecklicher Fehler: Der Mord an Frank Olson und die CIA-Experimente im Kalten Krieg.*

Abb. 1: Die Brücke von Point-Saint-Esprit. In diesem idyllischen Ort fand 1951 ein grausames CIA-Experiment statt.

Der französische Top-Geheimdienstler wollte nun seinerseits Auskünfte bei der zuständigen Stelle des US-Außenministeriums einholen. Diese Geschichte mündet geradewegs in einen politischen Skandal, der mittelfristig noch nach mehr als einem halben Jahrhundert deutlich belastende Auswirkungen auf das Verhältnis zwischen den USA und Frankreich nach sich ziehen kann.

Der erhobene Vorwurf ist schwer, die Indizien sprechen eine recht klare Sprache, mit ebenso deutlichen Konsequenzen. Ging die amerikanische Regierung damals wirklich so weit, grausame Experimente an ausländischen Bürgern durchzuführen? Fünf Menschen starben im Verlauf der entsetzlichen Vorgänge.

Alles begann sehr plötzlich und wie in einem schlechten Horrorfilm: Am 16. August 1951 wurden die Bewohner von Pont-Saint-Esprit urplötzlich von schrecklichen Halluzinationen ergriffen, in denen furchtbare Bestien sie jagten und Feuer um sie herum loderte. Menschen schrien vor Angst, weil sie glaubten, dass sich ihre Köpfe in geschmolzenes Blei verwandelten oder rote Blumen aus ihren Körpern herauswuchsen. Ein Mann sah, wie sein Herz aus seinen Füßen quoll, wieder ein anderer rief laut: »Ich bin ein Flugzeug« und stürzte sich daraufhin aus dem zweiten Stock. Mit gebrochenen Beinen schleppte er sich noch 50 Meter auf dem Weg entlang weiter und blieb dann liegen. Ein Elfjähriger versuchte, seine Großmutter zu erwürgen, während ein Mann sich ertränken wollte, da er glaubte, sein Bauch würde von Schlangen aufgezehrt. Eine Schreckensszene schloss sich in diesem bizarren Horrorkabinett der anderen an.

Als Auslöser wurde natürlich nicht das US-Militär oder eine CIA-Operation genannt, sondern eine Mutterkorn-Vergiftung. Demnach hätten die Bewohner verschimmeltes Brot verzehrt, das sich bewusstseinsverändernd ausgewirkt habe. Die Rede war dann von *Le Pain Maudit*, dem von einem Fluch heimgesuchten Brot. Noch heute sprechen die Bewohner von Pont-Saint-Esprit davon.

Alternativ zur Brot-Variante kursierte noch die Erklärung, dass hier eine Vergiftung mit organischem Quecksilber im Spiel war. Doch die Geschichte, die Albarelli erzählt, ist eine ganz andere. So erschreckend die Vorfälle auch waren, noch grauenvoller erscheinen sie im Licht der Erkenntnis, dass hier kein unglücklicher Zufall Regie führte, sondern eiskaltes Kalkül eines Geheimdienstes, der wohl den Glauben hegte, jegliche noch so brutale und menschenverachtende Aktion mit vermeintlichen Notwendigkeiten jener Zeit des Kalten Krieges rechtfertigen zu können.

Albarelli war im Gespräch mit zwei Ex-Geheimdienstlern auf die wahre Geschichte gestoßen, da diese sich genau erinnerten, was damals in jenem südfranzösischen Ort geschehen war. Nach dem Korea-Krieg begannen die USA mit einem riesigen Forschungsprogramm, um die geistige Manipulierbarkeit von Gefangenen und feindlichen Truppen zu ergründen. Bekannt und berüchtigt wurde das Projekt unter dem Namen MKULTRA, doch so geläufig dieser Name auch ist, viele Einzelheiten des streng geheimen Programms bleiben bis heute im Dunkeln. Wie oft auch in jüngerer Zeit, führen die Spuren in eine der unheimlichsten Forschungseinrichtungen der Vereinigten Staaten, eine Einrichtung der Superlative, auf deren Gelände sich ein Labor befindet, das bis heute als führend auf dem Gebiet biochemischer Waffen gilt: *Fort Detrick* im US-Bundesstaat Maryland. Dort tätige Wissenschaftler ließen durchblicken, dass Geheimdienstler die Droge LSD in der Luft versprühten und auch Nahrungsmittel damit verseuchten. Doch das Schlüsseldokument auf der Suche nach den wahren Hintergründen des Massenwahns von Pont-Saint-Esprit tauchte schließlich in Gestalt eines Schriftstücks des Weißen Hauses auf. Es wurde Mitgliedern der Rockefeller-Kommission überreicht, die im Jahr 1975 gebildet wurde, um missbräuchliche Aktivitäten der CIA zu untersuchen. Dabei stellte sich heraus, dass die CIA einige französische Staatsangehörige rekrutiert hatte, wobei direkt Bezug auf den »Pont-Saint-Esprit-Zwischenfall« genommen wurde. Bestimmte Teile des LSD-Projekts wurden auch im eigenen Lande ausgeführt, an rund 5700 ahnungslosen Soldaten, die zwischen 1953 und 1965 für die Drogenversuche missbraucht wurden.

Das Interesse der CIA, Menschen mental sehr weitreichend zu manipulieren, zeigt sich bei alledem auf traurigste Weise nur allzu deutlich. Hinsichtlich des Vorfalls in Südfrankreich erklärt Albarelli: Jene Wissenschaftler, die seinerzeit mit den Alternativursachen aufwarteten, hätten für den Pharmakonzern *Sandoz* gearbeitet. Von dort wurden sowohl die *US Army* als auch die CIA mit LSD beliefert. Wie es hieß, für Forschungszwecke. Wie sauber ein kapitales Verbrechen doch klingen kann, selbst wenn es um LSD geht!

Albarelli beruft sich auf Informationen des US-Justizministeriums, das im Übrigen selbst auch so manche Leiche in seinen Kellern beherbergt. Nun, *Sandoz* habe der US-Regierung demnach LSD als Geheimwaffe angepriesen. Im Sinne der chemischen Kriegsführung könne diese Substanz bereits in winzigen Mengen komplette Armeen kampfunfähig machen. LSD ließe sich in der Luft versprühen oder mittels Trinkwasser verbreiten. Zeitweilig kursierte sogar die Idee, eine mittelgroße bis große US-Stadt für ein entsprechendes Experiment zu

»verwenden« und LSD in die allgemeine Wasserversorgung einzuschleusen. Wegen der Todesfälle in Frankreich nahm man dann Abstand davon. Wie human! Doch waren da immerhin noch die erwähnten 5700 Militärangehörigen sowie Patienten von Krankenhäusern und College-Studenten, insgesamt etwa 2500 weitere Personen, an denen die »Studien« mit LSD durchgeführt wurden.

Diese Horrorgeschichte kennt noch viele erschreckende Facetten. Die beiden Ex-CIA-Leute, mit denen Albarelli sprach, waren Kollegen von Dr. Frank Olson, dessen Name auch im Titel des 2010 publizierten Buches erscheint. Dr. Olson war seinerseits leitender Biochemiker in der strikt geheimen *Special Operations Division* (SOD) in *Fort Detrick*, Maryland. Lange Zeit wusste niemand, dass Olson zu einem Doppelleben gezwungen war. Selbst die Familienangehörigen erfuhren erst viel später davon – im Zuge der Untersuchung missbräuchlicher CIA-Aktivitäten aus dem Jahr 1975, die natürlich längst nicht alles ans Licht brachte. Nur zwei Jahre nach dem Vorfall von Pont-Saint-Esprit stürzte Dr. Olson aus dem 13. Stock des New Yorker *Statler Hotel*. Angeblich litt er unter Depressionen und verübte Selbstmord.

Der brillante Forscher war durch seine Arbeit Mitwisser zahlreicher geheimer Projekte geworden. Und aus dem, was schließlich über

Abb. 2: Fort Detrick – *eines der geheimsten Biowaffenlabors der Vereinigten Staaten. Hier arbeitete auch Dr. Frank Olson, der unter mysteriösen Umständen ums Leben kam.*

Umwege bekannt wurde, zeichnet sich das Bild eines Mannes ab, der immer noch Skrupel kannte und daher zum Sicherheitsrisiko geworden war.

Bei einem vertraulichen Gespräch mit dem Psychiater William Sargant, der den britischen Geheimdienst zu Gehirnwäschetechniken beriet, erwähnte Dr. Olson unfassbare Experimente. Er sei selbst Zeuge schrecklicher Vorgänge geworden, so berichtete er. Olson, der auch für das britische Biowaffenlabor in Porton Down gearbeitet hatte, beging bei dieser Unterredung wohl seinen tödlichen Fehler. Denn er äußerte Bedenken zu jenen Experimenten, er zeigte Skrupel, hielt die Versuche für grausam und unmoralisch. Und das war eine Sünde, eine Todsünde sogar.

Die Informationen über die Unzuverlässigkeit Olsons und das durch ihn entstandene Sicherheitsrisiko machten in engen, aber einflussreichen Kreisen die Runde und landeten bei zwei CIA-Schergen. In meinem Buch *Denn sie wussten zu viel – Mysteriöse Todesfälle und ihre wahren Hintergründe* habe ich den Fall Olson ausführlich behandelt, einen Präzedenzfall, der zahlreiche Parallelen zum Biochemiker Dr. Bruce Ivins aufweist, dem vermeintlichen Anthrax-Attentäter aus der Zeit unmittelbar nach dem 11. September 2001. Direkt nach den Anschlägen in New York und Washington wurde die Welt weiter in Atem gehalten durch Briefe, die mit Milzbrandsporen verunreinigt waren. Ausgerechnet Dr. Ivins, der leitende Biochemiker des *United States Army Medical Research Institute of Infectious Diseases* (USAMRIID), wurde zum Verursacher stilisiert, nachdem klar geworden war, dass diese Sporen wegen ihrer Eigenschaften nur einem US-Labor entstammen konnten. Eine verworrene Geschichte, in kurzen Worten kaum zu schildern. Das USAMRIID übrigens ist eine zentrale Einrichtung in *Fort Detrick*! Und jener vermeintliche Anthrax-Attentäter, ein *angeblich* verrückt gewordener Mikrobiologe, beging *angeblich* Selbstmord, nachdem er *angeblich* überführt war – mittels absolut unglaubwürdiger Kronzeugen. Tatsächlich aber wurde er systematisch ruiniert und starb am 29. Juli 2008 unter mysteriösen Umständen, nachdem er einige Informationen über den wahren Anthrax-Attentäter herausgefunden hatte. Auch er musste also sterben, weil er zu viel wusste und zum Sicherheitsrisiko geworden war. Auf diesen Seiten aber würde die Geschichte zu weit führen.

Genauso kann uns der Fall Olson – ganz im Wortsinne ein Fall, nämlich aus der Höhe des 13. Stockwerks – gleichfalls nur als kurzer, kalter Windhauch aus den 1950er-Jahren begegnen, ohne dabei weiter vertieft werden zu können. Wieder einmal zeigt sich an alledem, wie bösartig verflochten das Netz geheimdienstlicher Aktivitäten ist und wie sehr doch Vorgänge aus der »alten Zeit« noch bis in die Gegenwart hineinwirken – eine tödliche Spur durch die geheime Geschichte unserer Welt.

Der Tod des Dr. Olson währte ein wenig mehr als eine eine Woche. Am 19. November 1953 fand eine geheime Unterredung zwischen Wissenschaftlern der damals noch als *Camp Detrick* bezeichneten Einrichtung und CIA-Leuten statt. Auch Dr. Olson sollte dabei sein, er war sogar die Hauptperson. Als Treffpunkt hatte man die *Deep Creek Lodge* im ländlichen Maryland gewählt, ein abgelegenes Anwesen, in dem man ungestört sein würde. Allerdings nicht, um gemütlich beisammenzusitzen. Bei der Zusammenkunft war auch der CIA-Chemiker Sidney Gottlieb anwesend. Er gilt als derjenige, der LSD überhaupt erst bei der CIA eingeführt haben soll. Und er war derjenige, der eine Dosis davon in Olsons unbeaufsichtigtes Cointreau-Glas kippte, als Wahrheitsdroge, um herauszufinden, was Olson wirklich wusste und wie er »tickte«. Hier müssen dann auch die Entscheidungen gefällt worden sein, was mit ihm zu geschehen habe.

In der anschließenden Woche folgten psychologische Untersuchungen, und Olson wurde immer unkoordinierter. Doch sein Verstand funktionierte noch gut. Er fragte seine CIA-Begleiter: »Was steckt dahinter? … Was versuchen Sie mit mir anzustellen? Überprüfen Sie mich aus Sicherheitsgründen? … Lassen Sie mich doch einfach verschwinden!«

Frank Olsons irdisches Dasein endete am frühen Morgen

Funerals

Dr. Frank Olson

Memorial services and re-interment for Dr. Frank R. Olson, who died in 1953, will be held at 10:15 a.m. Friday, Aug. 9, in Mount Olivet Cemetery, Frederick. Those wishing to attend should assemble in front of Key Memorial Chapel.

Memorial services will be held at 11 a.m. Friday, at Frederick Presbyterian Church, West Second Street, Frederick, with the Rev. Ginger Memmott officiating.

Abb. 3: Todesanzeige für Dr. Frank Olson

des 28. November 1953. Mit verrenkten Gliedmaßen lag er röchelnd auf dem kalten Stein vor dem Haupteingang des *Statler Hotel*. Der entsetzte Portier kniete vor dem Unglücklichen, der hier seine letzten verzweifelten Atemzüge tat. Der Sterbende spuckte Blut, keuchte und versuchte noch ein paar letzte Worte an den Portier zu richten. Aber seine Botschaft verebbte in unverständlichen Lauten. Dann verstummte er vollends.

Die Geschichte wiederholt sich: EUROGENDFOR

Staaten sichern sich durch ihr Militär nach Kräften gegen den äußeren Feind ab. Niemand will logischerweise ohne eine funktionierende, eine möglichst perfekt funktionierende Verteidigung dastehen. Kriegerische Handlungen und terroristische Attacken lehren die Welt das Fürchten. Noch beängstigender wird es aber zuweilen, wenn Fakten bekannt werden, die sehr plötzlich gänzlich andere Geschichten über Ursache und Wirkung erzählen. Da stellt sich mit einem Male heraus, dass ein Krieg angezettelt wurde, weil der äußere Feind einfach hochstilisiert wurde – als Notwendigkeit, um der herrschenden Regierung bei schwacher Innenpolitik den Rücken zu stärken und in der Bevölkerung wieder Geschlossenheit zu erreichen – für die Nation gegen die Gefahr von außen. Wahrhaft nicht nur einmal kamen derartige Fakten heraus. Denn die Geschichte wiederholt sich bekanntlich. Erschreckend wird das auch dort, wo Instanzen und Organisationen angeblich dem Schutz der Bevölkerung dienen, tatsächlich aber vor allem dazu eingerichtet wurden, um den Staat vor der eigenen Bevölkerung zu schützen – und dies mit teils massiven Mitteln.

Begeben wir uns hierzu noch einmal kurz in die Vereinigten Staaten. Dort finden wir die 1979 gegründete *Federal Emergency Management Agency*, kurz FEMA, eine US-Behörde, deren Name schon andeutet: Es geht hier um Katastrophenschutz und damit um eine Einrichtung, die unabdingbar zu sein scheint. Laut einer Ausnahmebestimmung (Executive Order 12148), die vom seinerzeitigen US-Präsidenten Jimmy Carter ins Leben gerufen wurde, hat der Präsident die uneingeschränkte Entscheidungsgewalt bei sämtlichen denkbaren Notfallsituationen. Als wirkungsvoller Apparat soll hier die FEMA jederzeit einsatzbereit sein. Bei Vulkanausbrüchen, Erdbeben, Überschwemmungen, Sturmkatastrophen, Waldbränden und anderen Naturkatastrophen soll die FEMA mit ihren Sonderkommandos bereitstehen und helfen. Auch nach Terrorattacken oder inneren Krisen muss diese Behörde eingreifen und möglichst schnell für Ordnung sorgen. Daran wirkt zunächst auch nichts falsch. All diese Funktionen scheinen den Interessen der Bürger ebenso zu dienen wie denjenigen des Staates. Doch die FEMA übernahm mit der Zeit weitere Behörden, die ebenfalls dem Katastrophenschutz gedient hatten, und entwickelte sich zu einem undurchschaubaren Apparat. Allmählich wendete sich das Blatt, und der Katastrophenschutz ließ erahnen, im Notfall nicht *für*, sondern *gegen* die Bevölkerung eingesetzt zu werden. Die FEMA wurde zum Untergrund-Schutzkommando, das vor allem die Regierung vor Übergriffen aus den Reihen der Bürger bewahren sollte. In *Fort George Meade*, Maryland, dort also, wo auch der technische Geheimdienst *National Security Agency* (NSA) beheimatet ist, legte die FEMA entsprechende Datensammlungen an, weniger über sich möglicherweise anbahnende Naturkatastrophen als vielmehr über bevorstehende Unruhen in der Bevölkerung. Zudem verwalten FEMA und Pentagon gemeinsam etliche Dutzend Untergrundanlagen. Allerdings nicht zum Schutze der Bevölkerung, sondern um ein Fortbestehen der Regierung auch im Falle eines atomaren Angriffs auf die Vereinigten Staaten zu gewährleisten. Dies gemäß dem Programm COG, *Continuity of Government*.

Die FEMA wurde 2003 in das Ministerium für Heimatsicherheit einverleibt, das bekanntlich ein Jahr nach den Attacken des 11. September 2001 gegründet worden war. Schon im September 2003 kritisierte auch der FEMA-Chef selbst, Michael D. Brown, die Umstrukturierung der Behörde, die fast ausschließlich negative Folgen mit sich bringen würde, so auch ihre Ablösung von den Kernaufgaben und eine zerstörte Moral. Das war überraschend offen gesagt. Zudem befürchtete Brown auch Ineffizienz bei Naturkatastrophen und Terrorereignissen. Ob sich hinter den Äußerungen eine Doppelmoral verbarg, lässt sich nicht sagen. Doch klar ist, dass die FEMA im Jahr 1989 beim Hurrikan *Hugo* oder dann 1992 beim Hurrikan *Andrew* ebenso ineffizient war wie beim Hurrikan *Katrina* im Jahr 2005.

Die Geschichte der FEMA scheint eine Chronik der Misserfolge zu sein, wenn es darum geht, die Bürger zu schützen. So wurde die Behörde auch nach großen Waldbränden, Schneestürmen und anderen Katastrophen immer wieder aufs Schärfste kritisiert, vor allem natürlich von Betroffenen. Ohne dies nun weiter auszuführen, zeigt sich doch in aller Klarheit, dass die FEMA trotz ihres einflussreichen und mächtigen Apparates kaum bemüht ist, für die Bürger da zu sein; sie schont und spart sich ihre Kräfte lieber für andere Aufgaben. Für Krisenzeiten nämlich, in denen die eigene Bevölkerung aufmüpfig werden und Regierungsorganen auf den Leib rücken könnte. Diese Zeiten haben offenbar schon begonnen, jedenfalls legt dies die Wirtschaftskrise nahe.

Auch in Europa existieren weitgehend unbekannte Einrichtungen, die grundsätzlich den gleichen Zwecken dienen. Hätte man in den 1980er-Jahren von einer Geheimtruppe gesprochen, die europaweit unter Codenamen stationiert ist, um auf Abruf zuschlagen zu können, so wäre schnell von abstrusen Verschwörungstheorien die Rede gewesen, wie schon so oft zuvor. Erst als der italienische Premierminister

Abb. 4: Der US-Katastrophenschutz FEMA kann bei Bedarf auch gegen die eigene Bevölkerung eingesetzt werden.

Andreotti im August 1990 deren Existenz öffentlich eingestand, sah das alles anders aus. Realistischer nämlich, viel realistischer sogar. Tatsächlich waren diese sogenannten Stay-Behind-Armeen als Gemeinschaftsprojekt von NATO und CIA unterstützt worden, um das Auflodern kommunistischer Aktivitäten rechtzeitig zu verhindern. Allerdings konnten sich die seit Jahrzehnten existierenden Geheimarmeen jederzeit auch gegen andere Bedrohungen erheben, beispielsweise gegen revoltierende Bürger.

Niemand wusste von diesen Untergrundtruppen. Und heute weiß kaum jemand von einer aktuellen paramilitärischen Gruppe, die wiederum als kräftige Schlagwaffe gegen die europäische Bevölkerung einsetzbar ist: EUROGENDFOR. Hinter diesem leicht seltsamen Kürzel verbirgt sich die *European Gendarmerie Force* oder zu Deutsch: Europäische Gendarmerietruppe. Auch sie soll bei Krisen zum Einsatz kommen, in Form einer paramilitärischen Organisation und geheimdienstlichen Polizeitruppe. Als vollwertig einsetzbares Kommando wurde sie am 23. Januar 2006 begründet und hat ihren Sitz im norditalienischen Vicenza.

Offiziell ist die Rede von rund 800 Mann und 2300 Reservisten, die aus verschiedenen europäischen Nationen stammen. Im Jahr 2010 befindet sich Deutschland nicht darunter. Die Umsetzung vom Plan zur Realität währte keine drei Jahre. Seinen Ursprung nahm das Projekt EUROGENDFOR in einem Vorschlag, den die französische Verteidigungsministerin Michèle Alliot-Marie im Herbst 2003 unterbreitet hatte. Schon Mitte 2005 fand eine erste Einsatzübung in Frankreich statt. Nach der offiziellen Gründung traten der geheimen Struktur dann im Vertrag von Velsen fünf Staaten bei – die wesentlichen Vertreter: Frankreich, Italien, Niederlande, Portugal und Spanien. Bald kam Rumänien hinzu. Dass Frankreich den Startimpuls zu dieser Truppe gab, begründet sich durch die zahlreichen Unruhen, die in den vergangenen Jahren auftraten und zu vehementen Straßenschlachten führten. EUROGENDFOR kann sowohl der EU als auch UNO und NATO unterstellt werden.

NATO-Chefs sind in den Reihen der hochelitären Bilderberg-Gruppe stark repräsentiert, jener Gruppe also, die sich jährlich unter striktester Geheimhaltung trifft und unter Ausschluss der Öffentlichkeit politische Weichenstellungen für die Welt vornimmt. Bilderberg besitzt ein deutliches Interesse an der Stärkung von EU und UNO zur Umsetzung einer aggressiven Globalisierung, die notfalls mit Gewalt durchgesetzt werden soll. Natürlich ist auch eine möglichst weitreichende Kontrolle auf allen Sektoren ein wichtiger Aspekt, der allerdings gegenwärtig – wie könnte es anders sein – als blanker Verschwörungswahn gehandelt wird. Die Zukunft wird es zeigen – wobei die Vergangenheit eigentlich bereits so manches gezeigt hat.

Im März 2010 berichtete der vor allem wegen seiner Kritik an der Zuwanderungspolitik heftig umstrittene Journalist und Politikwissenschaftler Udo Ulfkotte auf den Nachrichtenseiten von *KOPP online* über jene weithin unbekannte Truppe und deren geheimen Vorbereitungen für einen Spezialeinsatz in Griechenland. Hier schreibt er: »EUROGENDFOR ist nichts anderes als eine paramilitärische Gendarmerie, die im Krisenfalle anstelle von regulären Militärs eingesetzt wird, um den Eindruck abzuwenden, die Armee eines Landes schieße auf die eigenen Bürger. Dafür gibt es nun die Geheimtruppe EUROGENDFOR.« Überall dort, wo ein EU-Land sich nicht den geltenden Richtlinien der Union beugen will, greift die Truppe durch. Aber auch gegen eine immer unruhiger werdende Bevölkerung, die nichts von den geheimen Verbänden weiß.

Gerade die Wirtschaftskrise und die aus ihr resultierenden zunehmenden Unruhen vor allem in den stärker betroffenen Ländern bieten ein weites Feld für EUROGENDFOR, um für den absoluten Ernstfall zu proben. Und besonders die Situation in Griechenland hat die geheimen militärischen Verbände in Norditalien in Alarmbereitschaft versetzt. In den Ballungsgebieten kocht und brodelt es bereits, und das Gemisch, das sich dort zusammenbraut, wird fortwährend entzündlicher. Feurig auch die Symbolik des EGF-Wappens: Auf einem wehrhaften Kreuzschwert thront eine lodernde Granate, umrankt vom Lorbeerkranz als Zeichen von Sieg und Ruhm. Dieses aussagekräftige Arrangement schwebt mitten im Sternenkreis der Europäischen Union, um darunter von den hehren lateinischen Worten LEX PACIFERAT begleitet zu werden – *Das Recht bringt den Frieden*. Der Schriftzug fügt sich harmonisch in die Rundung des Wappens.

Hier schwingt zu einem gut Teil wieder die Logik der Machteliten mit, die auch die Globalisierung als einen weltweiten Friedensprozess und einzige Zukunftsalternative betrachten. Durchgesetzt wird das

Recht jedenfalls nach wie vor mit Gewalt, die sich in diesem Falle durch den Schriftzug am oberen Rand des einigermaßen imposanten Wappens identifiziert als: EUROGENDFOR.

Zur Koordination von EUROGENDFOR-Einsätzen und deren Strategien beraten sich die Verteidigungs- und Sicherheitsminister der einzelnen Mitgliedsstaaten. Dies geschieht dann im Rahmen einer Art von EU-Kriegsrat. Wenn es um die Wahrung der Rechte auf verschiedenen Ebenen geht, stehen wir hier vor einem ähnlichen Dilemma wie beispielsweise auch bei der FEMA. Natürlich ist sie nicht direkt mit EUROGENDFOR vergleichbar, doch die Aktivierung der weitgehend geheimen Strukturen kann auf die Bürger abzielen, und das ist die entscheidende Übereinstimmung.

Abb. 5: Gegen »renitente Bürger« soll immer vehementer vorgegangen werden. Mit EUROGENDFOR formiert sich eine schlagkräftige europäische Truppe.

Im Gründungsvertrag der EGF werden die Einsatzaufgaben als »Schutz der Bevölkerung und des Eigentums und Aufrechterhaltung der öffentlichen Ordnung beim Auftreten öffentlicher Unruhen« definiert. Dagegen wäre prinzipiell nichts einzuwenden, wenn sich die Theorie nicht gerne – und entsprechend häufig – in das praktische Gegenteil umwandelte. Truppen, die in bestimmten Ländern zum Einsatz gebracht werden, müssen sich an das geltende Recht des betreffenden Staates halten, doch die Umstände können sehr schnell andere Vorgehensweisen bedingen. So gelten sämtliche Gebäude, die von EGF-Truppen besetzt werden, als immun. Gleiches trifft auf Gelände zu, das von EGF beansprucht wird. Auch staatliche Behörden können dagegen nichts ausrichten, das heißt: Die EU wirkt durch ihre geheimen Polizeitrupps als übergeordnete Instanz, sie hebelt nationales Recht aus und macht ihr Recht geltend – denn wir haben ja gelernt: *Pax Paciferat!*

Auch hierzulande brodelt es zunehmend, gegen Ende 2010 brandeten die nächsten Wogen der längst nicht überwundenen Wirtschaftskrise an die deutschen Gestade. Auch hier wird man sich wappnen.

Sicherheit ist wahrlich eine Illusion.

Öl ins Feuer, Öl ins Wasser – *Deepwater Horizon* und seine Hintergründe

20. April 2010: Im Golf von Mexiko, unweit der Küste von Louisiana und rund 400 Kilometer von Houston, Texas, entfernt, bricht am späten Abend ein Inferno aus. Gegen 21.45 Uhr Ortszeit erschüttert eine gigantische Explosion die Gewässer. Im Macondo-Ölfeld detoniert die für extreme Tiefbohrungen ausgerüstete Plattform *Deepwater Horizon* und geht in einem infernalischen Feuerball auf. Elf Menschen sterben bei dem Unglück, das sich zur größten Ölkatastrophe der Vereinigten Staaten entwickeln soll. Später wird bekannt, dass hier insgesamt wohl eine Viertelmilliarde Liter Öl ins Meer flossen, bis das unterseeische Leck erst Monate nach der Explosion verschlossen werden konnte.

Bald tauchten allerdings Fragen auf, was dort draußen wirklich geschehen war. Wie so oft bei großen Unglücksfällen und einschneidenden Weltereignissen schienen auch hier so einige Hintergründe nicht recht ans Licht kommen zu wollen. Es gab unerklärliche Details, vielfältige Ungereimtheiten und – wieder einmal – massive Vertuschungsversuche. Höchst verdächtig war allein schon die Tatsache, dass allen Journalisten strengstens und unter Androhung empfindlicher Strafen untersagt war, in den Golf hinauszufahren und sich dort ein Bild von der Situation zu verschaffen, um anschließend auch wahrheitsgemäß berichten zu können! Von Einzelheiten daher keine Spur, lediglich ein vages Gesamtbild blieb haften. Die Welt wusste nur: Hier war eine gewaltige Katastrophe geschehen.

Das unvergleichliche Desaster im Golf von Mexiko hat die Öffentlichkeit weltweit aufgerüttelt, die »Menschen auf der Straße« wohl deutlich mehr als manch einen der eigentlich (Un-)Verantwortlichen. Doch wie es zu dem Unglück gekommen war, diese Frage gestaltete sich zunehmend komplexer und verwirrender. Nur einige grundsätzliche Dinge sind klar. Darunter auch die Zurückhaltung von Informationen.

Klar dürfte zudem sein: Die Unersättlichkeit des Menschen wird ihn in den Untergang treiben. Kritische Beobachter vergleichen die verheerende Katastrophe im Golf von Mexiko mit der platzenden Finanzblase, und sie haben gewiss recht, denn die Auslösefaktoren sind

Abb. 6: Am 20. April explodierte die riesige Bohrplattform Deepwater Horizon *im Golf von Mexico. Ein Fall von Vertuschung, Korruption und Verschleppung?*

typisch für den »Zeitgeist«, der die Welt als übler Dämon heimgesucht hat. Skrupellosigkeit, Geldgier und Machtstreben auf höchster Ebene sind ein globales Phänomen. Diese unheilige Dreifaltigkeit hat unsere Gesellschaften schon mehrmals nicht nur an den Rand des Abgrundes geführt, sondern wahrlich auch darüber hinaus. Jeweils mit entsprechendem Ergebnis!

Was im Golf von Mexiko geschah, wäre vermeidbar gewesen – natürlich, im Nachhinein sind alle klüger, aber angesichts einer derartigen Katastrophe und ihrer Genese kann dieser Vorwurf beinahe nicht oft genug wiederholt werden.

Korruption und mehrfach missachtete Regeln haben das durchaus Vermeidliche unvermeidlich werden lassen. Die Macht der riesigen Konzerne aber setzt sich generell leichtfertig über Standards hinweg, gleich welcher Art. Diese Giganten missachten Gesetze und stehen über den Regierungen, die finanziell von ihnen abhängig sind.

Betreiber von *Deepwater Horizon* war das Unternehmen *Transocean*, das bei BP, dereinst *British Petroleum*, unter Vertrag steht. BP aber unterstützte seinerzeit Obamas Wahlkampf mit tüchtigen Finanzspritzen. Und Obama siegte. Mit seinem politischen Gewinn konnte auch BP den neuen Präsidenten für sich gewinnen. So entstehen Freundschaften – und Abhängigkeiten. Daher spricht man in derlei Fällen für gewöhnlich auch von *Bestechung*. Ist es nicht eine altbekannte Tatsache: Geld beherrscht die Welt?!

Auf *Deepwater Horizon* spielten nicht zuletzt völlig vernachlässigte Sicherheitsstandards, Bohrrekorde – und natürlich viel Geld eine bedeutsame Rolle. Dafür riskiert man dann doch so einiges. Menschenleben beispielsweise. Natürlich auch die ohnehin stark geschundene Natur, in der allerdings nicht nur Menschen leben.

Die Risiken waren buchstäblich tief reichend, glichen einer unternehmerischen Gratwanderung im Interesse des Mammons. Kritiker sagen: Vor allem technologisch ging es an und über die Grenzen.

Gebohrt wurde in enormer Tiefe, bei extremen Drücken und Temperaturen. Das eisige Wasser, das kochende Öl, ein Spiel mit einer anscheinend nicht mehr kontrollierbaren Gewalt, die sich am 20. April 2010 entlud. Bereits zwei Tage später versank dann überraschenderweise die gesamte Bohrplattform im Ozean.

Sämtliche Unwägbarkeiten und Risiken solcher Extremprojekte

werden von den Ölkonzernen systematisch und radikal heruntergespielt, verräterische Dokumente verschwinden, Informationen werden
vernebelt und die Politik weiterhin und wiederholt großzügig besto-
chen. Und: Es könnte noch um einiges mehr gegangen sein. Die
Technik allein, sie war wohl doch nicht die Hauptschuldige. Doch all
diejenigen, die das wissen, sind bereits recht gut miteinander vertraut
und behalten ihr Wissen auch gerne unter ihresgleichen.

Der *US Minerals Management Service* (MMS), der für sämtliche
Bohrlizenzen in den Staaten zuständig ist, wird von einigen Umwelt-
schützern als korrupteste Behörde überhaupt klassifiziert. Kein Wunder, denn im Grunde gehören Mitarbeiter dieser Behörde und Vertreter der Ölfirmen alle zu einer großen Familie. Man kennt sich schon
lange, hat zusammengearbeitet und fährt gemeinsam in den Urlaub.
Da kann man dann schon auch mal was füreinander tun. Eine ölige
Hand wäscht eben die andere, das aber vor allem in den obersten
Etagen.

Dann ist es aber auch kein Wunder mehr, wenn Sicherheitsüber-
prüfungen als Farce ausfallen, wenn technische Unzulänglichkeiten
und Mängel immer wieder übersehen werden, wenn am Wesentlichen
gespart wird, nämlich an der Sicherheit, und wenn auf die Ingenieure,
die an Ort und Stelle wirklich Leib und Leben riskieren, auch noch
höllischer Druck ausgeübt wird. Denn jenes unbedingte Fördersoll
musste einfach um jeden Preis erreicht werden.

Nach der Katastrophe ist ohnehin niemand so richtig schuld.
Menschliches Versagen, ja. Aber die Verursacher lassen sich nicht zur
Rechenschaft ziehen, sie lassen sich nicht mehr verhören und verurteilen. Denn sie sind tot, gestorben in der Katastrophe. Verdampft. Tote
wurden bei *Deepwater Horizon* nie gefunden.

Auf einer Anhörung am 11. Mai 2010 wollte kein Repräsentant der
drei hauptsächlich beteiligten Unternehmen *BP America*, *Transocean*
und *Halliburton* (!) die Schuld auf die eigene Kappe nehmen, also
reichte jeder sie an die anderen weiter.

Schon wenige Tage nach der Explosion wurde klar, dass nichts klar
war. Und das wiederum war angesichts der üblichen Informations-
politik völlig klar. So weist der Wirtschaftsexperte sowie Spezialist in
Fragen der Geostrategie und Ölpolitik F. William Engdahl auf die
erstaunliche Doppelzüngigkeit von BP hin und zitiert Lamar McKay,

den Chef von *BP Amerika*, der den Ausfall eines »einzigen Bauteils« für die Katastrophe verantwortlich macht. Gemeint ist mit diesem Bauteil ein Überdruckventil, bekannt als Blow-Out-Preventer (BOP). Diese Komponente soll ein unkontrolliertes Herausschießen des Öls verhindern. Der Preventer hätte bei der Explosion automatisch aktiviert werden müssen, versagte aber zum großen Teil.

Am 4. September 2010 wurde das 300 Tonnen schwere und fünf Stockwerke hohe Instrument in einer fast 30-stündigen Aktion aus dem Wasser geborgen und anschließend im abgeschlossenen Spezialcontainer an Bord des Schiffes *Helix Q4000* nach Louisiana gebracht, um dort in einer NASA-Einrichtung untersucht zu werden. Bei der Bergung ebenfalls anwesend: die US-Bundespolizei FBI.

Während also Lamar McKay das BOP-System der Bohrplattform punktgenau und präzise als das »einzige« schuldige Teil identifizierte, wollte sich der Unternehmenssprecher Bill Salvin nicht so schnell festlegen und sprach von einer ungeklärten Ursache. »Wir schließen nichts aus«, fügte er hinzu.

Schon damals fragte William Engdahl: »Könnte es sein, dass es bei der schlimmsten Ölpest der Geschichte einen politisch brisanten Hintergrund gibt?«

Diesen Verdacht begründete der Autor mit dem Hinweis auf die jahrelangen Auseinandersetzungen zwischen BP und den amerikanischen Aufsichtsbehörden. Der zentrale Streitpunkt: Sicherheitsbestimmungen. Wie viele Stufen der Absicherung sind unabdingbar, um folgenschwere Unglücksfälle bei Tiefbohrungen zu verhindern?

Im Jahr 2009 wandte sich BP an das US-Innenministerium und erhob Einwände gegen neue Bestimmungen, die eine Nachbesserung der entsprechenden Sicherheitsstandards forderten. BP zeigte sich überzeugt, auf diesem Sektor genügend zu tun, und forderte die Regierung letztlich indirekt auf, dem Konzern einfach ihr Vertrauen zu schenken. Nachdem man ohnehin einen guten Draht zu Obama »entwickelt« hatte, schien dies nicht weiter problematisch.

Und nachdem es zur Katastrophe gekommen war, drangen mit Blick auf die Sicherheitsfrage allmählich weitere Fakten ans Licht, die bald durchscheinen ließen, dass keineswegs nur ein einziges defektes Teil für die Explosion verantwortlich gewesen war. Nein, es war nicht allein das klitzekleine Ventil mit seinen kaum bemerkenswerten

300 Tonnen Masse! Ganz offenbar hatte es zudem auch Schwierigkeiten bei Unterwasserarbeiten gegeben, beim Zementieren des Bohrlochs und beim Einbetonieren von Rohren.

Hier kommt nun ein Unternehmen ins Spiel, dessen Name wahrlich aufhorchen lässt. Der Name klang bereits kurz an: die *Halliburton Corporation,*

Gegründet 1919 von dem amerikanischen Geschäftsmann Erle P. Halliburton, ging es mit dem Unternehmen schnell aufwärts, vor allem mit einem sehr willkommenen Patent, Gas- und Ölquellen mit Zement unter Kontrolle zu bringen. Ab den 1930er-Jahren zementierte sich *Halliburton* quer durch die Vereinigten Staaten. Dann ging es auch hinaus vor die Küste Louisianas. Der Konzern gründete zudem weltweit zahlreiche Repräsentanzen und Subunternehmen, auch im europäischen Ausland und in Deutschland, baute eigene Forschungszentren auf und erwarb Spezialfirmen.

Anfang der 1990er-Jahre zahlte der damalige Verteidigungsminister Dick Cheney einem *Halliburton*-Subunternehmen mehr als 8,5 Millionen US-Dollar für eine militärische Studie. Bald darauf wurde Cheney selbst Vorsitzender und Generaldirektor von *Halliburton.* Zunehmend verstrickte sich der Konzern in geschäftliche Aktivitäten, die gegen US-Handelsgesetze verstießen, immer wieder waren auch Geschäfte mit feindlichen Nationen mit im Spiel. Dabei waren Unternehmensstrukturen wieder in sehr typischer Weise auch mit federführenden Kräften der US-Politik verknüpft – ein feinmaschiges, kaum durchschaubares Netz zwischen alten Bekannten. So übernahm *Halliburton* im Jahr 1998 die Firma *Dresser Industries,* als deren einstiger Direktor ein Mann namens Prescott Bush anzutreffen war – keine zufällige Namensübereinstimmung mit den beiden späteren Regierungschefs der Vereinigten Staaten! Der ehemalige CIA-Chef und US-Präsident George H. W. Bush war dessen Sohn und arbeitete selbst einige Jahre für *Dresser Industries,* bevor er seine eigene Ölgesellschaft gründete, die er seltsamerweise nach einem mexikanischen Revoluzzer benannte: die *Zapata Corporation.* Wir wissen: Nach George Bush senior kam George Bush junior, dann Barack Obama, und mit ihm nichts Neues.

Die *Halliburton Corporation* trat ihrerseits auch im neuen Jahrtausend wiederholt bei Geheimprojekten für die Regierung und ihre zahlreichen undurchsichtigen Aktivitäten auf. Sie gilt heute nicht nur als der größte Öldienstleister, sondern auch als eines der korruptesten Unternehmen unseres Planeten. Das wäre doch einen Eintrag ins Guinness-Buch der Rekorde wert!

Sehr seltsam auch der Umstand, dass *Halliburton* ganz offenbar recht schlampig mit Geld umgeht. Wohlgemerkt schlampig, nicht großzügig, das wird gelegentlich nämlich verwechselt, manchmal zufälligerweise auch rein absichtlich! Der Konzern jedenfalls hatte im Jahr 2003 mehrere Milliarden Dollar für den Wiederaufbau des Irak erhalten, diese gewiss nicht ganz unerhebliche Summe dann allerdings irgendwie und irgendwo »verloren«. So etwas soll ja ab und an vorkommen. Fragt sich nur, wer wohl der glückliche Finder war!

Abb. 7: Der Halliburton-Konzern – verantwortlich für die Katastrophe?

Schlamperei bei *Halliburton* ist auch das Stichwort, das uns wieder zur *Deepwater Horizon* zurückführt. Gefährliche Schlamperei. Nur wäre da zusätzlich noch die Frage der absichtlichen Schlamperei zu klären.

Bei alledem ging es um die Einbringung von Zementverschlüssen in den schier unendlich wirkenden Bohrkanal, der in jene viele Kilometer tief liegende Erdöllagerstätte führte. Nur schien hierbei gleich sogar einiges schiefgegangen zu sein. Die Zementmischung stimmte wohl nicht, auch wurde das gesamte Prozedere nicht in der üblichen Weise durchgeführt. So fehlte der schwere Bohrschlamm im Kanal, der mit dazu beitragen sollte, gegen einen Blowout zu wirken. Angeblich sei es ein BP-Manager gewesen, der nachdrücklich gegen den Schlamm optierte.

Ein Zusammenhang zwischen der Katastrophe und der Arbeit von *Halliburton* entsteht allein schon durch die Tatsache, dass die Einbringung der Zementverschlüsse gerade eben mal 20 Stunden vor der Explosion beendet worden war! Daher verlangten US-Abgeordnete bald auch völlige Aufklärung durch *Halliburton*. Bis zum 7. Mai 2010 sollte der Konzern alle Dokumente, die zur Klärung der Frage beitragen könnten, auf den Tisch legen. *Halliburton* zeigte sich daraufhin allerdings eher entrüstet und sprach selbstsicher davon, es sei »verfrüht und unverantwortlich, über spezifische Ursachen zu spekulieren«. Unverantwortlich? Was war denn wirklich unverantwortlich? Eine Katastrophe auszulösen und dazu zu schweigen, alles zu vertuschen, das war unverantwortlich!

Natürlich gingen nach der Explosion zahlreiche Sammelklagen gegen *Transocean*, BP und *Halliburton* ein, wobei schließlich BP die »volle Verantwortung« übernahm. Die Betroffenen sollten nach Auskunft des Unternehmens angemessen entschädigt werden.

Auf der *Deepwater Horizon* arbeiteten 146 Fachleute. Glücklicherweise konnten die meisten von ihnen gerettet werden. Die Überlebenden berichteten später von den dramatischen Augenblicken der Detonation und erinnerten sich auch an aufschlussreiche Vorfälle im direkten Umfeld des Geschehens. Einige der Männer waren daran gehindert worden, Telefonate zu führen, andere brüllten aufgebracht in den Hörer, weil sie wussten, dass hier vieles nicht stimmte.

Aufregung und heftigste Emotionen erscheinen im unfassbaren Chaos jener Augenblicke völlig nachvollziehbar, doch die Sachlage war eine andere. Jene Gespräche gaben Aufschluss über das Vorausgegangene, hier wurden klare Worte gesprochen. Und daraus folgte, dass einige Mitarbeiter bereits vor einer solchen Katastrophe gewarnt hatten. Sie kam also nicht plötzlich und unerwartet. Am 7. Juni 2010 berichtete das unabhängige US-Magazin *Mother Jones* vom Kapitän eines Rettungsschiffes, der ein solch aufschlussreiches Gespräch mitverfolgen konnte. Er wurde mit noch einigen anderen Anwesenden unmittelbar Zeuge, wie ein Repräsentant von *Transocean* direkt neben ihm ins Telefon schrie: »Sind Sie nun verdammt zufrieden? Die Plattform brennt! Ich habe Ihnen gesagt, dass genau dies passieren würde!« Offenbare Beschwichtigungsversuche am anderen Ende der Leitung wollten kaum fruchten. Dieses »andere Ende der Leitung« lag übrigens in Houston, Texas. Houston ist heute zusammen mit Dubai die Zentrale von *Halliburton*.

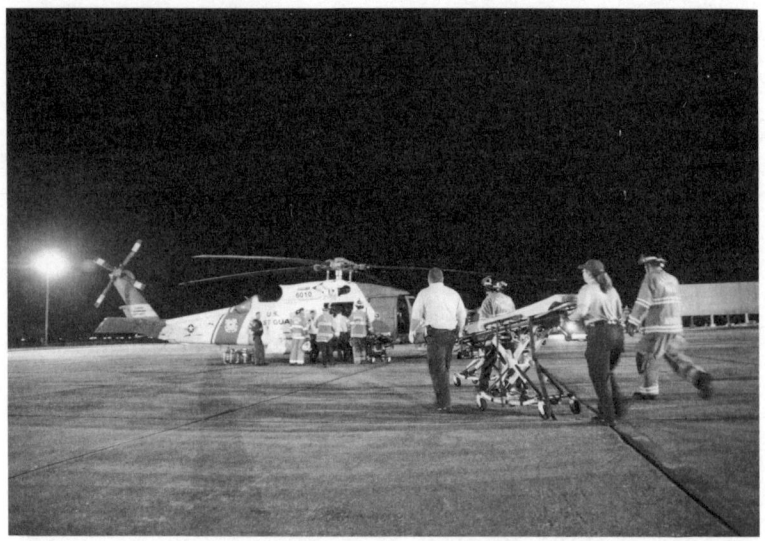

Abb. 8: Die US-Küstenwache auf Rettungseinsatz zur Deepwater Horizon

Mehr und mehr sollte sich herauskristallisieren, dass die Katastrophe voraussehbar war und auch vorausgesehen wurde. Sie bahnte sich mit dem Wissen der Verantwortlichen an und nahm ihren Lauf, ohne jedes Einschreiten derer, die hätten etwas unternehmen können. Der Ex-Chef-Elektroniker der *Deepwater Horizon*, Michael Williams, erklärte am 16. Mai 2010 vor laufenden Kameras – im Rahmen der populären US-Sendung *60 Minutes* –, deutliche Vorzeichen habe es bereits einen Monat vor dem Unglück gegeben. Im März 2010 nämlich seien einige Teile einer funktionsrelevanten, unbedingt erforderlichen Dichtung durch die Bohrleitung nach oben gestrudelt.

Nun ist ja logisch, dass die Druckmessungen dadurch eine Obergrenze zeigten, die nicht mit den tatsächlichen Werten übereinstimmte. Ab einem bestimmten Druck steht das Dichtventil ungewollt offen. Williams aber wurde damals von seinen Vorgesetzten beschwichtigt. Auf der Bohrinsel sei man sich auch wegen der Zementblöcke in die Haare geraten. Das bestätigt nicht zuletzt Chef-Untersucher Professor Robert Bea von der *University of California*. Hier seien ein *Transocean*-Manager und ein Kollege von BP am Morgen der Katastrophe ganz heftig aneinandergeraten. Es war genau jener BP-Manager, der die Auffüllung der Leitung mit Bohrschlamm abgelehnt hatte. Exakt um diesen Punkt ging es in der Auseinandersetzung. Laut Robert Bea entschied dieser Aspekt über Wohl und Wehe der Bohrinsel. Für ihn »sah es nicht danach aus«, dass es bei einer Auffüllung der Bohrleitung noch zu einer Explosion gekommen wäre.

Für Fachleute muss es bereits seit längerer Zeit klar gewesen sein: Die Bohrinsel ist ein Pulverfass! *Halliburton* kaufte interessanterweise am 12. April 2010 und somit nur eine Woche vor der Havarie das Unternehmen *Boots & Coots International Well Control*. Diese Firma gilt als führend bei notwendigen Eingriffen zur akuten Sicherung von Ölquellen und wurde 1978 von zwei Mitarbeitern des legendären Paul N. »Red« Adair gegründet, des Top-Manns bei der Bekämpfung von Ölbränden.

Halliburton zahlte zwar beim Kauf drauf, doch angesichts der drohenden Katastrophe war die Übernahme von *Boots & Coots* sicherlich ein geschickter Schachzug. Ein ganz bestimmter Auftrag für die Firma schien gewiss, zudem würde Insiderwissen dann auch mit höherer Wahrscheinlichkeit in der Familie bleiben. Nur gut bei einer Vertuschung.

Das Vorauswissen in Bezug auf die Explosion scheint noch weiter zurückzureichen. Nicht nur Wochen, sogar Monate zuvor müssen einige Kreise bereits über ungewöhnliche Vorfälle informiert gewesen sein. Ähnlich wie im Falle der eigenartigen Börsentransaktionen im Vorfeld des 11. September 2001 fanden auch vor dem Öldesaster größere Aktienverkäufe statt, was man natürlich wiederum einem Zufall zuschreiben kann, aber vielleicht nicht unbedingt sollte. Bekanntlich wird der Zufall ja arg strapaziert, wenn es darum geht, vermeintliche Verschwörungstheorien auszuräumen. Was wirklich geschah, das dürfte bei *Deepwater Horizon* wohl noch nicht so schnell herauskommen, aber das, was an Auffälligkeiten bekannt ist, muss doch erwähnt werden dürfen. Und dazu zählen eben auch jene Aktien-verkäufe. Immerhin waren es Ermittler des US-Kongresses und der Finanzagentur *Bloomberg*, die über bereits bestehende Lecks der Platt-form berichteten. Auch der Londoner *Telegraph* sprach von solchen Beobachtungen. Diesen Informationen zufolge hätten *Goldman Sachs* sowie sogar Tony Hayward selbst, seines Zeichens damals Vorstands-chef von BP, ihre BP-Aktien verkauft. Also, wenn das nicht zu einem gewissen Grade ein böses Omen war! Peter Sutherland, Chef von *Gold-man Sachs*, war früher BP-Aufsichtsratsvorsitzender. Nun verkaufte er 44 Prozent seiner Anteile – entsprechend 260 Millionen US-Dollar. Und Hayward verkaufte ein Aktienbündel im Wert von immerhin 1,4 Millionen Pfund.

Den Informationen zufolge, wie sie auch den Kongress-Ermittlern vorlagen, wurden die *Mining and Management Services* (MMS) bereits Monate vor dem »Tag X« darauf hingewiesen, dass am betreffenden Macondo-Bohrloch Risse entstanden seien. Außerdem gingen noch andere Informationen herum, dass im nördlichen Golf von Mexiko etwas nicht stimmte, lange bevor dies dann zur traurigen Wahrheit wurde. Es ist nicht leicht, immer zu entscheiden, wo die Gewissheit endet und das Gerücht beginnt. Wenn aber Gerüchte in entsprechen-den Fachblättern wie Magazinen zum Ölhandel oder unter Mitglie-dern des *Army Corps of Engineers* zirkulieren, der für Bauingenieurs-wesen zuständigen Haupteinheit der US-Armee, dann wird man doch hellhörig. Die Bohrregion von Macondo ist eine geologische Problem-zone und erfordert Techniken, die von den üblichen abweichen und teils auch als illegal bezeichnet wurden. Die Ölvorkommen sind ange-reichert mit Methan und verschiedenen natürlichen Gasen, mit Schwe-fel und Teeröl, insgesamt nicht von sonderlich hoher Qualität. Nir-gendwo seien aber wirklich präzise Informationen über diese Region, Macondo Prospect – Mississippi Canyon MC 252, publiziert worden. So blieben viele Einzelheiten im Dunkeln.

BP und seine Vertragsnehmer hätten im Geheimen gearbeitet, als sie in diese gefährlichen Bereiche vordrangen. Sie hätten unter leicht schrägem Anstellwinkel sogar tiefer als zehn Kilometer gebohrt und dabei Chemikalien mit hohem Druck eingeschleust, um die Erde aufzubrechen. Dadurch sei ein weit größeres Unglück heraufbeschwo-ren worden als die *Deepwater-Horizon*-Explosion, nur die eigentliche

Katastrophe habe niemand mitbekommen. Die US-Marine und U-Boote des *National Undersea Laboratory* ergründeten nun einen riesigen Ölsee von der Größe Louisianas, der sich dort unten ausbreite.

Heute kursieren verschiedenste Theorien und Verschwörungstheorien zur Katastrophe. Man habe sie absichtlich ausgelöst, um das weit größere unterseeische Desaster zu vertuschen, und auch, um die Legende von der Ölknappheit aufrechtzuerhalten. Während in Wahrheit ständig neues Öl entsteht und der Untergrund bereits vom Druck der Ölquellen aufbricht, wird uns erzählt, dass wir kurz vor dem Ende der Versorgung mit dem »Schwarzen Gold« stünden. Doch um das Öl weiterhin teuer verkaufen zu können, muss es zwangsläufig ein knappes und kostbares Gut sein.

Zumindest eines dürfte klar sein: Krisen können durchaus künstlich geschürt werden, auch die Ölkrise von 1973 war ein einziges Kunstprodukt der erfindungsreichen »Werkstatt« der Bilderberger, jener elitären Gruppe führender Politiker, Finanzgrößen, gekrönter Häupter und bedeutendster Medienchefs, die alljährlich zusammentrifft, um über die globale Situation und die weiteren Geschicke der Welt zu beraten.

Wo auch immer die Wahrheit bei der *Deepwater Horizon* liegen mag, die Konzerne haben hier wiederum über die Regierung gesiegt und kontrollieren deren Handeln. *Halliburton* räumte zwar im Oktober 2010 ein, dass es beim Zementieren von *Deepwater Horizon* möglicherweise Probleme gegeben habe, wurde aber dennoch niemals für sein Versagen zur Rechenschaft gezogen. Dabei könnte *Halliburton* bereits für einen anderen gravierenden Vorfall mitverantwortlich sein. Im August 2009 explodierte eine Bohrinsel in der Timor-See vor der australischen Küste. Geschätzt flossen dabei rund eine Million Liter Erdöl ins Meerwasser. Für den Zement war auch dort *Halliburton* zuständig gewesen.

Dass hinsichtlich der wahren Hintergründe der Explosion vom 20. April 2010 gelogen und vertuscht wurde, scheint angesichts weitreichender Vorkenntnisse bestimmter Kreise klar zu sein. In diesem Zusammenhang sollte auch nicht vergessen werden: Der Alarm auf der Bohrinsel war deaktiviert. Und zwar absichtlich, denn – so ist zu vernehmen – niemand sollte um drei Uhr früh möglicherweise durch einen *falschen Alarm* geweckt werden. Der Alarm sei bereits seit längerer Zeit abgeschaltet gewesen, erklärt Chef-Techniker Williams. Als er die Vorgesetzten darüber informierte, sagte man ihm, dies geschehe in voller Absicht.

Es gibt wirklich unglaubliche Dinge! So verhält es sich auch mit Aussagen, die Cary Nelson, Vorsitzender des US-Professorenverbandes, im Sommer 2010 öffentlich machte. In einer BBC-Sendung sprach Nelson davon, BP wolle renommierte Wissenschaftler zum Schweigen bringen – nicht durch Mord und Totschlag, aber durch profitable Verträge. Die Bindung an den Konzern würde auch die entscheidenden Informationen entschärfen, über die jene Fachleute verfügten. Informationen, die dem Unternehmen schnell gefährlich werden dürften, würden sie denn an die Öffentlichkeit gelangen. Nelson: »Ein wahrlich gigantischer Konzern versucht, das Schweigen von Hochschullehrern in einem umfassenden Ausmaß zu erkaufen.«

Derweilen konnte der Konzern weiterhin verfahren, wie ihm beliebte.

Auf dem Versorgungsschiff *M/V Damon B. Bankston* wurden die geborgenen Überlebenden der Katastrophe direkt nach den traumatischen Erlebnissen noch stundenlang festgehalten und verhört, mussten mit ansehen, wie die Bohrinsel zusammen mit den nicht geretteten Kollegen abbrannte. Dann landete auf dem Schiff ein Hubschrauber. Die Männer, die ihm entstiegen, verlangten von den noch völlig unter Schock stehenden *Deepwater*-Leuten, einige Formulare auszufüllen und ihr Stillschweigen schriftlich zu attestieren. Später brachte der Anwalt der Überlebenden, Kurt Arnold, diese Informationen ans Licht. Wahrlich unfassbare Vorgänge.

Autor Mike Adams kritisierte auch die allgemeinen Überwachungs- und Kontrollmethoden im Golf von Mexiko wiederholt und nachdrücklich. So berichtete er Anfang Juli 2010 auf *KOPP online* über eine neue Vorschrift der US-Regierung, derzufolge sich jeder Journalist, Fotograf und an der Wahrheit interessierte Privatmann strafbar macht, sobald er einem Gerät oder Schiff im Golf zu nahe kommt. Wer in die Fänge der Küstenwache gerate, müsse mit Verhaftung sowie einem Bußgeld von 40 000 Dollar und einer Anklage wegen schweren Verbrechens rechnen. Auch der CNN-Reporter Anderson Cooper prangerte diese massive Zensur an: »Eine heute erlassene neue Vorschrift, die Gesetzeskraft besitzt …, wird Reporter und Fotografen daran hindern, in die Nähe von Ölbarrieren und ölverschmierten Tieren zu kommen, das heißt genau dahin, wo wir eigentlich sein müssten. Inzwischen sind Sie vielleicht bereits daran gewöhnt, Aufräumteams zu sehen, die die Medien abwehren, oder private Sicherheitsdienste, die die Hand vor Kameras halten, sowie ganz normale Arbeiter, die keinen Ton mehr sagen, oft nicht einmal, für wen sie arbeiten, weil sie um ihren Job fürchten.« Übrigens waren die Seiten von *KOPP online* während der dort erfolgten kritischen Berichterstattung zur Ölkatastrophe im Golf seltsamerweise (= zufälligerweise!) aus den USA zeitweilig nicht zu erreichen. Sollte da wirklich …?

Ja, wir leben schon in einer offenen, ehrlichen und aufrichtigen Welt, wir dürfen den Politikern und den Konzernen unser uneingeschränktes Vertrauen schenken und nachreden, was von ihnen und von jenen Medien verbreitet wird, die sich für sie prostituieren!

Die Rechte auf Rede- und Meinungsfreiheit werden zunehmend beschnitten, jede Krise, jeder politische Vorfall, jedes Weltereignis wird weidlich dazu genutzt, sie weiter zu beschneiden. So schreibt Mike Adams: »Doch die Regierung Obama kassiert jetzt diese Rechte und macht die Journalisten zu Kriminellen. So etwas würden wir vielleicht von Chavez, von Castro oder selbst von der kommunistischen Führung in China erwarten, aber hier in den USA leben wir doch, so hat man uns schließlich versichert, ›im Land der Freien‹. Obama scheint sich diese Philosophie nicht mehr zu eigen zu machen …« Tatsächlich, die Regierung Obama, sie ist keine Erlösung von der Regierung Bush – denn Präsidenten und Regierungen sind nur Marionetten der wirklich Mächtigen! Das erkennen wir auch wieder im Falle der *Deepwater Horizon*.

Schwarzes Gold vor Deutschlands Küste – und die Gefahren?

Ungeachtet der teilweise erschreckenden Hintergründe der *Deepwater-Horizon*-Katastrophe stellt sich nach wie vor die Frage zur technischen Sicherheit solcher gigantischer Plattformen und ob denn ein Unglück dieser Art auch vor unserer eigenen »Haustüre« stattfinden könnte, in der Nordsee.

Schon bald nach dem Zweiten Weltkrieg äußerten Geologen einige Vermutungen über Erdölvorkommen an der deutschen Küste. Die ersten Probebohrungen in den 1960ern fielen zwar eher bescheiden aus, doch die Suche ging weiter. Vor allem die bekanntlich künstlich geschaffene Ölkrise von 1973 und auch die folgende von 1979 lösten ein neues Denken aus, sich möglichst unabhängig von den großen Erdölexporteuren zu machen. Als Henry Kissinger, genau wie auf dem seinerzeitigen Bilderberger-Treffen nahe Stockholm besprochen, zur reinen Kurstreiberei mittels perfider Shuttle-Diplomatie einen Krieg und ein darauffolgendes Ölembargo auslöste, änderte er damit auch das Bewusstsein in Deutschland.

Endlich stießen die Experten lediglich 7,5 Kilometer von der Küste entfernt und mitten im Wattenmeer auf eine beachtliche Lagerstätte. Dieser Fund kam wie gerufen. Vor allem, weil die Ergiebigkeit der Quelle sogar auf internationaler Ebene einen gewissen Rang für sich beanspruchen konnte. Die günstigen Prognosen für die Vorkommen in der Nordsee hatten sich also bestätigt.

So entstand seit Mitte 1985 die Bohrinsel *Mittelplate A* auf der gleichnamigen Sandbank an der Dithmarscher Küste. Dort findet sich das Öl mehrschichtig in einem Bereich zwischen 2000 und 3000 Metern Tiefe. Die geologischen Gegebenheiten aber machten es nicht gerade leicht, auch wirklich an das »Schwarze Gold« heranzukommen, weshalb spezielle Technologien und ein einzigartiges Konzept notwendig wurden: eine Förderinsel vor der Küste, kombiniert mit einer eigenen Station an Land, von der aus die Vorkommen ebenfalls angezapft werden konnten.

Im Jahr 1987 stand die Bohrinsel wie ein Fels in der Brandung, eingebettet in eine gigantische Sicherungswanne aus Stahl und Beton. Damit soll die Insel, so versichern ihre Betreiber, absolut gefahrlos funktionieren. Die Umgebung sei perfekt abgeschottet, keinerlei Flüssigkeiten könnten entweichen. Auch gegen Sturm und Eis sei genügend Vorsorge getragen worden. Aber wird uns das nicht immer versichert, bis das »unwahrscheinlichste« Szenario dann eben doch eintritt?

Wer es ehrlich meint, der wird zugeben müssen: Dort, wo Öl im

Spiel ist, dort, wo es gefördert wird, da bestehen immer auch enorme
Risiken! Und nicht zuletzt findet stets auch eine deutliche Beeinträchtigung der Natur statt. Mittels einer zehn Kilometer langen Pipeline
durch das Watt zur Landstation Dieksand steigt zwar einerseits die
Fördermenge deutlich, andererseits verläuft diese Förderröhre durch
die zentrale Schutzregion des Nationalparks und führt dessen Konzept
unweigerlich ad absurdum.

Wenn es um Geld geht, herrscht überall Rücksichtslosigkeit. So
dürften Verharmlosungen zu Sicherheitsfragen nicht darüber hinweg-
täuschen, dass die Standards im Grunde nirgendwo auf der Welt
ausreichend erfüllt werden. Entsprechend erklärt auch der norwegische Ölfachmann Per Holand: »In diesem Punkt erweist sich die Praxis
überall als gleich.« Auch in Europa haben also die großen Ölkonzerne
weitreichende Handlungsfreiheit.

Beredtes Zeugnis von der tatsächlichen Situation legen doch am
besten die wiederholten Katastrophen selbst ab! Es passiert einfach
immer wieder, sei es auf Tankschiffen oder auf Bohrinseln: 1978
zerbrach die *Amoco Cadiz* bei schwerer See im Ärmelkanal, 2002
havarierte die uralte, aber von den Behörden für seetauglich befundene

Abb. 9: Gefahren in der Nordsee? Hier die Bohrinsel Mittelplate A

Prestige vor Spaniens Küste. In beiden Fällen gelangten zigtausend Tonnen Öl ins Wasser. Bei der Explosion der Nordsee-Bohrplattform *Piper Alpha* starben 1988 vor der schottischen Küste 167 Menschen. Nein, es passiert wirklich überall, auch in der Nordsee.

Warnungen und Bußgelder bei fahrlässiger Missachtung von Standards nutzen nichts und fallen zumeist minimal aus. Vorschriften hinsichtlich der Minimierung von Sicherheitsrisiken klingen ebenfalls oft lächerlich. Die zuständige britische Behörde spricht lediglich davon, die Risiken – wörtlich – »so gering wie vernünftigerweise möglich« zu halten. Immerhin gibt es nun nach der *Deepwater-Horizon*-Katastrophe die Absichtserklärung, eine strengere Überprüfung der Nordsee-Bohrinseln durchzuführen, auch in Anbetracht der beginnenden Erkundung tieferer Gewässer. Doch was heißt das schon angesichts der tatsächlichen Hintergründe, Interessen und Sichtweisen derjenigen, die am Ruder sitzen?

Dass die Nordsee vor Ölkatastrophen nicht gefeit ist, belegt letztlich ein noch ziemlich aktueller Zwischenfall. Während sich die schwarze Hölle im Golf ausbreitete, musste die norwegische Riesen-Bohrinsel *Gullfaks C* teilweise evakuiert werden – Grund: nicht funktionierende Sicherheitssysteme. Ein heftiger Gasaustritt hätte beinahe eine echte Katastrophe ausgelöst. Nicht einmal die letzte Sicherung, wiederum in Gestalt des Blowout Preventers, ließ sich in Gang setzen. Auch auf der *Deepwater-Horizon*-Plattform funktionierte das wichtige BOP-System nicht. Umweltschützer Frederic Hauge stellt mit Blick auf die Golfkatastrophe fest: »Es trifft eben doch nicht zu, dass sich so ein Unfall nicht auch in der Nordsee ereignen könnte.«

Google und die CIA

Pfiffig-suspekt rollen sie daher, die seltsamen *Google-Street*-Fahrzeuge mit ihren 360-Grad-Panorama-Kameras am Dach. Die Internet-Such(t)-Maschine *Google* bietet zu ihrem Kartenservice bekanntlich so manch andere Online-Helfer an, darunter auch jene Straßenpanoramen, die rund um den Globus schnell auf eine weitreichende Opposition vonseiten der Bürger stießen. *Google Street View* – der »*Google-Straßenblick*« – wurde bald schon zum Unwort. Irgendwie schien hingegen das Stichwort »Datenschutz« bei dem fragwürdigen Unterfangen völlig ins Hintertreffen geraten zu sein.

Begonnen hatte die ganze Geschichte im Juni 2007 mit der Vorstellung erster Aufnahmen aus den Vereinigten Staaten. Dann ging es munter weiter: Ein Land nach dem anderen wurde von den »freundlichen Kamerafahrzeugen« beehrt, die wahrlich für alles ein offenes Auge haben. Die Arrangements, übrigens teils nicht nur auf Automobilen, sondern – entsprechend modifiziert – auch auf Fahrrädern angebracht, wirken nicht gerade vertrauenserweckend. Das Ganze hat Spionagecharakter. Gerade die erste Kameraversion mit ihrer zylindrischen Abdeckung wirkte in ihrer Pseudoverdecktheit recht bedrohlich. Weitere Kameragenerationen folgten, jede besser, flexibler und höher auflösend als ihr Vorgänger. Aus rund drei Metern Höhe sind manche Einsichten in Häuser und Gärten möglich, die dem normalen Passanten verwehrt bleiben. Und Letzterer beabsichtigt wohl ohnehin kaum, ständig mit der Kamera herumzulaufen, Straßen, Gebäude und Menschen abzulichten und das Material dann für jedermann wahrlich gut einsehbar ins Netz zu stellen. Nun ging die Sache mit der *Street-View*-Armada noch weiter. Denn die ohnehin schon eigenwillige Idee einer derartigen Bildersammlung wuchs sich zu wahrhaftiger Spionagetätigkeit aus, wie bald klar wurde. Die ausgeklügelte Technik umfasste neben Lasermessgeräten zur genauen 3D-Ortung auch Systeme zur WLAN-Datenerfassung. Eigentlich bald schon unglaublich.

In Deutschland ging die Erfassung im Juli 2008 los. Um die Bilder möglichst bei schönem Wetter aufzunehmen, wurde nach einer entsprechenden Winterpause erst im März 2009 fleißig weitergeknipst. Anderthalb Jahre später, also im August 2010, erklärte *Google* dann, seinen speziellen Kartendienst noch im selben Jahr für die 20 größten Städte Deutschlands anbieten zu wollen. Am 17. August richtete der Service noch eine Seite ein, auf der jeder, der Anonymität seines Privatbesitzes wünschte, einen Antrag auf Unkenntlichmachung bei *Google Street View* stellen konnte. Nach verschiedenen Protesten auch wegen der ursprünglich zu kurz gewählten Meldefrist verlängerte *Google* die Option, um sie schließlich für den 15. Oktober 2010 zu beenden. Von Deutschland gingen insgesamt 244.237 Einsprüche gegen die

Abbildung spezifischer Anwesen bei *Google* ein. Datenschutzbehörden stellten sich gegen die Anstrengungen von *Google* zur Erfassung ganzer Städte, sodass sich deren Publikation deutscher Straßenansichten verzögerte. Doch am 2. November 2010 erschienen die ersten Aufnahmen, vor allem von bekannten Gebäuden und Objekten, allerdings auch von privaten Anwesen. Mitte November 2010 war es dann schließlich so weit, die angekündigten 20 größten Städte landeten für »virtuelle Spaziergänge« im Internet.

Abb. 10: Google Street View – die totale Erfassung

Die Datenschützer verschiedener Nationen liefen Sturm gegen die Kamerafahrten von *Google*. Mitte September wurde gemeldet, dass die tschechische Datenschutzbehörde dem US-Internetunternehmen strikt untersagte, weitere Städte zu fotografieren – dies also noch bevor Aufnahmen deutscher Orte im Internet erschienen. Zu dieser Zeit waren Prag und etliche andere tschechische Städte bereits erfasst und auch online gestellt worden, wobei es auch bleiben soll. Vor allem die im Frühjahr 2010 bekannt gewordene Information, dass die *Google*-Fahrzeuge tatsächlich WLAN-Netze erfassen und Mitschnitte durchführen können, stieß auf deutliche Verärgerung und Proteste vonseiten der Datenschützer. Speziell dieser Aspekt führte auch in Spanien zu Gegenmaßnahmen. Dort startete die *Agencia Española de Protección de*

Datos (AEPD) als nationale Datenschutzbehörde ein Verfahren gegen *Google*. Gegen Ende Oktober ließ Kanadas Chef-Datenschützerin Jennifer Stoddard verlauten, dass *Google* keine WLAN-Informationen mehr sammele – diese Tätigkeit sei ausgesetzt, und *Google* plane auch nicht, sie wieder aufzunehmen. Nur, wer kann das wirklich genau kontrollieren? Anscheinend nicht einmal *Google* selbst, wenn man den Aussagen des *Google*-Managers Alan Eustace vertrauen möchte, der im Mai 2010 einige Informationen zu den WLAN-Vorfällen in einem Blog-Eintrag weitergab. Dies auch, um zu zeigen, was die avantgardistische Firma nunmehr unternahm, damit sich Derartiges tunlichst nicht wiederholen möge. In einigen Fällen jedenfalls seien komplette E-Mails und URLs sowie Passwörter und sogar Bankdaten aufgezeichnet worden! Angeblich, so Eustace, habe niemand bei *Google* etwas davon gewusst! Was folgte, war ihm zufolge ein Akt der Reue, bei dem sämtliche *Google*-Mitarbeiter eine Datenschutzschulung erhielten und anschließend den Verhaltenskodex der Firma unterzeichnen mussten, den »Code of Conduct« von *Google*. Zudem wurde damals bekannt, dass alle *Google*-Angestellten ab Dezember 2010 an einem weiteren Programm zur Informationssicherheit teilnehmen müssen.

In Deutschland fühlten sich von diesem Internetangebot ohnehin viele Hausbesitzer nicht nur belästigt, sondern auch bedroht, denn *Google-Street-View* könnte nicht zuletzt auch das Ausspionieren von Eigenheimen durch potenzielle Einbrecher erleichtern. Im Oktober 2010 forderte der deutsche Datenschützer Thilo Weichert das Prinzip *Privacy by Default*, was hierzulande eher als datenschutzfreundliche Grundeinstellung von Systemen verstanden wird. Dieses Prinzip verlangt nach elektronischer Einwilligung durch Betroffene und Vorabinformation bei entsprechenden Internetpublikationen. Auch sollen Termine zur Datenlöschung vereinbart werden.

Wer schon einmal »*Google*« gegoogelt hat, wird auf beinahe zwei Milliarden Einträge stoßen. Als Internet-Such(t)-Maschine ist der Dienst wirklich erstaunlich und äußerst hilfreich. Nur zeigt das Beispiel *Google Street View* eben auch die Schattenseiten dieses Dienstes auf. Man muss sich dabei einfach auch noch nach weiteren Hintergründen dieses Angebots der »virtuellen Spaziergänge« fragen, die faktisch eine hervorragende Möglichkeit bieten, Bürger offen auszuspionieren.

Abb. 11: Was verfolgt das Programm wirklich?

Ein Angebot, das jeder nutzt, wird eben nicht nur zum allgemeinen gesellschaftlichen Faktor, sondern auch zu einem denkbar geeigneten Hebel für Geheimdienste. Informationsvermittlung, Überwachung und Kontrolle greifen hier Hand in Hand.

Schon vor etlichen Jahren meldete sich ein hoch dekorierter Ex-CIA-Mann zu Wort und kündigte ernsthafte Bedenken an. »Sie sind schon eine ganze Weile zusammen«, erklärte im Jahr 2006 Robert D. Steele und meinte damit kein anderes Paar als *Google* und die CIA!

Seine Quellen seien verlässliche Leute, so der Ex-Geheimdienstler, und sie hätten ihm die betreffenden Informationen zugetragen. Es ist übrigens derselbe Robert Steele, der damals auch seine deutliche Überzeugung äußerte, dass 9/11 niemals ohne US-Beteiligung hätte stattfinden können.

Und hinsichtlich *Google* gebe es da eine kleine, aber bedeutende Beziehung: »Ich denke, *Google* nahm Geld von der CIA, als es selbst noch über keinerlei Mittel verfügte«, vermutet Steele, wobei *Google* allerdings nicht erfüllen konnte, was die CIA von dem Unternehmen verlangte. Steele belässt es nicht bei vagen Andeutungen, er nennt ganz konkret Namen – der CIA-Kontakt sei Dr. Rick Steinheiser vom

CIA-Büro für Forschung und Entwicklung. 2004 hatte *Google* zudem die Firma *Keyhole, Inc.* erworben, eine kalifornische Satellitenbildfirma und eigentlicher Urheber von *Google Earth*. *Keyhole* wurde von *In-Q-Tel* unterstützt, seinerseits gegründet von der CIA, um den US-Interessen der nationalen Sicherheit zu dienen. 2005 nahm dann Rob Painter, der technologische Direktor von *In-Q-Tel*, einen Managerposten bei *Google* an …

Zumindest diesen Informationen zufolge scheinen also zwischen dem Geheimdienst und der Suchmaschine einige zarte Bande zu bestehen. Ist es aber möglich, dass diese Maschine nicht nur Informationen aufspürt und zügig vermittelt, sondern sie auch kontrolliert oder gar deutlich zensiert? Der strittige Aktivist Alex Jones zumindest nennt hier einige Fälle und erklärt auch, die *Google*-Platzierung seines Films *Terror Storm* sei manipuliert worden, ebenso die 9/11-Story von Charlie Sheen. Die CIA könnte durchaus ein gediegenes Interesse daran besitzen, die Verbreitung relevanter Informationen zum 11. September 2001 auf dem Internet zunehmend einzuschränken. Seltsam, nach der Publikation meines Buches *Die Terror-(F)Lüge* im Jahr 2007 gingen meine *Google*-»Ratings« ebenfalls schlagartig um mehr als 90 Prozent zurück.

Google allerdings wird sich derzeit kaum ausruhen können, einmal völlig ungeachtet des von Robert Steele ins Feld geführten CIA-Kontextes.

Unlängst berichtete das Unternehmen von einer ausgefeilten und stark zielorientierten Cyber-Attacke mit Ursprung in China. Mitte Dezember gerieten *Google*-Mail-Accounts von Menschenrechtsaktivisten ins Visier von Hackern. Wie sich herausstellte, wurden zahlreiche weitere Firmen Opfer des Angriffs. Bald darauf attackierte eine Hackergruppe die größte chinesische Suchmaschine *Baidu* – ein Rachefeldzug von Freunden der *Google*-Ikone gegen die ursprünglichen Angreifer? Die betroffene Seite lag vier Stunden lang brach, und wer sie anklickte, landete augenblicklich auf einer Seite, auf der die iranische Flagge prangte. Dort stand dann zu lesen: »Diese Site wurde von der iranischen Cyber-Armee gehackt.«

Die iranische Botschaft weist eine Beteiligung des eigenen Landes weit von sich und spricht davon, *jemand* habe mit diesem Akt die Beziehung zwischen dem Iran und China schädigen wollen. Man muss nicht erst dreimal raten, um dahinterzukommen, wer mit diesem *jemand* gemeint war.

Google selbst schweigt sich derzeit noch weitgehend aus. Möglich, dass das Unternehmen Opfer einer schon länger umgehenden Infektion wurde, die per Nutzung von *Adobe*-PDFs in den Rechner gerät. Auf diesem Wege wird ein Viruscode in kleinen Portionen ins System geladen, um beispielsweise per *Adobe Reader* wieder zusammengebaut zu werden. Der Code ist nur kurz, führt aber einen Trojaner im Schlepptau. Der wird nun nachgeladen und verrichtet dann sein gefährliches Werk.

Ziel der Attacken sind vor allem Unternehmen – also Wirtschaftsspionage und -sabotage.

Die Verursacher sitzen angeblich in China. Aufgrund der enorm hohen Organisiertheit der Hacker wird von einer Regierungsbeteiligung ausgegangen. Vor allem laut der offiziellen *Northrop*-Studie für die *US China Economic and Security Review Commission* zum Thema Cyber-Krieg, arbeiten die Hacker in drei Schichten rund um die Uhr. Oder geht es nur darum, mit dem Finger auf China zu zeigen? *Google* jedenfalls geht auf Distanz.

Der Cyber-Angriff auf die Such(t)-Maschine sorgte übrigens für ein weiteres »zartes Band« zwischen *Google* und der CIA. Denn der US-Auslandsgeheimdienst wurde seinerseits schon vor Jahren Ziel einer peinlichen Attacke: Besucher der CIA-Homepage wurden damals von der »*Central Idiots Agency*« begrüßt!

Geheimpolitik, Geheimflugzeuge und ferngelenkte Linienjets

Der 11. September 2001 war die katastrophale Initialzündung des »Kriegs gegen den Terror«, der sich bis heute mehr und mehr ausweitet. Vielfach wird dies von der Öffentlichkeit konkret gar nicht wahrgenommen, ebenso wenig wie die tatsächlichen Hintergründe dieses Krieges. Natürlich taucht auch das Damoklesschwert des internationalen Terrorismus immer wieder über uns auf, so wie auch im November

2010, als uns in Gestalt von Mohammed Kaschmiri ein neues Gesicht des Schreckens vorgestellt und zudem von offizieller Seite auch die Warnung vor einem bevorstehenden Terroranschlag in Deutschland ausgesprochen wurde. Kaschmiri gilt als der Drahtzieher der in Deutschland geplanten Anschläge und wird als »neuer Osama bin Laden« gehandelt, fast so, als ob sich der alte langsam abgenutzt und somit verbraucht hätte. Videobotschaften bin Ladens gibt es ohnehin schon lange nicht mehr, nur noch Audioansprachen. Auch dies scheint Verdachtsmomente zu seiner Person zu wecken. Mohammed Ilyas Kaschmiri hingegen ist präsent und brandgefährlich, vielleicht gar der aktuell gefährlichste Mann der Welt, so heißt es. Und wenn er es nicht ist, dann kann er es ja jederzeit noch werden.

Der in Pakistan geborene Extremist trägt die Spuren entschlossenen Kampfes am Leibe. Sein martialischer dunkler Bart verbirgt die Hälfte des Gesichts, dem ein Auge fehlt. Und an der einen Hand kam ein Finger abhanden. Kaschmiri ist den Krieg gewohnt, er kämpfte einst in Afghanistan gegen die Sowjets. Sein Umfeld sind militante Einheiten, die *Taliban* und die *Brigade 313* als pakistanischer Ableger von *Al-Qaida*, die sich neu zu formieren und wieder gegen den Westen zu erheben scheint. Mit den Gruppen um Kaschmiri werden die Anschläge 2008 in Mumbai ebenso in Verbindung gebracht wie die Autobombe am *Times Square* in New York im Mai 2010 oder der Anschlag auf das indische Lokal *German Bakery* drei Monate zuvor. In den vergangenen Jahren organisierten sich die Terrornetzwerke ganz offenbar deutlich neu und erstarkten zunehmend. Hunderte von Islamisten reisten, wie berichtet wurde, zur Spezialausbildung in ausländische Terror-Camps. Laut Bundesinnenminister de Maizière, der sich bislang hinsichtlich einer bevorstehenden erhöhten Terrorgefahr in Deutschland eher in Zurückhaltung übte, existierten konkrete Hinweise auf einen bevorstehenden Anschlag im Monat November 2010. So wurden die Sicherheitsmaßnahmen auch umgehend hochgeschraubt. Vor dem Ministerium waren plötzlich schwerbewaffnete Einheiten zu sehen, an großen Bahnhöfen patrouillierte die Bundespolizei.

Ungeachtet der Frage nach der tatsächlichen Wahrscheinlichkeit eines Anschlags führte die aktuelle Entwicklung auch wieder zu Bedenken, was die wahren Hintergründe und Auslöser angeht. Wer steckt wirklich hinter den Netzwerken, wer bildet die Terroristen wirklich aus, und wer hat wirklich den größten Nutzen von mächtigen, perfekt durchorganisierten Terrorschlägen? Fragen, die nie ernstlich gestellt werden müssten, gäbe es nicht zuhauf Fakten über die verbrecherische Politik, wie sie vorrangig von der Machtelite dieses Planeten im ureigensten Interesse umgesetzt wird. Die Vorgänge in der Region Afghanistan, die Opiumpolitik der USA und der »Krieg gegen den Terror« legen beredt Zeugnis davon ab. Hier werden doppelzüngige Rhetorik auf die Spitze getrieben und Skrupellosigkeit zum Prinzip erhoben.

Abb. 12: Auch der versuchte Anschlag vom Times Square im Mai 2010 wurde mit dem »neuen bin Laden« Kaschmiri in Verbindung gebracht.

Die Zahl von Auslandsreisen in Deutschland ansässiger Islamisten nahm nach Angaben der Sicherheitsbehörden im Jahr 2009 zu. Einige Verdächtige wurden gefasst. Ein aus Hamburg stammender Iraner wurde in einem islamistischen Drohvideo vom 3. Oktober 2009 wiedererkannt. Interessant dabei: Das Drohvideo stammte von der *Islamic Movement of Uzbekistan* (IMU) – die Islamische Bewegung Usbekistan allerdings gilt als Kind der CIA und dient ihr unter anderem zur Destabilisierung der Region.

Wer also sitzt hier wieder am Hebel, um die Weichen zu stellen, wer arbeitet derzeit wirklich daran, auch der deutschen Öffentlichkeit den Terror wieder in Erinnerung zu rufen und mittels Anschlagswarnungen und Anschlägen selbst die alten Ängste neu zu schüren? Immerhin muss auch der Iran als nächste Hürde genommen werden, wofür nachvollziehbare Argumente nötig sind.

Kriege beginnen mit Lügen, um sie rechtfertigen zu können. Es schien durchaus Hintersinn zu haben, als George W. Bush unmittelbar nach dem 11. September 2001 vom »Pearl Harbor« des 21. Jahrhunderts sprach. Die Lügen waren 1941 so groß wie 60 Jahre später. Doch zusammen mit dem Schock, den 9/11 weltweit auslöste, sitzt auch die Skepsis noch tief in den Knochen, denn die offizielle Darstellung der Ereignisse wirkt vielfach spröde, kann den perfekten Ablauf der Ereignisse nicht erklären, bleibt logische Antworten schuldig und versagt häufig im Detail. In einem kurzen Kapitel ist es natürlich nicht möglich, sinnvoll darauf einzugehen, selbst ein umfangreicheres Buch vermag das kaum. Und publiziert wurde hierzu wahrlich viel. Ich selbst hatte dann sechs Jahre nach den Anschlägen das Buch *Die Terror-(F)Lüge* veröffentlicht, in dem auf aktueller Basis und mithilfe zahlreicher Quellen aus erster Hand – darunter Augenzeugen, Überlebende, Wissenschaftler, Ingenieure und Geheimdienstler – versucht wird, die tatsächlichen Vorgänge nachzuzeichnen. Hierzu nur eine »Anekdote« am Rande: Ein in New York lebender guter Bekannter bat seine deutsche Familie, ihm dieses Buch zu besorgen und zuzusenden. Bald darauf stand der »Zoll« vor der Türe seiner New Yorker Wohnung und fragte ihn, ob er denn in den nächsten Tagen eventuell ein Paket erwarte. Er bejahte und wurde darauf sofort gefragt: »Und warum ausgerechnet dieses Buch«? Die Beamten kamen insgesamt dreimal. Beim letzten »Besuch« sogar mit Durchsuchungsbefehl. Sie nahmen zwar nichts mit, sahen sich aber alles sehr genau an. Kritische Publikationen zum 11. September 2001 erfreuen sich in einigen Kreisen keiner hohen Beliebtheit.

Zu den zahlreichen Rätseln jenes schrecklichen Tages zählt unter anderem auch die Fähigkeit der vermeintlichen Entführer und Selbstmordattentäter, riesige Linienjets perfekte Manöver ausführen zu lassen, obwohl jene Terroristen zuvor lediglich mehr recht als schlecht in kleinen Propellerflugzeugen und an Simulatoren trainiert hatten, wenn überhaupt. Nun waren sie im Falle von Flug AA 77, der ins Pentagon gerasten Maschine, in der Lage, eine 330-Grad-Kehre in extremem Sinkflug zu beherrschen, um den Jet bei dreifacher Landegeschwindigkeit haarscharf über dem Boden abzufangen und auf Berührung mit der Grasnarbe seitlich in das US-Verteidigungsministerium zu lenken! Selbst geübte Linienpiloten haben erklärt, sich ein solches Manöver nicht auf Anhieb zuzutrauen.

Auch die beiden Maschinen, die *World Trade Center 1* und *2* trafen, wurden angeblich von Attentätern gesteuert, die allerdings ebenfalls keine Erfahrung mit Linienjets besaßen. Die gesamte Koordination aber war perfekt. Kurzum, die Terroristen scheiden als Piloten aus, ebenso die tatsächlichen Flugzeugführer, die sich niemals hätten erpressen lassen, ihre Maschinen in die Wahrzeichen Amerikas zu steuern und zahllose unschuldige Menschen in den Tod zu reißen.

Warum sollten sie? Die Piloten wussten, dass sie so oder so sterben müssten. Nur Massenmörder, das mussten sie nicht unbedingt werden. Wenn aber niemand an Bord dafür infrage kam, jene alles entscheidenden letzten Manöver durchzuführen, dann blieb nur eine äußere Quelle als einzige Antwort: Die Flugzeuge müssen per Fernsteuerung in ihre Ziele gelenkt worden sein. Technologie, die 2001 angeblich noch nicht existierte, so ist gelegentlich immer noch zu hören. Heute wissen wir von den Entwicklungen zahlreicher unbemannter Flugzeuge, die als ferngelenkte Drohnen für Aufklärungs- und Angriffsflüge eingesetzt werden. Sie stellen einen zunehmend wichtigen Sektor der militärischen Technologie dar und werden unter anderem am *Groom Lake* in Nevada unter strengster Geheimhaltung getestet. Immer wieder werden neue Systeme bekannt, während die neuesten Entwicklungen weiterhin TOP SECRET bleiben.

Im Juli 2010 enthüllten die »Geheimfabriken« von *Boeing* und *BAE Systems* ihre angeblich jüngsten Projekte, *Phantom Eye* beziehungsweise *Taranis*.

Das »Phantomauge« sieht eher aus wie ein geflügeltes Osterei und besitzt als Prototyp einige recht skurrile Eigenheiten, darunter Wasserstoffmotoren aus *Ford*-Geländewagen. Der auffallend dicke Rumpf fasst den Sprit und ermöglicht laut Angaben 96 Stunden ununterbrochenen Fluges. Neben dem *Phantom Eye*, das mit seinem dicken Bauch und den beiden großen Propellern ziemlich drollig wirkt, entwickelte

Abb. 13: Im Juli des Jahres 2010 enthüllte der britische Rüstungs-Riese BAE Systems die Taranis-Drohne.

Boeings »Geheimlabor« *Phantom Works* – jenes Pendant zu den legendären *Skunk Works* von *Lockheed* – noch einen Nurflügler von der Größe eines Kampfjets. Der Erstflug wurde auf das Ende des Jahres 2010 anberaumt. *Taranis* ist eine ausladende Drohne des britischen BAE-Konzerns. Sie soll Waffen mittels einer hochautonomen Technologie zu weit entfernten Kriegsschauplätzen auf anderen Kontinenten fliegen. Die schnelle Tarnkappendrohne wirkt wie eine Mixtur zwischen *Lockheeds* Stealth-Fighter F117A und *Northrops* Stealth-Bomber B-2. Erste Testflüge lösten Verwirrung in der Bevölkerung aus und sorgten für UFO-Meldungen. Das britische Verteidigungsministerium stritt ab, etwas über den Verursacher oder über Testflüge zu wissen. Die Sichtungen wurden also schlichtweg als »irrig« oder »unerklärlich« abgetan, bis dann die Aufklärung erfolgte. Im höheren Interesse zu lügen ist bekanntlich legitim. Nur erhöht auch dies die Glaubwürdigkeit nicht.

Derzeit kämpfen die Drohnenhersteller um die Vormachtstellung in diesem Milliardengeschäft. Doch die Technologie zur Fernsteue-

rung von militärischen Flugzeugen bis hin zur Größe von Linienmaschinen ist nicht neu, wobei uns seltsamerweise genau dies glauben
gemacht werden soll.

Im Mai 2010 wurde bekannt, die US-Luftfahrtbehörde FAA plane
den Einsatz komplett fernsteuerbarer Linienflugzeuge. Das Fliegen
solle dadurch den modernen Standards besser angepasst und insgesamt
sicherer werden, vor allem eben jetzt, in Zeiten des Terrors. Und genau
hierbei stellt sich unmittelbar die Frage, ob denn nicht gerade die
Fernsteuerungstechnologie den Eintritt in dieses Zeitalter des Terrors
markierte!

Das Szenario erscheint zu einem gewissen Grade natürlich auch
heute utopisch, zumindest, wenn wir uns ferngelenkte Großraumjets
als alltägliche Erscheinung auf den internationalen Flughäfen vorstellen. Da werden erfahrene Linienpiloten überflüssig und von komplett
selbstständig arbeitenden Fernlenksystemen ersetzt. Da werden Air-
ports rund um den Globus von blinden Riesenvögeln ohne Cockpit-
fenster beherrscht, denn solche Fenster benötigt die Technik nicht
mehr. Gespenstisch! Und an Bord werden die Reisenden von freundlichen, aber doch befremdlichen Computerstimmen begrüßt. Wer aber
fühlt sich wirklich wohl bei dem Gedanken, sich in Zigtausenden von
Metern Höhe auf nichts als blanke Elektronik verlassen zu müssen, auf
eine ausgefeilte, aber letztlich dennoch stupide Technik, die all jene
hocherfahrenen und qualifizierten Piloten ablösen würde? Die Meinungen über eine derartige Modernisierung der Luftfahrt sind geteilt.
Wer ein Flugzeug nur als Reisebus für die Luft betrachtet, in dem
heute schon genügend technische Helfer dem Piloten die wesentliche
Arbeit abnehmen, dürfte sich damit am ehesten anfreunden können.
Andere können sich hingegen um keinen Preis der Welt vorstellen, an
Bord eines ferngelenkten, toten »Phantomflugzeugs« zu gehen, einer
hirnlosen Passagierdrohne.

Doch die FAA arbeitet genau daran. Forschungen sind im Rahmen
ihres NextGen-Systems für Flugmanagement im Gange, mit Tests auf
der *Warren Grove Gunnery Range* der US-Nationalgarde in New Jersey.
Berichtet wird von zwei kleinen *ScanEagle*-Drohnen, die der *Boeing*-
Subunternehmer *Insitu* dort für die FAA erprobt. Der Behörde sollen
dabei etliche Besonderheiten von unbemannten Fluggeräten demonstriert werden. Dabei gehe es um Design, Flugverhalten, Steuerung und

Wartung. Vor allem bemerkenswert daran: Für die zweijährige Bereitstellung der kleinen Flugkörper erhält das Unternehmen *Insitu* tatsächlich Einblick in FAA-Daten! So wird das gemacht!

Nun, insgesamt erscheint die ganze Geschichte ohnehin wie ein schlechter Witz. Hier wird geradezu vorexerziert, man habe es mit absolut neuer Technologie zu tun. Drohnen aber sind schon lange weltweit im Einsatz. Und während *Insitu* mit etwas ausgefeilteren Modellflugzeugen über militärischem Sperrgebiet in New Jersey kreist, existieren ferngelenkte Linienjets schon seit vielen Jahren. Soll das etwa irgendwie vertuscht werden? Warum?

Reicht die Antwort vielleicht wirklich bis in den Herbst 2001 zurück, als gleich mehrere Großraummaschinen entführt und angeblich von den Terroristen mit messerscharfer Präzision in die Gebäude gelenkt wurden? Jene bestialischen Angreifer müssen geradezu fliegerische Naturtalente gewesen sein.

Bei der kompletten Fernsteuerung großer Linienmaschinen, so ist gelegentlich zu hören, seien noch so einige Probleme ungelöst, die Technik hierzu sei recht neu und entsprechend wenig ausgereift. Passagierdrohnen in den kommerziellen Flugbetrieb zu integrieren dürfte gewiss nicht ganz einfach sein. So gebe es auch keinen adäquaten Ersatz für das räumliche Bewusstsein des Piloten – eine entsprechend leistungsfähige Technologie sei demnach immer noch Zukunftsmusik. Eigentlich soll es ja einerseits bei alledem um eine Verbesserung der Sicherheit im Flugwesen gehen. Doch wird andererseits vor allem auf die mit der »Remote Control« von Flugzeugen verbundene Gefahr hingewiesen.

Man will uns interessanterweise nur ungern daran erinnern, welche Erfolge bereits auf diesem Sektor zu verzeichnen waren. Und dies vor erstaunlich langer Zeit. Denn fortschrittliche Flugkontrollsysteme existierten bereits in den 1970er-Jahren. Im folgenden Jahrzehnt wurden dann weitreichende Versuche auf US-amerikanischen Militärbasen durchgeführt. Das NASA-Memorandum 4084 aus dem Jahr 1988 berichtet auf 44 Seiten recht detailliert über einen entsprechenden Test, der am 1. Dezember 1984 stattfand. Ausgeführt wurde er auf der kalifornischen Wüstenbasis *Edwards*, einem der wohl berühmtesten Luftwaffenstützpunkte der Welt. Hier landeten sehr häufig auch die Raumpendler des nunmehr im Jahr 2011 außer Dienst gestellten

NASA Technical Memorandum 4084

Flight Test Experience
and Controlled Impact
of a Remotely Piloted
Jet Transport Aircraft

Timothy W. Horton and Robert W. Kempel

NOVEMBER 1988

ɴʌsʌ

Abb. 14: Ein erstaunliches NASA-Memo aus dem Jahr 1988 – Fernsteuerungstechnologie für Linienmaschinen

Space-Shuttle-Programms der NASA. Eine ferngelenkte *Boeing 720* wurde im Laufe des Tests von 1984 elf Mal gestartet und wieder gelandet, um nach einer Flugzeit von insgesamt 16 Stunden gezielt zum Absturz gebracht zu werden. In der Zeit zwischen Juni und September 2001 (!) erfolgten dann ähnliche Versuche auf der *Holloman*-Luftwaffenbasis in New Mexico. Wieder gelangte eine unbemannte Linienmaschine zum Einsatz. Der gewaltige Rüstungskonzern *Raytheon* führte damals Experimente mit seinem automatisierten GPS-Landesystem JPALS durch, dem *Joint Precision Approach and Landing System*. Wahrscheinlich ist es nur eine bemerkenswerte Koinzidenz, dass dieses System relativ kurz vor den Attacken auf das *World Trade Center* und das Pentagon einsatzbereit war.

Das Jahr 2001 erweist sich rückblickend als sehr erfolgreich bei der Perfektionierung der Fernsteuerungstechnologie. Am 25. August 2001 ließ sich eine *FedEx-Boeing 727-200* mithilfe einer mobilen *Raytheon*-Bodenstation aus der Ferne manövrieren. Damals führten die Techniker sechs Starts und Landungen problemlos durch. Piloten an Bord wurden nicht benötigt.

2001 war auch das große Jahr der *Global-Hawk*-Technologie, wie sie in der gleichnamigen Drohne Verwendung findet. Wiederum federführend an dieser Technologie beteiligt: der Rüstungs-Riese *Raytheon*.

Bei *Global Hawk* arbeitet alles völlig autark. Möglich ist ein Permanentflug von 42 Stunden mit einer Reichweite von mehr als 25 000 Kilometern. Nicht umsonst der Name – der »globale Falke« eben. *Raytheon* brach im Jahr 2001 gleich zwei Flugrekorde mit *Global Hawk*: Am 21. März 2001 hob ein unbemanntes Testflugzeug im kalifornischen Antelope Valley ab, um nach Südamerika zu fliegen. Alles in allem blieb die Drohne 30 Stunden in der Luft. Vier Wochen darauf folgte dann die erste erfolgreiche Pazifiküberquerung. *Global Hawk* funktionierte perfekt! Einige der am *Global-Hawk*-Projekt ganz wesentlich beteiligten *Raytheon*-Mitarbeiter saßen übrigens am 11. September 2001 in den Terrormaschinen und starben demnach alle …

Abb. 15: *Wartungsarbeiten an einer* Global-Hawk-Drohne. *Basiert das 9/11-Komplott auf dieser Technologie?*

Einige Länder, wie Israel und Saudi-Arabien, verfügen ebenfalls über ferngelenkte Großraumjets. Aber noch vier Jahre nach dem 11. September 2001 erklärte die *Boeing*-Sprecherin Elizabeth Verdiev, keine Maschine ihres Konzerns könne von außen kontrolliert werden. Eine entsprechende Programmierung sei zwar möglich, »Kontrolle und Entscheidungsfindung liegen allerdings jederzeit beim Piloten«, so betonte sie. Trotz alledem folgte nur ein Jahr später das *Boeing*-Patent eines automatischen Landesystems für entführte Flugzeuge.

Auch die äußerst rege US-Militärbehörde für fortschrittliche Verteidigungsprojekte, DARPA, führte ein Projekt aus, das die vollständige Kontrollübernahme von außerhalb einer Maschine ermöglicht. Sobald sich Terroristen ihrer bemächtigen wollten, seien die jeweiligen Piloten in die Lage, dieses Sicherungssystem sofort zu aktivieren. Und dies irreversibel! Dieselbe Technologie ließe allerdings auch die Option für Manipulation und Missbrauch offen – nämlich Flugzeuge in gefährliche Lufttorpedos zu verwandeln und vorgebliche Entführer selbst im Handumdrehen zu Entführten werden zu lassen. Exakt dies könnte am 11. September 2001 geschehen sein. Und genau deshalb scheint man auch darum bemüht zu sein, die bereits recht lange Erfolgsgeschichte der Fernsteuerung großer Flugzeuge in Vergessenheit geraten zu lassen, unter anderem, indem man mit also gar nicht so neuen Erfolgsmeldungen und scheinbar futuristischen Konzepten an die Öffentlichkeit geht, genauso wie die US-Luftfahrtbehörde im Mai 2010 mit der Ankündigung ihres Fernsteuerungsprojektes und der ziemlich mickrigen *ScanEagle*-Demonstration.

Im Brennpunkt: Afghanistan

Die Region ist wahrlich politischer Sprengstoff – Afghanistan und die nördlich angrenzenden Länder Usbekistan, Tadschikistan sowie ganz bestimmt nicht zuletzt auch noch weiter im Norden das relativ kleine Kirgisien mit seiner 1100 Kilometer langen Grenze zur chinesischen Provinz Xinjiang. Reiche Bodenschätze, ethnische Vielfalt und politische Spannungen beherrschen hier eine teils paradoxe Szenerie. Strategisch enorm bedeutsam, spielen hier die Großmächte ein gefährliches Schach auf höchster Ebene und mit ganz eigenen Regeln.

Sie werden weitestgehend von den USA bestimmt, seit die Terrorereignisse des 11. September 2001 ihre düsteren Schatten nicht nur über New York und Washington legten, sondern die gesamte Welt in verschiedenster Ausprägung erfassten. Mit dem Beginn der Operation *Enduring Freedom* und dem Einfall der geheimen CIA-*Jawbreaker*-Teams in Afghanistan – als direkte Reaktion auf die Attacken von 9/11 – begann George W. Bushs »Vision Thing«, der *War on Terror*, gleichsam mit der Ratio »Wer nicht für uns ist, steht auf der Seite des Terrors«.

Der Krieg gegen den Terror begann mit der Jagd auf Osama bin Laden, die erfolglos verlief und als CIA-Operation im Jahr 2005 eingestellt wurde, da die radikalen *Taliban* und *Al-Qaida*-Unterstützer sich mittlerweile in zahlreiche Einzelgruppen gespalten hätten. Jener Krieg gegen den Terror wurde von Anfang an auf eine viel breitere Plattform gestellt, und er wurde zum Vorwand, weite Regionen mit ihren Bodenschätzen unter die Kontrolle der USA zu stellen. Der Plan sieht dabei auch eine wesentliche Destabilisierung vor, um darauf Scheinargumente für ein Eingreifen vorlegen zu können.

Wie doppelzüngig die agierende Politik hier geführt wird, zeigen vor allem auch die Entwicklung in der Region Afghanistan–Kirgisien

Abb. 16: Reaktion auf 9/11 und Beginn der »Jagd« auf Osama bin Laden: Operation Enduring Freedom

sowie das auf den ersten Blick bizarr erscheinende Verhalten von US-Regierung und NATO, wenn es um afghanisches Opium und den Drogenhandel geht. Diese wahrlich unfassbare Entwicklung setzte sich auch im Jahr 2010 mit einigen dramatischen Ereignissen und Enthüllungen fort, wobei die kommenden Jahre hier wohl noch manch unangenehme Überraschungen bereithalten. Jener komplexen Situation lässt sich auf wenigen Seiten kaum gerecht werden, da die Geschichte in Krisengebieten bekanntlich im Schnellzugtempo geschrieben wird und die politischen Verhältnisse vor allem in Zentralasien aufs Eigenwilligste verzahnt sind.

Der Geostrategie-Experte F. William Engdahl hat gegen Mitte 2010 in einer sechsteiligen Serie auf *KOPP online* den gelungenen Versuch einer Analyse unternommen, insbesondere die zahlreichen Facetten der US-Strategien in der Region aufzuzeigen. Schon ein kurzer Überblick, zentriert auf den »Drogenkrieg«, lässt aber erahnen, welche Ausmaße diese Strategie aufweist und wie wenig Skrupel die federführenden Kräfte in Washington hegen, wenn der Weg zum Ziel keine Rolle spielt und der Zweck, wie so oft, die Mittel heiligt.

Im Februar 2010 startete die *Operation Moshtarak* als zuvor angekündigte NATO-Offensive innerhalb der Stadt Marjah in der Helmand-Provinz Afghanistans. Dabei wurden zahlreiche unschuldige Menschen getötet. Die afghanische Abgeordnete Malalai Joya wählte deutliche Worte über die wahren Hintergründe dieses Angriffs. Demnach ging es nicht etwa darum, *Taliban*-Kämpfer zu töten, sondern vielmehr um die Sicherung der Kontrolle über die wertvollen Rohstoffe Uran und Opium. Mit Drogengeheimnissen steht offenbar auch eine Amtshandlung von Barack Obama im Zusammenhang. Im Juni 2010 feuerte der US-Präsident nämlich Stanley McChrystal, kommandierender General für Afghanistan. Und dies nicht wegen scharfer Afghanistan-Kritik in einem populären US-Magazin, sondern weit mehr, weil McChrystal den afghanischen Präsidenten Karzai über die US-Pläne in Kenntnis gesetzt hatte, *Taliban*-Kämpfer landesweit zu mobilisieren. Außerdem enthüllte er britische Waffen- und Drogenschmuggelrouten sowie die Kontakte des Pentagon mit dem Drogen-Warlord Abdolmalek Rigi, Anführer der pakistanischen *Jundallah*-Terrorgruppe. Aus diesem Umfeld sollten laut Willen des US-Verteidigungsministeriums Aufstände im Iran entfesselt werden. Rigi selbst

Abb. 17: Um Opium dreht sich der Krieg in Afghanistan

erklärte in einem Fernsehinterview, sich in Dubai mit CIA-Leuten getroffen zu haben. Hier sei ihm weitreichende Unterstützung zugesichert worden. Da ein amerikanischer Militärangriff nur sehr schwer durchführbar sei, beabsichtige man, mithilfe sämtlicher anti-iranischer Gruppierungen einen Krieg zu führen und das Land zu destabilisieren. Rigis Bruder bestätigte schon im Jahr 2009 das Komplott: »Wir haben finanzielle Unterstützung und Waffen von den USA bekommen und Befehle von ihnen erhalten.« Auf dem Weg zu einem Treffen mit Obamas Afghanistan-Sondergesandten Richard Holbrooke wurde Rigi im Februar 2010 von iranischer Seite aufgegriffen, im Iran verurteilt und am 21. Juni 2010 hingerichtet.

Der Drogenkrieg in Afghanistan tobt weiter.

Viktor Iwanow ist Leiter der russischen Drogenaufsicht FSKN. Schon im März 2010 sprach er auf einer Versammlung des NATO-Russland-Rates und stellte bedauernd fest: »Eine Million Menschen ist in den vergangenen zehn Jahren an einer Überdosis afghanischer Opiate gestorben, und das sind die Zahlen der Vereinten Nationen. Bedeutet dies etwa keine Bedrohung für Frieden und Sicherheit in der Welt?« Doch die NATO ihrerseits legte ein wahrhaft befremdliches

Verhalten an den Tag, nachdem Russland an sie appelliert hatte, die afghanischen Drogenfelder zu vernichten. Sie lehnte dieses Ansinnen schlichtweg ab und formulierte die Absage gleichsam als humanitäre Absichtserklärung: Denn mit der Beseitigung der Opiumfelder würde auch »die einzige Einkommensquelle in der Region zerstört« – Engdahls klarer Kommentar hierzu: »In dieser simplen Erklärung kommt die ganze kriminelle Absurdität der NATO-Afghanistan-Mission zum Ausdruck.«

Die Philosophie der US-Regierenden und der ausführenden Kräfte, nämlich der US-Streitkräfte als NATO-Speerspitze, geht einfach dahin, politisch und finanziell effizientes Siechtum gegen völlig nutzloses, weil eben unprofitables Siechtum aufzuwiegen. Eine simple Rechenaufgabe also. So werden Drogen weiter produziert und verbreitet, um millionenfach eine ganz besondere NA(h)TO(d)-Erfahrung zu bewirken oder Menschen de facto umzubringen.

Auf der anderen Seite publizierte das kirgisische Verteidigungsministerium ziemlich zur gleichen Zeit, zu der Iwanows Appell abgeschmettert wurde, eine recht aufschlussreiche Erklärung. Darin wird der Bau eines Ausbildungszentrums zur Terrorbekämpfung im kirgisischen Bezirk Batken angekündigt. Natürlich auf Initiative der USA. Deren operativer Dreh- und Angelpunkt wird seine Heimstätte in Batken haben. Jene Deklaration, die von der seinerzeitigen, äußerst korrupten, dann jedoch im April 2010 abgesetzten kirgisischen Regierung Bakijew stammte, gibt Aufschluss über die genauen Aufgaben des Ausbildungszentrums. Hier heißt es, der Bau sei »das bilaterale kirgisisch-amerikanische Projekt gegen den internationalen Terrorismus und religiösen Extremismus, gegen grenzübergreifendes Organisiertes Verbrechen und zur Verhinderung von Drogenschmuggel. Es ist nicht gegen dritte Länder gerichtet und steht nicht in Konflikt mit internationalen Verpflichtungen.« Das ist schon bemerkenswert. Hier werden die *Scorpion*-Sondertrupps auf Geheiß der amtierenden US-Regierung zur »Drogen- und Terrorismusbekämpfung« ausgebildet, dort darf Opium nach Belieben weiter angebaut werden!

Der »Opiumschutz« reicht natürlich bereits weit zurück, Opium war immer schon ein Machtfaktor – und er wird es bleiben. Als die ersten Spezialeinheiten nach dem 11. September 2001 mit der Invasion Afghanistans begannen, war das ebenfalls keinen Deut anders.

Der investigative US-Journalist Wayne Madsen berichtet, von einem ehemaligen Angehörigen der *Delta Force* Folgendes erfahren zu haben: Der erste CIA-Befehl an die Eliteeinheiten habe gelautet, die afghanischen Opiumfelder zu schützen! Zudem hätten FBI-Quellen bestätigt, dass Afghanistan mittlerweile sogar die gigantische Opium- und Heroinproduktion des führenden Drogenbarons Khun Sa im Goldenen Dreieck überflügelte, der bislang für den CIA-Drogenhandel gedient habe.

Der angebliche Kampf des US-Auslandsgeheimdienstes gegen den internationalen Drogenhandel wurde bereits wiederholt als Lügengebilde entlarvt. CIA und Drogenhandel, das hat ohnehin eine lange Tradition.

In dieser Hinsicht gibt es bis in die jüngste Zeit hinein viele vermeintliche Paradoxien. Engdahl erwähnt die IMU, die *Islamic Movement of Uzbekistan*, eine ganz besondere terroristische Bewegung. Sie wirkt seit Jahren weitreichend im Drogenhandel sowie an Unruhen mit, die für Instabilität und Unsicherheit in der Region sorgen – um damit ihre eigenen Routen für den Drogentransport zu sichern. Finanziert über die CIA, erhält sie sich heute über den Drogenhandel. Die IMU unterstützt die CIA und das US-Verteidigungsministerium dabei, Agenten perfekt auszubilden, um sie dann als »islamistische Terroristen« nach Zentralasien einzuschleusen. Ursprüngliches Ziel sei gewesen, die Destabilisierung der Sowjetunion innerhalb ihrer Grenzen voranzutreiben. Dies sollte mittels der Verbreitung von *Koran*-Übersetzungen ins Usbekische geschehen. So geschah es dann, dass die CIA mithilfe des pakistanischen Geheimdienstes *Interservices Intelligence* (ISI) 5000 Exemplare des *Korans* dort verteilte! Wer käme schon auf die Idee, dass ausgerechnet die USA den *Koran* übersetzen und verbreiten ließen?

Auch heute spielt die Destabilisierung nach wie vor eine wesentliche Rolle, um damit unmittelbare Gründe zu schaffen, als Ordnungshüter aufzutreten. Durchweg sind dabei Drogen von entscheidender Bedeutung.

Der US-Geheimdienstkenner John McCoy weist darauf hin, dass die CIA den zwischen 1979 und 1989 tobenden Guerillakrieg der großteils vom ISI ausgebildeten afghanischen *Mujahedin* gegen die einmarschierten Sowjettruppen mit Drogengeldern finanziert hatte.

Die verdeckten CIA-Operationen hätten als Katalysator dabei gewirkt, das Grenzgebiet Afghanistan–Pakistan zum größten Opiumanbaugebiet der Welt werden zu lassen. Es versteht sich von selbst: So eine fantastische Einnahmequelle wird man zu keinem Zeitpunkt leichtfertig aufgeben!

Nun gab es da aber ein Problem. Die *Taliban*. Diese kleine Gruppe zu allem entschlossener, radikalgläubiger Moslems, die in unterstützender Verbindung zum meistgesuchten und nie gefundenen Terroristen Osama bin Laden und seiner *Al-Qaida*-Truppe stehen, untersagte im Jahr 2000 den Opiumanbau voll und ganz. Die Opiumproduktion sackte daraufhin in den afghanischen Keller. Ein Jahr später, nach den Attacken von 9/11, kamen die USA, sahen und siegten. Die *Taliban* standen auf der Seite des Terrors, sie waren Verbündete bin Ladens – genug offizieller Grund, sie zu bekämpfen. Und sie blockierten den Opiumhandel – genug inoffizieller Grund, sie zu eliminieren. Die CIA kümmerte sich liebevoll um altangestammte Warlords und setzte sie ein, um afghanische Siedlungen und Städte unter ihre Kontrolle zu bringen.

Nun, was dann geschah, ähnelt sehr deutlich dem »Bush-Effekt«: Als der alte George Herbert Walker Bush erster Bush-Präsident der USA wurde und, gemeinsam mit First Lady Barbara, der ganzen Welt lautstark den Kampf gegen die Drogen verkündete, ging es mit dem Drogenproblem in den USA seltsamerweise erst so richtig los. Während der großen Drogenoperationen in Mena, Arkansas, war George Bush im ersten Amt der Nation und Bill Clinton noch Gouverneur – von Arkansas!

CIA-Agent Barry Seal, der natürlich wortwörtlich über Leichen ging, betrieb damals seine »*AirCoccaine*«, und der vielfach attackierte Journalist Daniel Hopsicker weiß von einem Fahnder zu berichten, der damals Zeuge einer Drogenschmuggelaktion wurde, die in Florida über die Bühne ging. Jener Polizist erinnerte sich: »Wir fanden einen in mexikanischem Gewässer vertäuten Bohrturm. Als wir am Tammiani-Airport in Südflorida eine polizeiliche Operation starteten, wurde sie von viel weiter oben und in letzter Minute abgebrochen – aufgrund der Entdeckung, dass die beiden Bush-Brüder in der *King-Air*-Maschine flogen, die wir soeben verfolgten.« Die Bush-Brüder, das waren der spätere Gouverneur von Florida, John Ellis »Jeb« Bush, sowie George

W. Bush, den wir alle einigermaßen gut als zweiten Bush-Präsidenten der USA kennen.

Ja, diese Bushs, so sind sie eben. Wahrscheinlich versammeln sie sich gelegentlich immer noch in ihrem Stammhaus in Kennebunkport, Maine, gesellig im trauten Familienkreise, und erinnern sich wehmütig jener guten alten Zeiten, in denen wirklich noch etwas los war. So ganz unter sich darf man schon ab und an auch einige Staatsgeheimnisse austauschen und sich über den einen oder anderen richtig gelungenen Coup amüsieren. Schließlich hat man die Welt wahrlich nicht umsonst nach Strich und Faden be-Drogen!

Was die Drogen in Afghanistan betrifft, so ging es unmittelbar nach den *Taliban* wieder bergauf. Denn die USA waren da!

Nachdem die amerikanischen Truppen die Kontrolle übernommen hatten, nahm auch der Opiumanbau wieder geregelte Formen an. Das UN-Büro zur Drogen- und Verbrechensbekämpfung musste ebenfalls feststellen, dass sich hier in den vergangenen Jahren viel getan hatte. Im Jahr 2001 betrug die Opiumernte klägliche 185 Tonnen, die auf einer Fläche von nur 8000 Hektar produziert wurde. So ganz verbieten ließ sich der Anbau auch zu *Taliban*-Zeiten also nicht. Im Jahr 2007 waren es demgegenüber 8200 Tonnen Opium, die auf nunmehr 193 000 Hektar Land erwirtschaftet wurden. Eine nicht ganz unerhebliche Steigerung auf das 44-Fache!

Damit hielt Opium einen Anteil von immerhin 50 Prozent am Bruttoinlandsprodukt (BIP) Afghanistans. 93 Prozent des Heroins am Weltmarkt werden aus jener Opiumproduktion gewonnen. Durch ihren unermüdlichen Einsatz in Afghanistan konnten die USA das BIP doch sehr deutlich um 66 Prozent hochschrauben.

Zur Herstellung des Heroins aus dem massenweise gewonnenen Opium sind Unmengen an Chemikalien nötig. Genauso, wie sie herangeschafft werden müssen, müssen die Erzeugnisse auch abtransportiert werden. Auch hier kann Unterstützung durch moderne Militärtechnologie sehr hilfreich sein. Die offizielle Darstellung sieht – wie verwunderlich! – natürlich etwas anders aus. So erklären Repräsentanten des *US Central Command* (CENTCOM), das unter anderem auch für Zentralasien zuständig ist, Einheimische würden das Opium mithilfe von Maultieren auf gefährlichen Passrouten außer Landes transportieren, nach Russland und in andere Länder. Unabhängige

Berichte und Quellen aus Geheimdienstkreisen, darunter der ehemalige ISI-Chef General Hamid Gul, wissen hingegen davon deutlich abweichende Fakten zu berichten. Abweichende Fakten nicht hinsichtlich der Rezipienten. Die Drogen gehen definitiv ins Ausland, vorwiegend nach Russland, wo sie gesellschaftliche und wirtschaftliche Probleme mit sich bringen – und genau dies auch bewirken sollen. Stichwort Destabilisierung. Nein, abweichende Fakten hinsichtlich der Transportmethoden. Hier wird bestätigt, dass Drogen eben nicht per afghanischem Maultier, sondern per amerikanischem Militär über die Grenzen geschafft werden. Weit bequemer und effektiver natürlich.

Im Pentagon begann man bereits im Jahr 2006 mit der Umsetzung eines »nördlichen Verteilernetzwerks« – des *Northern Distribution Network* (NDN). Damals war es in Afghanistan relativ ruhig. Mit den wachsenden Militäraktionen im Umfeld des NDN nahmen die Spannungen selbstredend wieder zu, und die *Taliban* formierten sich erneut. Vielleicht war das sogar ein erwünschter Nebeneffekt.

Das NDN dient offiziell dem Transport von Versorgungsgütern auf von Pakistan unabhängigen Nachschubrouten. Hier liegt auch ein mächtiger wirtschaftlicher Gegenpol zur Shanghaier Organisation für Zusammenarbeit (*Shanghai Cooperation Organization*, SCO), der unter anderem China, Russland, Usbekistan, Kasachstan und Tadschikistan angehören. Diese Organisation als Nachfolger der *Shanghai Five* ist nicht zu unterschätzen, immerhin steht sie für ein Viertel der Weltbevölkerung! Weitere Spannungen sind bereits programmiert. Bemerkenswert ist unter anderem auch die Situation, dass Russland, Usbekistan, Kasachstan und Tadschikistan gleichfalls zu den Staaten des NDN zählen. Auch hier spielen die Finanzen natürlich eine entscheidende Rolle. Transportverträge mit dem Pentagon bringen russischen Unternehmen eine ganze Menge Geld.

Das US-kontrollierte NDN hat seine verschiedenen Routen so gelegt, dass möglichst jederzeit Unabhängigkeit gewährleistet ist, ganz gleich, welche politischen Entwicklungen stattfinden. Vor allem aber verlaufen die Routen parallel zu geplanten Pipeline-Routen. Laut dem Zentralasien-Experten Peter Chamberlain geht es den USA und der NATO nun vor allem darum, den Krieg gegen den Terror in jener Region an dieser neuen Front zu eröffnen und mit dem Schutz des

NDN zu rechtfertigen, während sich hier vieles vor allem um die Bodenschätze dreht. Doch sind dann noch die Drogen und die Militärtransporte. Schon vor langer Zeit sprach man von der CIA scherzhaft als der *Cocaine Importation Agency*. Vielleicht wird man analog bald vom NDN nicht mehr als dem *Northern Distribution Network*, sondern dem *Northern Drug Network* sprechen …

Beim Opiumabtransport spielt zudem auch ein ganz bestimmter Flughafen in Kirgisien eine bedeutsame Rolle, so bestätigt zumindest der pakistanische General Hamid Gul. Jener Flughafen ist die ehemalige *Manas Air Base* (»*Ganci Air Base*«), die heute ziemlich euphemistisch als »Transit-Zentrum« bezeichnet wird. Dennoch bleibt sie weiterhin das, was sie auch vorher war: eine Luftwaffenbasis der USA. Sie wurde inoffiziell nach Peter J. Ganci benannt, einem New Yorker Feuerwehrchef, der 2001 bei den Arbeiten nach der Flugzeugattacke auf das *World Trade Center* ums Leben kam.

Zum militärischen Opiumtransport und Manas schreibt William Engdahl: »Das Brisanteste bei der Geschichte des sogenannten ›benign neglect‹ (zu Deutsch etwa: wohlwollendes Vernachlässigen) gegenüber der gestiegenen Opiumernte in Afghanistan sind Berichte, denen zufolge Opium und das raffinierte Heroin mit US-Militärtransportern befördert werden – beispielsweise vom Luftwaffenstützpunkt Manas in Kirgisistan –, und das unter strenger Geheimhaltung und dem Deckmantel der ›nationalen Sicherheit‹. Solch eine Nutzung von US-Militärtransporten würde – falls sie denn zutrifft – die perfekte Deckung liefern, denn US-Militärflugzeuge sind ›off limits‹, das heißt, niemand darf in ihre Nähe kommen oder ihre Fracht überprüfen.«

Die Amerikaner mussten sich allerdings bereits wiederholt mit der Sorge herumplagen, dass dieser wichtige Knotenpunkt zum Drogen- und auch Waffentransport unter Umständen geschlossen würde.

Schon unter dem ehemaligen kirgisischen Präsidenten, dem Physiker Askar Akajew, wurde es brenzlig, nachdem die USA nach 9/11 die größte militärische Umstrukturierung seit dem Zweiten Weltkrieg und die Stationierung von Truppen entlang eines »Bogens der Instabilität« durchführten, die auch Zentralasien deutlich betraf. Akajew hatte den USA zwar die Pacht von Manas angeboten, doch dadurch sah sich das benachbarte China bedroht – immerhin teilt es sich mit Kirgisien eine 1100 Kilometer lange Grenze –, und auch Russland war keineswegs

Abb. 18: Ein KC-135-Stratotanker auf der heiß umstrittenen Manas Air Base *in Kirgisien. Finden hier militärische Drogentransporte statt?*

begeistert, sodass die *Shanghai Corporation Organization* (SCO) scharf reagierte und die Schließung von amerikanischen Stützpunkten forderte.

Auch soll Russland später versucht haben, die Regierung des von den USA unterstützten, korrupten kirgisischen Präsidenten Kurmanbek Bakijew dazu zu bringen, den USA das Nutzungsrecht von Manas zu verweigern. Bakijew zeigte sich am 3. Februar 2009 sogar zu diesem Schritt bereit und verkündete die baldige Schließung von Manas – bis aus den USA plötzlich ein warmer Dollar-Regen auf Bakijew niederging. Und Bakijew erbarmte sich schnell. So konnte sich US-Verteidigungsminister Robert Gates seinerseits zuvor auch auf einer Pressekonferenz zuversichtlich zeigen, die Nutzungsrechte bald wieder in Händen zu haben. Nachdem Bakijew im April 2010 die Kontrolle über sein von ihm nach allen Regeln der Kunst ausgenutztes Land entglitten und er zum 16. April zurückgetreten war, schuf die Übergangsregierung von Rosa Otunbajewa wieder eine neue, unsichere Situation. Die USA erkannten diese Regierung unmittelbar an und zeigten sich generell neutral, dies aber vor allem aus taktischen Gründen, nicht aus echter Sympathie.

Die ehemalige Außenministerin Otunbajewa, einst Führungsmitglied der Kommunistischen Partei, sieht die Herstellung von Stabi-

Abb. 19: In Reih' und Glied – mongoli-
sche Soldaten auf der Manas-Basis, die
wie andere Militärbasen euphemistisch
als »Transit-Zentrum« deklariert wird.

lität und Sicherheit der Region als bedeutsamste und dringendste
Aufgabe ihrer Übergangsregierung an. Die USA teilen diese Ansicht
gewiss nicht, beruht doch ihr Machtprinzip auf der Destabilisierung.
Was Manas betrifft, gingen manche Fachleute davon aus, dass die neue
Spitze in Kirgisien das »Transit-Zentrum« dort auflösen würde, doch
bestätigte Otunbajewa das Gegenteil, zumindest vorläufig. Einige Spekulationen auf jedoch gut informierter Basis gehen davon aus, dass
Moskau hofft, Manas als Druckmittel gegen den US-Drogentransport
nach Russland nutzen zu können: Fortsetzung des Betriebs bei Beendigung des Drogenzustroms ins eigene Land. Übrigens eröffnete Russland
unweit von Manas einen eigenen Stützpunkt, sodass Kirgisien als das
einzige Land gilt, in dem beide Mächte eine militärische Basis unter-
halten. Das klingt nach einer gefährlichen »Knallgas-Situation«.

Die USA sind bestrebt, ihre beherrschende Rolle und Kontrolle in
Zentralasien um jeden Preis aufrechtzuerhalten und ihre Kriege »heiß«
zu halten. Opium ist hier ein wichtiger Katalysator, unter anderem,
um Aufstände und Unruhen anzuzetteln und damit militärisch wieder
aktiv werden zu können.

William Engdahl erwähnt den britischen Botschafter Craig Murray,
der bis zum Jahr 2004 in Usbekistan wirkte und später erklärte: »Bei
unserem Angriff auf Afghanistan hat Amerika aus der Luft angegriffen,
während die CIA gleichzeitig die entmutigten Warlord-Drogenbarone
bezahlte, bewaffnete und ausrüstete.«

Was demonstriert die Doppelzüngigkeit noch deutlicher? Was kann man noch glauben bei jenem »Krieg gegen den Terror«?

Im gegenwärtigen Machtspiel des Pentagons jedenfalls nimmt Afghanistan eine wahrlich zentrale Rolle ein, wenn es darum geht, die Mitte Asiens zu destabilisieren und Länder der SCO zu bedrohen. Lassen wir zum Schluss noch einmal William Engdahl zu Wort kommen: »Verbreitung von Drogen und Verbot von Drogen, Terror und Maßnahmen zur Terrorbekämpfung, bewusste Brutalität der Polizei und Kontrolle über die bestehenden und künftigen Pipelines in Eurasien – all dies ist Teil der US-geführten NATO-Operation, die von Afghanistan ausgehend betrieben wird. Kirgisistan bildet jetzt den ›Dreh- und Angelpunkt‹ bei der Ausweitung des Krieges auf ganz Zentralasien. Das weiß man in Moskau genauso wie in China. Für Washingtons Großes Spiel in Kirgisistan und ganz Zentralasien steht nichts Geringeres auf dem Spiel als die Zukunft der amerikanischen Full Spectrum Dominance, die totale weltweite militärische Hegemonie. Wie beim Vietnam-Krieg in den 1960er- und 1970er-Jahren zeigt sich auch hier immer deutlicher, dass der amerikanische ›Krieg gegen den Terror‹ in Afghanistan von Washington bewusst so angelegt ist, dass er zu einem weiteren Krieg wird, ›der nicht gewonnen werden kann‹. Das ›Scheitern‹ des Afghanistan-Krieges wird inszeniert, um ein Übergreifen nach Kirgisistan, Usbekistan, Tadschikistan, das Fergana-Tal und weiter über ganz Zentralasien zu rechtfertigen. Bevor der Aufstand im März dieses Jahres [2010, Anm. d. Verf.] die Bakijew-Bande ins Exil trieb, war Washington auf dem besten Wege, den Krieg vermittels der Abkommen mit Bakijew für den Aufbau eines Ausbildungszentrums zur ›Terrorbekämpfung‹ auszuweiten. Von dort aus wäre es angesichts des Verlaufs der Opiumrouten nur eine Frage der Zeit bis zur vollständigen Kontrolle über den gesamten asiatischen Raum von Xinjiang bis Kasachstan und Russland. Im Vergleich zum Beginn der 1970er-Jahre steht heute für die angestrebte amerikanische Hegemonie weit mehr auf dem Spiel. Die Rolle der Übergangsregierung in Kirgisistan, die Rolle Moskaus, Chinas, des Irans und Usbekistans ist in einem der intensivsten Konfliktherde der Welt ausschlaggebend.«

Bilderberg 2010 –
gerät die Machtelite in die Klemme?

Mitte 2010 traf sich die verschwiegene Bilderberg-Gruppe erneut, diesmal in einem luxuriösen Hotel in Sitges, Spanien. Und wieder fand das Treffen unter strengsten Sicherheitsvorkehrungen und unter Ausschluss der Öffentlichkeit statt, also in größter Geheimhaltung. Viele Aspekte glichen 2010 demnach den typischen Abläufen der früheren Jahre. Dennoch gab es auch einige bemerkenswerte Veränderungen …

Wenn der Name »Bilderberger« fällt, winken heute noch viele ab, so, als wolle man ein Gruselmärchen als Realität verkaufen. Schnell ist die Rede von Verschwörungstheorien und immer noch glauben nur wenige Menschen, dass es diese elitäre Gruppe wirklich gibt. Immerhin, hier kommen doch angeblich einige der mächtigsten Menschen dieses Planeten zusammen. Warum hört man in den Nachrichten regelmäßig von anderen großen Treffen, aber nichts von den Bilderbergern? Dazu noch die Behauptung, bei diesen geheimen Konferenzen würde die große Politik bestimmt, die Teilnehmer berieten sich über die künftigen Geschicke der Welt, über Kriege und Krisen. Hier werde schrittweise über Jahrzehnte hinweg eine neue Weltordnung umgesetzt, im Sinne einer perfekten, aggressiven Globalisierung, Gleichschaltung und Kontrolle. Soll das alles wirklich geplant sein, hausgemacht?

Kaum zu glauben. Tatsächlich stellt sich die Situation so ungeheuerlich dar, dass sie nur schwer nachvollziehbar scheint und auch in kurzen Worten kaum beschrieben ist. Tatsache aber ist und bleibt, dass sich die Bilderberger seit 1954 bis in die jüngste Gegenwart hinein in der Regel meist einmal in jedem Jahr trafen, um unter striktem Ausschluss der Öffentlichkeit über Politik und Wirtschaft zu beraten, angeblich, ohne selbst dabei je aktiven Einfluss nehmen zu wollen. Allein die personelle Konstellation jener Treffen bewirkt aber genau dies. Und das ist nur der Anfang.

Der eigentliche Anfang der Spitzengruppe liegt wie erwähnt im Jahr 1954. Damals traf man sich im niederländischen *Hotel de Bilderberg*, daher auch der Name der Gruppe, nachdem in den vorherigen Jahren bereits intensive Vorbereitungen und kleinere Treffen stattge-

funden hatten, organisiert von einem Mann, der in den Geschichts-
büchern kaum Erwähnung findet: Joseph Hieronim Retinger. Er ist
der geistige Vater von Bilderberg und dürfte seinerseits kaum Böses im
Schilde geführt haben, als er auf den Gedanken kam, die seinerzeit
stark angeknacksten transatlantischen Beziehungen zu verbessern und
dies durch klärende Gespräche in »trauter Runde« zu bewerkstelligen.
Zunächst ging es einfach nur darum, das Verhältnis zwischen den USA
und Europa wieder zu festigen und durch einen regen Austausch
sowohl Missverständnisse auszuräumen als auch Lösungen für die
anstehenden Probleme der Zeit zu finden. Für den Vorsitz der Gruppe
wählte Retinger einen Mann, dessen Rang unbestritten war, der als
Vermittler auftreten konnte, der einflussreich war, ohne aber aktiv an
politischen Entscheidungen teilzunehmen. In seinen Augen war der
beste Mann für diesen »Job« Prinz Bernhard der Niederlande. Er war
politisch interessiert, unterstützte die wesentliche Idee eines vereinten
Europa und gehörte dem Hochadel an. Retinger und der Prinz waren
sich bereits früher begegnet, die Brücke war hergestellt. So konnte das
Ziel schnell realisiert werden. Was dann Ende Mai 1954 an Persönlich-

Abb. 20: *Das* Hotel de Bilderberg. *Hier fand 1954 das erste Treffen der*
verschwiegenen Machtgruppe statt, die seither den Namen des Hotels
trägt.

keiten in jenem idyllisch gelegenen Hotel in Oosterbeek bei Arnheim zusammenkam, glich einem *Who's who* der Mächtigen – Spitzenpolitiker, darunter Ex-Regierungschefs und aussichtsreiche Kandidaten auf hohe Ämter, Industriemagnaten, Großbankiers, gekrönte Häupter. Insgesamt rund 80 Teilnehmer. Ein enormes Potenzial, das sich in den folgenden Jahren weiter und weiter ausbauen sollte. Beinahe ohne Ausnahme begegnen sich die Bilderberger jährlich einmal irgendwo auf der Welt in einem Luxushotel, das für die wenigen Tage dieser Geheimkonferenzen jeweils zur bewachten Festung avanciert.

Bald schon gab es im Kern der Bilderberger ein Steuerkomitee und eine Beratungsgruppe, die zwischen den zentralen Teilnehmern vermitteln konnte. Vor allem in jener Kerngruppe zeigen sich die USA mit einem Drittel gut repräsentiert. Während die generelle Gruppe, die zu 25 Prozent US-Teilnehmer zählt, sich von Treffen zu Treffen stets personell deutlich wandelt, bleiben die Angehörigen des Steuerkomitees über die Jahre hinweg weitgehend konstant erhalten. Hier ändert sich nicht viel. Bis heute beherrschen Persönlichkeiten wie David Rockefeller und Henry Kissinger das Bild.

Abb. 21: Intensiv-Bilderberger Henry Kissinger im Jahr 1976. In jenem Jahr fiel das hochgeheime Treffen aus – die von Prinz Bernhard der Niederlande ausgelöste Lockheed-Affäre sorgte für viel Wirbel, die Gruppe wollte weitere Publicity vermeiden.

Sie sind es, die die Konzepte festlegen – und die Politik, die in ihrem ureigensten Interesse gestaltet wird, stets mit Blick auf globale Macht. Natürlich konnten die durchaus auf eine aktive politische Einflussnahme ausgerichteten Absichten nicht über die vielen Jahre hinweg vollends im Verborgenen bleiben. Einige Teilnehmer der Treffen mochten sich den dort verhandelten Plänen nicht anschließen. Neben intensiven Recherchen durch investigative Journalisten, die auch das Umfeld der so geheimen und bestens abgesicherten Bilderberger-Treffen beleuchteten, waren es wiederum Insider, die solche Journalisten unter der Hand mit Informationen versorgten, was denn aktuell hinter den permanent hohen Mauern des Schweigens besprochen wurde. So drangen nach und nach wesentliche Informationen nach draußen, die ein erschreckendes Bild zeichneten.

Viele der hier gewonnenen Fakten zu künftigen Plänen der Bilderberger bestätigten sich bald in der Praxis. Hier machten plötzlich einige zuvor eher unbekannte Leute Karriere, denn sie passten perfekt ins Schema der Machtelite, andere verschwanden plötzlich wieder vom großen Parkett.

Kriege wurden mit fadenscheiniger Argumentation angezettelt, Krisen geschürt und Ereignisse nach Belieben manipuliert. Alles letztlich im Bestreben, die Wirtschaft, das Militär, die gesamte Gesellschaft zu globalisieren, nationale Identitäten zu »nivellieren« und jeden Bereich des öffentlichen Lebens nach Möglichkeit zu kontrollieren. Kein Wunder, dass sich als Beiname für diese Gruppe die Titulierung »Hohepriester der Macht und Globalisierung« einbürgerte. In deren Interesse wirken auch etliche der großen Medien, deren Vertreter ebenfalls in den Reihen der Bilderberger sitzen, unter der Bedingung, absolutes Stillschweigen über die internen Abläufe und Entscheidungen zu bewahren. Über Jahrzehnte hinweg haben sie sich daran gehalten; nur so konnte die Gruppe ihre Vorhaben umsetzen. Hierzu zählen unter anderem auch die Stärkung der UN als Weltregierung, eine Umformung der NATO zu einer Weltarmee, die Einrichtung eines globalen Rechtssystems, einheitlicher Märkte und einer Weltwährung, nicht zuletzt auch die Schaffung einer globalen Einheitsreligion.

In einer derart gleichgeschalteten Welt gäbe es wohl keine Kriege oder Krisen mehr, ein Traumzustand, ein Utopia. Was sollte man dagegenhaben, derlei friedliche Ziele umzusetzen?

Nun, das schier unerschöpfliche, globale Konfliktpotenzial dürfte Grund genug sein, die Umsetzung dieser Utopie zu fürchten. Eine aggressive Globalisierung kann nichts Gutes bedeuten, nichts Gutes bringen. Wie Gore Vidal es einmal in einem Buchtitel treffend formulierte: »Ewiger Krieg für ewigen Frieden«.

Dennoch, es geht weiter. Das Jahr 2010 brachte das nächste Bilderberger-Treffen. Allerdings gab es, wie eingangs schon erwähnt, gegenüber den Vorjahren doch einige mehr oder minder deutliche Unterschiede, diesmal interessanterweise nicht allesamt zugunsten der verfolgten Philosophie. Anfang Juni 2010 trafen sich die »Hohepriester der Macht« im luxuriösen *Dolce*-Hotel im Ferienort Sitges, Spanien. Sonne und Meer, doch ebenso wieder Heerscharen von Sicherheitskräften und eine Menge Machtpolitik, das war die vordergründige Atmosphäre. Dennoch war nicht alles wie gehabt. Die jahrelange Berichterstattung unabhängiger Medien und einzelner Journalisten schien langsam ihre Früchte zu tragen und die Öffentlichkeit bereits wachgerüttelt zu sein. Das bekam selbst »Bilderberg« zu spüren. Da nutzten auch die Verschwiegenheit und Abschottung nichts, die dieses Jahr die gesamte Szenerie beherrschte wie eh und je.

Heute will es einfach niemand mehr so recht glauben, dass sich die mächtigsten Menschen einfach einmal so für ein paar Tage zusammenfinden, ohne damit konkrete Absichten zu verbinden. Niemand unter den wirklich Mächtigen, dessen ohnehin knüppelvoller Terminkalender dies zuließe. Eine Begegnung dieser Art kann nicht einfach in ein Kaffeekränzchen auf höchster Ebene münden. Hier treffen Meinungsmacher, Entscheidungsträger und Ränkeschmiede insgeheim zusammen, um eben Meinungen auszutauschen, Entscheidungen zu fällen und Ränke zu schmieden. Und was für welche!

Nur, gegenüber früheren Jahren haben es die Teilnehmer allerdings nicht mehr so leicht mit dem Versteckspiel. Sie geraten zunehmend unter öffentlichen Druck. Hierzu gab es sogar Beschwerden vonseiten einiger Bilderberger. Sie waren aufgebracht über die gestiegene Publizität des Treffens. Ja, es gab einige, die jene Veränderung schon im Vorfeld feststellten und nicht riskierten, überhaupt zur Konferenz zu reisen. Sie fürchteten, von Aktivisten und Journalisten vor Ort abgelichtet und gleichsam »entlarvt« zu werden.

Alternative Medien und sogenannte »Verschwörungstheoretiker« sind also mittlerweile durch ihre Ausdauer einen Schritt weitergekommen und konnten auch überzeugend die so weitreichenden wie meist auch bedrohlichen Zielsetzungen der vermeintlich harmlosen Gruppe enthüllen. Vieles, was die »seriösen Medien« als geradezu lächerlich und konspirativ abkanzelten, was als »krude Verschwörungstheorie« bezeichnet wurde – übrigens eine Lieblingsformulierung erklärter Skeptiker –, das traf nun mit messerscharfer Präzision ein. Und wiederum ein Novum. Denn jetzt stimmen nicht mehr alle Massenmedien in den bequemen Tenor ein, sie spüren die Wende und den Bedarf, hierauf zu reagieren, dies möglichst noch einigermaßen rechtzeitig.

So waren im Umfeld des Bilderberg-Treffens von 2010 nicht nur die alternativen Berichterstatter zahlreich zugegen, sondern auffallenderweise auch einige Vertreter der etablierten Medien.

Gleichfalls spielten sich am Rande einige Veränderungen ab, die bemerkenswert erscheinen, so auch hinsichtlich der Sicherheitskräfte in ihrem Verhältnis zur anwesenden Presse. Natürlich wurde das Hotel vollends und rund um die Uhr in jeglicher nur denkbaren Weise bewacht – vom Wasser, vom Land und von der Luft aus. Weiterhin musste jeder Journalist, der mit einer langbrennweitigen Telekanone anrückte, genügend Vorsichtsmaßnahmen ergreifen, damit nicht er, seine teure Ausrüstung oder aber die kostbaren Aufnahmen einkassiert würden. Klar, die Sicherheitsdienste waren wie üblich nicht zuletzt darauf ausgerichtet, kompromittierende Bilderberger-Bilder tunlichst

Abb. 22: Ein Gegner des Bilderberger-Treffs 2010 in Sitges, Spanien, wird von den Wachtrupps überwältigt.

schon bei ihrer Entstehung zu unterbinden. Interessant aber: Diesmal zeigten sich einige Polizisten und Wachleute verständnisvoller. Da war ab und an sogar ein Lob zu vernehmen, ein Lob, das direkt an die unerschütterlichen Aufklärer ging: »Leute, was ihr macht, gefällt mir! Mach nur deine Bilder!« – »Ihr leistet gute Arbeit, ich mag die Typen da auch nicht!«

Es tut sich also auch hier etwas. Von den etablierten Medien waren unter anderem Vertreter von *The Guardian*, *Russia Today*, *USD France*, *T5 Spanish TV*, *Antena 3 TV*, *Spanish TV*, CNN+ in Spanisch, *TVE National Broadcasting* und viele andere zugegen. Ein bislang ungekanntes Aufgebot!

Die Bilderberger müssen zwangsläufig reagieren. So treten sie nun auch per Internetpräsenz auf, während früher nur sehr kurz gehaltene Pressemeldungen und Teilnehmerlisten veröffentlicht wurden, während die Konferenz bereits begonnen hatte oder sogar bereits vorüber war. Die Internetseite *www.bilderbergmeetings.org* wird als offizielle Website gehandelt und darf wohl als solche gelten. Sie reicht bis zum Bilderberg-Treffen von 2008 zurück und enthält natürlich keine wesentlich weiterführenden Informationen. Allzu viel erwarten dürfen wir hier insgesamt nicht, im Grunde geht es lediglich darum, sich einigermaßen reinzuwaschen. Die auf der entsprechenden Website präsentierte Agenda des 58. Bilderberger-Treffens von Sitges nennt in üblicher Kurzfassung die Hauptthemen der Konferenz, so auch in erster Linie die »Finanzielle Reform«, außerdem: »Sicherheit«, »Cybertechnologie«, »Energie«, »Pakistan«, das »Weltnahrungsproblem«, »Soziale Netzwerke«, »Medizinische Wissenschaften«, »EU-US-Verbindungen« und – aufgepasst: die »Globale *Abkühlung*«! Besinnt man sich in dieser Frage nun plötzlich des Gegenteils?

Wie weiter durchdrang, zeigten sich die Bilderberger besorgt hinsichtlich eines Kontrollverlustes. Dies ganz besonders mit Blick auf den Euro, was angesichts der Entwicklung kein Wunder ist. Auch mehren sich die Ängste, all jene Proteste gegen die weitgehend verdeckt vorgehende und unter Ausschluss der Öffentlichkeit beratende Gruppe könnten sich noch ausweiten.

Bilderberger-Experte Jim Tucker, der das Geschehen um die Globalisierer schon seit vielen Jahren intensiv verfolgt und auch Kontakte in die Gruppe hinein besitzt, erklärte seinerseits, die Globalisierer wollten durch einen US-Angriff auf den Iran nun auch von anderen Problemen und Schwächen ablenken – und sich selbstverständlich Kriegsprofite sichern.

Aus dem europäischen Lager waren jedoch Bedenken zu vernehmen. Immer wieder zeigt sich glücklicherweise, dass auch innerhalb dieser Elite keineswegs absolute Harmonie und Einigkeit herrschen, sondern bei aller Gleichschaltung und weitreichender planerischer Kongruenz doch auch Meinungsverschiedenheiten und Interessenkonflikte bestehen. So halten die Europäer den Angriff für keine gute Idee. Auch hinsichtlich der Steuerung der Wirtschaftskrise war Uneinigkeit feststellbar, denn eine gezielte Zuspitzung würde sich, so die Befürchtung einiger Bilderberger, unter Umständen wieder zu einer nicht mehr kontrollierbaren Situation ausweiten. Auch auf den vergangenen Bilderberger-Treffen wurde hier bereits kontrovers diskutiert.

Im Jahr 2010 waren natürlich auch Namen aus Deutschland auf dem Bilderberg zugegen. Darunter der Vorstandsvorsitzende der Deutschen Bank, Josef Ackermann, *Airbus*-Unternehmensleiter Thomas Enders, Siemens-Manager Peter Löscher, der stellvertretende Bundesvorsitzende der SPD Olaf Scholz sowie der Vorstandsvorsitzende der

Abb. 23: Ben Bernanke, Präsident des Federal Reserve Board, verlässt soeben das Bilderberger-Treffen von 2008.

Daimler AG, Dieter Zetsche. Letztgenanntes Unternehmen glänzte im Wortsinne auch mit einer Präsentation der neuesten Fahrzeuge, die an Ort und Stelle in Sitges stattfand.

Neben »Dauer-Bilderbergern« wie Henry Kissinger und Königin Beatrix der Niederlande nahmen zahlreiche weitere Größen aus Politik und Wirtschaft an dem Treffen teil, während David Rockefeller diesmal nicht in Erscheinung trat – warum, darüber lässt sich nur spekulieren, doch das Alter macht sicherlich auch vor Bilderbergern nicht halt. Wobei, Henry Kissinger war da. Exponiert schien aber 2010 vor allem *Microsoft*-Chef Bill Gates, der mit seinem ganz besonderen und außerordentlich humanen Programm aufwartete, unsere bedrohte Welt zu retten. Laut internen Quellen sprach er unter anderem über Bevölkerungskontrolle mittels Impfstoffen und einer Sterilisierung durch Ultraschall. Ja, die großen Philanthropen meinen es wirklich gut mit uns!

Und auf der offiziellen Seite geht es weiter darum, die Öffentlichkeit in die Irre ob der tatsächlichen Absichten zu führen. Denn auch hier fehlt der Hinweis nicht, dass die einzige Aktivität der Gruppe in jenem jährlichen Treffen bestehe. Und auch dort gebe es keinerlei Resolutionsvorschläge, keine politischen Entscheidungen, nichts. Beinahe schon unfassbar. Also doch nur ein Kaffeekränzchen, sonst nichts?

Tatsächlich aber bestätigt die Geschichte die zahlreichen politischen Entscheidungen auf »Bilderberg-Basis«, seien es einschneidende Ereignisse wie die große, künstlich generierte Ölkrise von 1973 oder der unvermittelte Zielwechsel von bin Laden auf Saddam Hussein im Juni 2002, seien es Umgruppierungen von Schachfiguren im großen Spiel und die Vergabe von Ämtern für willfährige Erfüllungsgehilfen. Was auch immer.

Zudem ist die große Konferenz natürlich das immer noch am meisten auffallende Ereignis rund um diese Elite, nicht aber das einzige. So treffen sich die Angehörigen des Steuerkomitees auch zwischendurch immer wieder, um ihre Richtlinien durchzugehen. Es sind also Treffen der eigentlich federführenden Kerngruppe, die als Steering-Komitee bekannt ist. So wurde auch der erste EU-Ratspräsident, Bilderberger Herman van Rompuy, kurz vor seiner »Wahl« vor Mitglieder dieser Kerngruppe zitiert – ein Bilderbuch-Beispiel für die politische »Inaktivität« der Bilderberger!

Mit dem Vertrag von Lissabon wurde 2009 die EU umstrukturiert. Bislang übernahm einer der europäischen Regierungschefs für sechs Monate den Vorsitz. Gleichzeitig führte er die Amtsgeschäfte seines Landes weiter. Dies schien nicht miteinander vereinbar. Durch die Kreation eines EU-Ratspräsidenten, der auf zweieinhalb Jahre gewählt wird und nicht gleichzeitig Regierungschef bleiben darf, wurde die EU deutlich gestärkt und vereinheitlicht, mit enorm viel Macht in einer Position.

Der umstrittene britische Abgeordnete Nigel Farage hatte van Rompuy in einer Rede vor dem Europaparlament Ende Februar 2010 heftig angegriffen. Hier nannte er den meist mystisch verschwiegenen Politiker – gelegentlicher Beiname »Sphinx« – »den stillen Mörder der europäischen Nationalstaaten«. Schon Ende 2009, genauer gesagt am 15. November 2009, nahm van Rompuy an einem Dinner der Kerngruppe von Bilderberg teil. Hier, in einem Schloss nahe Brüssel, habe er von 2009 als »dem ersten Jahr der Weltregierung« gesprochen. Wirklich zum EU-Ratspräsidenten *gewählt* wurde van Rompuy demnach nicht. Diese Entscheidung trafen die Bilderberger. Die Regierungschefs der einzelnen Länder hingegen beugten sich diesem Entschluss lediglich, nachdem die meisten ohnehin direkt oder indirekt auf die entsprechende Linie eingeschworen worden waren. So also werden Wahlen ausgeführt.

Abb. 24: Herman van Rompuy – dank Bilderberg der erste EU-Ratspräsident

Bereits vier Tage nach dem Dinner war es so weit, van Rompuy wurde zum ersten ständigen Präsidenten des EU-Rates bestimmt, um das Amt ab 1. Dezember 2009 offiziell auszuüben. Damit waren die Bilderberger wieder einen Schritt weiter. Doch langsam hebt sich der Mantel des Schweigens – die Öffentlichkeit verfolgt aufmerksamer denn je, was hinter den Kulissen geschieht. Und das ist gut so.

Die Akte Obama

Es war ein schwerer Schlag für US-Präsident Barack Obama. Die *Midterm-Elections* vom November 2010 verliefen mit katastrophalem Ausgang für ihn und die Demokraten. Bei der Kongresswahl standen insgesamt alle 435 Abgeordnetensitze zur Wahl. Obamas Demokraten hielten davon bislang 256 Sitze, nun waren es auf einmal nur noch 183, also 28 Prozent weniger! Eine riesige Schlappe, wie sie das Repräsentantenhaus seit 1948 nicht mehr erlebt hatte! Die Mehrheit war weg, von diesem Augenblick an konnte Obama ohne die Republikaner keine Gesetze mehr im Kongress verabschieden lassen. So blieb ihm nichts, als die politischen Gegner zur Kompromissbereitschaft aufzufordern, denn: »Keine Partei wird diktieren können, wie es nun weitergeht.« Wenigstens blieb die demokratische Mehrheit im Senat erhalten. Obama kann sein Vetorecht geltend machen, wobei manche eine politische Pattsituation befürchteten, eine gegenseitige Blockierung. Vor allem für etliche US-Bundesstaaten standen Veränderungen ins Haus, denn eine ganze Reihe von Gouverneursposten ging nun an die Republikaner. Der weitgehend demontierte Präsident zeigte sich demütig und erklärte: »Ich werde einen besseren Job machen müssen, genauso wie alle anderen in Washington auch.«

Seit der großartigen Wahl im November 2008 hatte sich wahrhaft viel geändert. Nichts war mehr übrig von dem grandiosen Glanz und jener einzigartigen Euphorie und Aufbruchstimmung, als der 44. Präsident der Vereinigten Staaten klar feststand. Amerika, die ganze Welt hatte auf den Erlöser gewartet. Mit Obama zog die Hoffnung ins Weiße Haus ein, die Überzeugung, nun werde alles anders. Dass er als erster Afroamerikaner ins Amt des US-Präsidenten gewählt wurde, schien einem Wunder gleich und auf ein Neues zu belegen, dass in Amerika nichts unmöglich ist. Unmöglich ist wahrhaftig zumindest kaum etwas, und so verlief alles auch anders als gedacht, leider. Mittlerweile haben die Amerikaner viel an Hoffnung und Vertrauen verloren. Sie erwarteten auch eine klare Strategie nach dem Granatenangriff des nordkoreanischen Regimes auf Südkorea am 23. November 2010. Vielleicht eine nervöse Reaktion auf ein vorausgegangenes südkoreanisches Truppenmanöver, vielleicht Provokation. Es gab immerhin Tote und Verletzte. Die Situation – wieder hoch angespannt. Nicht zuletzt auch, weil Nordkorea die Information preisgab, sehr gute Fortschritte bei der Anreicherung von Uran zu machen. Obama ließ nach dem Granatenangriff den Flugzeugträger *USS George Washington* vom Hafen im japanischen Yokosuka auslaufen, gemeinsame Seemanöver mit Südkorea folgten. Bis dahin hatte es in Obamas Nordkorea-Politik wiederholt Sanktionen und Gesprächsangebote gegeben, die Rede war von »strategischer Geduld«. Doch wie sieht es mit den Amerikanern und ihrer Geduld gegenüber ihrem Präsidenten aus, gerade auch innenpolitisch? Ein Traum scheint ausgeträumt. Blicken wir einmal kurz zu den biografischen Anfängen des Präsidenten zurück.

Barack Hussein Obama wurde in Honolulu, Hawaii, am 4. August 1961 geboren – dieses Datum wird uns später noch einmal beschäftigen. Obamas Eltern: Ann Dunham aus Kansas und der Kenianer Barack Obama sen., ein gemischtrassiges Ehepaar, das nach Hawaii gezogen war, um den damals noch sehr verbreiteten Anfeindungen in den kontinentalen USA aus dem Wege zu gehen. In einigen Bundesstaaten galten derlei Ehen sogar noch als Verbrechen.

Nach nur drei Jahren ließen sich die Eltern scheiden, der junge Barack Obama wuchs bei seiner Mutter auf und ging in Honolulu zur Schule. Seinen ersten Tag an der Punahou-Schule schildert er als Albtraum. Als die anderen Kinder den Namen des Jungen hörten, begannen sie zu kichern. Das steigerte sich dann, als die Lehrerin, die in Kenia gelebt hatte und das Land liebte, ihren neuen Schüler fragte, ob er denn wisse, welchem Stamm denn sein Vater angehöre. Barack Obama antwortete eher flüsternd: *Luo*, worauf ein Mitschüler einige affenartige Geräusche von sich gab und die ganze Klasse in schallendes

Gelächter ausbrach. Andere wollten wissen, ob denn sein Vater auch Menschen esse. Für Obama begann in den kommenden Jahren ein lange währender, quälender Kampf, ein innerer Konflikt zu seinen Wurzeln und dazu, wie er selbst zu seiner Herkunft stand, stehen wollte – oder konnte. In einer Autobiografie beschreibt er sich als »ein Abendländer, der nicht hundertprozentig im Westen zu Hause ist«, und als »ein Afrikaner auf dem Weg in ein Land voller Fremder«. 1987 stand Obama vor seinem Jurastudium an der *Harvard Law School*, nachdem er bereits seit 1979 am *Occidental College* in Los Angeles und anschließend an der *Columbia University* in New York studiert hatte. Dort jobbte er auf dem Bau und lebte in einer Wohngemeinschaft zusammen mit einem Freund aus Pakistan.

Nun aber, kurz vor seinem Jurastudium, war Obama bereits 26 Jahre alt und arbeitete mittlerweile als Sozialbetreuer in Chicago. Damals reiste er erstmals ins Land seiner Väter, in das Land, in dem auch sein Vater bis zum frühen Tod gelebt hatte. Mit gemischten Gefühlen betrat Obama den kenianischen Boden, doch legte sich die Befangenheit rasch. Denn hier konnte er sein, wie er eigentlich war, da er nicht mehr das Empfinden hatte aufzufallen. Daher, so schrieb er später, »erfüllte mich ein Gefühl der Freiheit, das daher rührte, dass man mich nicht beobachtete. Eine Freiheit, weil man weiß, dass die Haare genauso wachsen, wie sie wachsen sollen, und weil der Hintern bei jedem Schritt so schwingt, wie er schwingen soll ... Hier war die Welt schwarz, und hier war ich einfach nur ich.« Worte, die tief blicken lassen.

Zurück in den Staaten, war Barack Obama wieder mit den alten Problemen konfrontiert, aber er arbeitete konsequent weiter an seiner Ausbildung, um Karriere zu machen. Er hatte sich vorgenommen, seine Identität zu finden. Er wollte ein »Schwarzer in Amerika« sein.

Nach seinem Juraabschluss und einer exzellenten Promotion arbeitete er als Bürgerrechtsanwalt in Chicago und lehrte zwischen 1992 und 2004 Jura an der dortigen Universität. Seit 1997 war er Senatsmitglied und wurde am 3. Januar 2005 ins Amt des Senators von Illinois gewählt. Einen Tag vor der Vereidigung kam es auf einem Empfang im Weißen Haus zu einer bemerkenswerten Begegnung mit dem US-Präsidenten. George W. Bush meinte zu ihm: »Barack, kommen Sie, ich möchte Sie meiner Frau Laura vorstellen – Laura, du

82

erinnerst dich an Barack. Er war in der Wahlnacht im Fernsehen.« Was dann geschah, beschreibt Obama in seiner Biografie: Nachdem man sich gegenseitig begrüßt hatte, wandte sich Bush an seinen Berater, der ihm sofort Desinfektionsmittel auf die Hand goss.

Drei Jahre später kandidierte der weitgehend unbekannte Senator von Illinois und charismatische Redner dann für das Amt des US-Präsidenten. Das war im Februar 2007.

Abb. 25: Präsident Barack Obama in besseren Tagen

Zunächst gab niemand diesem Mann eine Chance. Ein Schwarzer im Amt des US-Präsidenten? Unmöglich! Überhaupt konnte es ein größeres Kontrastprogramm kaum geben, hier Bush, dort Obama, das war wirklich wie Schwarz auf Weiß. Doch die weiße Weste, die schien hier definitiv der Schwarze anzuhaben. Was hingegen in der Bush-Regierung während ihrer acht Jahre gelogen und verbrochen wurde, spottete jeder Beschreibung. Jetzt konnte es eigentlich nur besser werden, wenn, ja wenn Barack Obama das Szepter übernahm. Allerdings schien der Kampf aussichtslos, allein die Hautfarbe, allein der Name, allein die Herkunft, das alles passte so rein gar nicht zum bisherigen Image eines US-Präsidenten.

Der Demokrat Bill Clinton war zwar auch einer Schicht entstiegen, die abfällig als *White Trash – Weißer Müll* bezeichnet wird, doch alles Übrige schien bei ihm zu »passen«. Und dann war da Obamas Gegenkandidat der Republikaner. Kein Geringerer als John Sidney McCain III. – ein absoluter Renommier-Amerikaner, der wie ein Pokal umhergereicht wurde, ein Kriegsheld, der sechs Jahre als Kriegsgefangener in einem nordvietnamesischen Lager verbracht hatte. Schon aus den republikanischen Vorwahlen ging der erfahrene Politiker mit einem gigantischen Triumph hervor. Doch die Dinge nahmen ihren eigenen Lauf, und auch McCain beging während des Wahlkampfes schwere Fehler, die ihm viele wichtige Wähler kosteten. So auch, als er Sarah Palin als seine Kandidatin für das Amt des Vizepräsidenten ernannte. Palin, einst Bürgermeisterin von Wasilla, einer winzigen Gemeinde in Alaska, fiel vor allem durch relativ geringe Kompetenz auf, einmal abgesehen von ihrem gerne präsentierten Vorbau, der größer als jenes ziemlich stille Örtchen zu sein schien. Außerdem glänzte sie durch manche, selbst für die amerikanische »Think-Big-Mentalität« leicht überzogene Aktionen. Unter anderem schleppte die spätere Gouvernante, nein: Gouverneurin von Alaska gleich ihre gesamte Familie auf die Bühne eines republikanischen Parteitages oder ließ sich im Stars-and-Stripes-Bikini mit einem Gewehr im Anschlag ablichten.

Abb. 26: John McCain, Obamas Gegner bei den Präsidentschaftswahlen

Als dann allerdings bald bekannt wurde, dass gegen Palin in Alaska ein Verfahren wegen Amtsmissbrauchs lief und zudem noch ihre 17-jährige, ledige Tochter ein Kind erwartete, war es sogar innerhalb republikanischer Kreise aus mit ihrer weiteren Karriere.

Barack Obama wies seine Mitstreiter allerdings strikt an, kein negatives Wort über all dies zu verlieren. Er wollte einen sauberen

Wahlkampf führen und sich nicht zu persönlichen Angriffen herablassen. Dies hätte seinem eigenen, stets blitzsauberen Image weit mehr geschadet als seinen Gegnern auf der politischen Bühne, die ihrerseits wiederum weit weniger zimperlich mit ihm umgingen. Aber der Schaden für die Republikaner war ohnehin groß genug. Doch McCain hetzte weiter gegen Obama und versuchte, die öffentliche Aufmerksamkeit auf dunkle Punkte in dessen Vergangenheit zu lenken. So bezeichnete er seinen Gegner als verdeckten Marxisten und brachte eine Verbindung mit dem radikalen Erzieher William Ayers zur Sprache. Obama aber war zu dessen aktiver Zeit noch ein Kind. Und so ging es weiter mit teils üblen Anschuldigungen und ebenso üblen Versuchen, ihn zu zerlegen. Doch Obama wurde Präsident, und (fast) die ganze Welt jubelte.

Die Enttäuschung folgte dann allerdings recht bald, als klar wurde, dass sich nichts so recht bessern wollte in den Vereinigten Staaten, dass auch die Politik sich nicht ausreichend und wesentlich änderte. Obama konnte die an ihn gestellten Erwartungen nicht erfüllen. Die grundlegende Politik blieb dieselbe, man konnte es kaum fassen. Wie war das möglich?

Sicherlich ging Obama mit guten und ehrlichen Absichten in sein Amt. Er hatte eine Vision, er wollte die Dinge anpacken und im Guten verändern. Er hatte sich hohe Ziele gesteckt, auch im Moralischen. Er meinte es gewiss ernst, wenn er sagte: »Wir wollen kein Amerika, in dem eine mächtige Regierung unser Leben für uns führt; wir wollen ein Amerika, in dem jeder Amerikaner die Chance hat, das Beste aus seinem Leben zu machen«, und wohl auch, wenn er erklärte: »Unser eigenes Seelenheil ist untrennbar mit dem kollektiven Seelenheil verknüpft.« Er war nur auf eines nicht wirklich vorbereitet: auf das Amt des Präsidenten der Vereinigten Staaten.

Um aber dorthin zu gelangen, musste er auf diesem langen Weg ohne jeden Zweifel auch mit den Wölfen heulen. Somit musste und muss er dem »Establishment« nahestehen.

Als Senator hielt Obama im Jahr 2005 eine Rede vor dem *Council on Foreign Relations* (CFR). Diese Organisation mit mehr als 4000 gewählten Mitgliedern gilt als führende »Politikerschmiede« der USA und wirkt als wesentlicher Motor der Globalisierung und der Machteliten. Nicht nur amerikanische Politiker gehören diesem Kreis an, auch US-Spitzenjournalisten und Persönlichkeiten des öffentlichen Lebens, darunter die Schauspielerin Angelina Jolie oder – seit 2010 – ihr Kollege George Clooney. Publicity, von der übrigens Obama sagt, sie sei ihm suspekt, womit er gewiss recht hat, wird auch vom CFR für die eigenen Interessen genutzt. Ohne Verbindungen ins Establishment hinein wird niemand Präsident. Das gilt selbstverständlich auch für Barack Obama. Natürlich entstehen sehr schnell deutliche Abhängigkeiten. In die Obama-Wahlkampagne flossen aus klaren Strukturen der Machtelite hohe Summen – so auch von *JP Morgan*, *Goldman Sachs*, den historischen *Lehman Brothers*, *Time Warner*, *Google* und anderen großen Unternehmen.

Doch Obama wollte die Politik seines Vorgängers umkrempeln und ging mit lauteren Absichten in den Kampf, den er nicht wirklich gewinnen konnte. Jener Kontrast aber, der grundsätzlich und klar zwischen ihm und George W. Bush besteht, löste sich erschreckend bald in Wohlgefallen auf, was zu einer letztlich vielfach identischen Politik führte. Genau dies belegt doch, dass in Wirklichkeit andere am Ruder sitzen und dass US-Präsidenten eben nicht die mächtigsten Männer der Welt sind, sondern lediglich Frontmänner, Marionetten der Mächtigen, von denen sie gänzlich abhängen. Hier zeigt sich kristallklar, dass Hintergrundkräfte am Wirken sind, die deutlichen Einfluss auf die großen Staatsmänner nehmen und deren Entscheidungen diktieren, egal, welche Überzeugungen die einzelnen Präsidenten der USA auch immer vertreten mögen. Diese Kräfte sind überparteilich. Präsidenten kommen und gehen. Aber die Macht bleibt.

So, und wohl nur so, ist die große Enttäuschung letztlich vollends zu begreifen, die eine Legende innerhalb von nicht einmal zwei Jahren komplett zerlegt hat.

Anscheinend gab es da auch einige Merkwürdigkeiten in Obamas Biografie, die manchen Zeitgenossen stutzig machten. Und so begannen Fragen die Runde zu machen und vor allem das scheinbar allwissende Internet zu bevölkern. Ist Obama überhaupt gebürtiger Amerikaner? Welcher Konfession gehört er an? Warum gibt es keine Informationen über seine Zeit an der Columbia-Universität? Ist Obama vielleicht eine CIA-Marionette? Was trieb er im Jahr 1981 in Pakistan? Diese und noch etliche Fragen mehr bewegten nicht nur die Republikaner.

Einige dieser Aspekte schienen wirklich einer näheren Betrachtung wert. Beispielsweise der CIA-Aspekt. Bill Clinton war als Student an der britischen *Oxford University* von der CIA rekrutiert worden. Später, als Gouverneur von Arkansas, schützte er die düsteren Aktivitäten am *Mena Airport* und in den Wäldern der Region, wo in den 1980ern die »drug drops« stattfanden, Abwürfe von Drogenpaketen im Millionenwert. Wer diesen Operationen zu nahe kam, wurde eiskalt umgebracht. Und Clinton sorgte dafür, dass sich die Polizei niemals zu gründlich um die Vorgänge dort draußen kümmerte.

Barack Obama seinerseits soll bereits in den Jahren zwischen 1979 und 1981 rekrutiert worden sein. In dieser Zeit gab es einige auffallende Veränderungen in seinem Leben, insgesamt aber sind jeweils relativ wenig Details bekannt. So auch hinsichtlich einer Pakistan-Reise, die er ebenfalls 1981 unternahm. Nachdem er zwei Jahre das *Occidental College* in Los Angeles besucht hatte, zog es ihn 1981 nach New York an die *Columbia University*. Er lebte zunächst in der 142 West 109th Street, dann in einem Wohnhaus in der 339 East 94th Street der Upper East Side, doch Konkretes über seinen Uni-Aufenthalt bleibt im Dunkel. In New York studierte er politische Wissenschaft und internationale Beziehungen, was natürlich zwangläufig sehr nach CFR-Nähe klingt. Seine Studienarbeit gilt als verschollen, ebenfalls eigenartig. Dazu gehen Gerüchte, wohlgemerkt: *Gerüchte*, Obamas betreuender Professor sei damals der weithin bekannte Zbigniew Brzezinski gewesen, der engste Verbindungen zur CIA vorweisen kann und später als Berater bei Obamas Wahlkampf auftrat.

Auffallend, dass Barack Obama während der Kampagne nicht über seine New Yorker Zeit sprach, einigen Behauptungen zufolge gab es auch keinerlei Kommilitonen, die sich an ihn erinnern konnten, während die Columbia-Universität selbst stolz auf ihn als Absolventen des Jahres 1983 verweist. In einem Artikel der *New York Times* wurden 2009 allerdings Auszüge aus dem Studentenregister der Universität veröffentlicht, in denen Obama erscheint, dort wird auch über Phil Boerner berichtet, der sich an Obama erinnert, da er während des ersten Jahres die Studentenwohnung mit ihm teilte. Natürlich lassen sich solche Informationen fälschen und darüber hinaus genügend Zeugen kaufen, nur welchen Sinn sollte das Ganze ergeben? Nicht zu vergessen ist, dass die vermeintlichen Lücken in Obamas Columbia-

Zeit während des Wahlkampfes von der oppositionellen Seite ins Feld geführt wurden!

Da ist dann wohl schon bemerkenswerter, dass Obama nach dem Abschluss seines Studiums ausgerechnet bei der *Business International Corporation* (BIC) arbeitete, einem New Yorker Unternehmen zur Wirtschaftsberatung. Sie galt als Tarnfirma der CIA, zumindest aber hatte einer der Gründungsväter der BIC früher dafür gesorgt, dass CIA-Agenten im Ausland verschiedene Jobs zur Tarnung erhielten. Die Beschreibung, die Obama in seiner Autobiografie gibt, klingt schon merkwürdig verklausuliert, wenn er sagt, er habe damals als Forschungsassistent in einem großen internationalen Unternehmen gearbeitet. Sein Aufstieg in dieser Firma war enorm. Bald war er Optionsverkäufer und bekam ein fantastisches Gehalt, beinahe wusste er nicht, wohin damit.

Dann die nächste Seltsamkeit: Er verließ die Firma, und zwar aufgrund eines seltsamen Anrufs. Sein Halbbruder, für ihn allerdings ein völlig Fremder, war in Afrika bei einem Motorradunfall ums Leben

Abb. 27: Angeblich redet Obama nicht gern über seine Zeit an der Columbia-Universität. Hat er etwas zu verbergen? Doch schien es damals bald andere geheimnisvolle Verbindungen zu geben.

gekommen. Angeblich besann er sich dadurch plötzlich der wirklich wichtigen Dinge des Daseins, das er nicht als besserer Büroangestellter vertun wollte. Kurz darauf war er Praktikant bei einem Sozialbetreuer. Man kann sagen, was man will, eine eigenartige Geschichte war das schon, und da stellt sich unweigerlich die Frage: Was geschah damals wirklich?

Was auch immer es war, die CIA-Verbindung ist nicht nachgewiesen, doch scheint sie zumindest nicht abwegig. Fachkundige Beobachter haben auch darauf aufmerksam gemacht, dass Obamas rhetorische Fähigkeiten sowie auch seine Gestik bestimmten Mustern folgen, die nur von wenigen Experten beherrscht werden, und genau dies bewirke seine enorme Suggestivkraft, seine Ausstrahlung und den enormen Erfolg seiner Auftritte. Seine Techniken beruhten auf Erkenntnissen des Psychologen Milton Erikson, des Anthropologen Gregory Bateson – übrigens war Obamas Mutter Anthropologin – und des NLP-Mitbegründers Richard Bandler. Das *Neurolinguistische Programmieren* (NLP) ist eine suggestive sprachliche Methode, die auch zu therapeutischen Zwecken eingesetzt wird. Wo Obama diese spezielle Ausbildung erfahren hat, wenn überhaupt, geht aus keiner zuverlässigen Quelle hervor. Gesichert aber ist sein Verhalten gegenüber der CIA. Und das führt direkt zu der Diskussion über das im Jahr 2002 durch die Bush-Administration errichtete US-Schreckenslager von Guantanamo Bay auf Kuba. Seit der Begründung des ersten dortigen Gefangenenlagers, *Camp X-Ray*, wurden nach der US-Afghanistan-Invasion mehr als 1000 Terrorverdächtige und angebliche Mitglieder der *Al-Qaida* dorthin verschleppt, ohne Aussicht auf ein rechtmäßiges Verfahren. Sie verblieben dort unter dem Status »ungesetzlicher Kämpfer« und wurden brutalsten Foltermethoden ausgesetzt.

2004 bestätigte ein Pentagon-Bericht erstmals den Kanon des Grauens: Reizentzug, Schlafentzug, Anketten in Fetalposition, massive Drohungen hinsichtlich der Familien, sexuelle Demütigung, Verreiben von angeblichem Menstruationsblut im Gesicht, Injektionen mit Hundebandwurm-Zysten, Schläge auf die Hoden, Urinieren auf den Kopf, Verschmieren von Exkrementen auf den Gefangenen. Neben diesen Abscheulichkeiten zählte zu den mittlerweile bekanntesten Foltermethoden das »Waterboarding«, um dem Gefangenen das definitive Gefühl des Ertrinkens zu vermitteln. Dies alles mit Wissen der obersten Regierungsetagen! Auch gab es Berichte von Misshandlungen, die zum Verlust kompletter Gliedmaßen führten.

Während der Präsidentschaftskampagne bezeichnete Barack Obama die Hölle von Guantanamo als »trauriges Kapitel der amerikanischen Geschichte« und versprach damals, dieses Lager im Jahr 2009 schließen zu lassen. Nach der Amtsübernahme erklärte er am 22. Januar 2009 auch, die Regierung aufgefordert zu haben, die Strafverfolgung sämtlicher Gefangener dort für 120 Tage einzufrieren, um die Einzelfälle noch einmal überprüfen zu können.

Abb. 28: Proteste gegen Folter auf Guantanamo Bay

In der Ausnahmebestimmung, die er am nächsten Tag unterzeichnete, ordnete er die Schließung von Guantanamo innerhalb eines Jahres an. Wie sich dann herausstellte, existierten keine umfassenden Akten zu vielen der Häftlinge, allein die Zusammenstellung dieses Materials würde Monate kosten. Der Senat stimmte wegen der entstehenden Kosten mit 90 zu sechs Stimmen gegen eine Schließung!

So konnte Obama den versprochenen Schließungstermin nicht einhalten und verschob die Umsetzung auf 2010, ohne einen weiteren

Termin zu nennen. Für den Dezember 2009 hatte er lediglich eine formelle Schließung des Lagers und die Verlegung der Gefangenen in die Thomson-Haftanstalt nach Illinois angeordnet.

Insassen von Guantanamo berichteten darüber, dass die Demütigungen und Misshandlungen seit Beginn der Präsidentschaft Obamas wieder angestiegen seien. Und dies wohl ohne jede Anweisung von oben. Offenbar befürchteten einige Aufseher tatsächlich die bevorstehende Schließung und wollten ihre fragwürdige Machtposition und die brutalen Spielchen noch einmal auf die Spitze treiben und so richtig auskosten, bevor all dem ein offizielles Ende gesetzt würde.

Der über jedes Maß hinaus unmenschliche Umgang mit den Gefangenen ist die eine Sache, der Umgang mit den Ausführenden eine andere. Gegen George Bush, der all jene Qualen zu verantworten hätte, kann Obama nichts ausrichten, ebenso wenig gegen Dick Cheney, einen glühenden Verfechter des Waterboarding. Der Ex-Vizepräsident lobte Effektivität und Erfolge der »US-Verhörpraktiken« und zeigte sich verärgert, warum die Regierung Obama zwar bislang geheime Akten hierzu vorlegte, nicht aber die Beweise für die Wirksamkeit der Methoden. Um dies zu erreichen, wandte sich Cheney an die hierfür wohl am besten geeignete Behörde, den Auslandsgeheimdienst CIA. Dort aber hielt man sich lieber heraus – und schwieg. Ohnehin das Beste, was ein Geheimdienst tun kann. Und der frisch gewählte Softie an der Regierungsspitze verstand ohnehin nichts von alledem und untersagte Waterboarding als Verhörpraxis. Nur, wenn es um die CIA ging, blieb er äußerst vorsichtig.

Obwohl Namen, Akten und Aktionen bekannt waren und somit die Schuldigen zur Rechenschaft hätten gezogen werden müssen, hielt sich Obama bedeckt, anstatt die Verbrecher vor Gericht zu bringen. Kein mitbeteiligter CIA-Agent aber wurde auch nur angetastet! Keiner der Folterknechte wurde bestraft, auch die CIA-Mannen durften ihre weißen Westen anbehalten. Denn ihr charismatischer Präsident wollte gewiss nicht den gleichen Fehler begehen wie John F. Kennedy nach der misslungenen Kuba-Invasion von 1961. Die zweifelhafte Logik zu Guantanamo: Das alles geschah zu Zeiten von George Bush und war damals legal. Heute sieht das anders aus. Allerdings fragen einige zu Recht, wie denn eine Extreminterpretation der salomonischen Entscheidung Obamas beschaffen wäre, wo dann überhaupt noch die

Grenzen liegen und wo die Präzedenzfälle. Kriegsverbrecher und die Frontfiguren totalitärer Regime hätten, nach den gleichen Regeln behandelt, ziemlich leichtes Spiel (gehabt).

Der CIA sollte jedenfalls der überbordende Großmut Obamas durchaus recht sein, und so erntete der neue Präsident auch euphorischen Beifall, als er am 5. Februar 2010 im CIA-Hauptquartier in Langley, Virginia, vor mehr als 1000 CIA-Mitarbeitern sprach und unter anderem dabei betonte: »Wir brauchen Sie mehr denn je. In einer sich ständig verändernden Welt, wo neue Gefahren ganz plötzlich auftauchen, benötigen wir Sie, um gegenüber unseren geschickten Feinden einen Schritt voraus zu sein.« Das war auch Balsam für die Ohren von Leon Panetta, dem amtierenden Chef der so verschwiegenen Behörde. Der CIA-Direktor versicherte den Präsidenten seiner völligen Loyalität und der kompletten Abkehr von fragwürdigen Verhörmethoden – nun, schließlich muss der Präsident ja auch nicht alles wissen!

Die vielen Fragen, die von eher skeptisch eingestellten Beobachtern zur Person Obamas aufgebracht wurden, werden in vielerlei Hinsicht erst einmal unbeantwortet bleiben, zumindest wenn es um beweisbare Antworten geht. Auch für die Behauptung, Obama sei Moslem – was er selbst negiert –, gibt es offenbar bis heute keinerlei gültige, bekannte

Abb. 29: Präsident Barack Obama in schlechteren Tagen

Belege. Angesprochen werden hier natürlich Herkunft sowie auch Äußerungen aus früheren Jahren. Da kommt auch die strikte Trennung von Kirche und Staat ins Gespräch, vor allem laut einer Meldung vom Mai 2010. Der darauf gründende Beschluss der Obama-Administration, verarmenden Christen in sozialen Einrichtungen das Beten vor den Mahlzeiten zu untersagen, stieß auf einigen Unmut. Gleichzeitig fand trotz aller Terrorgefahren und Terrorermittlungen eine bald anachronistisch zu nennende und in jedem Fall paradoxe Entwicklung an amerikanischen Universitäten und Flughäfen statt: nämlich die staatliche Finanzierung neuer Gebetsräume für Muslime, ebenso auch die Einrichtung von Becken für rituelle Fußwaschungen. Letztlich würde damit auch das am 26. Oktober 2010 verhängte Todesurteil gegen Tariq Aziz in ein anderes Licht rücken. Der betagte, zum Zeitpunkt des Urteils bereits 74-jährige Ex-Außenminister des Iraks wurde durch ein von den Vereinigten Staaten installiertes Regime zum Tode durch den Strang verurteilt. Aziz gehört der chaldäischen Kirche an, einer christlichen Glaubensgemeinschaft. Aus diesem Grund reagierte auch der Vatikan umgehend auf den Richterspruch und protestierte gegen den Vollzug. Wenn auch kein direkter Zusammenhang zu Obama und vor allem seiner religiösen Haltung besteht, steckt im Fall das Potenzial eines echten Politikums. So stellt Kopp-Autor Udo Schulze in einer Online-Meldung vom 29. Oktober 2010 fest: »Für US-Präsident Obama eine nicht ungefährliche Entwicklung, zeigt sie doch, dass er in Wirklichkeit überhaupt nicht in der Lage ist, freiheitliches Denken, Demokratie und Humanität in den Irak zu bringen. Das Implantat ›westliche Werte‹ wird vom irakischen Körper abgestoßen, trotz aller Operationsversuche. Obama, dem zu Hause der Wind eiskalt ins Gesicht bläst, muss sich im teilweise stark christlich geprägten Amerika darauf einstellen, dass seine konservativen Gegner in der Heimat das Todesurteil gegen einen Christen aufgreifen werden, ob der Präsident nun Moslem oder Christ sei. Er selbst hat sich klar zum Christentum bekannt.«

Es gibt natürlich ohnehin Fragen, die ad nauseam diskutiert werden können, mit dem Ergebnis der Ergebnislosigkeit. So verhält es sich auch mit der Frage nach Obamas Geburtsjahr.

Wie schon erwähnt, spielt das Datum seiner Geburt hier eine besondere Rolle, da sie in eine Zeit fällt, die kurz nach der Aufnahme

Hawaiis in den Reigen der US-Bundesstaaten liegt. Dies war am 21. August 1959 der Fall. Zuvor war die Insel das »Territory of Hawaii« und zählte nicht zu den Vereinigten Staaten von Amerika. Wäre also Obama vor diesem Datum geboren worden und somit knapp zwei Jahre älter als offiziell dargestellt, fehlte ihm unmittelbar auch die Legitimation zum US-Präsidenten, der laut Verfassung ein »natural born citizen« der USA sein muss. Kein Nichtamerikaner kann US-Präsident werden. Eine alles entscheidende Frage also! Und auch sie kam natürlich während des Wahlkampfes auf. So legte Obama im Juni 2008 präventiv den Scan seiner Geburtsurkunde vor, um die Zweifel auszuräumen. Bald kamen allerdings auch hier Fragen zur Echtheit auf, die Unterschrift schien nicht zu passen, Papier und Siegel ließen sich anhand der Kopie nicht prüfen.

Später bestätigte der Chef der Gesundheitsbehörden von Hawaii die Geburt und das Datum. Rechercheure hielten schließlich das Geburtszertifikat selbst in der Hand, die *Certification of Live Birth*. Sie aber war letztlich nichts als eine notariell bestätigte Abschrift des originalen Zertifikats, des *Certificate of Live Birth*. So gestaltete sich die

Abb. 30: Obama unter Beschuss – Gegner führten auch Zweifel an der Geburtsurkunde ins Feld.

Geschichte immer verwirrender. Auch wurde von juristischer Seite die Möglichkeit eines im Ausland geborenen, dann aber in Hawaii adoptierten Kindes vorgebracht, wodurch eine neue Geburtsurkunde erstellt worden sein könne. Einigen Theorien zufolge wurde Obama in Kenia geboren, Barack Hussein Obama senior sei auch nicht sein Vater. Wenn wir nun noch weiter spekulieren und davon ausgehen, dass Obama tatsächlich zwei Jahre früher zur Welt kam, könnte es sein, dass seine Eltern ihm diese Information vorenthielten und er selbst nie davon wusste. Durch welche Manipulation auch immer wäre es ihnen damit gelungen, ihren Sohn zu einem US-Amerikaner von Geburt werden zu lassen. Vielleicht, weil sie ahnten, dass aus ihm etwas Großes werden würde. Sein Vater soll es ihm prophezeit haben. Übrigens hatte Obamas Familie dem jungen Barack auch vieles über dessen Vater berichtet, was ebenfalls nicht stimmte.

Nur, Beweise für jene Theorie einer »Frühgeburt« gibt es nicht. Letztlich könnte man auch behaupten, die Dokumente, die den 4. August 1961 als Geburtsdatum nennen, seien alle zum Schutz Obamas erst im Nachhinein erstellt worden. Dann müsste das allerdings auch auf die Scheidungspapiere der Eltern zutreffen, in denen als Geburtsdatum des Sohnes ebenfalls der 4. August 1961 genannt wird. Außerdem war da noch eine kurze Geburtsanzeige, die am 13. August 1961 im *Honolulu Advertiser* erschienen war. Auch sie bestätigt, dass »Mr. and Mrs. Barack H. Obama, 6085 Kalanianaole Hwy« am 4. August 1961 Eltern eines Sohnes geworden waren. Diese kurze Anzeige scheint mittlerweile sogar der beste Beweis dafür, dass Barack H. Obama II., Geburtsurkunde Nummer 151-1961-010641, wirklich als US-Bürger auf die Welt kam.

Die politischen Gegner nutzten allerdings jede Chance weidlich aus, um Obama aus dem Rennen zu werfen und zu diffamieren. In »Wahnsington« ist sowieso alles möglich. Und es dauerte nicht lange, da glichen sich einige Handlungsweisen Obamas und seines Vorgängers Bush deutlich an, trotz der völlig unterschiedlichen Startbedingungen, trotz der völlig unterschiedlichen Charaktere. Obama zählt(e) gewiss zu den großen Hoffnungsträgern, die auch glaubten, ihre Vision wirklich umsetzen zu können, dann aber unter dem Machtdruck Washingtons nicht auf Dauer zu bestehen vermochten. Es ist immer noch etwas anderes, Präsident zu werden und Präsident zu sein.

Wie schon im Falle einiger Präsidenten vor Obama, sogar lange vor ihm, griff der unsichtbare »Krake« der Hintergrundkräfte nach jener neuen Marionette der Macht, um sie sich einzuverleiben.

Schon Anfang des vorigen Jahrhunderts hatte Woodrow Wilson diese düstere Hintergrundkraft erkannt – allerdings ebenfalls zu spät – und prangerte sie in deutlichen Worten an, genauso später John F. Kennedy. Auch bei Obama findet sich die persönliche Erkenntnis einer drückenden Gegenwart von Hintergrundkräften wieder. Bestimmte Äußerungen lassen dies zumindest andeutungsweise erkennen. So erklärte Barack Obama einmal: »Unsere Regierung in Washington scheint unfähig zu sein, vernünftig und praktisch zusammenzuarbeiten. Die Politik ist so verbittert und parteigebunden geworden, so sehr von Geld und Macht korrumpiert, dass wir nicht in der Lage sind, unsere großen Probleme auszuheben.«

Wie sich immer mehr zeigt, konnte auch der 44. Präsident der Vereinigten Staaten mit der Amtsübernahme nicht einfach alles umkrempeln und das alte System verändern. Er konnte die ehernen Gesetze der »Schattenkräfte« nicht ausheben. Diese wohl wiederum zu späte Erkenntnis, als »mächtigster Mann der Welt« in einem deutlichen Abhängigkeitsverhältnis zu stehen, muss recht bitter schmecken! Es ist der Augenblick, in dem eine Marionette ihre Fäden entdeckt! Was dann folgt, kann im Grunde nur noch schlimmer sein: der Moment, in dem sie dann auch den Spieler und sein wahres Gesicht erkennt!

Die Abhängigkeit führte zu einer Politik, die in nahezu keinem Bereich die an Barack Obama gestellten Erwartungen erfüllte. Der Kontrast ist hier besonders deutlich, denn eigentlich kam Obama doch als Heiland, aber nun wünschte ihn bald jeder aufs fernste Eiland!

Auch in militärischer Hinsicht erfüllte »der Neue« im Weißen Haus nicht die geringsten Hoffnungen auf echte Abrüstung. Selbst der gleich zu Anfang seines Wirkens verliehene Friedensnobelpreis nützte da nichts. Ohnehin wunderten sich viele, warum Obama so schnell mit dieser besonderen Ehrung ausgezeichnet worden war. Doch wie es aussieht, sollte er damit in die Pflicht genommen werden. Nur, wie gesagt, auch dieser Akt nützte nichts. Kein US-Präsident vor ihm investierte so viel Geld in die Kriegsmaschinerie. Und im April 2010 wurde der Geheimplan bekannt, dass Obama die in elf Bunkern in der

Eifel gelagerten taktischen Nuklearwaffen »modernisieren« und durch neue Bestände ergänzen wolle. Welch ein Geschenk! Da fragt sich nur, wer wiederum Obama diesen einmaligen Vorschlag machte!

Oh Mama, Obama! In der ersten Hälfte seiner Amtszeit bis zur *Midterm-Election* im November 2010 hatte sich sein Bild in der Öffentlichkeit wahrhaft massiv geändert. Schon im Oktober drangen erste Gerüchte nach draußen, der Präsident leide an schweren Depressionen. Damals prognostizierte F. William Engdahl den Ausgang der November-Wahlen, »bei denen die Demokraten mit ziemlicher Sicherheit die Mehrheit im Kongress verlieren werden«. Er erinnerte auch daran, dass zu diesem Zeitpunkt bereits mehrere demokratische Kandidaten es ablehnten, zusammen mit Obama aufzutreten. Und ein Ex-Insider des Weißen Hauses begann unter der Bedingung der Anonymität, ein Interview über die aktuellen Vorgänge dort zu geben. Die Spannungen befänden sich demnach in einem kritischen Stadium, es »gibt unsägliche Auseinandersetzungen der Mitarbeiter untereinander«, so diese Quelle, die auch erklärt: »In jüngster Zeit hat sich der Präsident emotional immer stärker von den täglichen Anforderungen, die das Amt an ihn stellt, zurückgezogen – er sei ›leer‹ geworden, wie mir beschrieben wurde … Seine natürliche Distanz ist inzwischen fast chronisch, es geht so weit, dass die Stabsmitglieder in seiner Umgebung beunruhigt sind. Allem Anschein nach leidet Präsident Obama an einer schweren Depression … Er ist furchtbar deprimiert, er war auf seinen Job als Präsident der Vereinigten Staaten einfach nicht vorbereitet … Es war doch so: Obama hat geglaubt, seine Fähigkeit, Reden zu halten, genügte – was sich jetzt als schwerer Fehler von seiner Seite erweist. Und mit dieser Realität wird er nicht besonders gut fertig.«

Diese Depressionen sprechen wohl für einen Charakter, der es mit seiner Vision ernst meinte. Eine Vision, die sich einfach nicht umsetzen ließ.

Der Journalist, Politikwissenschaftler und Geheimdienstexperte Udo Ulfkotte erklärte am 5. Oktober 2010, Obama sei »in der eigenen Bevölkerung derzeit nur noch unwesentlich beliebter als Mundgeruch. Die Mehrheit der Bevölkerung möchte ihn nach den jüngsten Umfragen so schnell wie möglich endlich wieder loswerden.«

Vom Charisma nun also zur Karies? Faul scheint jedenfalls tatsächlich so einiges an der Situation im Weißen Haus zu sein – wobei man fairerweise ergänzen muss, dass dies eigentlich der Normalzustand dort ist. Viele waren sich aber gegen Ende des Jahres 2010 darin einig, dass Obama nur eine Chance hat: nämlich das zu tun, was wiederum etliche US-Präsidenten vor ihm auch taten, wenn ihre Beliebtheit im Volk auf einen Tiefpunkt sank. Und das war: äußere Gefahren ins Rampenlicht rücken, einen Feind provozieren oder produzieren. Jedenfalls einen gefährlichen Gegner schaffen, der für Geschlossenheit im eigenen Lande sorgt.

Offiziellen Berichten zufolge sind Anfang Oktober 2010 einige deutsche Terrorunterstützer bei einem amerikanischen Drohneneinsatz im afghanisch-pakistanischen Grenzgebiet getötet worden. Zeugen wurden jedoch nicht präsentiert. Mindestens genauso seltsam war eine US-amerikanische Terrorwarnung für Deutschland, obwohl nicht einmal der bekanntlich bestens informierte israelische Geheimdienst irgendwelche Hinweise auf einen bevorstehenden Anschlag erhalten hatte. Offenbar also geht es nur um Stimmungsmache, Panikmache.

Auch der Ex-Offizier und Autor Wolfgang Effenberger sah zu jenem Zeitpunkt für Obama die einzige Chance in einschneidenden außenpolitischen Entscheidungen, um letztlich den Iran-Krieg einzuläuten, und verwies auf das Paradox, dass Obamas Rettung offenbar einzig und allein in George Bushs eiserner Devise »Krieg gegen den Terror« liegen dürfte. Diesem Szenario folgend würde, was wiederum ziemlich paradox ist, ausgerechnet ein Friedensnobelpreisträger den Iran-Krieg begonnen haben. Doch Effenberger erinnert an eine Äußerung, die Obama Ende 2009 in Oslo machte: »Eine gewaltlose Bewegung hätte Hitlers Armeen nicht gestoppt, und Verhandlungen werden die Anführer von *Al-Qaida* nicht überzeugen, die Waffen niederzulegen.« Schon zu einem früheren Zeitpunkt hatte Barack Obama einmal gesagt: »Ich bin nicht gegen alle Kriege, ich bin nur gegen dumme Kriege.« Dass die Waffen am Ende erneut sprechen werden, das ist wohl so sicher wie das Amen in der Kirche.

2.
Skandale 2010

Finanzkrise 2010 –
Was vom Geld bleibt

Gleich der Beginn des Jahres 2010 war von einem Erdbeben in der Finanzlandschaft Europas charakterisiert. Was hier geschah, bestand nicht »einfach« im sich bereits länger abzeichnenden finanziellen Kollaps Griechenlands, sondern entwickelte sich aus skrupellosen Spekulationen und skandalösen Geheimabsprachen. Mittlerweile durchzieht ein bedrohliches Geflecht die EU, einem Hexenring im Walde gleich. Hier ist vieles miteinander eng vernetzt, was zunächst kaum einen Zusammenhang zu offenbaren scheint.

Seit Januar 2010 verrutschte die seit Jahren ohnehin labile Situation zuungunsten des Euros. Während dieser in den freien Fall überzugehen schien, erholte sich entsprechend der Dollar.

Vor allem der Zusammenbruch der griechischen Wirtschaft machte überall Schlagzeilen. Nur wurden in den vermeintlich unabhängigen Qualitätsmedien wesentliche Aspekte verschwiegen. Wenn aber auch nur ein einziges Steinchen im großen Puzzle fehlt, so kann die Aussage des endgültigen Bildes nicht mit absoluter Sicherheit bestimmt werden. Aus linientreueren Medien ging wiederholt hervor, dass selbst Fachleute die Ursachen für die große Griechenland-Krise nicht sicher ermitteln konnten. Entsprechend heiß ging es in der Diskussion her, wobei einerseits wesentliche wirtschaftliche Ungleichgewichte innerhalb der EU genannt wurden – die allerdings schon vor der Einführung des Euros durchaus bekannt gewesen sein sollten –, andererseits Gründe, die in Griechenland selbst zu suchen waren. Beispielsweise Steuersenkung und -hinterziehung bei ohnehin geringen Staatseinnahmen und ein wasserkopfartiger Beamtenapparat. Die Schattenwirtschaft wurde auf bis zu 40 Prozent des Bruttoinlandsprodukts geschätzt. Das unangemessene Rentensystem war ebenfalls kaum dazu angetan, der Wirtschaft zu dienen. Hier machte sich vor allem die sehr zuvorkommende Regelung für Beamte bemerkbar, wobei der Ruhestand bereits vor dem 50. Lebensjahr möglich war. Es gab jährlich 14 Monatsrenten, und ledige beziehungsweise geschiedene Töchter blieben bei Staatsbeschäftigten auch nach deren Tod versorgt – nämlich weiterhin mit der entsprechenden Rentenleistung.

Dann war da noch das Problem mit den Verteidigungsausgaben. Kein anderes EU-Land butterte so viel Geld in die Rüstung. Hier erwies sich Griechenland an der Spitze: in den Jahren 2007 und 2009 mit einem Anteil von satten sechs Prozent am Bruttoinlandsprodukt. So konnte es wohl nicht weitergehen. Nun musste die EU in die Tasche greifen, denn Griechenland brauchte im Wortsinne eine »Haushaltshilfe«.

In einem *KOPP-online*-Beitrag von Anfang März 2010 stellte Bestseller-Autor Michael Grandt allerdings die Frage, warum ausgerechnet Frankreich und Deutschland als führende Nationen bei dieser Hilfsaktion auftreten. Seine Antwort folgte auf dem Fuße: »Berlin und Paris treiben ein perfides Doppelspiel.«

Hier wurden öffentlich wieder einige Wahrheiten verbreitet, die deutlich zu relativieren wären. Das kommt ja nicht gerade selten vor, warum sollte es ausgerechnet hier nun also anders sein? Frankreichs Staatspräsident Sarkozy redete nicht lange um den heißen Brei herum, also redete er mitten in ihn hinein, auf dass es kurz und kräftig blubberte. Die Griechen müssten unterstützt werden, andernfalls sei die europäische Gemeinschaftswährung bald perdu. »Ein Euroland darf nicht untergehen«, erklärte Sarkozy. »Ansonsten hätte es keinen Sinn gehabt, den Euro einzuführen.«

In Deutschland war eher nebulös von »politischer Hilfe« die Rede, natürlich wegen des Euros und der Währungsunion. Sollte das nicht jedem einleuchten? Immerhin betrifft eine solche Krise ganz Europa, jeden Einzelnen von uns. Wer hier nicht zu persönlichen Opfern bereit ist, würde später dann alles verlieren. Als ob dies nicht ohnehin schon programmiert wäre. Trotzdem ging es zunächst darum, wirklich tief in die Tasche zu greifen, um Schlimmerem vorzubeugen. Die bewilligte

Kreditsumme – schwindelerregende 110 Milliarden Euro! Nach der Entscheidung des Bundeskabinetts titelte die *Bild* am 3. Mai »Heute Härtetest für den Euro« und schrieb: »Ein gigantisches Hilfspaket von Euro-Staaten und Internationalem Währungsfonds (IWF) soll Griechenland vor dem Bankrott retten und den Euro stabilisieren … Der dickste Scheck aller Zeiten!« Das Programm wurde auf drei Jahre Laufzeit angesetzt.

So gingen also im Jahr 2010 die ersten gewaltigen Hilfsleistungen gen Süden, denn Griechenland habe alle Auflagen erfüllt, so hieß es im September 2010. Diese Auflagen sollte natürlich vor allem die griechische Bevölkerung zu spüren bekommen: eine Mehrwertsteuererhöhung um zwei Prozent (auf 23 Prozent) sowie Steuererhöhungen für Alkohol, Tabak und Benzin, starke Einschränkungen von Bonuszahlungen im öffentlichen Dienst und Reduzierung der Beamtenpensionen.

Vor allem die bis dahin sehr gut gestellten Staatsdiener müssen Abstriche hinnehmen. Alles unter strikter Überwachung. Griechische Gewerkschaften mobilisierten ihre Kräfte zum Streik, überall brodelte es 2010.

Doch natürlich auch die Geber bekommen die Auswirkungen zu spüren. Vor allem dann, wenn der europäische Defibrillator keine Wirkung zeigt. »Deutschland muss während der dreijährigen Laufzeit des IWF-Programms Darlehen von 22,4 Milliarden Euro nach Athen überweisen, allein in diesem Jahr sollen es 8,4 Milliarden Euro sein – und der deutsche Steuerzahler haftet, wenn die Griechen nicht zurückzahlen können«, so die *Bild* im Mai 2010. Kurz überschlagen, würde dies allein einen Betrag von über 100 Euro pro Bundesbürger ausmachen – pro Steuerzahler sieht das natürlich noch ganz anders aus. Ex-Bundespräsident Horst Köhler, der den Euro-Rettungsschirm, wohl unter gewissem Druck, mit unterzeichnet hatte, nahm Ende Mai 2010 seinen Hut und dankte überraschend ab. Der ausgewiesene Finanzexperte – einst Geschäftsführender Direktor des Internationalen Währungsfonds (IWF) – wusste genau, »wann es auf dem Parkett gefährlich wird«, so kommentierte Udo Ulfkotte am 1. Juni 2010 auf *KOPP online*.

Was Griechenland anging, so machte bald das geflügelte Wort die Runde, »Euros nach Athen zu tragen«. Kein Wunder, nur dass die ursprüngliche Bedeutung des zugrunde liegenden Ausspruchs »Eulen nach Athen tragen« wohl eher auf den einstigen Reichtum der Stadt verweist – damals trugen die silbernen Drachmen eine aufgeprägte Eule. Und da die Stadt reich war, glaubte der antike Dichter Aristophanes: »An Eulen wird es nie mangeln.« Er hatte sich getäuscht. Heute hört die Eule auf den Kosenamen »Euro«, und daran mangelt(e) es doch sehr.

Nun also flossen die Gelder, doch wie war es um die Auflagen bestellt? Würde Griechenland eine EU-diktierte Zwangsdiät wirklich durchhalten?

Noch bevor die erste Geldtransfusion gesetzt wurde, erklärte der führende deutsche Ökonom Hans-Werner Sinn, Präsident des ifo-Instituts für Wirtschaftsforschung, gegenüber der österreichischen Zeitung *Der Standard*: »Im Euro-Raum ist das fast ein Ding der Unmöglichkeit … Wir stehen vor einem kaum lösbaren Problem, vor einer echt griechischen Tragödie.«

Die weitete sich im November 2010 aus, als bekannt wurde, dass die Probleme noch größer waren als bis dato eingestuft. Nun hieß es nämlich, die nächste Zahlung werde um vier Wochen aufgeschoben, da die griechische Regierung nicht genügend Steuern eingenommen und somit die Auflagen nicht erfüllt habe. Griechenland bestritt allerdings, dadurch in Finanznöte geraten zu sein, es gebe keinen Grund zur Beunruhigung. Und EU-Experten zählten am Ende des Jahres die »Eulen« in Athen. Seit dem Frühjahr findet eine Dauerkontrolle durch EU und IWF statt. Das Thema »Kontrolle« soll uns gleich noch weiter beschäftigen, zunächst aber wäre da noch die spannende Geschichte mit dem politischen Doppelspiel von Berlin und Paris zu klären.

Denn mit der gigantischen Finanzspritze, die den geplagten Peloponnes von seiner permanenten »Athennot« befreien sollte, verbinden sich wirklich bemerkenswerte Paradoxien.

Wenn Sarkozy davon sprach, der Euro dürfe nicht untergehen, und wenn aus Deutschland zu vernehmen war, zur Stabilisierung des Euros und der europäischen Wirtschafts- und Währungsunion sei die »politische« Hilfe erforderlich, dann war das die *eine* Sache. Michael Grandt stellt allerdings fest: »Die *andere* Wahrheit lautet so: Berlin und Paris verlangen von Athen neue milliardenschwere Rüstungsaufträge, wie das *Handelsblatt* (08.03.2010) meldete. Sarkozy will sechs Fregatten im Wert von 2,5 Milliarden Euro an die Griechen verkaufen. Noch im

Februar, als die deutsch-französische Allianz die Hellenen bereits zur Verschärfung ihres Sparkurses drängte, sagte der griechische Verteidigungsminister zu, die Fregatten abzunehmen. Und Außenminister Westerwelle warb bei seinem Besuch in der griechischen Hauptstadt darum, Athen möchte endlich den Kauf von 60 Eurofightern absegnen (Wert: 4,9 Milliarden Euro), über den schon länger verhandelt wird.« Wirklich paradox. Da werden monumentale Summen in die griechische Wirtschaft gepumpt, damit dann mit den Geldern solcherlei Geschäfte abgewickelt werden! »Warum verschenken wir den Eurofighter nicht gleich?«, fragt Grandt zu Recht. Am Ende zahlt's so oder so der »Steuerbürger« – buchstäblich nicht umsonst auch Steuerzahler genannt. Überhaupt klingt das alles auch ein wenig danach, als ob man die griechische Krise in manchen Kreisen gar nicht wirklich ernst nehmen würde.

Nun geht die ganze Geschichte um die Griechenland-Krise offenbar noch ein gutes Stück tiefer. Wie von Insidern und aufmerksamen Beobachtern bald enthüllt wurde, drehte sich alles um einen gänzlich anderen wirtschaftlichen Pol: den US-Dollar und damit auch um die Position der Supermacht USA. Die transatlantischen Ängste nehmen zu, denn hier droht der Polsprung! Die Depression in den Vereinigten Staaten erfordert aktives Eingreifen, um jeden Preis, den allerdings die anderen zahlen sollen.

Anfang März wies der Finanzexperte F. William Engdahl auf einen brisanten Beitrag des *Wall Street Journal* vom 26. Februar 2010 hin, der über ein geheimes Treffen in New York berichtete. Ein ganz besonderes Treffen sogar. Denn hier versammelten sich einige der mächtigsten Spekulanten, um mit vereinten Kräften über wirkungsvolle Attacken auf den Euro zu beraten. Mit von der Partie: George Soros, Multimilliardär und ein echter »Euro-Fighter«, wenn es darum geht, diesen ernsten Dollar-Konkurrenten aus dem Rennen zu werfen. Gewiss, von den normal Sterblichen hatten ihn nur wenige gewollt, den Euro, jetzt war er nun einmal seit etlichen Jahren da. Die gute, alte D-Mark, ihre Zeiten sind vorbei, und die Zukunft dürfte vor allem dann nichts Gutes bringen, wenn die kaum geliebte neue Währung versagt – oder aber zum Versagen gezwungen wird.

Und genau daran arbeiten die großen Spekulanten, wobei die Griechenland-Krise – zumindest jenen Informationen aus New York zufolge – als geeigneter Hebel benutzt wurde. Denn bekanntlich zählen Menschen schon seit längerer Zeit zu den Werkzeug gebrauchenden Tieren. Hier nicht anders, wobei auch Schauspiel, Trick und Magie die bizarre Szenerie aus verschiedenen Winkeln heraus zu beleuchten schienen.

Der Finanzzirkus ließ seine reichsten und einflussreichsten Akteure wieder einmal in die Manege, um wahrlich echte Zauberkunststücke mit dem Euro aufzuführen und ihn möglichst zum Salto mortale zu zwingen.

Abb. 31: Multimilliardär George Soros, hier auf dem World Economy Forum in Davos 2010

Engdahl spricht schlicht, aber ergreifend von »Washingtons Währungskrieg gegen den Euro«, der sich teils auch altbewährter Mittel bedient. Genau zu jener Zeit, als die griechische Schockfront auf die Finanzwelt prallte, fluteten zahllose Berichte zum Thema EU-Kollaps und Euro-Crash durch die Medienlandschaft und mitten hinein in die »breite Öffentlichkeit«.

Auf dem Geheimtreffen in New York hielten die Wall-Street-Copperfields vor allem Ratschluss über die Rettung des Dollars und der US-Supermacht, die nunmehr so arg ins Wanken geraten war. Schon zuvor hatte Soros kaum eine Möglichkeit ausgelassen, den Euro als Alternative zum Dollar in seiner Funktion einer Reservewährung infrage zu stellen. Nur wenige Monate zuvor galt er noch als ernsthafter Kandidat hierfür. Jetzt sah das also wie gesagt anders aus, allein schon relativiert durch abfällige Bemerkungen aus dem Munde des Machtfaktors Soros. Der betonte klar, all jene aktuellen Probleme mit der Euro-Währung machten sie als Ersatz-Reservewährung untauglich.

Engdahl erinnert an die Bemerkungen des namhaften New Yorker Ökonomen Nouriel Roubini, der aus voller Lunge ins Soros-Horn blies und das wachsende Risiko einer Aufspaltung der Einheitswährung heraufbeschwor, eben mit düsteren Blicken auf die ja auch kaum sonnig zu nennende Haushaltssituation in Europa.

Roubini sprach 2010 von einem Zerbrechen der Währungsunion – »vielleicht nicht in diesem oder in den nächsten zwei Jahren, aber irgendwann«. Soros gibt ebenfalls Saures: »Auch wenn Griechenland überlebt, die Zukunft des Euros ist nach wie vor unsicher«, so erklärte er Ende Februar 2010 gegenüber der bekanntlich durchaus renommierten *Financial Times*, London. Ein wohl nicht zu unterschätzendes Problem dürfte in der Macht der Worte der Mächtigen liegen. Sie können zum Quell selbsterfüllender Prophezeiungen werden, ganz im Sinne des Erfinders.

Und dann sind da noch die Verbindungen zur Regierung Obama. »Soros gehörte zu den ersten Spendern für Obamas Wahlkampf«, so ruft uns Engdahl ins Gedächtnis, »und Roubini ist mit Finanzminister Timothy Geithner gut befreundet.«

Der ständige Druck auf den Euro soll zusätzliche Wirkung zeigen. *Goldman Sachs*, die *Bank of America* und die Londoner *Barcley's Bank* haben zusammen mit Soros und den Hedgefonds nach Angaben des *Wall Street Journal* tatsächlich Wetten gegen den Euro abgeschlossen. Schon in seinem Buch *Der Untergang des Dollar-Imperiums* beschrieb Engdahl Hintergründe, wie sie durch die bizarren Details des Geheimtreffens von New York bestätigt wurden. »Die Kräfte des Money Trusts von der Wall Street greifen zu jedem nur erdenklichen Mittel, um ihre Macht zu verteidigen. Die Höhe der Verschuldung der USA und das Ausmaß der Krise sind so gewaltig, dass es für die Regierung Obama immer schwerer wird, den Mythos der ›Green Shots‹, des Aufschwungs, aufrechtzuerhalten.«

Soros hatte schon 1992 mit Spekulationen gegen das britische

Pfund den enormen Gewinn von einer Milliarde Dollar verbuchen können und Druck auf die Regierung des Vereinigten Königreichs ausgeübt, sich nicht der Eurozone anzuschließen. Wäre dies hingegen geschehen, so wäre seinerseits der Dollar unter erhöhten Druck geraten – in den USA gab es ernsthafte Sorgen: Denn durch eine britische Beteiligung könnte der Dollar als Weltreservewährung gefährdet werden. Engdahl weist auf einen geopolitischen Machtkampf hin, bei dem es um die Sicherung des Dollars geht:»Angesichts der sich verschärfenden Depression in den USA und des Ausmaßes der Bankenprobleme, die von Tag zu Tag schwerer werden, ist die Zukunft des Dollars mehr bedroht denn je. Aus diesem Grund dramatisieren einflussreiche Kreise an der Wall Street, der *Federal Reserve* und im US-Finanzministerium die relativ überschaubare Krise in Griechenland zum übertriebenen Bild eines ›Zusammenbruchs der EU‹, weil sie hoffen, damit für die ausländischen Zentralbanken den Euro als Alternative zum Dollar unattraktiv zu machen.«

Im Mai 2010 veröffentlichte die *Bank of England* einen umfassenden»Inflationsbericht«, in dem sie ungewöhnlich deutliche Worte für die bevorstehende Entwicklung findet. Demnach sieht die Finanzlage in den USA wie auch in Großbritannien selbst genauso jämmerlich aus wie in Griechenland – auch die Vereinigten Staaten würden eine wahrlich enorme Finanzspritze benötigen, noch ungleich größer als die griechische Elefantenspritze. Eine größere Verbreitung dieser Tatsache würde den Dollar auf eine vergleichbare Talfahrt schicken, ganz gleich jener, auf der sich der Euro befindet. Zeitgleich berichtete die österreichische Zeitung *Presse* über einen geheimen Notfallplan zur Schließung von Bankschaltern, falls die Finanzkrise sich weiter zuspitze. Die Intention dabei sei vor allem der Schutz der Infrastruktur, um argentinische und griechische Zustände zu vermeiden – das heißt: das Erstürmen von Banken und Massenpaniken.

Im Juni 2010 gab es noch einmal deutliche Meldungen zum Dollar, gleichfalls wiederum von der *Bank of England*, aber auch vom Internationalen Währungsfonds. Von hier aus erging die Warnung, der Dollar werde in der nächsten Zeit schwächer werden. Der britische Zentralbankchef Mervyn King sprach eigentlich einen Gemeinplatz aus, als er sagte:»Die Vereinigten Staaten, die größte Volkswirtschaft der Welt, verzeichnen ein erhebliches fiskalisches Defizit«, doch aus Washington reagierte man mit Verstimmung darüber, dass hier wieder die Dollar-Schwäche ins Feld geführt wurde.

Nun wurde es für die US-Regierung zunehmend schwieriger, vor allem gerade die ausländischen Zentralbanken, darunter diejenigen Japans und Chinas, noch in irgendeiner Weise davon zu überzeugen, in US-Staatspapiere zu investieren. Hier kam die Griechenland-Krise gerade recht und zudem die Negativpropaganda zum Euro, dessen Zukunft weithin als bedenklich dargestellt wurde, sodass er als Dollar-Ersatz verspielt zu haben schien. Mit diesen Tricks gelang es, das Dollar-Monopol noch weiter aufrechtzuerhalten. Und für dessen Stabilität wird eine neue Kriegssituation erforderlich, an der die Regierung Obama jetzt arbeitet. Wir sehen das an Afghanistan, wir sehen das am wieder auf eine breitere Plattform gestellten Krieg gegen den Terror und an den auch Deutschland erfassenden Terrorwarnungen sowie der Iran-Situation.

In so einiger Hinsicht hat sich gezeigt, dass sich die Verhältnisse der USA nicht auf Europa übertragen ließen. Die »Vereinigten Staaten von Europa« bilden ein völlig anderes System, lassen sich nicht derart gleichschalten wie die einzelnen US-Bundesstaaten. Dazu sind die Probleme zu unterschiedlich, ebenso die einzelnen Wurzeln, die historischen Aspekte und nationalen Identitäten. Das Konglomerat EU erinnert ein wenig an jenen weithin bekannten Kometen, der vor etlichen Jahren – genauer gesagt: 1994 – in den Riesenplaneten Jupiter raste. Vorher zerriss es ihn in mehr als 20 Einzelteile, wobei sich bald herausstellte, dass sie ursprünglich wohl von unterschiedlichen und recht verschiedenartigen Mutterkörpern stammten, um irgendwann einmal eben zu jenem unglücklichen Kometen verbacken zu werden. Am Ende rauschte alles ins Verderben.

Wohin steuert aber das Konglomerat EU? Zumindest eines ist klar: Es gibt Kräfte, die jene aus Inhomogenität resultierende Schwäche für eigene Zwecke zu nutzen verstehen. Michael Grandt berichtete im November 2010 diesbezüglich über die Vorgehensweise der Chinesen, die dem Westen in ihrem Handeln laut so manchem Asien-Kenner um rund zehn Jahre voraus seien. Die chinesische Regierung tut derzeit etwas an sich völlig Paradoxes: Sie investiert in Anleihen der angeknacksten südeuropäischen Staaten. Grandt erläutert: »Auch hier haben sich die chinesischen Strategen einen mehr als genialen Plan ausgedacht: Man beginnt die schwächsten Glieder der EU-Kette zu demontieren, und zwar so, dass dieser ›Angriff‹ sogar noch freudig begrüßt wird« – Devisen sind in China ausreichend vorhanden, die Vorräte erreichen zwei Billionen Euro. Genug, um tätig zu werden und Einfluss zu nehmen. Michael Grandt stellt hierzu fest: »Chinas warmer Geldsegen ist kaltherzig und vor allem außenpolitisch motiviert: Mit der großzügigen Hilfe lässt sich bei den fast bankrotten europäischen Nehmerländern Stimmung in der EU für die eigenen Wünsche machen: sei es für die Zuerkennung als Marktwirtschaft, für die Aufhebung des Waffenembargos, für das Stillschweigen in der Streitfrage des Yuan-Wechselkurses und in Fragen der Tolerierung der Menschenrechtsverletzungen … Das Ganze geht auf Kosten der Vereinigten Staaten, denn China schichtet immer mehr US-Anleihen in Südeuropa-Anleihen um … Die USA werden immer uninteressanter, was uns eigentlich wachsam werden lassen müsste. Doch Chinas durchdachte und hoch entwickelte Einflusspolitik scheinen europäische und deutsche Spitzenpolitiker bis zum heutigen Tage nicht zu durchschauen – wieder einmal.«

Der November 2010 brachte eine gigantische Dollar-Schwemme, bedingt durch eine aberwitzige Aktion der US-Notenbank. Sie kurbelte die Druckerpressen erneut an, um insgesamt 600 Milliarden weitere Dollars zu produzieren. Schöpfung aus dem Nichts, als Motor für die amerikanische Wirtschaft, allerdings mit (welt)weitreichenden Folgen. Was nach einem rettenden Segen klingt, ist Illusion, um nicht zu sagen Betrug – und potenzielle Initialzündung einer weiteren Krise. Der Außenwert des Dollars sank ab, zur Erleichterung der US-Exporte. Umgekehrt stieß diese Politik bei den Exportnationen, darunter vor allem Deutschland, China, Brasilien und Japan, nicht auf Gegenliebe, da Geschäfte mit den USA weniger Gewinn bringen. Unmittelbar zur Dollar-Schwemme hielt Michael Grandt fest: »So birgt das größte geldpolitische Experiment der Neuzeit nicht nur für Investoren, sondern auch für Sparer einige Risiken: Die neuen Milliarden können die Notierungen für Rohstoffe in die Höhe treiben, Turbulenzen an den Währungs- und Finanzmärkten auslösen, Spekulationsblasen noch weiter aufblähen und Verbraucherpreise in die Höhe treiben.«

Der deutsche Finanzminister, Wolfgang Schäuble – oder zuweilen auch »Wut-Sch(n)äuble« – bemerkte: »Bei allem Respekt, mein Eindruck ist, die Vereinigten Staaten sind ratlos. Die US-Notenbank verfolgt die falschen Rezepte.« Und die Chinesen, die auf massenweise Dollars sitzen, machten sogar klar, einen »währungspolitischen Schutzwall« errichten zu wollen.

Während die Dollars hereinfluten, legen die Superreichen ihre Gelder massenweise in Edelmetall an und entziehen es somit gleich tonnenweise dem Markt, was die Preise entsprechend treibt. Da kommt der Kleinanleger zu spät. Die Goldgier der millionenschweren Investoren belegt deren Misstrauen in den Dollar, der nunmehr aufgebläht in den Krieg gegen den Euro tritt. Im August 1971 machte Richard Nixon den Dollar von der bis dahin durch das Bretton-Woods-Abkommen erforderlichen Goldstützung unabhängig, was natürlich nicht nur Vorteile hatte, weshalb sogar Weltbank-Chef Robert Zoellick Anfang November 2010 die Rückkehr zum goldgestützten Währungssystem forderte. William Engdahl schreibt zur Entwicklung in den USA: »Seit dem 11. September, als die US-Regierung den Krieg gegen den Terror ausgerufen und gleichzeitig dramatische Steuersenkungen verkündet hat, beschreiben Staatsverschuldung und -defizit einen parabelförmigen Anstieg – innerhalb von neun Jahren 130 Prozent … Im Endeffekt ist eine Macht, deren Einfluss ausschließlich auf militärischer Gewalt und nicht mehr auf innerer wirtschaftlicher Stärke beruht, dem Untergang geweiht …«

Tatsächlich geht es um einen Währungskrieg, der gegen Ende 2010 mit der Irland-Problematik weitergeführt wird, nachdem die Hilfsmaßnahmen für Griechenland wieder eine Stärkung des Euros nach sich zogen. US-Ratingagenturen stuften, genau abgestimmt mit Aktionen aus dem Kreise Soros, Länder wie Griechenland, Spanien und Irland herab, wodurch sich die Krise erst erhärtete. Es gleicht demselben Prinzip, auf einem wehrlosen Menschen, der ohnehin schon am Boden liegt, noch herumzutrampeln.

Nach der irischen Bankenrettung durch Staatsgelder stufte die US-Ratingagentur *Fitch* das Rating für Irland nach unten – aufgrund der »außergewöhnlichen und höher als erwarteten« Kosten der Rekapitalisierung der Banken des Landes. Im November 2010 machten Meldungen die Runde, dass sich die Eurozone darauf vorbereite, Irland mit dem EU-Rettungsfonds aufzufangen, während die irische Regierung zu jenem Zeitpunkt die deutliche Hoffnung äußerte, die

Lage selbst in den Griff zu bekommen. Dann Ende November 2010 die Meldung: EU-Finanzspritze geht nach Irland – 85 Milliarden Euro.

Der Wunsch der Mächtigen zielt in die Richtung einer weltweiten Finanzordnung – ein typisches Globalisierungsziel, wobei die wirklich federführenden Kräfte natürlich stets in Position bleiben. Auf dem Olymp der Finanzmacht jedenfalls ändert sich nichts.

Die laut Engdahls Quellen seit März oder April 2010 in Berlin herrschende Erkenntnis, dass es sich bei der Spekulation gegen den Euro um eine finanzielle Kriegsführung von Wall Street und Washington handele, »könnte die ungewöhnlich scharfe Kritik erklären, die die Kanzlerin und ihr Finanzminister unlängst an den finanzpolitischen Vorschlägen der USA geübt haben. Es könnte auch erklären, warum beide in der Mainstream-Presse, sowohl in Deutschland als auch in den USA, zunehmenden Attacken ausgesetzt sind«, so Engdahl. Ein Ansinnen der USA war gewesen, die deutschen Exportüberschüsse zu begrenzen. Auf dem G20-Gipfel am 11. und 12. November 2010 in

Abb. 32: Polizeikräfte zur Absicherung eines G20-Gipfeltreffens – ein Bild ohne weitere Worte

Seoul erklärte Kanzlerin Merkel daraufhin: »Was man nicht machen kann, ist, die Wettbewerbsfähigkeit auf eine Zahl zu reduzieren. Das halten wir für mechanistisch und für nicht zielführend. Ich glaube, von diesem Ansatz sind jetzt auch alle weg.«

Natürlich war auch die Einführung des Euros selbst nicht »zielführend«. Von Anfang an gegen den Euro war der deutsche Wirtschaftswissenschaftler Professor Wilhelm Hankel. Der Euro sei der falsche Weg zur politischen Union gewesen und für Deutschland schlichtweg eine Belastung. Überhaupt sei mit dem Verlust der DM – ja, dem zwangsläufigen, bewussten Verzicht auf sie – der »Stabilitätsanker« für ganz Europa verloren gegangen. Schon 1997 reichte Professor Hankel zusammen mit seinen Kollegen, den Professoren Wilhelm Nölling, Joachim Starbatty sowie Karl Albrecht Schachtschneider, beim Bundesverfassungsgericht Klage gegen den Vertrag von Amsterdam und damit gegen die Einführung des Euros ein. Ohne Erfolg. Im April 2010 dann sprach Prof. Hankel gegenüber schwachen EU-Mitgliedern wie Griechenland die eindeutige Empfehlung aus, wieder zur eigenen Währung überzugehen. Einen Monat später reichte er mit der gleichen Gruppe Professorenkollegen, erweitert durch den deutschen Manager und Thyssen-Vorstandschef Dieter Spethmann, in Karlsruhe erneut Klage ein, diesmal gegen den Milliardenkredit für Griechenland, als Verstoß gegen EU-Recht und Grundgesetz. Sie wurde angenommen und der Bundesregierung sowie Bundestag und Bundesrat vorgelegt. Spethmann befürchtet, dass sich Deutschland ruiniert, und erklärt: »Wir werden inkompetent regiert.«

Was Griechenland angeht, so spielt sich dort verdeckt noch etwas anderes ab. Die Finanzkrise wird von Brüssel weidlich genutzt, um hier ein groß angelegtes Programm zu testen, das schließlich alle EU-Bürger betreffen dürfte. Über dieses Geheimprogramm berichtete Udo Ulfkotte in Nummer 7/2010 der Print-Ausgabe von *KOPP Exklusiv*, einem wöchentlichen Informationsdienst des Kopp Verlages mit stets neuen brisanten Hintergrundanalysen aus erster Hand. Bei der Griechenland-Aktion der Europäischen Union geht es um die totale Finanzkontrolle der Bürger. Stichtag: 1. Januar 2011. Von diesem Datum an dürfen griechische Bürger keine Barzahlungen in Höhe von mehr als 1500 Euro ausführen. Wer diese neue Regelung nicht befolgt, begeht eine Straftat.

Im November 2010 begannen dann in Deutschland auch Meldungen zu kursieren, dass Griechenland finanzielle Transaktionen über 1500 Euro in bar als illegal erkläre. Somit sollten Reisende vorsichtig sein bei teuren Einkäufen. Denn das Gesetz betrifft auch Geschäfte zwischen Firmen und Privatpersonen, natürlich auch, wenn sie aus dem Ausland einreisen. Alles, was über den genannten Grenzbetrag hinausgeht, muss per Kreditkarte oder Überweisung abgewickelt werden. Griechische Bürger unterliegen seit 2011 einer kompletten elektronischen Überwachung, sie müssen sämtliche Belege für das Finanzamt aufheben, Überweisungen werden in Echtzeit als elektronisches Duplikat für die Behörden gespeichert. Rechnungen, die einen Betrag von über 3000 Euro ausweisen, müssen, wenn sie geltend gemacht werden sollen, nicht nur in Druckform vorliegen, sondern stets auch als zertifizierte elektronische Version.

Die deutliche Einschränkung des Bargeldverkehrs wird schrittweise durchgeführt, Geld wird fast nur noch virtuell existieren. »Luxusausgaben« – für Häuser, Wohnungen, Fahrzeuge, Haushaltshilfe, Edelmetalle, Alkohol und Tabak, aber auch Schulgebühren! – werden mit einer »Luxussteuer« belegt. Zudem werden Hinweise auf Steuersünder »erbeten«. Wer etwas über Personen weiß, die sich nicht an die neuen EU-Vorschriften halten, und wer dann auch entsprechend Meldung erstattet, wird mit Steuererleichterungen belohnt. Ein Denunziationssystem für die totale Bürgerkontrolle! Angeblich gegen Korruption gerichtet, sorgt es für neue Korruption. Hier soll gleichwohl die Duldungsfähigkeit der Bevölkerung erprobt werden. Wie weit kann man mit EU-Bürgern gehen, bis sie revoltieren? Im schlimmsten Falle steht dann ja EUROGENDFOR parat, um gegen Aufständische vorzugehen. Wohin soll das alles noch führen?

Drohnen zur Bürgerüberwachung

Im Alltag merken wir es kaum, dennoch hat sich in den vergangenen Jahrzehnten doch enorm viel geändert. Nein, Menschen sind noch nicht auf dem Mars gelandet und kreisen auch nicht mit Raumschiffen um den Riesenplaneten Jupiter herum. Stanley Kubricks Science-Fiction-Klassiker *2001 – Odyssee im Weltraum* handelt in einer Zeit, die aus heutiger Sicht längst vergangen ist, und spielt dennoch aus gleicher Sicht immer noch in einer fernen Zukunft. Denn die Zukunft hat sich anders entwickelt als vorhergesehen. Wenn wir an 2001 denken, so sehen wir vor unserem geistigen Auge gewiss nicht Kubricks mysteriösen riesigen Mond-Obelisken, sondern weit mehr die gefallenen Wahrzeichen der Neuzeit in Gestalt der beiden Zwillingstürme von Manhattan. Und doch scheint die Symbolik verzahnt zu sein und vielleicht sogar auf gemeinsame Wurzeln zu deuten. Tatsache aber ist, dass die technologische Zukunft sich anders entwickelt hat als vorhergesehen. Der Weltraum ist für die Kalten Krieger weitgehend uninteressant geworden, zumindest verfolgen sie heute gänzlich andere Primärmissionen als bemannte Flüge durchs Sonnensystem. Während aber Kubrick einerseits uns hier buchstäblich noch um Welten voraus ist, so ist andererseits Orwell mit seinem *1984* bereits 1984 auf der Strecke geblieben, so viel hat sich auf diesem Sektor getan – leider. Hier befindet sich die Realität gegenüber der Science-Fiction geradewegs auf der Überholspur!

Ein leises Surren geht über die Köpfe der Menschen hinweg. Scheinbar aus dem Nichts taucht es auf und verwirrt sie, als stamme es von einem zu groß geratenen Insekt. Gar nicht falsch, denn plötzlich huscht ein Schatten über den Boden, kreist an jenem sonnigen Tag im engen Bogen über das flache Hausdach und das satte Grün der großzügigen Rasenfläche, dann über den Asphalt der ruhigen Wohnstraße. Jetzt kommt es wieder, rauscht erneut quer über den gepflegten Privatbesitz. Ein ferngesteuertes Kleinstflugzeug, allerdings keineswegs gelenkt von einem Hobby-Modellbauer, sondern von Einsatzkräften der Polizei, die ihren Überwachungsaufgaben mit modernster Technik nachkommen. Orwell 2010! Das weitgehend autarke System meldet seinen Herren: biometrische Daten erfasst, Personenidentifikation erfolgreich!

Dieses scheinbar fiktive Szenario zählt mittlerweile zur Realität. Unbemannte Flugkörper, als Drohnen bekannt, sind hierzu ohne Weiteres in der Lage. Anfang 2010 berichtete die britische Tageszeitung *Guardian* über den Plan der Polizeibehörden Großbritanniens, solche Fluggeräte »im Sinne der Sicherheit« zum Einsatz zu bringen.

Und dies möglichst bald. Demnach sollen Drohnen, ganz nach Art derjenigen Exemplare, wie sie schon lange in afghanischen, irakischen und anderen Kriegsgebieten eingesetzt werden, auch den britischen Bürgern um die Ohren schwirren: um sie besser ausspionieren zu können. Die schwärzeren bis pechschwarzen Schäflein in der Zivilbevölkerung sollen dabei möglichst schnell ausfindig und unschädlich gemacht werden. In einigen Fällen ist das gewiss nicht schlecht, durchaus auch sinnvoll – beispielsweise zur unterstützenden Suche nach Vermissten –, meist aber doch eher bedenklich, vor allem, weil auch durch Drohnen häufig wieder zahlreiche unbescholtene Bürger ins Netz einer schonungslosen Überwachung geraten. Eine Entwicklung, so schleichend wie der Elefant im Porzellanladen!

Die genannten Gründe einer solchen totalen Kontrolle klingen so einleuchtend wie die absolut unsinnigen Energiesparlampen, doch geht es bei der großzügig angelegten Überwachung nicht allein um Verkehrssünder, protestwillige Zeitgenossen oder gar auch Terrorverdächtige. Im Grunde wird bald jeder überwacht, präventiv gewissermaßen.

Von allen Seiten werden wir heutzutage beobachtet, nicht nur im dafür berühmten London. Zu allem Überfluss und nicht ohne (Hinter-)Grund versucht das US-Unternehmen *Google* mit *Street View*, ja sogar mit *md4-200*-Mikrodrohnen, ganz unverblümt hinter die privaten Kulissen zu blicken, denn das Böse lauert bekanntermaßen überall. Was dann dabei herauskommt, sind vermeintlich nackte Männer im Kofferraum, die für Amüsement und Verwirrung im Internet sorgen, sich dann aber de facto als mit sommerlichen Shorts bekleidete Herrschaften vom Typ »eifriger Nachbar« entpuppen, der gerade eben versucht, sein Auto auch inwendig bis in die äußersten Ecken säuberlich zu reinigen. So skurril das Beispiel auch ist, so deutlich demonstriert es vor allem eines: wie schnell ziemlich krasse Fehlinterpretationen entstehen können. Da lobt man sich wirklich noch jene Zeiten, in denen eine resolute alte Miss Marple ohne großes technisches Brimborium beim Blick aus dem Zugfenster zur einzigen Zeugin eines gruseligen Würgemordes im vorbeifahrenden Gegenzug werden konnte – 16:50 Uhr ab Paddington. Da war wenigstens noch alles klar! Das waren noch Zeiten! Miss Marple als Aufklärungsdrohne der 1950er-Jahre!

Heute ist das eben anders. Wir werden von Orbitalsatelliten erfasst, per Handy und Kreditkarte verfolgt, von Körperscannern durchleuchtet. Die Einsatztruppe EUROGENDFOR ist als besonderer Trumpf darauf abgestellt, sofort gegen revoltierende Bürger einzugreifen. Nichtlethale Waffen lähmen uns, bevor wir auch nur »Piep« sagen können, und intelligente Detektorsysteme überwachen uns auf verdächtige Bewegungen hin. Alles keineswegs Science-Fiction – dafür sorgen die global aktiven Konzerne im Verbund mit den militärischen Denkfabriken, allen voran wohl US-Institutionen wie die *RAND Corporation* oder aber die Pentagon-Behörde für fortschrittliche Verteidigungsprojekte, DARPA (*Defense Advanced Research Projects Agency*). Und nun kommen zu allem Überfluss die Drohnen ins zivile Rennen. Stichwort Rennen: Für die Planer wurde die Olympiade 2012 in London zum Hauptargument, möglichst bald mit jenen Drohnenflügen loszulegen, da Terroranschläge zu erwarten seien.

Der britische *Guardian* gelangte seinerseits mithilfe des Gesetzes zur Informationsfreiheit (»Freedom of Information Act«, FOIA) in den Besitz von Dokumenten der sogenannten *South Coast Partnership*, eines vom britischen Innenministerium unterstützten Projekts. Hier arbeiten die Polizeibehörden des United Kingdom zusammen mit dem heimischen Rüstungsriesen *BAE Systems* einen nationalen Drohnenplan aus.

Eingesetzt werden soll hier vor allem die rund fünf Meter lange *Herti*-Drohne. Zugegeben, das klingt für deutsche Ohren ein wenig nach Winterschlussverkauf, doch gemeint ist damit vielmehr die *High Endurance Rapid Technology Insertion* – ein ausdauerndes System mit schneller, flexibler Technologie.

Das Ganze ist wie gesagt ein Kind des gigantischen britischen Rüstungskonzerns *BAE Systems*, der weltweit aktiv ist. Der Name lässt auch bei an sich völlig unbescholtenen Bürgern zumindest einige zarte Alarmglöcklein klingen. BAE ist der einzige nicht amerikanische unter den zehn größten Pentagon-Kontraktoren. Das sagt schon einiges. Zusammen mit *Raytheon* arbeitet BAE auch führend am umstrittenen HAARP-Projekt in Alaska. Was sonst noch so alles hinter den meist hohen Mauern des Schweigens und als zivil getarnten militärischen Kulissen läuft, kommt kaum ans Licht. Wie es heißt, seien illegale Waffengeschäfte abgelaufen, in die BAE verwickelt gewesen sei. Doch bleibt alles nur vage umrissen. Die Rede ist von Schmiergeldern, die in saudische Hände glitten, natürlich zu dem Zwecke, die eigenen Hände zwar nicht in Unschuld zu waschen, dafür aber Aufträge im großen Stil entgegenzunehmen.

Natürlich waren das Verhandlungen, die rein im Interesse der nationalen Sicherheit nicht publik werden durften.

Diejenigen, die sich selbst nicht gern in die Karten blicken lassen, tun dies bei den anderen umso lieber. So sorgt eben auch BAE für die geeignete Technologie, um mehr über die Bürger (s)eines Landes zu erfahren.

Übrigens ist *Herti* gar nicht mehr so neu. Die im britischen Warton entwickelte Drohne wurde erstmals im Dezember 2004 auf dem australischen Testgelände von Woomera geflogen. Vier Jahre später wurde dann eine bewaffnete Variante namens *BAE Fury* bekannt. Auch Kriegseinsätze hat das System schon hinter sich, im Rahmen des *Project Morrigan* in Afghanistan.

Abb. 33: Fury, *die bewaffnete Version der* Herti-Drohne

Ein zweites »Überwachungsinsekt« ist die Drohne GA-22, ein ziemlich ausladendes Gerät, rund viermal länger als *Herti*.

Die britische Öffentlichkeit zeigte sich ob der Enthüllungen wenig »amused«, reagierte teils voller Unglauben, teils verärgert oder entsetzt.

War das nun der »Beweis für den Polizeistaat« nach bester Orwell-Tradition? Oder wurde hier nur maßlos übertrieben mit all den Anschuldigungen? Die britische Polizei war jedenfalls schnell zur Stelle, nein, nicht mittels einer Drohne. Sie beeilte sich lediglich zu erklären, mit welcher Intention man an die Sache herangegangen sei. Und dass es nichts als eine Idee sei, nicht mehr als ein Plan. Ja, damit fängt meistens alles an. Mit der Idee, mit dem Plan. Sonst wäre es dann wohl auch ein »Drohneneinsatz im Affekt«, und das klingt noch unguter. Allerdings, ein Drohnenüberflug bewohnter Gebiete werde von der britischen Luftaufsicht ohnehin nicht genehmigt, allein schon aufgrund einer Kollisionsgefahr mit anderen Flugzeugen. An einer automatischen Erkennungstechnologie werde zwar gearbeitet, aber sie sei eben noch nicht einsatzbereit. Schon komisch, dass bewohnte Gebiete angeblich nicht mit ins Kalkül gezogen werden. Wozu dann das Ganze überhaupt? Geht es nicht gerade darum, Menschenansammlungen zu überwachen, oder vielleicht besser: auszuspionieren? Und zwangsläufig drängt sich die Frage auf, wie viele Besucher man denn dann zur Olympiade in London überhaupt erwartet!

Im November 2010 berichtete der streitbare wie umstrittene US-Aktivist Alex Jones über ähnliche Entwicklungen in den USA und erinnerte an ein Anfang 2010 veröffentlichtes Video einer schon 2007 durchgeführten investigativen Reportage des lokalen Nachrichtensenders KPRC in Houston. Hier entfaltet sich auf weitläufigem, texanischen Ranchgelände eine eher ungewöhnliche Szenerie: Mitten im abgelegenen Weideland stehen schwarze Lkws mit *Insitu*-Schriftzug und eigenartigen Radaraufbauten. Dazu eine portable Startplattform und rund um das Gelände, vor allem an der Einfahrt zur Ranch, ein ganzes Aufgebot an Polizeifahrzeugen. Medien haben keinen Zutritt, Kommentare werden nicht abgegeben. Nur durch glückliche Umstände kann KPRC mit seinen Kameras aus der Ferne einfangen, was hier geschieht: der geheime Start einer Drohne vom gleichen Entwickler, der auch für die *ScanEagle*-Drohne verantwortlich zeichnet.

Martha Montalvo, die rechte Hand des Polizeichefs von Houston, erklärte auf einer eiligst eingerichteten Pressekonferenz, noch nicht so weit gewesen zu sein, hier öffentlich Stellung zu beziehen. Doch nachdem das Kind mit KPRC in den Brunnen gefallen beziehungsweise die Drohne im Kasten war, musste Mrs. Montalvo eben doch (Tarn-)

Farbe bekennen. Was die geplanten Anwendungen betraf, nannte sie vor allem Einsätze bei Evakuierungen, Such- und Rettungsaktionen sowie Heimatsicherheit (Terrorbekämpfung). Es sei aber zu früh, um nun zu sagen, was noch alles im Bereich des Möglichen liege, so Montalvo, die pauschal feststellt: »Ich schließe nichts aus.« Interessant!

Abb. 34: Die ScanEagle-*Drohne auf dem Katapult*

Schon 2003, so Alex Jones, führte *FOX-News* einen Propaganda-feldzug aus und erklärte, unbemannte irakische Drohnen könnten auf US-Städte zielen, um eine Art biologisches 9/11 heraufzubeschwören. Die Drohnen könnten entsprechende Agenzien über die Bevölkerung aussprühen. Wie Jones es sieht, ist nun vielmehr eine Drohnenflotte im Dienste der *Homeland Security* unterwegs, um für das Heimat-schutzministerium unter Umständen eben auch gegen die US-Bürger zum Einsatz gebracht zu werden.

Im Jahr 2006 wurde Mike Heintz von der UNITE-Allianz zitiert, die *Northrop-Grumman*, *Lockheed Martin* und *Boeing* als militärisch-industrielle Riesen repräsentiert. Heinz sprach vom vorwiegenden Ein-satz von Drohnen zur Grenzkontrolle und Terrorabwehr, doch »andere Beispiele sind lediglich durch Ihr Vorstellungsvermögen begrenzt«. Im Prinzip scheint also alles möglich. Jones meint zum Drohnenproblem: »Es gab nur wenig öffentliche Diskussionen, ungeachtet der Tatsache, dass diese Fluggeräte schon im Einsatz sind. In der Folge aktueller Nachrichten über heimische Überwachungen friedlicher Aktivisten durch die *Homeland Security* wie auch eine Überwachung durch fremde Geheimdienste sollten Amerikaner sich angesichts der Überwachungssysteme militärischen Charakters, wie sie am amerikanischem Himmel genutzt werden, nicht sonderlich wohlfühlen.« Jones führt die relativ geringe Aufmerksamkeit auch auf die publizierten Aufgabenbereiche zurück – Küstenüberwachung, Grenzkontrolle, Drogenbekämpfung. Doch weist er auf ein Programm hin, dass weitab der 100-Meilen-Zone der Grenzkontrolle, direkt im Inland, abläuft – das sogenannte Programm *Silver-Shield* in Las Vegas, weitab der Küstenlinien. Der »Silberschild« soll zum Schutz der Infrastruktur dienen, aber auch zur heimischen Überwachung eingesetzt werden. Jones sieht im Einsatz unbemannter Flugkörper während stiller Kriege im Ausland eine schreckliche Einflussnahme und fordert zudem mehr Nachforschungen, was der Militärisch-Industrielle Komplex diesbezüglich auch für Amerika selbst bereithält. Man darf auch angesichts der Entwicklungen, wie sie sich in England abzeichnen, anmerken: und für die gesamte übrige Welt!

Gemische Gefühle: der Mixa-Mix

Schon mit den ersten Wochen des Jahres 2010 brach eine bis dahin beispiellose Enthüllungswelle los – nun wurden in einer nicht abzubrechen scheinenden Folge ständig neue Fälle von physischen Gewalttaten bis hin zu sexuellem Missbrauch von Kindern und Jugendlichen in kirchlichen Einrichtungen bekannt, sei es in Klosterschulen, Studienseminaren, Kinderheimen oder Internaten, wobei viele Fälle bereits Jahrzehnte zurücklagen und von der Kirche vertuscht wurden.

Gebrochen wurde das Schweigen, nachdem der Jesuit Klaus Mertes, Rektor des Berliner Canisius-Kollegs, von länger zurückliegenden Fällen erfahren und einen Brief an die Betroffenen verschickt hatte, der dann am 28. Januar 2010 auch der Öffentlichkeit bekannt wurde. Das brisante und vielschichtige Thema gestaltet sich umso problematischer, als hohe kirchliche Würdenträger weiterhin alles daransetzten, die Vorfälle zu vertuschen und damit das Ansehen der Kirche zu bewahren, während ihr Handeln genau zum Gegenteil beitrug. So dürfte wohl auch das Verhalten von Gerhard Ludwig Müller zu erklären sein. Der Bischof von Regensburg und Honorarprofessor an der Ludwig-Maximilians-Universität München hielt ebenfalls seine schützende Hand über eher schwarze Schafe. Um auch möglichst die Oberhand weiter zu bewahren, nahm der Professor für Dogmatik und Dogmengeschichte kein Blatt vor den Mund und schien sich schier unbegrenzter Befugnisse sicher, als er festlegte: »Kraft meiner bischöflichen Vollmacht untersage ich mit sofortiger Wirkung den katholischen Christen der Diözese Regensburg […] bei Streitigkeiten, die im Rahmen ihrer kirchlichen Ämter und Aufgaben entstehen, weltliche Gerichte anzugehen.« So einfach geht das also, wenn man sich mit der höchsten Macht gutstellt – oder dies zumindest vorgibt. Nur ändert dies nichts an den Tatsachen.

Tatsache ist auch, dass die Medien fast schon täglich über neue Missbrauchsfälle berichteten – eine unfassbare Enthüllungswelle, die sich hier kaum nachzeichnen ließe. Im Zuge dieser kirchlichen Skandalkaskade taucht auch ein Name auf, bei dem die Wellen ebenfalls wiederholt hoch wogten, wobei allerdings viele Unklarheiten in einer offenbar klaren Angelegenheit bestehen blieben – der Name Walter Johannes Mixa. Er bekleidete dereinst kein geringeres Amt als dasjenige des Bischofs von Eichstätt und Augsburg. Gegen Ende März 2010, als die große Enthüllungswelle bereits in vollem Gange war, traten auch einige Zeugen gegen Bischof Mixa auf und erklärten, früher von Mixa misshandelt worden zu sein, als dieser noch Stadtpfarrer von Schrobenhausen war. Auch jene Vorgänge lagen bereits Jahrzehnte zurück. Damals soll Walter Mixa minderjährige Heimkinder geschlagen haben, die nun erst, nach so langer Zeit, über ihre Erlebnisse zu berichten begannen. Doch der Bischof und das Augsburger Bistum verwehrten sich gegen die Vorwürfe. Ein Sonderermittler erklärte, dass es im fraglichen St.-Josefs-Heim seinen Erkenntnissen zufolge keine »Kultur des Prügelns« gegeben habe. Nun allerdings lenkte Mixa selbst ein. An Prügelstrafen könne er sich nicht erinnern, obwohl körperliche Züchtigungen in der betreffenden Zeitspanne und bis 1980 auch rechtens gewesen seien. Allerdings, ja, doch, die Hand könne ihm

damals schon zuweilen ausgerutscht sein, so erklärte der erzkonservative Geistliche dann. Und wahrscheinlich sei es wohl ein Fehler gewesen, nicht gleich eingeräumt zu haben, eben doch nicht jede Form der
körperlichen Züchtigung ausschließen zu können. Nun, diese Aussage
steigerte nicht gerade die Glaubwürdigkeit des Bischofs und trug auch
nicht dazu bei, ihn als einen liebenswürdigen, nachsichtigen und
wirklich christlichen Zeitgenossen zu betrachten. Oder beruht Nächstenliebe auf körperlicher Züchtigung? Wollte Mixa nur prüfen, wie es
um den Glauben seiner »Schützlinge« bestellt war und ob sie ihm nun
auch brav die andere Backe hinhalten würden?

Abb. 35: Bischof in
Bedrängnis – Walter Mixa

Wie auch immer, Mixa blieb dabei: Weder hatte er »geprügelt« noch
gar sexuellen Missbrauch begangen. Die Deutsche Bischofskonferenz
jedenfalls sah wohl ausgerechnet in diesem Falle einen erhöhten
Handlungsbedarf und riet dem Bischof, doch erst einmal eine Amtspause einzulegen. Die gleiche Empfehlung war aus verschiedenen
politischen Parteien zu vernehmen. Schließlich reichte Mixa am
21. April 2010 sein Rücktrittsgesuch beim Vatikan ein. Drei Tage
später allerdings widerrief er es in einem direkten Fax-Schreiben aus
einer Schweizer Klinik an den Papst. Damit hatte wohl niemand
gerechnet. Und dann dauerte es erneut nur drei Tage, bis plötzlich ein
obskures und wohl äußerst brisantes Geheimdokument ins Spiel kam.

Das Schriftstück sei laut Angaben der *Süddeutschen Zeitung* am 27. April 2010 in die Hände des päpstlichen Gesandten in Berlin gelangt, von dort aus weiter an Papst Benedikt XVI.

Auf mehreren Dutzend Seiten beinhalte es zahlreiche schwer belastende Informationen gegen Mixa. Dem Dokument zufolge erinnerten sich Mitarbeiter des Ex-Bischofs von Augsburg daran, er habe über den Tag verteilt Wein getrunken sowie auch anderen Alkohol zu sich genommen. Es habe den Anschein gehabt, als ob Mixa einen »gleichbleibenden Pegel« halten wolle. Der Geistliche leide auch unter »Wirklichkeitsverlust«. Ein Terminus, der bereits zuvor mit Blick auf Mixa gewählt worden war, und zwar von keinem Geringeren als Pater Eberhard von Gemmingen, dem ehemaligen Redaktionsleiter von *Radio Vatikan*.

Die Schlinge zog sich also weiter zu, wobei nun doch auch von Fällen sexuellen Missbrauchs die Rede war. Jetzt mischte sich dies in die früheren Vorwürfe zu Prügelstrafen und auch finanziellen Verfehlungen des Bischofs. Da schien einiges nicht zu stimmen. Das ARD-Magazin *Panorama* berichtete darüber, dass Mixa in den 1990er-Jahren teure Kunstgegenstände erworben habe. Was er wohl für die Pfarrei anschaffte, sei mit Mitteln bezahlt worden, die aus der Katholischen Waisenhausstiftung in Schrobenhausen stammten. Das Kinderheim schien auch zugunsten anderer Investitionen von Walter Mixa zurückstehen zu müssen. Darunter seien auch Geschenke für neue Priester gewesen, ebenso Teppiche, ein goldener Bischofsring und – Wein. Zwar seien die Diskrepanzen später wieder ausgeglichen worden, doch der Sonderermittler der Waisenhausstiftung erklärte, dieser Ausgleich sei nicht komplett erfolgt. Offenbar blieb das Heim damals auf bis zu 15 000 DM sitzen.

Am 29. Dezember 2001 wurden bei einer Zollkontrolle rund 400 000 DM im Handgepäck Mixas gefunden, der damals in seiner Funktion als katholischer Militärbischof gerade in Mazedonien unterwegs war. Den Zollbeamten in Skopje erklärte er, das Geld von einem mazedonischen Amtsbruder erhalten zu haben. Es handele sich um Kirchengeld, und so solle es in Deutschland auf eine kirchliche Bank eingezahlt werden. Mixa konnte seine Rückreise unbehelligt fortsetzen.

Nun gab es da also doch schon eine ganze Menge belastenden Materials gegen den Bischof: Vorwürfe der Gewaltanwendung von der

»simplen« Ohrfeige über die Prügelstrafe bis hin zu sexuellem Missbrauch, dazu Alkoholismus, Veruntreuung sowie auch psychische Probleme in Gestalt von Wirklichkeitsverlust.

Am 22. Juni 2010, Punkt 13:48 Uhr, erklärte die Deutsche Bischofskonferenz, mit »großer Betroffenheit« über die »Geschehnisse und offenen Fragen hinsichtlich ihres Mitbruders Walter Mixa gesprochen« zu haben. Anschließend stellten die Bischöfe klar, dass sämtliche Anschuldigungen, wie sie zuvor den Medien zu entnehmen waren, mit ihrer direkten Zustimmung gesammelt worden und bereits im April 2010 nach Rom weitergeleitet worden seien. Sie bestätigten damit die geheime Akte, die auf nicht nachvollziehbaren Wegen auch in die Redaktionen von zwei Zeitungen gelangt war. Diese Zeitungen – die *Süddeutsche Zeitung* und die *Frankfurter Allgemeine Zeitung* – gehen davon aus, dass Papst Benedikt dem Rücktrittsgesuch Mixas aufgrund dieser Akte letztlich Anfang Mai auch entsprochen habe. Am 1. Juli 2010 wurde Monsignore Mixa dann vom Papst persönlich empfangen. Es war mit fast einer Stunde die längste Audienz an jenem Tag.

Nach der Unterredung der alten Duzfreunde erklärte Mixa: »Ich bin sehr froh, dass ich 50 Minuten lang mit dem Heiligen Vater freimütig und fröhlich habe sprechen können.« Im entsprechenden Bollettino N.0437 des Heiligen Stuhls heißt es hierzu in originaler Schreibweise: »Der Heilige Vater hat am 1. Juli 2010 den emeritierten Bischof von Augsburg Msgr. Walter Mixa in Audienz empfangen. Der Papst hatte mit Schreiben vom 4. Mai 2010 der Bitte des Bischofs um Entpflichtung von seinen Ämtern als Oberhirte der Diözese Augsburg und als deutscher Militärbischof entsprochen; die Endgültigkeit dieser Entscheidung wurde in der Audienz nochmals bestätigt. Bischof Mixa wird sich zu einer Zeit des Schweigens, der Sammlung und des Gebets zurückziehen und nach einer Periode der Heilungen und der Versöhnung wie andere emeritierte Bischöfe für Aufgaben der Seelsorge im Einvernehmen mit seinem Nachfolger zur Verfügung stellen. Bischof Mixa hat betont, daß er seinen bischöflichen Dienst immer gern und gewissenhaft zu erfüllen sich mühte. Er hat aber auch in aller Ehrlichkeit und Demut sein Bekenntnis bekräftigt, daß er Fehler und Irrtümer begangen hat, die zu einem Vertrauensverlust führten und den Rücktritt unvermeidlich werden ließen. Er hat erneut für alle seine Fehler um Verzeihung gebeten, bittet aber zu Recht auch darum, daß man über seinen Fehlern das Gute, das er getan hat, nicht ganz vergessen möge ...«

Doch die Fehler schienen deutlich zu überwiegen. Hier gab es allerdings auch noch andere, bislang ungenannte. Einige von ihm gemachte politische Äußerungen stießen auf wenig Verständnis und sorgten für massive Verärgerung.

2007 besuchte der Ständige Rat der Deutschen Bischofskonferenz Israel. Mixa sprach bei diesem Anlass von einer »gettoartigen« Situation in den besetzten Gebieten, die er als beinahe an »Rassismus« grenzend beschrieb – eine Formulierung, die in Israel wie auch in Deutschland mit Entrüstung aufgenommen wurde. Kurz zuvor hatte er sich innenpolitisch auch zu weit aus dem Fenster gelehnt, als er zu den Absichten der seinerzeitigen Familienministerin Ursula von der Leyen Stellung bezog und von einem »gesellschaftspolitischen Skandal« sprach, wenn Familienleistungen zugunsten der Einrichtung weiterer Stätten zur Kinderbetreuung gekürzt würden. Dies diene nicht so sehr dem Kindeswohl wie der Rekrutierung junger Frauen als »Arbeitskräfte-Reserve« für die Industrie. Hier würden Mütter mittels staatlicher Förderung dazu verleitet, Kinder sehr bald nach deren Geburt in staatliche Obhut zu geben, womit die Frau letztlich zur »Gebärmaschine« degradiert würde. Mixa verglich damals die Konzepte des Familienministeriums mit der »Ideologie der staatlichen Fremdbetreuung von Kindern in der untergegangenen DDR« und erklärte, die Muster ähnelten sich »in beklemmender Weise«. Im Herbst 2008 bezeichnete er die geplante Erhöhung des Kindergelds um zehn Euro monatlich als »Beleidigung und grobe Missachtung der Leistung von Familien für unsere Gesellschaft«.

Zumindest mit seinen Äußerungen zur Familienpolitik schien der Bischof ja nicht ganz Unrecht zu haben. Auch im Jahr 2009 hatte Bischof Mixa wieder von sich reden gemacht, als er einen in keiner Weise angemessenen Vergleich anstellte und damit sofort auf weitreichende Kritik stieß. Auf einer Aschermittwochs-Veranstaltung der CSU äußerte er sich zunächst zwar hinsichtlich der Darstellungen von Richard Nelson Williamson, jenem umstrittenen Bischof der Pius-Bruderschaft, und nannte den Holocaust ein »entsetzliches Verbrechen«, führte dann aber vergleichend die Zahl der Schwangerschaftsabbrüche der vergangenen Jahre ins Feld.

Und es gab noch zahlreiche andere Vorfälle, durch die Monsignore Mixa, der sich auch gerne kurz »Monsi« nennen ließ, nicht zuletzt beim Heiligen Stuhl doch ziemlich übel aufstieß.

Aber bei allem, was recht ist: Wie sieht es tatsächlich mit den direkt gegen ihn erhobenen Vorwürfen aus? Nichts davon konnte wirklich definitiv nachgewiesen werden. Alles erschöpft sich in vagen Konjunktiven und Behauptungen. Auch das geheime Dokument, das nur wenige Personen zu Gesichte bekamen, kann kaum als schlagendes Beweismittel gelten. Zwar bestätigten die Angehörigen der Deutschen Bischofskonferenz die Weiterleitung der Vorwürfe gegen Mixa nach Rom. Doch beweist dies im Grunde nichts hinsichtlich des Wahrheitsgehalts des sensiblen Dossiers. Entsprechend stellte Patrik Schwarz von *Zeit Online* am 24. Juni 2010 fest: »Wahr muss deshalb noch lange nicht alles sein, was darin steht. Und so bleibt ein Rest Unbehagen …«

Noch vor seiner Papst-Audienz hatte sich Mixa in einer Schweizer Klinik gründlich untersuchen lassen. Das Gutachten vom 24. Juni 2010, das der katholischen Nachrichtenagentur *kat.net* vorliegt, kann weder ein Alkoholproblem noch ein psychisches Problem attestieren. Wenn aber die entsprechenden Vorwürfe nicht die Tatsachen wiedergeben, wie verhält es sich dann mit den anderen Vorwürfen? Immerhin handelt es sich um sehr ernsthafte Anschuldigungen, für die eine solide Beweisführung erforderlich wäre. Es geht nicht darum, Mixa zu verteidigen und seine Fehler zu negieren, sondern Gerechtigkeit walten zu lasen. Und so sollte immer noch gelten: in dubio pro reo – im Zweifel für den Angeklagten eben! Die Kirche schien hier ihren eigenen Regeln zu folgen und die »Gunst der Stunde« genutzt zu haben, einen ihrer missliebig gewordenen Repräsentanten auf mehr oder minder elegante Weise aus dem Verkehr zu ziehen.

Doch genützt haben ihr der Mixa-Skandal wie auch ihre scheinbar offene Haltung hierzu nichts. Im Gegenteil.

Ug99 – rollt eine weltweite
Nahrungskatastrophe auf uns zu?

In einem entlegenen Gebiet Ugandas tauchte im Jahr 1999 eine mutierte Form des gefährlichen, aber agrartechnisch bekämpfbaren Schwarzrostpilzes *Puccinia graminis* auf, die nach Jahr und Ort als *Ug99* bezeichnet wurde. Sie vernichtet das Getreide in Massen. Nichts konnte den Parasiten dabei bisher stoppen.

Die wenigsten wissen heute von der Bedrohung, und selbst das US-Landwirtschaftsministerium nahm sie lange Zeit nicht ernst. Doch das hat sich geändert: Seit einiger Zeit schon herrscht Alarmstimmung, und im Laufe des Jahres 2010 registrierten Agrarfachleute eine deutliche Ausbreitung der Pilzmutation. Nun dominieren Verwirrung und Ratlosigkeit. Im Grunde ohne Wissen der »breiten Öffentlichkeit« findet ein Wettlauf mit der Zeit statt. Im Februar 2010 berichtete die *Rohstoff-Welt* über die Ausbreitung dieses speziellen Schwarzrostes und wies auf die Befürchtungen von Fachleuten hin, dass der gefährliche *Ug99*-Pilz mehr als 80 Prozent der weltweiten Weizenfelder zerstören könnte. Zu jenem Zeitpunkt war der Schwarzrost bereits bis in den Iran vorgedrungen.

Angefangen hatte alles völlig unbemerkt von der Welt im abgelegenen Hochland von Uganda. Hier wuchs eine Gefahr heran, die im kommenden Jahrzehnt sogar Milliarden Menschenleben bedrohen könnte. Die neue, resistente *Ug99*-Variante des Getreiderostes befällt nun auch genetisch modifizierten Weizen, der bisher völlig immun gegen das Pathogen war. Die Ironie des Ganzen: Jene Mutation stammt ausgerechnet von einem Testfeld des Getreideforschungszentrums von Uganda!

Schon vor rund einem halben Jahrhundert sahen sich Wissenschaftler aufgrund ihrer Forschungen in die Lage versetzt, einen gegen den Schwarzrostpilz resistenten Weizen zu züchten. Vor allem das Gen *Sr31* erwies sich als äußerst erfolgreich im Kampf gegen den verheerenden Getreiderost. Dieser Triumph trug seinerzeit wesentlich zur »Grünen Revolution« bei, jener durch Züchtung von Hochleistungspflanzen bewirkten enormen landwirtschaftlichen Ertragssteigerung. Jetzt scheint allerdings klar, dass den Projekten kein dauerhafter Ruhm zukommt.

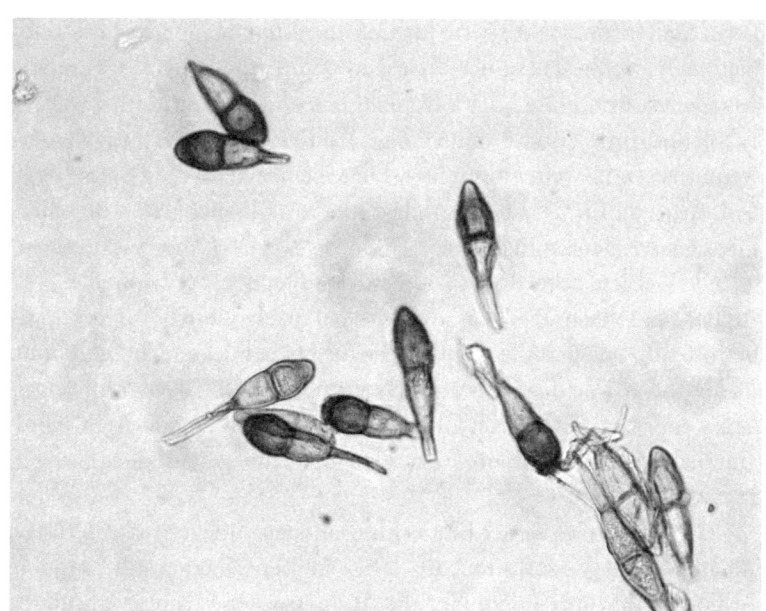

Abb. 36: Sporen des Getreide-Schwarzrostes Puccinia graminis

Auf Testfeldern in Ugandas Nachbarstaat Kenia tummeln sich nun Molekularbiologen und Agrarspezialisten in weißen Schutzanzügen. Die Einheimischen verfolgen dieses seltsame Treiben mit fragenden Gesichtern, während die seltsamen weißen Männer einen Wettlauf mit der Zeit führen. Sämtliche Bemühungen der Fachleute konzentrieren sich spezifisch auf *Ug99* und die Abwehr seiner erschreckenden Folgen.

Die Pilzsporen fallen auf die Pflanzenblätter und dringen über Spaltöffnungen ins Innere ein. Gleich bösartigen Computerviren »hacken« sie sich in den Stoffwechsel des Wirts und entziehen ihm wesentliche Nährstoffe. Auf Halmen und Blattscheiden bilden sich meist in Streifen angeordnete Sporenlager. Hier platzt schließlich die Epidermis der Pflanze auf. Aus den rostroten Pusteln treten Millionen von Sporen des Pathogens ans Licht und befallen weitere Pflanzen. Der Wirt vertrocknet und stirbt ab. Und so geht es weiter und weiter.

Bisher war das Getreide vor *P. graminis* sicher. Immerhin zwei aufeinanderfolgende Generationen von Landwirten mussten sich hier nicht mehr die geringsten Sorgen machen. Der Feind schien besiegt. Doch *Ug99* »ändert das Spiel komplett«, so erklärt kurz und bündig

Brian Steffenson, US-Experte für Cerealienkrankheiten. Fast die kompletten Weizenbestände der Welt sind dem Pathogen völlig schutzlos ausgeliefert und Hungerkatastrophen bereits vorbestimmt, so warnen Fachleute. Brot könnte demzufolge bald zum Luxusartikel werden, wenn sich *Ug99* weiter ausbreitet. Die Gefahr würde die gesamte Welt bedrohen, da für die Sporen viele wirksame Möglichkeiten bestehen, ihre Herrschaft auszudehnen.

Die Gebiete vom Roten Meer zu den Steppen der Mongolei, von Afghanistan nach Pakistan, von Indien nach China wären massiv betroffen. Und auch die westliche Hemisphäre bliebe nicht verschont. Der Wind würde die Sporen von Nordindien und Pakistan unweigerlich weiter nach Russland, China und schließlich bis hin nach Nordamerika tragen. Steht unserem Planeten eine gigantische Hungerkatastrophe bevor?

Zwei Jahre nach seiner Entdeckung auf den entlegenen Feldern von Kalengyere in Uganda tauchte *Ug99* in Zentralkenia auf, dann in Äthiopien und im Sudan. Nur das heiße, trockene Klima verhinderte Schlimmeres, denn die Sporen keimen bei Anwesenheit von tropfbar flüssigem Wasser und Temperaturen im Bereich von etwa 5 bis 18 Grad Celsius.

Im Jahr 2006 tauchte *P. graminis* dann im Jemen auf, 2007 und 2009 kam es im Iran zu *Ug99*-Infektionen. Damit scheint sich das Bild von David Hodson zu bestätigen, der die globale Ausbreitung von Weizenrost erforscht. 2005 begann Hodson damit, klimatische Daten zu sammeln und anhand der weltweiten Windströmungen ein Vorhersagemodell zu erarbeiten. Bislang folgten die Sporen dabei genau der »Route A« und damit dem wahrscheinlichsten Weg. Doch nicht nur Luftströmungen, auch der Tourismus kann dafür sorgen, dass sich das Pathogen in Windeseile ausbreitet. Hodson spricht von der »747-Route«. Tatsächlich könnte ein einziger Reisender mit den *Ug99*-Sporen an der Kleidung genügen, um beispielsweise den gefürchteten »transatlantischen Sprung« zu verursachen, der bislang noch ausgeblieben ist. Genau darüber wundert sich Hodson. Zur »747-Option« kommt hier natürlich ebenso die »Wind-Option« hinzu, wenn auch mit geringerer Wahrscheinlichkeit.

Die Sporen sind in der Lage, täglich zig Kilometer Distanz zurückzulegen, einige Quellen sprechen sogar von 160 Kilometern. Tatsache aber ist, dass nicht nur der Wind, sondern eben auch der Schiffs- und Flugverkehr die Ausbreitung ganz wesentlich beschleunigen kann.

Die Experten sind sich darin einig, dass mit einer globalen Epidemie zu rechnen ist, sofern der Pilz nicht rechtzeitig und damit ab sofort bekämpft wird. Richard Ward von der Cornell-Universität erklärt: »*Ug99* gefährdet die globale Ernährungssicherheit.« Andere sprechen von »purem Glück«, dass die großen Anbaugebiete noch nicht betroffen sind. Doch stand *Ug99* im Jahr 2010 direkt vor dem Weizengürtel Russlands und Indiens. Natürlich sind vor allem die Entwicklungsländer betroffen. Hier lassen sich auch keine teuren Fungizide einsetzen. Bis zum Herbst 2010 wurden immerhin etliche *Ug99*-resistente Weizensorten gefunden. Allerdings existiert unter ihnen nicht ein einziges Gen, das ähnlich resistent wäre wie seinerzeit *Sr31* gegen den Schwarzrost.

Doch einen Hoffnungsschimmer gibt es. Im Schweizer Kanton Graubünden, wo Getreide permanent der Schwarzrostgefahr ausgesetzt ist, zeigen 42 von 74 Gerstensorten eine Resistenz gegenüber *Ug99*! Vielleicht könnte hier die gesuchte Lösung zu finden sein. Insgesamt ist die Gefahr in Europa generell längst nicht so hoch wie andernorts, da der Schwarzrost in wärmeren Regionen auftritt und keinen Frost übersteht.

Wenn aber *Ug99* die Küsten der USA erreicht, wären fast 20 Millionen Hektar Ackerland betroffen. Rein wirtschaftlich gesehen würde der Schaden ohne Weiteres über die Marke von zehn Milliarden Dollar hinausschnellen.

Bereits 1917, also noch lange vor der »Grünen Revolution«, wurden die USA von einer schweren Getreiderost-Epidemie heimgesucht. Erst der Agrarwissenschaftler Norman Borlaug fand nach unzähligen ermüdenden Kreuzungsexperimenten einige immune Getreidesorten und konnte die Gene identifizieren, die eine Bastion gegen *P. graminis* bildeten. Dafür erhielt er 1970 den Friedensnobelpreis.

Es war ausgerechnet Borlaugs Schüler William Wagoire, der 1999 auf *Ug99* stieß und nun versucht, Mittel und Wege zu finden, ihn unschädlich zu machen. Einige bereits entdeckte »Schutzgene« erwiesen sich bald wieder als wirkungslos, da auch *Ug99* mutiert und mittlerweile vier resistente Varianten von ihm existieren. Nun versuchen Forscher, nur geringfügig wirksame Gene (*minor genes*) zu finden und sie im Verbund gegen die Mutanten einzusetzen. Zusammen sollen sie effektiver sein, denn *Ug99* müsste gegen jedes Einzelne von ihnen spezifische Gegenmaßnahmen ergreifen.

Abb. 37: Der Agrarwissenschaftler Norman Borlaug entdeckte Gene gegen Puccinia graminis

Als Wagoire im November 1998 die Felder des *Kalengyere Highland Crop Research Centre* in Augenschein nahm, deren Getreide er mit dem *Sr31*-Gen vollständig gegen *Puccinia graminis* immunisiert hatte, stieß er auf die ersten dennoch vom Schwarzrostpilz befallenen Pflanzen. Hatte er vielleicht selbst einen Fehler begangen? Eine örtliche Zeitung erklärte sogar, William Wagoire habe *Ug99* künstlich im Labor gezüchtet. Wagoire geriet unter Druck. Ugandas Weizenforschungsprogramm wurde schließlich beendet und der Wissenschaftler auf einen Verwaltungsposten gerückt. Er selbst erklärt den Projektstopp mit ökonomischen Gründen.

Nach Wagoires beunruhigendem Fund schickte Borlaugs Forschungsinstitut einige Proben nach Südafrika, um dort eine zweite Meinung einzuholen. Obwohl die Einfuhr von *P. graminis* strikt untersagt ist, erklärte sich der Pflanzenpathologe Zak Pretorius in Bloemfontein bereit, das Material zu analysieren. Ziemlich gewagt, vor allem auch die Versandmethode. Wagoire selbst schickte die Proben ab und wählte dafür schlichten DHL-Versand! Völlig verantwortungslos mit Blick auf die Gefährlichkeit des Inhalts! Borlaug, der 2005 die *Borlaug Global Rust Initiative* gründete, erklärte einmal: »Rost schläft nie« – und doch mögen Wagoire und er selbst ihn geweckt haben.

War es vielleicht doch auch Wagoires sträflicher Leichtsinn, der den Getreiderost wieder aus dem »Schein-Grab« holte? Oder geschah alles am Ende gar aus voller Absicht?

Dort, wo die Informationen über eine bevorstehende Katastrophe im Umlauf sind, brodelt auch die Gerüchteküche. Geht es bei allem um Preistreiberei, um Kontrolle? Um Manipulation, Unterdrückung und Bevölkerungsreduktion? Oder um eine Biowaffe?

Immerhin, schon 1953 begann die Serienproduktion der M115-»Anti-Getreide«-Bombe, unter anderem auch als »Feder-Bombe« bekannt. Der Name leitet sich vom so einfachen wie effektiven Wirkmechanismus ab: Die modifizierte Cluster-Bombe der US-Luftwaffe enthielt nämlich Truthahnfedern, die mit *P.-graminis*-Sporen beschmiert waren. Nach Detonation der Bombe würden sich die Federn buchstäblich mit Leichtigkeit über weite Gebiete ausbreiten. Tests wurden bei den hochgeheimen Biolabors von *Fort Detrick*, Maryland, durchgeführt. In den infizierten Gebieten sanken die Erträge um 30 Prozent. So sollten Hungersnöte künstlich angefacht und die Wirtschaft gegnerischer Staaten auf eine harte Probe gestellt werden. Wieder einmal Skrupellosigkeit ohne Grenzen!

Auffallend, dass heute vor allem jene Staaten betroffen sind, die eine direkte oder indirekte Gefahr für die USA darstellen – Indien, Iran, Pakistan, China und andere. Hungersnot und Krieg, seit alter Zeit besteht hier eine enge Verbindung. Im eigenen Land wächst die Kriegsbereitschaft, wenn die Nahrungsressourcen sich dem Ende entgegenneigen, beim Gegner lässt sich eine empfindliche Schwächung erreichen. Keinen anderen Zweck verfolgen bekanntlich Embargos. Ausgerechnet 1917, als die USA in den Krieg eintraten, ging dort auch der Getreiderost um. Ebenfalls künstlich angefacht?

Und dann haben wir eben noch Norman Borlaug, den Bezwinger von *Puccinia graminis*. Seine Forschungen wurden ausgerechnet von der *Rockefeller Foundation* angeregt. Doppeltes Spiel? Steckt hinter den neuesten Entwicklungen am Ende wiederum die Machtelite, die allerorten versucht, die globale Kontrolle an sich zu reißen, und dabei verschiedenste Wege beschreitet, um die Weltbevölkerung deutlich zu reduzieren – genau wie dies auf den vergangenen Bilderberger-Konferenzen bereits wiederholt thematisiert wurde? Doch am Ende könnte ein riesiges Eigentor stehen!

Das Ganze ist nicht mehr als eine verschwörungstheoretische Spekulation, unbewiesen, aber als Option eben doch nicht völlig von der Hand zu weisen.

Die Akte Thilo Sarrazin

Er ist wahrlich keiner, der sich ein Blatt vor den Mund nimmt oder lange Anstalten machte, wenn es darum geht, deutliche Worte auszusprechen. Er sagt vielmehr klipp und klar, was er denkt. Und das kommt logischerweise nicht immer gut an. Solche Leute nennt man für gewöhnlich »unbequem«. Zu ihnen dürfte Thilo Sarrazin ohne Zweifel zu rechnen sein.

Schon länger macht der ehemalige SPD-Finanzsenator auf eigenwillige Weise von sich reden, doch am 30. August 2010 schlug dann eine ganz besondere Sarrazin-Bombe ein: An jenem späten Sommertag erschien nämlich sein 450 Seiten starkes Buch *Deutschland schafft sich ab – Wie wir unser Land aufs Spiel setzen*. Darin bezieht er auch ausführlich Stellung zur deutschen Einwanderungs- und Integrationspolitik, wobei seine Äußerungen ihm in politisch korrekten Kreisen kaum Pluspunkte einbrachten. Mit diesem Buch sorgte Sarrazin nicht nur für erneutes Aufsehen um seine Person. Der deutsche Ex-Senator von Berlin, Bankvorstand und SPD-Politiker schaffte sich damit gleichsam auch selbst ab. So sorgte der Parteivorstand der SPD noch am Tag des Erscheinens für die Einleitung eines neuen Parteiordnungsverfahrens – dies aufgrund der allgemein als inakzeptabel klassifizierten und die Partei schädigend erachteten Darstellungen Sarrazins, die den sozialdemokratischen Vorstellungen »diametral entgegengesetzt« seien.

Sarrazin sieht als Hauptgrund des gesellschaftlichen Niedergangs hierzulande das prinzipielle Verhalten eines Großteils unserer Gesellschaft bei sich entwickelnden Problemen. Dies auch hinsichtlich der Integrationspolitik, zumindest in ihrer ursprünglichen Form. Sinnvolle Diskussionen habe es hierzu ebenso wenig gegeben wie zur ständig sinkenden Geburtenrate. In den vergangenen 45 Jahren seien Themen dieser Art schlichtweg tabu gewesen, man erging sich in

Verharmlosungen, und dies einzig und allein aus ideologischen Gründen, so sagt Sarrazin. Faktisch gehe es nicht nur um die nicht integrationsbereiten, sondern auch um die nicht integrationsfähigen Einwanderer, die eine soziale Belastung für das Land darstellten.

Wenige Tage vor dem offiziellen Erscheinungstermin des Buches gab der Autor Udo Schulze auf den Seiten von *KOPP online* bereits einen kurzen Einblick in das umfangreiche Werk und fasste hier auch Sarrazins Thesen zusammen: »Insgesamt erfahre die Gesellschaft durch nicht integrierte Einwanderer ein schlechteres Bildungsniveau, was zu schlechterer beruflicher Leistung und damit zur wirtschaftlichen Talfahrt beitrage. Im Kapitel ›Zeichen des Verfalls‹ stellt er fest, dass die Tendenz zu mehr Wohlstand in der Republik irreparabel gebrochen sei. Das führe in naher Zukunft zu harten Konflikten innerhalb der Bevölkerung und weiterem sozialen Abstieg. Die Zahl der hellen Köpfe nehme stetig ab.«

Unsere Gesellschaft verliere mehr und mehr an Niveau, eine Problematik, die Sarrazin auf Zuwanderer aus Jugoslawien, der Türkei und arabischen Ländern zentriert. Wer aus dem Fernen Osten oder Indien eingewandert sei, habe hingegen in der Regel gute Integrationsfortschritte gemacht, Afrikaner, Wirtschaftsflüchtlinge und ehemalige Aussiedler aus Osteuropa ebenfalls, während sich die Situation bei der Gruppe der Moslems am schwierigsten gestalte.

Abb. 38: Thilo Sarrazin auf der Frankfurter Buchmesse

Alles in allem Zündstoff, bestens platziert in der gesellschaftlichen und politischen Landschaft.

Sarrazin wurde unmittelbar vor und nach dem Erscheinen seines Buches in Talkshows und verschiedenen Interviews zu seinen kontroversen Ansichten befragt, so auch am 29. August 2010 zur »genetischen Identität«. Ob er denn glaube, dass es eine solche Identität der verschiedenen Völker gebe – worauf Sarrazin erwiderte, alle Juden »teilen ein bestimmtes Gen, Basken haben bestimmte Gene, die sie von anderen unterscheiden«.

Damit wurde sofort wieder eine wahrlich unwürdige Debatte losgetreten, die, wenn nicht als Kleinkariertheit im Dienste einer bewussten Demontage, dann eigentlich nur noch als kindisch anzusehen wäre, unabhängig davon, ob man nun den Thesen Sarrazins unisono zustimmen mag oder eben nicht. Was wir hier erleben, ist bühnenreife *political correctness*, die in den Exzess getrieben wird. Rumpelstilzchen-Mentalität mit Unfehlbarkeitsanspruch – überhaupt ein Zeitzeichen besonderer Art. Wer als Mensch noch Fehler begeht, vielleicht vor allen auch den Fehler begeht, ehrlich zu seiner Meinung zu stehen, ist gesellschaftlich untragbar. Denn Meinungsfreiheit …, aber lassen wir das.

Nun, da war jedenfalls tatsächlich sofort von »Juden-Gen« und Antisemitismus die Rede, was schnell und gern geschieht, wenn man unbequeme Persönlichkeiten möglichst zügig absägen will. Diese Form von Rufmord scheint heute geradewegs salonfähig zu sein. Doch sollte man die Kirche oder Synagoge schon im Dorf lassen und aufrichtig differenzieren, wo ein echter Rechtsdrall, tatsächliche antisemitische Äußerungen oder gar nationalsozialistische Tendenzen bestehen und wo eben nicht. Ohne nun diese spezielle Diskussion vertiefen zu wollen, Sarrazin für seinen Teil berief sich später in der Sendung *Beckmann* auf einen entsprechenden Beitrag namens »Abrahams Kinder« sowie einen Artikel, der in der *New York Times* zu aktuellen Ergebnissen der genetischen Forschung erschienen war. Der Generalsekretär des Zentralrats der Juden in Deutschland stellte zu Sarrazins Aussage fest: »Wer die Juden über ihr Erbgut zu definieren versucht, auch wenn das vermeintlich positiv gemeint ist, erliegt einem Rassenwahn, den das Judentum nicht teilt.« Wie kann es dann aber sein, dass bestimmte Volksgruppen durchaus mit Stolz auf ihre Gene verweisen,

entsprechende Forschungsprojekte durchgeführt werden und bestimmte Gemeinsamkeiten nachweislich auftreten? Nein, natürlich nicht
wegen *eines bestimmten Gens*, das nur einer Volksgruppe zu eigen wäre!
Aber: Gegenüber einem Nicht-Genetiker artet derlei Wortklauberei
wahrlich in Haarspalterei aus, wenn nicht geradewegs in »Gene
Splicing«. Es geht einfach nicht an, aufgrund einer wissenschaftlich
nicht korrekten Aussage, die im Rahmen eines Zeitungsinterviews von
einem Nichtfachmann getroffen wurde, unmittelbar bösartige Absichten zu unterstellen, dazu noch auf breiter Basis. Ganz gleich, wie weit
Sarrazins Konzepte gerechtfertigt oder seine manchmal eher drasti-
schen Ausdrucksweisen angebracht sein mögen, aber so etwas ist
schlichtweg nicht fair. Solche Randgeschichten, ins grelle Licht gezerrt,
lassen weit eher deutliche Schlüsse auf die wahren Absichten der
jeweiligen Gegnerschaft zu.

In einem anderen umstrittenen Zitat Sarrazins wird wohl zumindest seine Haltung zum Judentum deutlich: »Die Türken erobern
Deutschland genauso, wie die Kosovaren das Kosovo erobert haben:
durch höhere Geburtenrate. Das würde mir gefallen, wenn es osteuro-
päische Juden wären mit einem um 15 Prozent höheren IQ als dem der
deutschen Bevölkerung.« – Und schon wieder Sprengstoff. Um Gottes
Willen, Sarrazin, was lösen Sie mit Ihren Worten aus! Jeder Satz – ein
Sprengsatz!

Hinsichtlich seiner unGENauen Formulierung drückte der
Ex-Bankvorstand sein Bedauern aus und gab auch eine schriftliche
Erklärung ab, in der er unter anderem feststellt: »Ich bezog mich in
meiner Äußerung – wegen der Interviewsituation leider verkürzt – auf
neuere Forschungen aus den USA. Ich bin kein Genetiker. Aber ich
habe zur Kenntnis genommen: Aktuelle Studien legen nahe, dass es in
höherem Maße gemeinsame genetische Wurzeln heute lebender Juden
gibt, als man bisher für möglich hielt. Damit ist kein Werteurteil
verbunden, damit ist auch nichts über eine wie auch immer zu verste-
hende ›jüdische Identität‹ ausgesagt. Die Frage, was aus möglichen
genetischen Übereinstimmungen von Bevölkerungsgruppen zu schließen ist, ist vollkommen offen. Entscheidend für politische und wirtschaftliche Sachverhalte, die im Zentrum meines Buches stehen, sind
kulturelle Faktoren. Über diese Forschungsergebnisse hatte ich im
Berliner *Tagesspiegel* gelesen, davor hatte die *New York Times* darüber

berichtet – und viele andere Medien auch. Die beiden voneinander unabhängigen Studien wurden in den renommieren Fachzeitschriften *Nature* und *American Journal of Human Genetics* im Juni 2010 veröffentlicht.«

Und noch einmal zu seiner eigenen Darstellung: »Um eine rassistische Äußerung handelt es sich nicht.« Am 1. September 2010 nannte er in der Sendung *hart aber fair* seine damalige Formulierung – »Alle Juden teilen ein bestimmtes Gen« – schlicht einen »Riesenunfug« und sprach von einer »Dummheit«, diesen Passus nicht aus dem Interviewtext gestrichen zu haben. Natürlich werden einige nun feststellen, dass Sarrazin durchaus noch so manch andere seiner Dummheiten besser gestrichen oder überhaupt ganz sein gelassen hätte.

Dass man sich, dummerweise, gerade auch über Dummheiten streiten kann, dürfte sich herumgesprochen haben, ebenso, dass einige Sätze des ehemaligen SPD-Politikers doch zumindest provokant daherkommen und gewiss nicht jedermanns Geschmack treffen, wobei Wahrheit und Geschmack ohnehin ihr ganz eigenes Spannungsfeld bilden.

Im September 2009 veröffentlichte die Kulturzeitschrift *Lettre International* in Heft Nummer 86 einige Kommentare Sarrazins, die sich mit der Wirtschafts- und Migrationspolitik Berlins befassten. Hier fanden sich Gedanken wie: Arabische und türkische Einwanderer seien weder integrationsfähig noch integrationswillig, es gebe in Berlin »viele Benachteiligte aus bildungsfernen Schichten« und so finde eine »negative Auslese« statt.

Christian Staas, Journalist der *Zeit*, sah sich durch diese Bemerkungen an rassenbiologische Schriften erinnert. Sarrazin, der »Diskriminator«? Er selbst erklärte bald wiederum, mit seinen Worten nicht beabsichtigt zu haben, einzelne Volksgruppen zu diskriminieren, hingegen habe er »die Probleme und Perspektiven der Stadt Berlin anschaulich beschreiben wollen«. Waren die betreffenden Äußerungen nun also als rassistisch einzustufen oder nicht?

Zumindest Gideon Botsch vom Potsdamer Moses-Mendelssohn-Zentrum beantwortet diese Frage in einem Auftragsgutachten mit einem eindeutigen »Ja«, da die Äußerungen als bewusster Tabubruch konstruiert worden seien und der Mobilisierung von Vorurteilen dienten, gekoppelt mit radikalen Handlungsvorschlägen an die Politik. Der

Grad der Radikalität werde nur von antidemokratischen, rechtsextremen Parteien erreicht. Ein Gutachten, gegen das sich Sarrazin scharf verwehrte. Allerdings ist bemerkenswert, dass der Radikalitätsstatus zunächst »wissenschaftlich« erforscht und abgesegnet werden musste – rassenbiologische und inquisitorische Extrema griffen hier offenbar Hand in Hand. Das Gutachten wurde übrigens aufgrund des eingangs schon erwähnten Parteiordnungsverfahrens erstellt, wie es der SPD-Kreisverband Berlin-Spandau und die Abteilung Alt-Pankow anstrebten. Diese Anträge wurden später von übergeordneter Instanz abgewiesen.

Die Sarrazin-Serenade dauerte nunmehr schon etliche Jahre an. Im Jahr 2008 war der Berliner Senator durch Empfehlungen für ALG-II-Empfänger aufgefallen, wie sie sich auch mit vier Euro pro Tag durchaus gesundheitsbewusst ernähren könnten, weitere Bemerkungen von ihm gerieten ins Feuer scharfer Kritik oder wurden zumindest missbilligend hingenommen, doch weitgehend unausgesprochen blieb die Tatsache, dass viele, wenn auch nicht alle dieser Äußerungen auf oft verdeckt gehaltene Missstände in unserer Gesellschaft hinwiesen. Nun wurden sie erstmals zutage gefördert, in einer klaren, schonungslosen, wenn auch nicht immer schönen Sprache, die vielleicht auch gar nicht um Beschönigungen bemüht war. Damit definierte sich aber wohl per se der Grenzgang der provokativen Sarrazin-Diktion.

Verschiedenen Umfragen zufolge stehen zwischen 67 und 90 Prozent der Bevölkerung hinter Sarrazin, wenn es um die Zuwanderungspolitik und die damit verbundenen Probleme geht.

Zuspruch erhielt der mittlerweile verschriene und am 1. Oktober 2010 aus dem Vorstand der Bundesbank entlassene Nonkonformist Sarrazin allerdings durchaus auch aus berufenem Munde. So erklärte auch Altkanzler Helmut Schmidt gegenüber *Zeit Online*, dass hinsichtlich Thilo Sarrazin, den er bereits seit 30 Jahren kennt, so einiges richtigzustellen wäre. Da seien Zitate aus dem Zusammenhang gerissen und deutlich gekürzt worden, ein seit der Emser Depesche beliebtes Verfahren zur beliebigen inhaltlichen Manipulation bis hin zur Sinnumkehr. Schmidt weist darauf hin, dass auch das Interview in der Zeitschrift *Lettre International* sehr ausführlich sei, so lang, dass es wohl die meisten Journalisten überhaupt nicht komplett gelesen hätten. Der Interviewer frage zurückhaltend, und Sarrazin antworte aus seiner großen Erfahrung heraus zur ökonomischen Lage Berlins und Deutschlands. Gegenüber dem *Zeit*-Redakteur Giovanni di Lorenzo erklärt Schmidt: »Die Passagen, die sich auf Ausländer bezogen und die von der deutschen Presse herausgezupft worden sind, sehen im Gesamtzusammenhang dieses Interviews ziemlich anders aus. Wenn er sich ein bisschen tischfeiner ausgedrückt hätte, hätte ich ihm in weiten Teilen seines Interviews zustimmen können.« Zu den weniger »tischfeinen« Formulierungen rechnete Schmidt auch folgende Sarrazinade: »Jemanden, der nichts tut, muss ich auch nicht anerkennen. Ich muss niemanden anerkennen, der vom Staat lebt, diesen Staat ablehnt, für die Ausbildung seiner Kinder nicht vernünftig sorgt und ständig neue kleine Kopftuchmädchen produziert. Das gilt für 70 Prozent der türkischen und 90 Prozent der arabischen Bevölkerung in Berlin.« Von di Lorenzo auf diese Passage angesprochen, erwiderte der Altkanzler: »Ich hätte diese Ausdrücke sicherlich nicht gebraucht. Nach einem langen Gespräch, das umgangssprachlich geführt wurde, hätte ein Redakteur an drei oder vier Stellen Korrekturen vornehmen müssen. Das hat offenbar keiner getan.«

Bis aufs Hemd und drunter – die Nacktscanner-Diskussion

Die Situation mochte leicht bizarr gewirkt haben. Während der Nigerianer Umar Farouk Abdul Mutallab von einer Grand Jury in sechs Punkten angeklagt worden war, vor allem wegen versuchten Mordes und versuchten Einsatzes einer Massenvernichtungswaffe, standen vor dem Gerichtsgebäude etliche Muslime bei eisigen Temperaturen und hielten US-Flaggen und Transparente in die Höhe. Sie wollten damit ihre Ablehnung von Terrorakten kundtun.

Am 25. Dezember 2009 hatte Abdul Mutallab den Versuch unternommen, einen in Amsterdam gestarteten *Airbus A330-300* der *Northwest-Airlines* kurz vor der Landung in Detroit zu sprengen. Den Geheimdiensten war Abdul Mutallab bekannt, selbst sein Vater, Ex-Minister von Nigeria, hatte die US-Botschaft seines Landes etliche

Wochen zuvor gewarnt. Denn sein Sohn stehe mit radikalen Kreisen in Verbindung, habe sich radikalisiert. Einige Tage nach dem Anschlag und somit gleich Anfang Januar 2010 sprach Präsident Obama dann von einer Verbindung zum jemenitischen Ableger von *Al-Qaida*. Merkwürdig: Trotz alledem genügten die Verdachtsmomente den US-amerikanischen Sicherheitsbehörden nicht, um Abdul Mutallab auf die Flugverbotsliste zu setzen. Später gestand Obama deutliche Fehler ein, wenn auch verpackt in die üblichen Beteuerungen, die USA würden keine Möglichkeit auslassen, um Extremisten zu bekämpfen, sie würden weiterhin jedes Element der staatlichen Gewalt einsetzen, um Bedrohungen abzuwenden.

Doch ist schon bemerkenswert, was der Kampf gegen den Terror innerhalb einer Zeitspanne von damals über acht Jahren nach den katastrophalen Attacken auf New York und Washington faktisch erreicht hatte. Nämlich, dass – wie im Falle des Detroit-Bombers Mutallab – ein Extremist mit einem Bündel Sprengstoff in seiner Unterhose ungehindert durch alle Kontrollen an Bord eines Linienflugzeugs gelangt!

Das klingt fast schon wieder derart abstrus, dass man pure Show und einen »Publicity-Trick« dahinter vermuten würde, ein abgekartetes Spiel, bei dem es letztlich nur darum ging, der Welt die weiterhin bestehende und überall lauernde Terrorgefahr erneut vor Augen zu führen, natürlich auch, um wieder neue Kontroll- und Überwachungsmöglichkeiten rechtfertigen zu können. Sicher, diese Spekulation führt zu weit, doch die faktische Situation des 25. Dezember 2009 erscheint doch einfach abstrus.

Schon im Oktober 2008 wurde auch hierzulande kontrovers und aufgeregt über eine neue Form der Kontrolle an Flughäfen diskutiert, die eindeutig grenzüberschreitenden Charakter besitzt. In diesem Falle geht es allerdings weniger um Staatsgrenzen als um ethische Grenzen. Die Diskussion drehte sich allerorten um die Einführung der Ganzkörperscanner, die wegen ihrer Eigenschaft, Kleidung zu durchdringen, auch schnell als Nacktscanner bekannt wurden und allgemeine Aufmerksamkeit zu erregen begannen – wie ebenso auch Anstoß. Immerhin: Das mit der Bedienung dieser Geräte betraute Flughafenpersonal sieht hier jeden Reisenden exakt so, wie Gott ihn geschaffen hat. Zwar soll die Programmierung der Geräte ab Werk sowohl die

Speicherung der Bilder verhindern als auch eine grafische Simplifizierung durchführen, die lediglich sicherheitsrelevante Details offenbart, doch Theorie und Praxis scheinen sich auch hier deutlich zu scheiden. Im November 2010 keimte die Diskussion dann wieder richtig auf. Wenn es nach dem Willen der EU-Kommission geht, sollen neue Ganzkörperscanner bald die Flughäfen bevölkern. Metalldetektoren reichen nicht, wenn sichergestellt werden muss, gefährliche Gegenstände aufzuspüren. Das leuchtet ein – ein Keramikmesser können diese Systeme nicht orten. Und Sicherheit auf Linienflügen, wer würde sich ernstlich dagegen verwehren? Niemand möchte gerne mit einem Attentäter in der gleichen Maschine sitzen, nur weil die Kontrollen am Airport mangelhaft waren. Dennoch sind berechtigte Bedenken gegenüber den Scannern anzumelden, und dies gleich aus mehreren Gründen.

Die neuen Scanner arbeiten mit unterschiedlichen Techniken. An europäischen Flughäfen werden vor allem Testgeräte eingesetzt, die mit »Submillimeterstrahlung« arbeiten, also Strahlung aus einem – gegenüber sichtbarem Licht – langwelligen Bereich des elektromagnetischen Spektrums. Umgemünzt auf die entsprechende Frequenz ist sie auch als Terahertz-Strahlung bekannt. Etwas genauer gesagt deckt dieses »Fenster« die Strahlung im Bereich zwischen dem schon von William Herschel entdeckten Infrarot und den mittlerweile berühmt-berüchtigten Mikrowellen ab, alles »unsichtbares Licht« unterhalb von einem Millimeter Wellenlänge, daher eben auch der Name Submillimeterstrahlung. In der Weltraumforschung spielt diese besondere Strahlung eine bedeutende Rolle, denn sie erreicht uns von Orten im All, an denen einfachere interstellare Moleküle einen Rotationsübergang erfahren. Das Licht dringt aus den Kernen galaktischer Dunkelwolken zu den riesigen Empfangsantennen vor und zeigt Phänomene, die unseren Augen und den Detektoren optischer Teleskope verborgen bleiben. So gibt es hier sogar einen eigenen Forschungszweig, die Submillimeter-Astronomie. Wassermoleküle aber absorbieren diese Strahlung, daher können Submillimeterobservatorien auch nicht überall auf der Welt errichtet werden, sondern nur dort, wo die Luft trocken und kühl ist, am besten auf hohen Bergen.

Und das gleiche Problem, die Luftfeuchtigkeit, führt auch wieder zu den irdischeren Anwendungen zurück. Terahertz-Detektoren funktionieren nur über sehr kurze Distanzen, dann blockt die Luft jede Information ab. Aus diesem Grunde gab es für diesen Wellenlängen-bereich nur wenig praktische Anwendungen, und immer wieder war in diesem Zusammenhang von der »Terahertz-Lücke« zu hören. So, wie es aussieht, dürfte sich das aber sehr bald deutlich ändern. Bereits jetzt sind an europäischen Flughäfen vor allem Ganzkörperscanner im Ein-satz, die mit THz-Strahlung arbeiten, denn sie durchleuchtet Klei-dung, ohne tief in den Körper einzudringen.

Hier gibt es zwei Funktionsweisen: Die aktiven Scanner senden selbst Strahlung auf den Körper des Passagiers aus, der sich zur Kon-trolle in einer Kabine befindet. Die Strahlung ist so gewählt, dass sie die Kleidung durchläuft und von der Körperoberfläche reflektiert wird. Mit Sensoren wird die Intensität der eingehenden Reflektionen gemessen. Ein verborgener Gegenstand würde durch eine vom Körper deutlich abweichende Intensität auffallen. Natürlich bilden sich dabei auch nicht metallische Gegenstände ab. Insgesamt zeichnet das aktive Verfahren ein klares Bild der Person und möglicherweise am Körper verborgener Gegenstände. In den Organismus hineinleuchten kann das Gerät jedoch nicht. Die andere Variante wären die passiven

Abb. 39: Ganzkörperscanner in Boston. Anonymisierung angeblich garantiert – ebenso die Datenlöschung.

THz-Scanner. Sie greifen nur die natürliche Eigenstrahlung des Körpers ab, senden dabei aber selbst nicht. Dadurch gibt es auch keinerlei möglicherweise schädliche Strahlenbelastung. Bis heute ist nämlich nicht wirklich gesichert, dass Terahertz-Wellen für den menschlichen Körper unbedenklich sind. Zwar glauben die meisten Experten, hier Entwarnung geben zu können, doch liegen bislang nur wenige Erfahrungen vor. Erst seit dem Jahr 2001 existiert ein multizentrisches Forschungsprojekt namens *Terahertz-Bridge*. Hier versuchen Wissenschaftler, die Auswirkungen dieser besonderen Strahlung auf den menschlichen Körper zu studieren.

Warum dann aber nicht gleich auf die aktiven Scans verzichten und sicherheitshalber mit den passiven Detektoren arbeiten? Wenn das nur so einfach wäre, denn leider liefern Letztere längst keine so klaren Bilder. Das ist der hauptsächliche Haken an der Sache. Die Sicherheitsbeamten würden nur ziemlich verschwommene Bilder zu Gesicht bekommen, und so erklärt Andreas Kotowski, technischer Chef von *Rapiscan*, einem führenden US-Hersteller von Detektorsystemen: »Für Flughäfen ist diese Methode ungeeignet.«

Denn Sicherheit geht natürlich vor. Nur bleibt die persönliche Sicherheit vielleicht doch auf der Strecke, genauso wie die Privatsphäre, denn nicht zuletzt die ethische Frage ist hier eine schwerwiegende. Julia Krumm, die an der Universität am Projekt *Theben* mitwirkt, einem Forschungsprojekt zur ethischen Begleitung von Terahertz-Detektoren, gibt zu bedenken: »Die Aufnahmen stellen einen Eingriff ins Persönlichkeitsrecht dar, da sie beispielsweise körperliche Gebrechen wie Prothesen oder Implantate offenlegen.« Daher könnten ihrer Ansicht nach einige Personengruppen durch die neue Technik von Flugreisen ausgeschlossen werden, weil sie sich den Kontrollen aus Scham nicht mehr unterziehen lassen würden. Wobei manche Menschen weiterhin dazu gezwungen wären, berufliche Vielflieger beispielsweise. Immerhin will auch die Europäische Kommission besondere Situationen berücksichtigen. So sieht sie alternative Überprüfungsmethoden für Behinderte sowie Risikogruppen wie Schwangere und Kinder vor. Das wäre auch das Mindeste und ist vor allem im Hinblick auf eine besonders weitgehende und fragwürdige Kontrolltechnologie sicherlich unabdingbar: die Röntgenscanner, wie sie vor allen in den USA und Großbritannien eingesetzt werden.

Wenn *Rapiscan*-Techniker Kotowski diese Art von Scannern mit Blick auf den Sicherheitsaspekt für die Besten hält, da sie eben »die besten Ergebnisse liefern«, so mag dies zutreffen. Doch hinsichtlich der gesundheitlichen Sicherheit dürften sie die schädlichste Variante darstellen. Hier verletzen die Geräte nicht nur die Privatsphäre von Millionen unschuldiger Flugreisender auf entwürdigende Weise, sie verletzen möglicherweise auch die Gesundheit. Abgesehen also davon, dass die Strahlung durch die Haut in den Körper eindringt und dort auch noch den künstlichen Darmausgang genauso wie den Tampon auf dem Monitor abbildet, sie schädigt auch das Gewebe. Experten wie der Radiologe Dr. David Brenner vom Zentrum für radiologische Forschung an der US-amerikanischen Columbia-Universität schätzen das Risiko zwar nicht sonderlich hoch ein, können es aber eben nicht gänzlich ausschließen. So fordert auch er weitere Tests, um mögliche Negativeffekte genauer ermitteln zu können. Dies gelte wieder in besonderem Maße für Risikogruppen wie Kinder oder genetisch vorbelastete Reisende. Unsere Haut als das strahlungsempfindlichste Organ des Körpers »merkt« sich nachteilige Einflüsse über viele Jahre hinweg und kann durchaus »nachtragend« reagieren. Sie kann bekanntlich Schäden davontragen, die sich erst nach Jahren auch in Form von Krebs bemerkbar machen und meist zum Basalzellenkarzinom führen. Wenn die DNA eines Reisenden eine verminderte Fähigkeit zur Selbstreparatur aufweist, besteht ein erhöhtes Risiko. Der US-Radiologe erklärt, dass ungefähr jeder Zwanzigste von uns eine entsprechende Mutation in sich trägt. Und nie zuvor existierte eine Technologie, die eine so enorm hohe Zahl an Menschen einer Durchleuchtung mit Röntgenlicht unterzog, so Dr. Brenner. Natürlich wollen die Hersteller ihre pro Einheit zwischen 100 000 und 200 000 Dollar teuren Geräte gerne möglichst schnell über die Flughäfen dieser Welt verbreitet wissen.

Die Strahlenbelastung sei gering, so beteuern auch die zuständigen Behörden. Die britische Zivilflugbehörde CAA betont, ein Fluggast müsse schon 5000 Mal durch den Scanner marschieren, um ungefähr die gleiche Strahlenbelastung zu erfahren wie bei einer einzigen klinischen Röntgenaufnahme. Da klingt es wirklich nicht sehr bedenklich, solche Geräte überall einzusetzen. Auf der anderen Seite stehen immerhin sehr wesentliche Gefahren für Leib und Leben. Ganz klar, wer bei einem Sprengstoffanschlag im selben Flugzeug sitzt wie der Attentäter, hat kaum eine Überlebenschance. Hier wird keiner nach dem Krebsrisiko eines Scanners fragen, der die über Leben und Tod entscheidende Bombe noch rechtzeitig entdeckt hätte. Wahrhaft, ein schlagkräftiges Argument, dem man sich schwerlich entziehen kann. Und so erklärt die CAA einerseits auch, zur Minimierung der Luftfahrtrisiken erfordere das Klima hoher Sicherheitsstandards, sämtliche nur möglichen Mittel einzusetzen. Andererseits dürfen begleitende Risiken nicht heruntergespielt werden, die Technologien müssen vor ihrem Einsatz einfach genügend geprüft, die Sicherheitsstandards auch hier hochgehalten werden. Dazu sind allerdings immer wieder die verschiedenen Meinungen und Warnungen der Fachleute zu hören, vor allem unter besonderer Berücksichtigung von Risikogruppen.

Anja Schulte-Lutz vom Bundesamt für Strahlenschutz bezieht hier eine sehr klare Position: »Bei der Röntgenstrahlung sind schädigende Faktoren wissenschaftlich erwiesen, daher sollten sie [die Scanner] an Flughäfen nicht zum Einsatz kommen.« Da nutzt es auch nichts, darauf hinzuweisen, dass die natürliche kosmische Strahlung während eines Transatlantikfluges ebenso wie eine einzige medizinische Röntgenaufnahme weitaus belastender ist. Denn auf die Summe kommt es an. Jiri Silny, spezialisierter Mediziner und wissenschaftlicher Leiter eines Forschungszentrums der Technischen Hochschule Aachen, hält hierzu fest: »Je stärker und je länger der Mensch Röntgenstrahlen ausgesetzt ist, desto größer ist die Schädigung der Zellen … Ist die Strahlungsenergie größer als die Energie, die die Moleküle in den Zellen zusammenhält, können Zellinformationen und DNA zerstört werden.«

Bedenken äußerte immerhin auch der Strahlenschutzexperte der Bundesregierung Rolf Michel gegenüber dem Radiosender *HR-Info*. Er denkt gleichfalls an besondere Risikogruppen und sieht beispielsweise für Vielflieger ein nicht vernachlässigbares Risiko – langfristig könnte die Scannerstrahlung Krebs und Leukämie erzeugen. Selbst für die Terahertz-Alternative will er keine vollständige Entwarnung geben, denn bekanntlich wird diese Strahlung von Wasser absorbiert. Und unser Körper besteht zum größten Teil aus Wasser, hier werden die Wellen sehr schnell abgefangen. Eine Durchleuchtung ist also nicht möglich. Doch ist auch nicht geklärt, ob die Absorption von Terahertzwellen nicht schädigende Folgen haben kann. Rolf Michel stellt hierzu fest: »Es wird allerdings intensiv geforscht, ob biologische Wirkungen zu befürchten sind.«

Geforscht wurde wahrlich intensiv an der Terahertz-(Markt-)Lücke. Nicht nur, dass jetzt an europäischen Flughäfen vor allem mit diesen Wellen gearbeitet wird. Mittlerweile gelang Physikern vom Zentrum für Terahertz-Forschung am *Rensselaer Polytechnic Institute* in Troy, New York, auch ein Versuch mit etwas, das direkt in den »Super-Körperscanner« münden könnte! Neben dem Einsatz am Flughafen könnten diese speziellen Wellen vielleicht sogar schon relativ bald auch zur Fernüberwachung eingesetzt werden, etwas, das wegen der störenden Luftfeuchtigkeit bislang als unmöglich erachtet wurde. Der technologische Durchbruch würde Spione im Dienst von Antiterrorermittlungen bereits aus großer Distanz erkennen lassen, was verdächtige Personen möglicherweise unter ihrer Kleidung verbergen.

Jener technologische Durchbruch ist natürlich recht komplex: Zwei Laser unterschiedlicher Wellenlänge erzeugen vor dem Zielobjekt eine nicht direkt sichtbare Plasmawolke, die als Vermittler für die lange Distanz dienen soll. Eine vom Zielobjekt reflektierte THz-Welle dringt ihrerseits in die Wolke und verändert sie charakteristisch. Prof. X. C. Zhang, zusammen mit Dr. Jingle Liu und einigen weiteren Kollegen wesentlicher Mitentwickler der Technologie, erklärt: »Wir haben gezeigt, dass Sie einen 800-Nanometer- und einen 400-Nanometer-Laserstrahl zusammen in die Luft abstrahlen können, um in größerer Distanz ein Plasma zu schaffen, das mit einer zusätzlich erzeugten Terahertz-Welle interagiert. Die Plasma-Fluoreszenz trägt die Information von einem Zielmaterial zum Detektor.« Mittlerweile existiert eine eigene Bibliothek von Terahertz-Spektren, über die ein unbekanntes Material sofort und sicher identifiziert werden kann. Die ersten wesentlichen Tests fanden bis auf eine Entfernung von 20 Metern statt. Denn größer war das Labor der Forscher eben nicht. Doch deutet sich an, dass selbst Kilometerdistanzen noch kein Hindernis darstellen. Daraus resultiert allerdings auch die unschöne Vorstellung, zu jedem Zeitpunkt an jedem Ort aus recht großer Entfernung klammheimlich durchleuchtet und gleichsam virtuell entblößt zu werden. Momentan (offenbar) noch Zukunftsmusik. Doch wie lange noch?

Nun, noch einmal kurz zurück in die Gegenwart und hin zu den derzeit bereits verwendeten Kontrollsystemen an Flughäfen. Daten-schützer befürchten nicht ohne Grund, dass die Richtlinien zur Wah-rung der Persönlichkeitsrechte nicht eingehalten werden. Es sollen die Darstellung der individuellen Körperkonturen anonymisiert und auf ein einfaches Schema des menschlichen Körpers reduziert werden, wobei nur verborgene Gegenstände gekennzeichnet sind. Dies verlan-gen auch die Datenschutzbeauftragten des Bundes und der Länder. Ebenso, dass die Bilddaten nicht gespeichert werden dürfen. Den Herstellern zufolge sind das auch genau die »Default-Einstellungen«, die Grundeinstellungen des Werkes. Die Geräte werden demnach exakt so ausgeliefert, dass keine Bildspeicherung erfolgt – obwohl technisch möglich, was aber einen umfassenden Eingriff in die Soft-ware erfordere. Bestätigt wird dies vom *Rapiscan*-Techniker Andreas Kotowski, der auch darauf hinweist, dass die Geräte die Abbilder der Passagiere automatisch in ein einfaches Körperschema umwandeln. Natürlich ließe sich auch diese Funktion abstellen. Aber nur, wenn der Kunde »gute Gründe mitbringt«. Nun, das kommt auch sicherlich ganz auf den Kunden an. Und wie es dann im Nachhinein mit den Geheimdiensten aussieht, die bekanntlich von Herstellern öfters sehr gern entsprechende technologische Hintertürchen zur allfälligen Schnüffelei einfordern, bleibt ebenfalls eine noch zu klärende Frage.

Man muss aber nicht unmittelbar die Geheimdienste bemühen, wenn es um Brüche im dünnen Eis der Datensicherheit geht. Nicht zuletzt das US-Justizministerium kann über die Jahre immer wieder mit verblüffenden Entgleisungen aufwarten. Anfang August 2010 weh-te diesbezüglich wieder einmal eine frische Brise über den Atlantik und brachte Kunde von einem bemerkenswerten, um nicht zu sagen pein-lichen Vorfall, der wahrlich nackte Tatsachen ans Licht brachte. Der *Marshals Service*, eine Behörde des US-Justizministeriums, musste zu-geben, mittlerweile bereits Tausende von Nacktscannerbildern gespei-chert zu haben.

Besonders interessant wird die Sache durch ein bis dahin geheimes Dokument, das über das Gesetz zur Informationsfreiheit (»Freedom of Information Act«, FOIA) ans Licht kam. Klassifiziert als »sensitive Sicherheitsinformation« wird klar bestätigt, dass die Körperscanner den »Export von Bilddaten in Echtzeit« ermöglichen müssen. Damit wurde plötzlich offenkundig: Hier war gesetzlich verankert worden, dass die Hersteller von Nacktscannern ihre Geräte immer mit der Option ausstatten müssen, Bilddaten live zu versenden und in Computern abzuspeichern. Dabei hatte die US-Verwaltungsbehörde für Transportsicherheit (*Transportation Security Agency*, TSA) nicht lange zuvor noch eindeutig erklärt: »Die gescannten Bilder können nicht gespeichert oder aufgenommen werden« – was sich als glatte Lüge erwies. Hartnäckigere Nachfragen bei der TSA ergaben dann eben doch ein anderes Bild. Denn auch diese Behörde erwirbt ausschließlich Geräte mit der technischen Option, sämtliche gewonnenen Aufnahmen »zu Test-, Übungs- und Bewertungszwecken« abzuspeichern und zu versenden. Da sieht man wieder: Es kommt eben nur auf die Umschreibungen an.

Der *Marshals Service* seinerseits speicherte die Bilder nicht an einem Flughafen, sondern am Kontrollpunkt eines Gerichtsgebäudes in Orlando, Florida. Immerhin ging es dabei um ziemlich genau 35 314 Bilder, gewonnen an einem System, das sogar per Fernbedienung gesteuert werden kann!

Das Informationszentrum für die Elektronische Privatsphäre (*Electronic Privacy Information Center*, EPIC) legte seinerseits Rechtsmittel gegen die TSA ein, deren Philosophie einer Aushebelung der Richtlinien zur Datensicherheit klar auf der Hand lag. Während man dort kaum Handlungsbedarf sah und auf die seit Anlieferung ausgeschaltete Speicherfunktion der Scanner verwies, betonte EPIC-Chef Marc Rotenberg: »TSA zeigt sich gegenüber der Öffentlichkeit nicht aufrichtig. Hier setzt das Ministerium für Heimatsicherheit jeden US-Reisenden einer zudringlichen Untersuchung aus, die ohne jegliche Verdachtsmomente aufgezeichnet werden kann. Ich denke, das schlägt dem Fass den Boden aus!«

Hausgemachter Terrorismus, unterstützt durch »hohe Politik« und Geheimdienste im Interesse der Machteliten, gilt als erstrangige Verschwörungstheorie. Doch die mittlerweile auch zum 11. September 2001 verfügbar gewordenen Informationen wecken wahrlich ernste Verdachtsmomente. Es ist schon seltsam, wenn die Verschwörungstheorie wesentlich konsistenter wird als die offiziell abgesegnete Darstellung. Und genau dann, wenn hausgemachter Terrorismus im Spiel ist, nützen auch die besten Sicherheitsvorkehrungen nichts mehr.

Abgesehen von dieser ganz eigenen Diskussion bleibt noch anzumerken, dass die Überwachungstechnologie natürlich eine ganze Menge Geld verschlingt. Die Europäer dürften diese Unkosten – oder eher UN-Kosten – ebenfalls mitfinanzieren, auch in den USA. Denn seit dem 8. September 2010 wird eine Einreisegebühr in Höhe von 14 Dollar pro Person erhoben! Sie dient gleichsam als Ticket fürs individuelle Röntgenvergnügen und gilt immerhin zwei Jahre.

Das Geheimnis des Julian Assange – die *WikiLeaks*-Affäre

Dezember 2010: Julian Assange ist auf der Flucht. Seitdem schwedische Gerichte einen Haftbefehl beantragt und *Interpol* ihn am 1. Dezember 2010 auf die Fahndungsliste gesetzt hat, wird er überall gejagt. Er wird gesucht, weil er angeblich zwei Frauen in Schweden vergewaltigt hat. Die Hatz gegen Julian Assange begann, als seine Enthüllungen immer dreister wurden. Aber wer ist Julian Assange, wer ist er wirklich? Eine entscheidende Frage, denn seit er 2007 die Internetseite *WikiLeaks* gegründet hat, gilt er als Mann der ehrlichen Information, als jemand, der gegen das Establishment kämpft und ein weltweites Informantennetz aufgebaut hat, mit dem er die unglaublichsten Geheimnisse ans Licht bringt. Wie er das schaffen konnte, blieb vielen ein Rätsel. So viel Assange mit seiner Plattform auch über die verschiedensten Verschwörungen enthüllte, über sich selbst bewahrt er weitgehend Stillschweigen. Bekannt wurde nur, dass eine deutsche Stiftung angeblich der finanzielle Hauptunterstützer von *WikiLeaks* ist, und zwar laut eigener Angabe. Die nach einem verstorbenen Computeraktivisten benannte hessische Wau-Holland-Stiftung habe demnach insgesamt über 750 000 Euro für Gehälter und Spesen von zehn Angestellten ausgegeben, dazu die laufenden Betriebskosten für Datenserver sowie auch Reisekosten von Assange gedeckt.

WikiLeaks war gegen das ausgehende Jahr 2010 in aller Munde. Jeden Tag gab es neue Enthüllungen: zu den jüngsten Enthüllungen des Enthüllers. Der Mann erboste die Geheimdienste und die mächtigen Regierungsapparate dieser Welt, allen voran die USA. Das Pentagon empörte sich über die Preisgabe sensitiven Materials, und auch die Medien verurteilen Assange für seine Verantwortungslosigkeit. Denn er gefährde mit diesen Informationen definitiv Menschenleben, beispielsweise wichtige einheimische Informanten im Iran, deren Identitäten er nunmehr einfach preisgab. Diese Menschen standen plötzlich schutzlos im feindlichen Terrain, für sie herrschte dadurch akute Lebensgefahr. Assange schien dies wenig zu interessieren, für ihn galt lediglich die »Aufdeckung der Wahrheit«, die Präsentation der Fakten, die Enthüllung als relevant.

Abb. 40: WikiLeaks-*Gründer Julian Assange bei einem öffentlichen Auftritt in Kopenhagen*

Gegen Jahresende schien sich allerdings die schon länger um den Hals des »Geheimnisverräters« liegende Schlinge unangenehm enger zu ziehen. Spätestens seit der *Interpol*-Aktion musste der bereits seit geraumer Zeit untergetauchte Australier befürchten, dass es ihm an den Kragen gehen würde. War es die angebliche Doppelvergewaltigung, die ihm zur Last gelegt wird und »genau zum richtigen Zeitpunkt« auf den Tisch kam, oder waren es vielmehr doch die zahlreichen Enthüllungen, die er publiziert hatte? Was war der Grund, dass nun die Schonzeit für Assange aufgehoben wurde?

Gab es vielleicht noch ein weiteres düsteres Geheimnis, das hierzu führte?

Der 39-jährige Assange, ein australischer Physiker und ehemaliger Hacker, präsentiert sich gerne als Weltverbesserer, Aufklärer und Aktivist. Ein unsteter Mensch, der in den vergangenen Jahren nach eigener Aussage nur noch auf Flughäfen lebte. Mit *WikiLeaks* sollte er weltberühmt werden. Denn was uns die Regierungen verschweigen, das präsentierte Assange. Immer wieder gelangte er an brisante, weil hochsensitive Informationen, die nunmehr frei verfügbar im Internet zu finden waren. Insbesondere ein bis dahin absolut geheim gehaltenes Video aus dem Jahr 2007 sorgte international für Aufsehen und Entrüstung. Eine wirklich grausame Geschichte: Damals wurde über Bagdad aus einem US-*Apache*-Helikopter wiederholt auf friedliche Zivilisten geschossen, darunter auf Journalisten. Laut CNN starben bei der Attacke mehr als zwölf Menschen. Die Bordkamera dokumentierte alles genau. Der Ton zum Video lässt das Blut in den Adern gefrieren, wenn man gleichzeitig sieht und hört, mit welcher Kaltblütigkeit und Gleichgültigkeit hier ahnungslose Menschen überfallen und ermordet wurden – begleitet von geradezu menschenverachtenden Kommentaren, als ginge es bei der grauenvollen Szenerie um nicht mehr als ein übles Computerspiel. »Hahaha, ich habe sie getroffen« war da unter anderem zu vernehmen und »Da liegt jetzt ein Haufen Leichen rum. Ein Typ kriecht noch herum, lass uns noch ein paar mehr abschießen.«

Das US-Militär geriet in eine gewisse Bedrängnis, während *WikiLeaks* in der Öffentlichkeit einen Triumph feierte. Mit Assange war nun endlich jemand ins internationale Rampenlicht getreten, der sich um ehrliche Aufklärung der Machenschaften von Regierungen, Militärs und Industrie bemühte. Allerdings kümmerte sich das Militär laut CNN nicht um eine Vertuschung des Vorfalls. Vielmehr erklärten die Sprecher, es habe sich um eine schreckliche Verwechslung gehandelt: Die beiden am Boden anwesenden Reporter seien mit ihren großen, über die Schulter gehängten Teleoptiken für Aufständische mit Kalaschnikows gehalten worden. Also feuerte die Hubschrauberbesatzung präventiv aus vollen Rohren. Nicht weil es so viel Spaß machte, Menschen umzubringen, sondern um für Ordnung zu sorgen und Schlimmerem vorzubeugen. Man durfte dies natürlich sofort glauben, schon aufgrund der mitgeschnittenen Kommentare. Die beiden Journalisten, ein erst 22-jähriger Fotograf und sein 40-jähriger Assistent, fielen dem Anschlag zum Opfer.

Im Juli 2010 sorgte Assange wiederum für Aufregung, als er Zehntausende von US-Geheimpapieren zum Afghanistan-Krieg veröffentlichte. Und am 28. November 2010 gab *WikiLeaks* rund 250 000 diplomatische Dokumente preis. Eine Informationsflut, mit angeblich schwerwiegenden Negativfolgen für die USA – eine ernste Gefahr für die viel zitierte nationale Sicherheit. Aus den Dokumenten gehe auch hervor, dass die Vereinigten Staaten die chinesische Staatsführung als Initiatorin eines groß angelegten Hackerangriffs betrachteten. Opfer seien vor allem westliche Regierungen und das zu einem riesigen Moloch herangewachsene Unternehmen *Google*. Die Informationen enthüllten auch die intensiven und angespannten diplomatischen Beziehungen zwischen China und den USA. Die US-Botschaft in Bejing habe von einer »chinesischen Quelle« in Erfahrung gebracht, das Politbüro des Landes orchestriere schon seit Jahren solche Hackerattacken auf Computer der USA und seiner Alliierten. Auch das geistliche Oberhaupt Tibets, der Dalai Lama, sei immer wieder Ziel der Angriffe. Kein größeres Wunder, bei den CIA-Verbindungen, die hier bestehen. In Bezug auf *Google* ist die Rede von einer »koordinierten Kampagne der Computer-Sabotage«.

Der Pentagon-Sprecher Bryan Whitman verurteilte die jüngste »auf illegalem Wege erfolgte« Dokumentenfreigabe per *WikiLeaks* aufs Schärfste und gab unmittelbar Maßnahmen bekannt, mit denen künftige Datenlecks vermieden werden sollen. Schon im Oktober 2010 ließ das Pentagon verlautbaren, die Medien sollten doch die von Assanges Website verbreiteten Geheimdaten über den Irak-Krieg tunlichst ignorieren. Pentagon-Sprecher David Lapan wandte sich an *WikiLeaks* und verlangte, die »gestohlenen Papiere der US-Regierung zurückzugeben«. Das klang ein wenig nach »Fuchs, du hast die Gans gestohlen«.

Lapan kommentierte zur Glaubwürdigkeit der *WikiLeaks*-Seiten noch: »Vonseiten der Medien wäre es unzulässig, die Verbreitung der Geheimdaten durch eine derart zweifelhafte Institution wie *WikiLeaks* zu erleichtern.« Nun, indem Lapan die Medien aufforderte, die entsprechende Internetseite und ihre Enthüllungen zu ignorieren, fachte er die Neugierde wohl noch weiter an. Damit folgte er einem alten Prinzip, wenn es darum geht, vermeintliche Geheimnisse möglichst schnell in Umlauf zu bringen: »Aber sagen Sie es bloß nicht weiter! Das muss unter uns bleiben!«

Die »Gegenwehr« des Pentagons bestand noch in anderen Einschränkungen und »Strafen«, die eher einer Selbstzüchtigung gleichkommen. Zumindest offiziell darf das Pentagon keine Diplomatenpost mehr lesen, so hörte man gegen Ende 2010 aus Washington. »Das US-Verteidigungsministerium schneidet das Pentagon von der Datenbank ab, die Zugriff auf die diplomatischen Dokumente ermöglicht«, so heißt es bei *Welt online*. Das ist doch schön gesagt. Die Bedeutung scheint skurril: Das Pentagon beschneidet sich selbst und seine Möglichkeiten – als klare Reaktion auf die *WikiLeaks*-Enthüllungen.

Ein einfacher, seit Mai zudem inhaftierter Soldat wurde im Übrigen als Hauptverdächtiger auserkoren – er habe sich auf ungeklärtem Wege direkten Zugang zu den sensiblen Dokumenten verschafft. Erschreckend, ein Soldat ist bereits in der Lage, an geheime diplomatische Akten zu gelangen! Doch vieles ist möglich in dieser Welt, das wissen wir ja und erleben dies zudem täglich aufs Neue. Nun hatte man auch seinerzeit, nach den Attacken des 11. September, die Regeln gelockert und somit den Informationsfluss zwischen den einzelnen Behörden vereinfacht, um in jenen beängstigenden Zeiten die verschiedenen Aktionen besser koordinieren und somit auch besser miteinander kooperieren zu können. Das war offenbar ein schwerwiegender Fehler, der sich jetzt in Gestalt eklatanter Sicherheitslecks rächte.

Doch stellt sich bei all den neuen Enthüllungen ernstlich die Frage, wie schädlich die hierdurch preisgegebenen Informationen für die USA denn tatsächlich sind. Meist nämlich entsprechen sie genau deren Kurs und unterstützen somit deren künftige außenpolitische Pläne in vielerlei Hinsicht ganz hervorragend.

Keine Frage, die seinerzeitige Veröffentlichung des brisanten Hubschraubervideos rechnet sicherlich nicht zu diesen »unterstützenden Dokumenten«, doch gab sie buchstäblich den Startschuss für die Glaubwürdigkeitskarriere von Assange, an der zunächst wirklich nichts zu rütteln schien. Das war die Initialzündung. Sie zementierte dessen Ansehen bei kritischen Zeitgenossen, jenen Menschen, die den herkömmlichen »Regierungserklärungen« und politischen Standardfloskeln ohnehin schon lange nicht mehr trauten.

Hier trat nun jemand gegen das mächtige Establishment auf. Dies ebnete den Weg für die scheinbar brisanten Veröffentlichungen, ebenso wie auch für die persönlichen Aussagen des Enthüllers. Sie wurden geradewegs zum allgemeinen Credo in dieser »Gemeinde«.

Was hier faktisch wohl weit eher geschah, war ein Vorgang, der allgemein als *Infiltration* bekannt ist. Schon im August 2010 publizierte F. William Engdahl auf *KOPP online* einen kritischen Bericht mit dem Titel: »Es ist etwas faul an *WikiLeaks*«. Er erinnerte in seinem Beitrag an die Freigabe »angeblich sensitiver Dokumente bezüglich amerikanischer Informanten in den Reihen der *Taliban* in Afghanistan und deren Verbindungen zu hochrangigen Vertretern im Umfeld des pakistanischen Militärgeheimdienstes ISI«, wobei es aber lediglich um Desinformation zur Ablenkung ging. Vor allem hinsichtlich der US-Drogenoperationen in der betreffenden Region und zur Diskreditierung des ehemaligen ISI-Chefs General a. D. Hamid Gul, der diese Hintergründe seinerzeit ans Licht gebracht und ganz offen über die Beteiligung des US-Militärs sowie über die strengstens abgesicherte

Abb. 41: Hamid Gul, der ehemalige Chef des pakistanischen Geheimdienstes ISI, war ein wesentlicher Verbündeter der USA im Afghanistan-Krieg. Dann machte er sensitive Informationen über die US-Aktionen auf der Manas-Basis bekannt. In WikiLeaks-Dokumenten erscheint er nun als »Verbindungsmann der Taliban«.

Luftwaffenbasis von Manas in Kirgisien berichtet hatte. General Gul war der seinerzeitige Koordinator der *Mujahedin* gegen die sowjetischen Streitkräfte in Afghanistan. Doch nun war der einstige Verbündete nicht mehr erwünscht.

Bei *WikiLeaks* tauchte Gul nunmehr als »Verbindungsmann zu den afghanischen *Taliban*« auf – besser ging's doch unter den gegebenen Umständen gar nicht für die Krieger gegen den Terror. Und jetzt wird – unter vielem anderen – auch die fortgesetzte iranische Aufrüstung enthüllt. Wie *WikiLeaks* offenbart, orderte der Iran von Nordkorea insgesamt 19 moderne Raketen nach russischer Vorlage: die R-27. Sie würden westliche Metropolen durchaus erreichen. Wahrlich kein angenehmer Gedanke, der natürlich ebenfalls die US-Philosophie rechtfertigt. Erinnern wir uns in diesem Kontext auch an den im Juni 2010 aufgetauchten *Stuxnet*-Computervirus, der von einer unidentifizierten Quelle entwickelt wurde und wohl dem Zweck dienen sollte, spezifische Systeme des iranischen Atomprogramms zu sabotieren. Der Virus verursachte aber auch an anderen Anlagen im Iran Probleme. Ein eigenes Thema wären die tödlichen Anschläge auf Atomwissenschaftler, die leitend an diesem Programm beteiligt waren. Am 12. Januar 2010 kam der iranische Atomphysiker Massud Ali-Mohammadi bei einem Bombenanschlag in Teheran ums Leben, am 29. November explodierte eine Autobombe in der iranischen Hauptstadt und riss den Atomphysiker Madschid Schariari in den Tod.

Doch zurück zu den *WikiLeaks*-Dokumenten und ihrer weitgehenden Übereinstimmung mit US-Konzepten. Auch die Geschichte der China-Hacker passte perfekt in diese Konzepte. Daher nimmt es wirklich nicht wunder, wenn manche kritische Betrachter des Geschehens dann spätestens gegen Ende 2010 noch kritischer wurden und in der vermeintlichen Pentagon-Entrüstung hinsichtlich der aktuellen *WikiLeaks*-Massenenthüllung nichts als Heuchelei sahen. Nun, welch ein schönes Wort: Pentagon-*Entrüstung*! Um wie viel besser klingt das als Pentagon-*Aufrüstung*! Doch das nur nebenher bemerkt.

Assange jedenfalls steht wohl doch auf ihrer Seite, auf der Seite der Mächtigen, die er angeblich so vehement bekämpft. Vielleicht aber sind die Beziehungen komplexer als gedacht. Assange jedenfalls weiß viel und hält gewiss noch einige Druckmittel zur eigenen Absicherung parat, um sich wirksam zu schützen.

Nun, zu den Personen, die jetzt von faulem Spiel reden und einfach nicht glauben, das Assange den USA wirklich ein Dorn im Auge ist, zählt auch der berüchtigte iranische Präsident Mahmud Ahmadinedschad. Sicher keiner, vor dem man sich nicht fürchten müsste. Sicher keiner mit blütenreiner Weste. Doch mit seinen Vorwürfen, die er Ende 2010 äußerte, könnte er sogar wirklich recht haben. Nun, was also sagte der iranische Staatschef?

Natürlich passt es dem Iran nicht, was *WikiLeaks* publiziert. Und so erklärte Ahmadinedschad gegenüber dem iranischen *Press TV*, dass es nicht einfach um ein Datenleck gehe, sondern um eine Veröffentlichung, die ganz gezielt von der US-Regierung organisiert worden sei: »Diese Dokumente haben keinen rechtlichen Wert und werden nicht die angestrebte politische Wirkung haben«, so Ahmadinedschad.

Der russische Militärfachmann Leonid Iwaschow bestätigte den iranischen Präsidenten und damit die prinzipielle Möglichkeit eines echten Komplotts: »Es ist nicht auszuschließen, dass die Veröffentlichung nur Teil einer Operation der US-Geheimdienste ist«, so sagte Iwaschow gegenüber der *RIA Nowosti*, der russischen Agentur für internationale Informationen. Unbewiesene Spekulation, doch in Anbetracht der diversen Ereignisse denkbar. Eine gezielte CIA-Operation also?

Und warum jetzt und in dieser Form?

Die mühsam aufgebaute Glaubwürdigkeit von *WikiLeaks* konnte nur als Katalysator für die bevorstehenden Pläne der USA dienen. Ein Ziel der verdeckten Operation könne durchaus darin bestehen, von den innenpolitischen Problemen der USA möglichst weit abzulenken. Natürlich kann es hier wahrlich nicht darum gehen, Ahmadinedschad in Schutz zu nehmen, doch Wahrheitsfindung orientiert sich nicht an politischen Tendenzen. Und seine Vermutung hinsichtlich der wahren Hintergründe von *WikiLeaks* ist alles andere als abwegig. Bekanntlich hat Saudi-Arabien die USA aufgrund der aktuellen Enthüllungen des Internetportals bereits aufgefordert, den Iran zu bombardieren, so berichtete der britische *Guardian* auf seiner Internetseite. Der saudische König Abdullah erklärte, Irans Ziel bestehe darin, »Probleme zu verursachen« und »der Welt Angst einzuflößen«.

Die zahlreichen »diplomatischen« Kommentare und Einschätzungen diverser ausländischer Spitzenpolitiker könnten wiederum, einmal durch die »*WikiLeaks*-Blume« gesprochen, bei den entsprechenden Zielpersonen als Warnung aufgefasst werden. Sofern einige in den Dokumenten schärfer kritisierte Politiker durch ihre Äußerungen und Handlungen noch mehr gegen die US-»Etikette« verstießen, könnte man ja auch noch drastischer werden. Natürlich werden auch die deutschen Politiker kommentiert und erhalten ein ganz persönliches »Rating«. Zu Angela Merkel heißt es da in den Notizen der US-Diplomatie: »Wenn sie in die Enge gedrängt wird, kann Merkel beharrlich sein, aber sie meidet das Risiko und ist selten kreativ … Sie versucht immer noch ein Gefühl dafür zu bekommen, wie sie mit der neuen Regierung in Washington arbeiten soll. Dabei scheint sie bisweilen unsicher zu sein.« Wolfgang Schäuble hat gute Karten, denn er »versteht, dass der Kampf gegen den Terrorismus in einer globalisierten Welt internationale Kooperation und den Zugriff auf moderne Technologien für Sicherheitsbehörden erfordert«, wobei vielleicht einige der jüngeren Äußerungen Schäubles dann doch nicht mehr so gut ankamen. Zu Thomas de Maizière heißt es: »Der neue deutsche Innenminister hat eine steile Lernkurve vor sich.« Guido Westerwelle gilt als »aggressiv«, »inkompetent« und »eitel«, zu Guttenberg wiederum als »enger Freund der USA« und Horst Seehofer als ein »unberechenbarer Politiker« mit »begrenztem Horizont«. Doch auch die ausländischen Führungskräfte kommen nicht immer gut weg und werden mit ein paar kurzen Sätzen oder gar nur Worten charakterisiert. »Wilde Feste« stellen die Diplomaten unter anderem kurz und bündig beim italienischen Staatschef Berlusconi fest, während sie Frankreichs Präsidenten Sarkozy als »Kaiser ohne Krone« titulieren. Putin gilt ihnen als »Alpha-Rüde«. Der russische Ministerpräsident wisse den US-Diplomaten zufolge auch sehr viel über den geheimnisvollen Poloniummord am Ex-Agenten und *Kreml*-Kritiker Alexander Litwinenko. Wer sich der »Detailverliebtheit« Putins bewusst sei, dem sei auch völlig klar: Ein Vorfall dieser Art wäre an ihm nicht einfach spurlos und unkontrolliert vorübergegangen. Litwinenko hatte bekanntlich selbst auf dem Totenbett noch erklärt, für seine Ermordung sei Putin verantwortlich.

Insgesamt geht es bei *WikiLeaks* mit den Kommentaren noch munter weiter bis hin zu Ahmadinedschad, der gar mit Hitler verglichen wird. Enthüllungen über Enthüllungen, allerdings vorwiegend eben amerikanische Sichtweisen, die natürlich auch im Interesse der US-Diplomatie nicht allesamt an die große Glocke gehängt werden mussten. Doch der Großteil der Preisgaben bestätigte die Richtigkeit der amerikanischen Vorgehensweisen und Ziele. Und die *Preisfrage* dazu: Woran lag das wohl?

Insgesamt wäre eine geheimdienstliche *Operation WikiLeaks* als raffinierte Vorgehensweise zu betrachten, als ein hinterhältiges Spiel, durchaus vergleichbar mit der berüchtigten, hoch manipulativen *Operation Northwoods*, allerdings auf einer – zumindest anfänglich – ganz anderen Ebene. *Operation Northwoods*, das war bekanntlich jene ernsthaft geplante, wenn dann auch in ihrer ursprünglichen Form allerdings nicht umgesetzte Verschwörung gegen Kuba. Und wirklich, es handelte sich dabei um ein waschechtes Verschwörungsszenario, bei dem die Vereinigten Staaten sich darum bemühen wollten, Kuba durch mehrere, gegen US-amerikanische Einrichtungen und -Bürger geführte Sabotageakte als barbarischen Kriegstreiber darzustellen und so eine Invasion zu rechtfertigen.

Die *Operation Northwoods* wurde dem US-Verteidigungsminister als wahrhaft erstaunliches Memorandum durch die *Joint Chiefs of Staff*, die Vereinigten Stabschefs der USA also, am 13. März 1962 und somit im Folgejahr des Schweinebucht-Debakels präsentiert. Bei der neuen Operation ging es unter anderem auch darum, eine als Charterflugzeug mit Studenten oder Schülern an Bord ausgewiesene Maschine auf einen Kurs nahe Kuba zu bringen, dort das Radar zu unterfliegen, um auf einem geheimen Ausweich-Airport zu landen, und stattdessen eine Drohne vor der kubanischen Küste explodieren zu lassen: ein brutaler, tödlicher Anschlag Kubas auf ein ziviles Flugzeug mit Jugendlichen an Bord! Diese Meldung sollte möglichst überall auf der Welt Stimmung gegen den Inselstaat erzeugen.

Nur einmal interessehalber zwei wesentliche Abschnitte aus dem Originaldokument: »a) Ein Flugzeug auf der *Eglin*-Luftwaffenbasis würde wie ein exaktes Duplikat eines zivil registrierten Flugzeuges angestrichen und nummeriert werden, das zu einer in CIA-Eigentum befindlichen Organisation in der Miami-Region gehört. Zu einer festgelegten Zeit würde das Duplikat gegen das tatsächliche zivile Flugzeug ausgetauscht und mit den ausgewählten Passagieren besetzt werden, die alle unter sorgfältig ausgewählten Aliasnamen an Bord gingen. Das tatsächlich registrierte Flugzeug würde in eine Drohne verwandelt werden.

b) Die Startzeiten der Drohne und des eigentlichen Flugzeuges wären derart abgestimmt, dass sie südlich von Florida ein Rendezvous erlaubten. Vom Punkt des Rendezvous wird die mit Passagieren besetzte Maschine in einen Sinkflug auf Minimalhöhe gehen und direkt auf einer Behelfsrollbahn der *Eglin*-Basis landen, wo Vorbereitungen getroffen sind, die Passagiere zu evakuieren und das Flugzeug wieder in seinen ursprünglichen Status zurückzuführen. Die Drohne wird sich währenddessen weiterhin auf dem geplanten Kurs befinden. Über Kuba wird sie dann über die internationale Notruffrequenz eine ›May Day‹-Nachricht aussenden mit der Aussage, unter Angriff durch kubanische *MiG*-Maschinen zu stehen. Die Übertragung wird mit der Zerstörung des Flugzeugs unterbrochen, die ihrerseits durch ein Funksignal ausgelöst wird …« Das in dieser Form nicht umgesetzte Konzept durfte natürlich nicht in den Geheimarchiven verstauben. Dazu waren die Ideen viel zu brillant. Wohlgemerkt, dieses Komplott war bereits Anfang der 1960er-Jahre geschmiedet worden! Und da wollen heute immer noch einige Leute behaupten, es gebe keinerlei Möglichkeit, die Kontrolle über eine große Linienmaschine zu einem x-beliebigen Zeitpunkt zu übernehmen und sie präzise dorthin zu fliegen, wohin sie eben hinfliegen soll – und sei es in die Wahrzeichen der USA.

So wurde also die *Operation Northwoods* später in anderer Version realisiert. In der Tat, die Angriffe vom 11. September 2001 waren gewaltige und grauenhafte Anschläge. Doch waren die Verursacher eben nicht diejenigen, die uns bis heute immer wieder vorgeführt werden. Dafür gibt es unzählige klare Hinweise und Indizien, Zeugenaussagen und unabhängige Untersuchungen, Forschungsergebnisse und Vorfälle, die allesamt die Widersprüchlichkeit und Unlogik der offiziellen Darstellung offenlegen. Eine Gruppe von Terroristen, die sowohl während all ihrer Vorbereitungen nicht auffällt, die Flughafengelände mehrfach genau inspiziert und hierfür sogar eigene Berechtigungsausweise erhält, eine Gruppe von Extremisten, die mit Teppichmessern bewehrt vier Linienmaschinen entführt und – nach ein wenig Flugtraining auf kleinen Propellermaschinen und Flugsimulatoren – plötzlich imstande ist, schwierigste Manöver mit den riesigen Jets durchzuführen, dazu Stahlbauten, die wie bei einer kontrollierten Sprengung

zusammenbrechen, ungewöhnliche Anweisungen des Verteidigungs-
ministers, groß angelegte Katastrophenübungen am exakt gleichen Tag
sowie eine komplett schlafende Luftraumabwehr und viele andere
Merkwürdigkeiten zeichnen insgesamt doch ein recht klares Bild dessen, was damals wirklich geschehen sein muss.

Dieser Kontext führt uns aber wieder unmittelbar und ganz zwangläufig zurück zu Julian Assange. Der nämlich erklärte doch allen
Ernstes, sich darüber zu ärgern, wenn »die Leute durch falsche Verschwörungen wie den 11. September abgelenkt werden, während wir
überall Beweise für echte Verschwörungen liefern«.

Nun, wenn dies ein aufrichtiger Enthüller vom Schlage eines Julian
Assange so sagte, dann musste das wohl auch stimmen und sollte
jedem von uns zu denken geben! Vor allem jedem, der stets an der
offiziellen Version der Geschichte gezweifelt hatte. Diese Form der
allgemein geweckten Nachdenklichkeit wäre natürlich seitens der
US-Regierung höchst wünschenswert. Denn immerhin wächst die
Zahl der Menschen, die an Märchen einfach nicht mehr glauben
wollen. Und dann, wenn die Zweifler endlich bekehrt oder auch
beseitigt wären, gehörten all jene Geschichten über ferngelenkte Flugzeuge und den brutalen »Inside-Job« wohl wirklich der Vergangenheit
an. Sie wären nichts als eine bizarre Verschwörungstheorie. Und man
dürfte endlich wieder an die schönen Märchen glauben. Das wäre
doch wunderbar! Dann müsste man auch nicht mehr verstehen, was
George Bush kurz nach den Anschlägen wirklich meinte, als er sagte:
»Das ist das Pearl Harbor des 21. Jahrhunderts.«

Doch Assange führte sich mit seiner Aussage, 9/11 sei keine echte
Verschwörung gewesen, gleichsam selbst ad absurdum. Das war einfach zu viel des Guten. Und so scheint es jetzt wohl an der Zeit, dass
der Enthüller und seine Organisation doch endlich selbst enthüllt
werden, um deren wahre Beweggründe auf die Spur zu kommen. Am
7. Dezember 2010 stellte sich Assange in London den Behörden und
kam daraufhin in Untersuchungshaft.

Ob die Wahrheit je ans Licht gelangt?

3.
Was geschah wirklich
im Falle ...

Kaczynski – der rätselhafte
Absturz von Smolensk

Die Nachricht erschütterte das Land wie ein Erdbeben: Polens Staatspräsident Lech Kaczynski mit dem Flugzeug abgestürzt! Zusammen mit seiner Frau und beinahe 90 hochrangigen Mitgliedern der polnischen Elite!

Am 10. April 2010 befand sich Kaczynski auf dem Weg zu einer Gedenkfeier für die über 4000 Opfer des grauenvollen Massakers von Katyn. Kurz vor der Landung im russischen Smolensk geschah es dann – die *Tupolew 154* stürzte in ein Waldgebiet, alle 96 Insassen der Maschine kamen dabei ums Leben.

Was war geschehen? Die offizielle Variante der Geschichte erwies sich bereits relativ schnell als vermeintlich klare, logische Bestandsaufnahme und Analyse des tragischen Geschehens. Wie so oft wurden alle Zweifel umgehend ausgeräumt und Unstimmigkeiten ignoriert. Im Prinzip lag die fertige Erklärung lange vor den Fakten auf dem Tisch. Diese Fakten sind großteils bis heute noch nicht publik gemacht.

Betrachten wir zunächst einmal die Sachlage, wie sie von den Behörden dargestellt und von den Papageien-Publizisten der Marionettenmedien an die breite Öffentlichkeit getragen wurde. Sicherlich, auch manche Spekulation der Skeptiker dürfte unhaltbar und überzogen sein, doch gab es von Anfang an wichtige Fragen, die vom Mainstream nie gestellt oder aber völlig überhört wurden, wenn sie die unabhängige Seite ins Feld führte.

Abb. 42: Der polnische Präsident Lech Kaczynski kam am 10. April bei einem tragischen Flugzeugabsturz ums Leben. An Bord hatte sich beinahe die komplette Regierungselite des Landes befunden.

Nun, die russische Generalanwaltschaft erklärte recht zügig, es gebe drei mögliche Auslöser des Unglücks: das neblige Wetter zum Zeitpunkt des Landeanflugs in Smolensk, menschliches Versagen oder aber ein technisches Problem mit der Maschine. Nach allgemeiner Übereinkunft wird menschliches Versagen als die wahrscheinlichste Variante angesehen. Demnach hielt sich der Pilot nicht an die Anweisungen der Fluglotsen, durch die er aufgefordert wurde, den Landeanflug wegen der schlechten Sichtbedingungen abzubrechen. Funksprüche dieser Art erreichten den Piloten bereits, als die von ihm gesteuerte Regierungsmaschine noch 50 Kilometer von Smolensk entfernt war, so erklärt Alexander Aljoschin, der zweithöchste Mann in der russischen Luftwaffe. Insgesamt viermal habe der Flugkapitän dennoch versucht, die Piste anzusteuern. Beim finalen Manöver, das in der Tragödie endete, habe der Pilot die Maschine während des Sinkflugs in rund 2,5 Kilometern Entfernung beschleunigt. Er sei aber der Weisung nicht gefolgt, wieder aufzusteigen und einen Ausweichflughafen zu wählen. Stattdessen leitete er das Landemanöver ein. Doch über Smolensk, so heißt es, breitete sich an jenem schicksalhaften Vormittag dichter Nebel aus. Zeugen sprechen von einer Sichtweite von allerhöchstens 500 Meter – dies habe auch ein mit seiner Maschine am Boden wartender Pilot bestätigt.

Doch die *Tupolew* näherte sich der Landebahn ein weiteres Mal. In etwa 1,5 Kilometern Entfernung von der Piste befand sie sich in nur noch 100 Metern Höhe und damit deutlich zu niedrig. Wieder ergingen Funksprüche, auf einen anderen Flughafen auszuweichen.

Um 10:50 Uhr Ortszeit (8:50 Uhr MEZ) rauschte die Maschine im Niedrigflug heran. Ersten Berichten zufolge streifte sie einen Antennenmast, um gleich darauf mit der linken Tragfläche einen Baum zu treffen. An diesem Punkt hätte die Maschine noch etwa 60 Meter Bodenabstand haben müssen, war aber jetzt bereits auf acht Meter gesunken. Zu retten gab es in diesen Momenten überhaupt nichts mehr. Wie berichtet wurde, zerbrach das Flugzeug noch in der Luft, worauf es brennend in ein Waldstück stürzte.

Warum nur hatte der Pilot buchstäblich auf Biegen und Brechen in Smolensk landen wollen? Hatte er die Weisungen der Bodenkontrolle vielleicht fehlerhaft oder aber gar nicht verstanden? Hier wurde angeblich nur russisch kommuniziert, doch der Kapitän der Unglücksmaschine beherrschte diese Sprache perfekt – abgesehen davon, dass als Pilotensprache international und überall Englisch gilt. Sicher auch in Smolensk. Ein Verständigungsproblem kann somit wohl ausgeschlossen werden. Nicht ausgeschlossen wurde hingegen ein Problem zwischen dem Piloten und Lech Kaczynski selbst. Der galt nämlich als recht dickköpfig, und dies auch gegenüber Piloten. Zwar entscheidet an Bord einer Maschine normalerweise ausschließlich der Flugzeugführer, doch in einer Regierungsmaschine könnte das gelegentlich doch etwas anders aussehen.

So wurde wiederholt spekuliert, dass Kaczynski selbst die entscheidende Schuld am Absturz von Smolensk trug. Auch Vertreter der deutschen Pilotenvereinigung Cockpit halten das für möglich. Ihr Sprecher Jörg Handwerg bezeichnete vier Anflüge als sehr ungewöhnlich und erklärte: »Dies legt nahe, dass hier auf den Piloten deutlicher Druck ausgeübt wurde.« Bekannt ist, dass der polnische Regierungschef seinen Kopf bezüglich einer gefährlichen Landung schon einmal durchsetzen wollte. Das war im Jahr 2008, als sein Flugkapitän einige

Sicherheitsbedenken geäußert hatte, Tiflis anzusteuern. Er befürchtete Probleme wegen des Georgien-Konfliktes, worauf Kaczynski erwiderte: »Wer sich entscheidet, Offizier zu werden, darf nicht ängstlich sein.« Der Pilot blieb davon unbeeindruckt und landete in Aserbaidschan, daher musste der Präsident eine lange Autofahrt zum eigentlichen Ziel in Kauf nehmen, was ihn mehr als nur erboste – den Verantwortlichen habe er sogar feuern wollen, das heißt: Der Pilot wäre beinahe geflogen, was ja an sich nicht selten ist. Da sieht man, was dabei herauskommt, wenn sich Piloten mit Politikern streiten.

Warum aber sollte Kaczynski so nachhaltig auf die Landung in Smolensk gedrängt haben? Wenn er dies denn wirklich tat, so wohl aus triftigeren Gründen. Die könnte es zumindest für ihn persönlich tatsächlich gegeben haben. Kaczynski, so wird spekuliert, hatte sich in den Kopf gesetzt, unbedingt bei den Feierlichkeiten zum Gedenken an die Opfer von Katyn dabei zu sein. Für den 10. April 2010 war ein Versöhnungstreffen zwischen dem russischen Ministerpräsidenten Wladimir Putin und dem polnischen Ministerpräsidenten Donald Tusk anberaumt, wobei Kaczynskis Teilnahme von russischer Seite nur mit Widerstreben und einiger Verspätung akzeptiert wurde. Im Grunde wollte er rechtzeitig aufscheinen, weniger der Harmonie wegen, eher schon als bitterer »Wermutstropfen« in fester Form. Denn der polnische Ministerpräsident hatte seine ganz Politik deutlich US-lastig ausgelegt. Ein Freund Russlands war er nicht, er hatte sich wiederholt gegen russische Interessen gestellt. Den US-Raketengürtel befürwortete er nachdrücklich, die Pläne zur *Gazprom*-Ostsee-Pipeline waren ihm ein Dorn im Auge. Vielleicht, so vermuten einige, wollte er sich während der Feierstunde in Katyn den eigenen Unmut ein wenig anmerken lassen und die Versöhnung auf diese Weise torpedieren. Nun, sofern Kaczynski das wirklich vorhatte, dann gelang ihm dies dennoch, wenn auch auf eine andere Weise, mit der er selbst jedoch eher weniger gerechnet haben dürfte.

Eines schien ihm offenbar klar: Jede Abweichung von der ursprünglichen Flugroute hätte wertvolle Zeit gekostet und ihm unter Umständen die Chance genommen, noch rechtzeitig in Katyn zu sein. Immerhin, die 70-Jahres-Gedenkfeier begann bereits eine Stunde nach der geplanten Landung in Smolensk. 800 Ehrengäste waren geladen, teils ältere und kranke Leute, die man nicht über Gebühr hätte warten lassen können oder wollen. Landungen in Moskau oder Minsk kamen also nicht infrage, dann wäre der Termin nicht mehr einzuhalten gewesen. Die gesamte Kaczynski-Autokarawane hätte einige hundert Kilometer zurücklegen müssen. Der Pilot wäre gefeuert worden, der Staatschef zu spät gekommen. So aber kamen beide nie an. Nur seltsam, dass die Maschine nicht ein paar Kilometer weiter südlich auf den zweiten Flughafen von Smolensk umgeleitet wurde. Hier war die Piste zwar arg kurz, zur Not wäre es jedoch gegangen. Lag das an den Reglements? Oder war es für die Entscheidung bereits zu spät? Oder aber: Gab es vielleicht noch ganz andere Gründe?

Wie verhielt es sich eigentlich mit technischen Problemen, die ursprünglich ebenfalls als möglicher Auslösefaktor für die Katastrophe genannt wurden? Wurde die *Tupolew 154* nicht schon als »fliegender Sarg« bezeichnet, gab es nicht schon massenweise Zwischenfälle mit diesem Flugzeugmodell? Angeblich weigert sich Donald Tusk sogar, mit einer *Tupolew* zu fliegen.

Ja, in der Tat, die Liste der Abstürze ist lang – übrigens war eine *Tu-154* auch in den grauenvollen Crash über dem Bodensee am 1. Juli 2002 verwickelt. Nur war das bekanntlich ein katastrophaler *Zusammenstoß* in der Luft, die Maschine selbst wies keinerlei Probleme auf. Bei anderen *Tu-154* führten zwar wiederholt auch echte technische Probleme zu fatalen Abstürzen, oft jedoch mangels ausreichender Wartung.

Insgesamt aber haftet diesen Flugzeugen ein allzu schlechter Ruf an, was einfach auch daran liegt, dass dieser Typ von Maschine sehr häufig gebaut wurde, weshalb es auch entsprechend häufig zu dramatischen Vorfällen kam. In der Statistik aber fällt die *Tu-154* gar nicht so negativ auf.

Nur ein kurzer Vergleich: Bei den 920 insgesamt gebauten *Tu-154* ereigneten sich 57 schwerwiegende Zwischenfälle. Bei der *Boeing*-»Schwester«, der 737-200, sehen die Zahlen so aus: 1100 gebaute Exemplare, 106 entsprechende Ereignisse. Das spricht nicht unbedingt gegen die *Tupolew*.

Die am 10. April 2010 mit Kaczynski und der Regierungselite verunglückte *Tu-154M* wurde nach dem Unglück häufiger als eine bereits sehr alte Maschine beschrieben, die längst hätte ausgewechselt werden müssen. Die Altersangaben variierten bald stärker als bei einer

Filmdiva. Zwischen 19 und 26 Jahren sollte sie auf dem Buckel haben – die Maschine. Die alternde Diva wäre ihrerseits über diese Zahlen wohl hoch erfreut, träfen sie denn zu.

Ein Blick in die Geburtsurkunde verrät normalerweise dann die Fakten. Auch bei der *Tupolew* ließen sich genauere Angaben finden. In diesem Falle unter der Konstruktionsnummer 90A837 – Geburtstag am 29. Juni 1990. Zum Zeitpunkt des Unglücks war sie also tatsächlich noch keine 20 Jahre alt und als Regierungsmaschine besonders perfekt gewartet – zuletzt im Dezember 2009. Alles andere also als ein fliegender Schrotthaufen. Das schließt zwar technische Defekte nicht aus, minimiert aber deren Wahrscheinlichkeit.

Abb. 43: *Eine* **Tupolew Tu-154M** *der polnischen Luftwaffe*

Natürlich könnte man jetzt grundsätzlich das Alter ins Feld führen, nur: Für Flugzeuge gelten doch andere Standards als für Autos, und auch ein gepflegter Oldi kann zuverlässiger laufen als ein Jahreswagen. Für ein Flugzeug jedenfalls sind 20 Jahre nichts Besonderes, hier zählt vor allem die gründliche Wartung, nicht das kalendarische Alter. So ist also insbesondere im Falle der Regierungsmaschine, mit der Kaczynski mitsamt seiner Frau und 94 weiteren Insassen in den Tod stürzte, eher nicht von einem technischen Versagen auszugehen.

Was führte dann zu dem Absturz?

Das Wetter war schlecht. Konnte der Nebel für eine Desorientierung des Piloten gesorgt haben? Die widrigen Sichtbedingungen hätten vor allem deshalb eine bedeutsamere Rolle gespielt, weil der Flughafen von Smolensk nicht sonderlich modern ausgestattet sei, so hieß es. Die Piloten, die normalerweise über Instrumentenlandesysteme auf exaktem Einflugkurs gehalten werden, müssen hier auf Sichtflug gehen. In der auflagenstarken Zeitung *Gazeta Wyborcza* (zu Deutsch: *Wahlzeitung*) verglich ein ehemaliger polnischer Luftwaffenpilot die Situation mit einem Fahrzeug, das mit 300 Kilometern pro Stunde unterwegs ist und dessen Fahrer nur mittels telefonischer Anweisung blind geleitet wird.

Die *Tu-154* des Präsidenten war zu jener Zeit natürlich nicht die einzige Maschine im Luftraum von Smolensk. Kurz zuvor hatten zwei andere Flugzeuge den Airport angesteuert. Das erste davon war eine *Jakowlew Jak-40*, die sicher landete. An Bord befand sich der übliche Journalistentross, der den Präsidenten begleitete. Einige Journalisten wären ursprünglich sogar mit der Regierungs-*Tupolew* mitgeflogen, hätte der Präsident nicht noch kurzfristig entschieden, einige weitere Persönlichkeiten an Bord zu nehmen. Die zweite Maschine, die Smolensk ansteuerte, war eine *Iljuschin IL-76*. Nach zwei Landeversuchen drehte sie ab, um einen Ausweichflughafen anzusteuern. Das normale Prozedere also. Nur die *Tu-154* Kaczynskis steuerte unbeirrbar in den Tod. Der Absturz wurde als Katastrophe für Polen bezeichnet, immerhin war in der Maschine beinahe die gesamte Regierungselite vertreten. Neben Kaczynski und seiner Frau hatten sich Vize-Parlamentschef Jerzy Szmajdzinski, Vize-Außenminister Andrzej Kremer, Generalstabschef Franciszek Gagor und weitere hochgestellte Parlamentsangehörige, Militärs, Bankenchefs und Vertraute Kaczynskis befunden.

Wenn jemand dem Land einen echten Schlag hätte versetzen wollen, er hätte sich keinen besseren Moment dafür aussuchen können. Und diese Feststellung führt unmittelbar zu einem hier bislang überhaupt noch nicht in Erwägung gezogenen Alternativszenario: der Manipulation. Könnten also weder schlechtes Wetter noch technisches noch menschliches Versagen die Unglücksursache gewesen sein, weit eher aber ein bewusster Anschlag auf die Maschine und ihre hochkarätigen Insassen?

Ein Attentat also?

Tatsächlich gibt es einige seltsame Umstände dieses Absturzes, die in diese Richtung deuten könnten. Wie meist, so liegt das Problem darin, dass viele Informationen zum Verlauf der Katastrophe, aber vor allem auch zu den Ermittlungen nicht offen vorliegen. Das ist an sich normal. Der russische Ministerpräsident Putin hatte zwar absolute Transparenz versprochen, doch so etwas relativiert sich bald. Die Versprechungen sind in solchen Fällen immer dieselben und erweisen sich schnell als schlichte Vertröstungen auf eine spätere Zeit, in der sich kaum jemand mehr sonderlich für das jeweilige Ereignis interessiert. Die Öffentlichkeit wartet ein paar Tage, verfolgt gespannt die aktuellsten Nachrichten, dann übertünchen schon wieder neue dramatische Geschehnisse in der Welt all jene »alten« Bilder. Es passiert ja glücklicherweise genug. Und so erfolgt eine ganz natürliche Druckentlastung. Erklärungsnotstände schwinden, und die drängenden Fragen der Angehörigen werden in den meisten Fällen durch Schweigegelder beschwichtigt. Das Ganze folgt einer altbewährten »Bedienungsanleitung«. Fakt ist aber auch, dass alle Ermittlungen eben ihre Zeit brauchen und Antworten nicht bereits nach Stunden, Tagen oder Wochen gefunden werden. Manchmal dauert es Monate oder Jahre. Das mag mit Geheimhaltung, verschwörerischen Aktivitäten zusammenhängen – und ist auch oft so –, muss aber eben nicht zwangsläufig so sein. Wir wissen, dass die Lösungen oft schon unmittelbar nach der Katastrophe präsentiert werden, die Auflösung eines Kreuzworträtsels: Mit einem Male liegt alles klar auf dem Tisch. So dauerte es nur Stunden, bis nach den Attacken vom 11. September 2001 die vermeintlich Schuldigen genannt wurden. Das war so schnell, um schon wieder verdächtig zu sein.

Klar ist natürlich auch, dass im Grunde jeder hochrangige Politiker genügend Feinde besitzt, um stets damit rechnen zu müssen, dass ihm einige davon sogar nach dem Leben trachten. Nicht anders bei Kaczynski mit seiner deutlich pro-amerikanischen Haltung.

Werfen wir einmal einen Blick auf einige Merkwürdigkeiten im Falle Smolensk. Dabei zeigt sich, dass neben der offiziell durch einen Pilotenfehler deklarierten Katastrophe noch ganz andere Hintergründe im Spiel waren. Vielleicht stimmte auch wirklich etwas mit der Technik nicht, ebenfalls infolge Manipulation. Auf ein Problem jedenfalls scheinen Augenzeugenberichte hinzuweisen: Die Maschine soll im Anflug Flugbenzin verloren haben. Ließ es der Pilot ab, weil ihm klar war, notlanden zu müssen? Eigenartig nur, dass die *Tupolew* gar nicht mit einem Ventilsystem zum Spritablassen ausgestattet war. Seltsam schien für einige Zeit auch ein per Amateurvideo festgehaltener kleiner Lichtblitz im Bereich der beiden Hecktriebwerke. Ein zufällig registrierter Hinweis auf eine Explosion? An der fraglichen Stelle befinden sich normalerweise keine Positions- oder Antikollisionslichter. Bei der *Tupolew* ausnahmsweise aber schon, also auch kein echter Hinweis auf Manipulation.

Der nicht gerade russenfreundliche georgische Staatschef Micheil Saakaschwili begann unmittelbar nach dem Unglück zu orakeln, dass es da etwas »unglaublich Böses« gebe. Natürlich war dem keine allzu große Bedeutung beizumessen, denn Saakschwili steht im Rufe eines US-Agenten, ebenso eines Kriegstreibers.

In einer Artikelserie auf *KOPP online* berichtete der deutsche Journalist Gerhard Wisnewski über den geheimnisvollen Absturz von Smolensk und sieht hier eine ganze Reihe von Hinweisen auf ein faules Spiel. So weist er darauf hin, dass in den Medien nirgendwo von der Ausweichmöglichkeit auf den zweiten Flughafen von Smolensk die Rede gewesen sei. Neben dem angeflogenen *Smolensk Severny Airfield* im Norden existiert nämlich im Süden noch der *Smolensk Yuzhny Airport*. Wisnewski fragt sich, warum nicht einfach dieser nur wenige Kilometer entfernte Flughafen als Alternative zur Landung gewählt wurde. Er fragt auch nach größeren Wrackteilen an der Absturzstelle, die auf Luftbildern nicht zu sehen seien. Dort gebe es auch keinen dunklen Brandfleck zu sehen, ebenso wenig wie Detailaufnahmen am Punkt des Aufpralls herausgeschleuderte Sitze, Koffer, Kleidungstücke und Leichen oder Leichenteile zeigten. Bilder der Wrackteile erscheinen ihm verdächtig, da diese Überreste des Flugzeugs eher alt wirken, wie vom Schrottplatz, bereits mit einer Patina bedeckt, als ob sie schon etliche Monate auf einer Halde gelegen hätten und dort verwittert seien. Auch Wisnewskis Beinahe-Namensvetter und Berufskollege, der polnische Journalist Slawomir Wisniewski, der Zeuge des Absturzes wurde, berichtete davon, eigentlich nur einen Teil des Flugzeugs gesehen zu haben, als es in den Wald donnerte. Das klang danach, als ob die Maschine bereits im Anflug gar keine komplette Maschine (mehr) war, sondern lediglich Teile von Rumpf und Tragflächen herunterkamen. Nach nur wenigen Bruchteilen von Sekunden »brauste die Luft, und ich sah eine kleine Feuersäule«, so der polnische Zeuge. Seine Geschichte macht die ganze Sache noch dubioser. Wisnewski geht davon aus, dass in Smolensk ein ähnliches Szenario ablief wie im Falle des 11. September 2010 beim Absturz der Maschine in Shanksville und dass hier aufs Neue ein Konzept umgesetzt wurde, wie es schon am 13. März 1962 in einem US-Memorandum ab Seite 156 dargestellt wird: die bereits kurz beschriebene, berühmt-berüchtigte *Operation Northwoods* mit ihren Sabotageakten und Anschlägen gegen die USA, durchgeführt durch geheime US-Teams. Hauptsache, Kuba würde am Ende als Schuldiger dastehen. Sprengung einer Flugzeugdrohne vor Kuba, Sprengung einer Schiffsdrohne in den dortigen Gewässern, alles, um Entrüstung zu schüren und einen US-Schlag gegen Kuba zu rechtfertigen.

Abb. 44: Der Absturz in Smolensk wirft zahlreiche ungeklärte Fragen auf.

Aber zurück zum Fall Kaczynski. Hier ist völlig ungeklärt, ob die Kaczynski-Maschine ausgetauscht wurde und eine Drohne über Smolensk abstürzte oder dort lediglich alter Flugzeugschrott für das nötige Trümmerfeld drapiert wurde. Ebenso unklar ist, für welchen Zweck dies letztlich geschah und ob Kaczynski mit seiner Begleitung andernorts umgebracht wurde oder aber, wie manche ebenfalls vermuten, sogar immer noch lebt! Nun stellt sich ja auch das zusätzliche Problem, dass Lech Kaczynski noch einen Zwillingsbruder besitzt, Jaroslaw. Beide traten als Kinder sogar in einem Märchenfilm auf. Und die beiden sehen – oder sahen – sich zum Verwechseln ähnlich, was die Angelegenheit noch weiter komplizieren könnte … Aber im Ernst, zu diesem Fall wurden etliche Merkwürdigkeiten bekannt, die es sicherlich verdienten, näher untersucht zu werden. Darunter auch die Beobachtung, dass die Bilder vom Katastrophenort von Smolensk nicht ganz dem zu entsprechen scheinen, was dort eigentlich passiert ist. Man sieht nicht das übliche Aufgebot an Einsatzfahrzeugen und Leichenwagen, Helfern und Ärzten. Gerhard Wisnewski erkennt hier ein weiteres Indiz dafür, dass in Smolensk offenbar gemogelt wurde. Auch wurden zu den Leichen keine präzisen Untersuchungsergebnisse vorgelegt. Die Toten, einschließlich Kaczynski, wurden zur Obduktion nach Moskau gebracht. Was dann geschah, entzieht sich jeder Kenntnis. Oft waren es nur einzelne Körperteile, die gefunden und anhand der DNA identifiziert wurden. Ein ganzer Berg von Leichenteilen blieb als nicht identifiziert in einem »Container« zurück. Man schien sich also nicht weiter darum zu bemühen, eine komplette Zuordnung durchzuführen.

Wisnewski geht noch einen Schritt weiter und vermutet, dass die Leichen überhaupt »nicht vorzeigbar« gewesen seien, vermutlich weil mit Schusswunden übersät. Man habe also die Regierung ausschalten wollen, aber da bei einem Flugzeugabsturz herkömmlicher Art Schusswunden eher selten sind, blieb nichts anderes übrig, als die Opfer des Attentats für immer verschwinden zu lassen. Niemand sollte die Leichen je erblicken, weshalb auch auf Kaczynskis Sarg bei der Rückkehr nach Polen gestanden habe: »Bitte nicht öffnen«. Und dies sicherlich nicht wegen der Verletzung des Briefgeheimnisses. Vielleicht aber wegen Schussverletzungen, vielleicht auch aus ganz anderen Gründen, die eben nicht so gut zur offiziellen Theorie passen. Merkwürdig auch: Es habe sich herausgestellt, dass etliche in Polen bei Verwandten gesammelte DNA-Proben sich keinem der sterblichen Überreste zuordnen ließen. Was natürlich bedeuten würde: Einige der nach Moskau geschafften Toten können gar nicht an Bord der Unglücksmaschine gewesen sein. Demnach musste man sie möglicherweise nicht einmal nach Moskau bringen, sie waren vielleicht schon dort. Anonyme Tote, die niemand kannte und vermisste. Wer aber konnte hinter alldem gesteckt haben, wenn es denn hier wirklich eine Verschwörung gab? War der russische Ministerpräsident Putin in die Sache verwickelt? Sollten die Andeutungen Saakaschwilis in diese Richtung gehen? Aber, was würde Russland wirklich von einem derartigen Zwischenfall haben, von einem derart fatalen Crash, ausgerechnet zu diesem Zeitpunkt und über eigenem Territorium? Schließlich waren die politischen Gefahren dabei nicht zu unterschätzen. Konnte Donald Tusk verwickelt gewesen sein, der politische Gegenspieler Kaczynskis, der sich immer wieder mit ihm in die Wolle kriegte? Auf Bildern, die ihn angeblich in tiefer Trauer zeigen, wirkt er beinahe so, als könnte er sich ein Grinsen nicht verkneifen, so meinen Betrachter der Szenerie. Oder hatte gar Jaroslaw Kaczynski seine Hand im Spiel, um das Amt seines Bruders reibungslos übernehmen zu können? Immerhin kandidierte er 2010 für die Nachfolge seines mittlerweile tödlich verunglückten Bruders, unterlag dann aber seinem Konkurrenten Bromislaw Komorowski. Seltsam, dass er den Tod des Bruders und die Ungereimtheiten hierzu zu keinem Zeitpunkt in die Diskussion brachte. War er in ein Komplott gegen seinen Zwillingsbruder verstrickt?

Allesamt Möglichkeiten. Und allesamt blanke Spekulation.

Mitte April 2010 publizierte daher der deutsche Autor Thomas Mehner auf den Seiten von *KOPP online* einen Kommentar zu den damals schon sehr bald kursierenden Vermutungen über den Absturz von Smolensk und fragte gleich in der Überschrift: »Sind denn alle irre geworden, oder was?«, um dann den sehr sinnvollen Versuch zu unternehmen, den Fall etwas nüchterner zu betrachten und allzu weitreichende Spekulationen in die Kritik zu nehmen: »Es ist noch keine Woche vergangen, seitdem die *Tu-154* vom Himmel fiel, da wurden bereits alle möglichen und unmöglichen Behauptungen, was die Ursache des Unglücks gewesen sein könnte, aufgestellt. Natürlich hält keine ›Theorie‹ mehr als 24 Stunden, um durch neue Informationen ad absurdum geführt zu werden, was angesichts einer solchen Katastrophe und der bisher vergangenen minimalen Zeit, in der sie untersucht werden konnte, auch gar nicht anders sein kann. Und jede Menge Widersprüchlichkeiten in so kurzer Zeit nach dem Unfall sind auch normal. Ein abschließendes Bild der Ereignisse braucht eine

Abb. 45:
Donald Tusk: Tiefe
Trauer um Kaczynski –
oder aber sichtliche
Erleichterung?

bestimmte Zeit – und nicht nur drei, vier oder fünf Tage. Aber das interessiert niemanden, Hauptsache, man kann lustig drauflos spekulieren.«

Dann fasst er die Fakten zusammen, die eine Woche nach dem Unglück vorlagen. Ganz klar: So einfach lässt sich ein derartiger Vorfall nicht rekonstruieren. Dass selbstverständlich auch immer die Möglichkeit von Sabotage besteht, muss nicht extra betont werden. Große Flugzeugunglücke wurden schon absichtlich herbeigeführt, nur um ein paar Leute an Bord einer Linienmaschine für immer zum Schweigen zu bringen. Doch im Fall Kaczynski wird es wohl noch lange dauern, bis – wenn überhaupt – Klarheit darüber besteht, was am 10. April 2010 wirklich geschah. »Die Polen, die an Bord der Maschine saßen«, so resümiert Mehner, »waren nicht unbedingt Freunde der Russen. Letztere müssten aber in zehnfacher Potenz verrückt geworden sein, wenn sie auf ihrem eigenen Territorium die *Tu-154* sabotiert hätten. Das Ganze käme einer Steilvorlage für alle gleich, die die Russen als Feinde betrachten – und könnte zu einem Konflikt führen, der im Blutvergießen endet. Natürlich werden einige Russen-Hasser weiter argumentieren, dass man den Sowjet-Nachfolgern nicht trauen könne und dass diese irgendwie an dem Unglück beteiligt seien. Das Problem ist nur: Wenn die Russen einen solchen Konflikt tatsächlich beabsichtigen würden …, wozu dann diese völlig sinnlosen Umständlichkeiten? Da ist es doch gleich besser, bis an die deutsche Grenze durchzumarschieren. Dass sie das – auch unter größten Verlusten – können, haben die Russen bereits bewiesen.« Und sollte sich wirklich erweisen, dass die Maschine sabotiert wurde, dann wäre logischerweise die erste Frage: »Wem nützt das etwas?«, so der Autor, und: »Wenn es die Russen nicht waren, haben vielleicht die Amerikaner eine Aktie an dem Geschehen? Das ist – bei aller Zurückhaltung in der gegenwärtigen Phase der Ermittlungen – keineswegs auszuschließen, *wenn das Unglück kein ›Zufall‹ war* [Hervorhebung durch den Autor selbst]. Für das US-Establishment wäre nämlich eine abzusehende Annäherung Polens und Russlands geopolitisch betrachtet alles andere als erfreulich gewesen. Und dass es gerne provoziert, ist bekannt. Man denke nur an den Konflikt zwischen Georgien und Russland. Wer der Schuldige war, weiß man mittlerweile – und wer ihm den Rücken deckte, auch. Darüber hinaus dürfte einmal interessant sein zu erfahren, warum der polnische Außenminister Sikorski – der ja die ganze Angelegenheit erst initiiert hatte – nicht an Bord war …« So weit Thomas Mehner, der abschließend zu der entsprechenden Phase kurz nach dem Unglück an Zurückhaltung und Ruhe appelliert.

Die Möglichkeit einer amerikanischen Verschwörung war nicht von der Hand zu weisen. In diesem Zusammenhang tauchten später aber Informationen auf, die eine US-Beteiligung an einer Verschwörung in diesem Falle eher unwahrscheinlich werden lassen. In der Ausgabe 20/10 von *KOPP Exklusiv* (*www.kopp-exklusiv.de*) berichtet Udo Ulfkotte über einige der Redaktion vorliegende Informationen, denen zufolge die russischen Bergungskräfte auf dem Trümmerfeld ganz gezielt nach spezifischen Dokumenten suchten, genauer gesagt: nach zwei Aktenkoffern mit NATO-Codes.

Demnach mussten die Russen ein Vorauswissen darüber gehabt haben, dass Aleksander Szczyglo, der Leiter des polnischen Büros für nationale Sicherheit, dieses Material mit an Bord genommen hatte. So stellte sich sofort die Frage, ob Russland lediglich die Gunst der Stunde nutzte oder aber diese Stunde selbst herbeigeführt hatte. Die Codes betrafen die verschlüsselte Satellitenkommunikation Polens mit der NATO. So stand also das Fluggepäck im Fokus der wohl sehr speziellen Bergungskräfte. Die Opfer spielten folglich eine eher untergeordnete Rolle. Wichtig waren den Suchtrupps auch das Satellitentelefon Kaczynskis sowie Unterlagen des Staatssekretärs für Verteidigung, der bei dem Absturz ebenfalls ums Leben gekommen war. Stanislaw Jerzy Komorowski nämlich hatte in seinem Koffer noch zusätzliche, streng geheime NATO-Dokumente, und zwar in unverschlüsselter Form. Er führte sie mit, um sie während des Fluges zu bearbeiten.

Seit dem 10. April 2010 befinden sich also geheime NATO-Codes in russischer Hand. Natürlich handelten die USA, und das, so schnell sie nur konnten. So übermittelten sie ihren NATO-Partnern bereits wenige Stunden nach dem Unglück, das sich natürlich für das nordatlantische Bündnis als Katastrophe der ganz eigenen Art erwiesen hatte, sofort neue Geheimcodes. Das Kind war allerdings bereits in den Brunnen gefallen. FAPSI, der technische Geheimdienst Russlands, verfügte seit jenem Zeitpunkt über die Möglichkeit, die bis dahin längst aufgeschnappte und verdeckte Satellitenkommunikation zu dechiffrieren. Damit liegen zahlreiche geheime Pläne, Abmachungen und Vorhaben, die innerhalb der NATO diskutiert wurden, offen auf dem Tisch. Feuer gab es an der Absturzstelle kaum, daher darf niemand hoffen, dass die Unterlagen bei der Havarie zerstört wurden. Interessant: Zeugen schilderten, vom Boden aus gesehen zu haben, wie Kerosin aus der Maschine entströmte. Wenn die *Tu-154M* aber über kein Ablassventil verfügte, wurde sie dann also wirklich manipuliert? Und wenn, geschah dies dann genau zu dem Zweck, einen Brand beim Aufprall zu vermeiden, um die Papiere zu retten, jedoch nicht die Menschen?

In dem Falle *durfte* niemand an Bord überleben. Dies sicherzustellen sollte einem Geheimdienst keine weiteren Schwierigkeiten bereiten. Übrigens machten sich US-Suchteams auch nach dem katastrophalen Absturz von Lockerbie, bei dem 277 Menschen ums Leben kamen, sofort auf die Suche nach einem mit äußerst brisantem Material gefüllten Koffer. Jener Flug, *Pan-Am 103*, fiel – nach allem, was sich mittlerweile herauskristallisiert hat – in Wirklichkeit nur deshalb einem Anschlag zum Opfer, weil sich fünf abtrünnige CIA-Agenten an Bord befunden hatten.

Der 10. April 2010 könnte gleichsam eine Revanche für den 11. April 1968 sein, als in der Nähe von Hawaii ein sowjetisches Atom-U-Boot versank, die K-129. Im Rahmen einer groß angelegten Geheimoperation namens *Jennifer* – angeblich zur Suche nach wirtschaftlich nutzbaren Manganknollen am Ozeanboden – machte sich die CIA daran, das gesunkene U-Boot aus rund 5000 Metern Meerestiefe zu bergen. Ein enormes Unterfangen an der Grenze des Machbaren, vor allem: *geheim* Machbaren. Doch die Operation gelang, der tote Patient wurde geborgen. Bis heute ist nicht bekannt, welche Informationen den Amerikanern damals in die Hände fielen. Doch Russland, das per Zufall von der verdeckten Aktion erfahren, jedoch nicht an einen Erfolg der Amerikaner geglaubt hatte, ließ schon damals verlautbaren: »Wie man in einen Wald hineinruft, so schallt es heraus.« Der 10. April könnte demnach tatsächlich ein Tag der Abrechnung gewesen sein. Oder aber: Die Information zu den geheimen NATO-Codes wurde absichtlich von den USA gestreut, um nicht in den Kreis der Verdächtigen aufgenommen zu werden – dieses Spielchen ließe sich beliebig weiterführen. Und so weiß bis heute niemand wirklich, warum die Maschine mit der Kaczynski-Delegation abstürzte.

Selbstmord an Kirsten Heisig – eine Jugendrichterin schweigt für immer

Es war um genau 21:51 Uhr, als ein charakteristischer Ton das Eintreffen einer SMS auf dem Handy des jungen Mädchens signalisierte – die SMS kam von der Mutter. Doch was sollte *diese* Nachricht: »Das ist alles zu viel für mich« und »Ich habe alles falsch gemacht«? Erschreckende Zeilen! Warum schickte ihr die Mutter eine solche Botschaft? Fast schon, fast, klangen diese Worte wie ein sehr knapper Abschiedsbrief! Aber als SMS?

Abb. 46: Angeblich beging die Berliner Jugendrichterin Kirsten Heisig im Juni 2010 Selbstmord. Doch viele Fakten sprechen weit eher dafür, dass sie umgebracht wurde.

Die kurze, beängstigende Nachricht traf am Abend des 28. Juni 2010 bei der Tochter ein. In jenem Stunden verschwand ihre prominente Mutter spurlos. Die durch ihr Engagement und ihre TV-Auftritte bekannte Berliner Jugendrichterin Kirsten Heisig schien sich offenbar tatsächlich etwas angetan zu haben. In den folgenden Tagen begann eine intensive Suche nach ihr, die Polizei befürchtete das Schlimmste. Dann, am Samstag, dem 3. Juli 2010, wurde sie tot in einem Waldstück in Reinickendorf, Berlin-Heiligensee, aufgefunden. Die sofortige Schlussfolgerung der Behörden: Selbstmord. Das wäre an sich wohl schlüssig gewesen, wenn – nun: wenn eben nicht in vielerlei Hinsicht so unlogisch. Die Selbstmord-Erklärung, die auch in den Folgemonaten von der Staatsanwaltschaft Berlin so beharrlich aufrechterhalten wurde, ließ einige bohrende Fragen völlig offen – und somit deutliche Zweifel aufkommen. Denn vieles wollte sich nicht ins Bild fügen. Das fing bereits mit jener merkwürdigen SMS an. Würde sich eine Mutter auf diesem Wege auf immer und ewig von ihrem Kind verabschieden? Genauer gesagt, *ihren Kindern* – denn Kirsten Heisig hinterließ zwei Töchter im Alter von erst 13 und 15 Jahren. Wahrlich kaum vorstellbar, dass sie ihnen ihr schreckliches Vorhaben per SMS andeutete.

Außerdem fehlte der höchst erfolgreichen Richterin offenbar jedes Motiv, um freiwillig aus dem Leben zu scheiden. Jene dynamische und tatkräftige Frau, die soeben ein brisantes Buchmanuskript abgeschlossen und noch am Tag ihres Verschwindens die letzten Korrekturen an den Verlag geschickt hatte, befand sich gerade jetzt auf dem Höhepunkt ihrer Karriere. Sie hatte soeben das *Neuköllner Modell* in die Wege gebracht, mit dem sie die Aburteilung jugendlicher Straftäter auf neue Beine stellte, und sie durfte auf die sicherlich nachhaltige Wirkung ihres Buches gespannt sein – *Das Ende der Geduld: Konsequent gegen jugendliche Gewalttäter*, ein garantierter Bestseller. Sollte ihr das alles urplötzlich, von einem Moment auf den anderen, völlig egal sein?

Das von ihr bekleidete Amt bezeichnete sie stets als Traumberuf. Natürlich hatte er, genau wie jeder andere Beruf, auch seine Schattenseiten, aber hier vereinten sich Engagement und Erfolg eben zur idealen Voraussetzung für eine auch künftig glänzende Karriere, die das Feuer nur noch weiter anfachen konnte. Ihr »Job« war anstrengend, doch in dieser Situation resultierte eher positiver Stress daraus. Somit hätte Kirsten Heisig weit mehr einem Höhenflug, einem Rausch erliegen dürfen, nicht aber der finalen Resignation! Spätestens der Gedanke an ihre Kinder hätte sie, wenn ihr wirklich alles über den Kopf zu wachsen schien, doch im freien mentalen Fall wieder abrupt auffangen müssen, um sie sehr deutlich an ihre Aufgaben zu erinnern, vor allem an die privaten, familiären.

Der Gedanke an die Kinder führt auch wieder zurück zu jener dubiosen »Abschieds-SMS«, die als klares Suizid-Indiz interpretiert wurde. Und auch das war seltsam, denn niemand konnte mit Gewissheit sagen, dass jene Kurznachricht auch tatsächlich von Kirsten Heisig selbst versandt worden war. Gesetzt den Fall, ihr Ableben war nicht von selbst herbeigeführt worden, vorausgesetzt, es war kein Suizid. Dann bleibt als Alternative nur: Mord! Und was wäre einfacher für den Mörder, als nunmehr zum Handy seines Opfers zu greifen und die Selbsttötung durch sehr allgemeine Formulierungen anzukündigen? Natürlich konnte dies der potenzielle Täter sehr unproblematisch bewerkstelligen und die Botschaft auch gezielt verschicken. Für gewöhnlich speichert jeder die Telefonnummern der engsten Verwandten ab, Eltern, Geschwister, Kinder usw. Die einzige Schwierigkeit besteht darin, die Vornamen oder auch Kosenamen der entsprechenden Personen zu kennen, um sie dann im Adressbuch zuordnen zu können. Doch auch dies dürfte für einen einigermaßen vorbereiteten Täter kein größeres Problem darstellen.

Die SMS erweist sich als eigenartig und verdächtig genug, doch wäre sie für sich allein kaum ausreichend, um ein Mordszenario zu stützen. Diese SMS aber bildet hierbei lediglich den Ausgangspunkt in diesem Falle.

Versuchen wir, am Anfang vom Ende zu beginnen, bei den ersten Fragen, die sich mit den letzten Momenten im Leben von Kirsten Heisig und vor allem mit den Tagen nach ihrem Verschwinden befassen.

An ihrem letzten Arbeitstag traf die 48-jährige Richterin gegen neun Uhr früh in ihrem Büro, Zimmer E302, im Amtgericht Tiergarten ein. Der *Berliner Kurier* berichtete am 2. Juli 2010, Kirsten Heisig habe auf ihre Kollegen anders als üblich gewirkt, sie sei offenbar sehr zerstreut gewesen. Nach drei Verhandlungen habe sie sich gegen Nachmittag auf den Weg nach Reinickendorf gemacht, um dort einen Onkel zu besuchen, während sie noch anstehende Termine einfach platzen ließ, so heißt es. Was sie in den letzten Stunden machte, bevor sie dann zunächst im Dunkel verschwand, bleibt offenbar ungeklärt. Nur so viel scheint klar: Sie fuhr zum Tegeler Forst und stellte ihren silbernen *Mazda* in einer ruhigen Wohnstraße ab – »An der Schneise«, vor Haus Nummer 7. Hier muss sie auch ihre Nachricht an die Tochter verfasst haben, wenn diese SMS tatsächlich von Kirsten Heisig selbst stammte. Laut Angaben der Medien lag das abgeschaltete Handy im Wagen, neben anderen persönlichen Gegenständen der Richterin. Doch weitere Hinweise auf Schicksal und Verbleib der prominenten Juristin fanden sich dort offenbar nicht. Auch kein Abschiedsbrief, nichts dergleichen. Merkwürdig nur, dass im genannten Bericht des *Berliner Kurier* festgehalten wird: »Eine Entführung, überhaupt eine Straftat schließt die Polizei aus.« Wohlgemerkt, das war noch bevor Kirsten Heisigs Leiche gefunden wurde! Wie konnte die Polizei zu diesem Zeitpunkt überhaupt irgendeine Variante ausschließen? Alles war möglich! Eine seltsame Feststellung, die da zu vernehmen war!

Nachdem ein besorgter Mitarbeiter Kirsten Heisigs am nächsten Tag eine Vermisstenmeldung aufgegeben hatte, begann die groß angelegte Suchaktion. Dabei soll die Polizei das Fahrzeug am Mittwoch (30. Juni 2010) über die Handyortung gefunden haben, was wiederum häufiger dementierte Gerüchte bestätigt, dass sich auch ausgeschaltete Handys orten lassen. In den folgenden Tagen durchkämmte dann eine

Hundertschaft der Polizei den weiträumigen Tegeler Forst, Ortsteil Heiligensee. Die Suche verlief sowohl konzentriert entlang der dort verlaufenden S-Bahngleise als auch durch das Waldgebiet. Die Trupps arbeiteten sich Schulter an Schulter vor, untersuchten jeden Strauch, jeden Stein und jeden Papierfetzen, jede Flasche oder Zigarettenschachtel. Doch nichts und wieder nichts.

Am Tag lastete eine drückende, hochsommerliche Hitze auf den Mannschaften. Weil es in jenen Tagen so besonders heiß war, konnten, wie berichtet wird, auch keine Wärmebildkameras an Bord von Hubschraubern effektiv eingesetzt werden. Doch waren hoch spezialisierte Suchhunde im Gelände unterwegs, sogenannte Mantrailer, die noch den Geruch winzigster Spuren von Hautpartikeln wahrnehmen können. Diese Hunde werden vorher an geeigneten Objekten, beispielsweise einem Kamm mit Haaren der vermissten Person, »geeicht«, um dann die richtige Witterung aufnehmen zu können. Diese Tiere sind zu geradezu übersinnlich wirkenden Leistungen imstande. Doch die Hitze schien auch ihnen zu schaffen zu machen. Zumindest verlief die Suche weiterhin ergebnislos und wurde auch kurzzeitig unterbrochen.

Erst am 3. Juli, also fünf Tage nach dem Verschwinden Kirsten Heisigs, wurde ihre Leiche dann im Wald gefunden. Von Erhängungstod war die Rede, doch zu jenem Zeitpunkt – und dies fortgesetzt noch über die kommenden Monate – sprach man davon nur eher nebulös, beinahe nach Art einer »Interpretation« der Bergungsumstände der Toten. Doch Konkretes wurde hier nicht berichtet.

Ungeachtet dessen blieb allerdings immer noch die Frage im Raume stehen, warum die tote Richterin nicht viel früher gefunden wurde. Denn »Sommerleichen« sondern bekanntlich schon nach wenigen Tagen kaum ersprießlich zu nennende Gerüche ab. Bei allem Respekt, aber die Richterin dürfte da keine Ausnahme gebildet haben. Ihre Anwesenheit, um nun nicht etwas anderes zu sagen, muss sich bereits aus einer Distanz von mehr als hundert Metern bemerkbar gemacht haben. Längst hätten Spaziergänger darauf aufmerksam werden müssen. Und natürlich ebenso die Suchteams im Wald.

In den Medien war die Rede davon, man könne die Leiche ja bei der ersten nächtlichen Suche übersehen haben, weil die Scheinwerfer stets auf den Boden gerichtet wurden, nicht nach oben. Doch Tote stinken auch im Dunkeln. Zudem wurde (weitaus) später bekannt, dass Kirsten Heisig wohl tiefer hing als vermutet und mit ihren Füßen sogar den Boden berührte. Man hätte sie, einmal ganz abgesehen vom Geruchsproblem, also auch beim ständigen Blick nach unten eigentlich nicht übersehen können.

Das abgestellte Fahrzeug von Kirsten Heisig befand sich nicht einmal 500 Meter vom Fundort der Toten entfernt. Eigentlich hätten auch die Spürhunde längst kollabieren müssen – und dies nicht vor Hitze, sondern vor Reizüberflutung! Hier war also wirklich etwas faul. Irgendetwas konnte an diesem Fall einfach nicht stimmen. Da die Staatsanwaltschaft auch nichts über den Verwesungszustand der Leiche durchblicken ließ, blieben mehrere Erklärungsmöglichkeiten für das mysteriöse Ausbleiben von charakteristischen Gerüchen. Entweder war die Richterin noch einige Tage am Leben und starb demnach erst kurz vor dem Auffinden. Wenn sie bereits länger tot war, so befand sie sich möglicherweise noch nicht im Wald und wurde erst später dorthin verbracht. Oder aber, Möglichkeit Nummer drei, sie befand sich zwar im Wald, jedoch nicht offen platziert, sondern vergraben oder in eine luftdichte Hülle eingepackt. Für die erste Variante hätte es dann zwei Möglichkeiten gegeben: Kirsten Heisig hielt sich noch freiwillig an unbekannten Orten auf. Die Wahrscheinlichkeit ist aber gering, denn

Abb. 47: Als die Jugendrichterin erhängt im Wald gefunden wurde, begannen erst die Paradoxien.

zum letzten Mal sei sie am 28. Juni gegen 21:30 Uhr lebend gesehen worden – wie später behördlich erklärt wurde. Sollte sie noch einige Tage gelebt haben, dann hielt sie sich wohl nicht außerhalb eines Gebäudes auf, und dies dann wohl eher kaum freiwillig. Somit wäre sie Opfer eines Verbrechens geworden. Die beiden anderen Varianten lassen ebenfalls keine andere Wahl, auch hier wäre Fremdeinwirkung unabdingbar. Zu diesem Schluss kommt auch der deutsche Journalist und Buchautor Gerhard Wisnewski, der im Fall Heisig ausführlich recherchiert und neben einer umfangreichen Beitragsserie auf *KOPP online* auch eine DVD hierzu publiziert hat. Er stellte der Polizei und Staatsanwaltschaft eine Reihe von Fragen, deren Beantwortung jedoch strikt und beharrlich verweigert wurde. Dabei ging es im Einzelnen um Folgendes:

– »Können Sie mir bitte den genauen Fundort der Leiche von Frau Heisig mit Skizze nennen?

– Können Sie mir bitte die Auffindesituation der Leiche schildern und wie lange sich die Leiche bereits dort befunden hat?

– Können Sie mir bitte die genaue Todesursache von Frau Heisig nennen? In den Medien wurde berichtet, die Polizei habe Kettensägen und Leitern angefordert. Wozu wurden diese gebraucht? Was wurde durchgesägt?

– In den Medien war von einer letzten SMS die Rede. Können Sie mir bitte deren Wortlaut und den Adressaten mitteilen?

– Können Sie mir bitte sagen, wodurch Selbstmord erwiesen ist?«

Vor allem, da Kirsten Heisig eine Person des öffentlichen Lebens war, hat die Öffentlichkeit ein klares Recht darauf, hier eindeutige Antworten zu erhalten. Wisnewski berief sich nun vor allem auf das Berliner Landespressegesetz und das Informationsfreiheitsgesetz. Andernfalls könne die Versiegelung von Beweisen für einen Selbstmord zu einem rechtsfreien Raum führen, in dem niemand vor einem »Selbstmord« sicher sei, so der Autor, der das Augenmerk noch auf einen anderen ungewöhnlichen Begleitaspekt richtet: Drei Tage nachdem Kirsten Heisig in jenem Waldstück gefunden worden war, machte ein Spaziergänger eine unheimliche Entdeckung. Unweit des Leichenfundorts stieß er auf eine große, grüne Plastikplane, der deutlicher Verwesungsgeruch entstieg. Doch das war noch nicht alles: Neben der Plane fand er einen halb verscharrten toten Hund, dessen Leib mit Plastikband verschnürt war. Kirsten Heisig besaß einen Hund, den sie – wie sie selbst sagte – zur Sicherheit bei ihren Spaziergängen immer dabei hatte. Auch diesmal? Und hatte sie zunächst ihren Hund getötet, bevor sie dann Hand an sich selbst legte? Aber was hatte es dann mit der grünen Plane auf sich? Sie schien, rein schon von der Größe her, nicht für den Hund gedacht gewesen zu sein, sondern weit eher für einen menschlichen Leichnam. Außerdem stand in dieser Hülle eine bräunliche Flüssigkeit, die wiederum jenen charakteristischen Geruch des Todes verströmte. Und am Waldboden zeichnete sich ein ziemlich geradlinig abgegrenzter Bereich ab, der von den Maßen her genau jene Plane und damit einen Toten hätte aufnehmen können. Das Ganze wirkte wie ein wieder zugeschaufelter Graben, oder besser gesagt: wie ein zugeschaufeltes *Grab*.

Der gruslige Fund ließ aber ein völlig anderes Bild vom Ablauf der Geschehnisse erstehen. Lag hier nun buchstäblich der Hund begraben? Und hatte die tote Richterin zunächst einige Tage in der Folie gelegen, bis sie dann an den späteren Fundort verbracht wurde? Da sie nicht mehr selbst dort hingelaufen sein und sich zuvor auch nicht selbst verpackt haben kann, wäre ein Suizid damit wohl mit Gewissheit ausgeschlossen. Doch wo kein Selbstmord, da Mord! Dann gäbe es keine andere Erklärung mehr.

Der Waldspaziergänger, der auf die unheimlichen Relikte gestoßen war, rief unverzüglich die Polizei, die wiederum ihre Kollegen von der Kripo verständigte. Doch dann schien die Sache mehr und mehr unterzugehen. Irgendjemand schien sogar darum bemüht, die letzten Spuren zu verwischen und diesem Platz ein möglichst unauffälliges Aussehen zu verleihen: Nur einen Tag, nachdem jener Spaziergänger seinen Fund gemacht hatte, kam er wieder an der Stelle vorbei, um zu seinem Erstaunen festzustellen, dass hier nun ein Stapel von Holzstämmen aufgeschichtet worden war. Ganz offenbar eine versuchte Beweisvernichtung, und dies mit recht hohem Aufwand.

Noch im Todesmonat der Richterin verklagte Wisnewski dann die Berliner Staatsanwaltschaft auf Auskunft im Falle Heisig. Die Behörden haben gegenüber Pressevertretern eine Auskunftspflicht, der hier schlichtweg nicht nachgekommen wurde. Die offenen Fragen wurden nicht beantwortet. So beantragte der Autor beim Verwaltungsgericht

Berlin eine Einstweilige Anordnung gegen die zuständigen Staatsanwälte. Was folgte, war zunächst Hinhaltetaktik. Im August 2010 wies dann das Verwaltungsgericht die Klage ab. Mit juristischer Unterstützung zog Wisnewski schließlich vor das Oberverwaltungsgericht Berlin-Brandenburg. Diesmal mit Erfolg. Die höhere Instanz bestätigte das Presserecht auf Auskünfte durch Behörden, um somit die öffentliche journalistische Aufgabe erfüllen zu können. Damit wurde die Berliner Staatsanwaltschaft zur Erteilung der erbetenen Auskünfte verpflichtet. So wurde nicht allein für den Fall Heisig, sondern generell eine neue Grundlage geschaffen, die künftig den »rechtsfreien Raum« zwischen den Behörden einerseits und den Journalisten andererseits in eine juristisch klar definierte Zone verwandelt, in der gezielte Nachfragen im Interesse einer öffentlichen Aufklärung nicht mehr durch Scheinargumente abgeschmettert werden können.

Endlich erging dann am 19. November 2010 auch eine entsprechende Antwort vonseiten der Generalstaatsanwaltschaft Berlin an die klagende Partei – per Fax an die zuständige Anwaltskanzlei. Hier wurden nunmehr Antworten zu Fundumständen, Todeszeitpunkt, Todesursache usw. gegeben. So hieß es zu Letzterer: »Nach dem Sektionsgutachten des Direktors des Institutes für Rechtsmedizin in Berlin steht als Todesursache ein Erhängen zu Lebzeiten durch ein eintourig um den Hals laufendes Strangwerkzeug fest.« Hinsichtlich des Todeszeitpunktes wird nun auch kurz auf den Zustand der Leiche hingewiesen: »Nach den gutachterlichen Äußerungen … ist die Leichenliegezeit aufgrund der starken Fäulnisveränderungen nicht auf wenige Stunden einzugrenzen« – wobei sich angesichts der sonst auf Präzision achtenden Sprache einmal ganz ungeachtet der Fachtermini die vorsichtige Frage stellt, was in diesem Kontext mit »Liegezeit« gemeint ist! Weiter heißt es zum Urteil des Chefpathologen: »Seiner Einschätzung nach sind die Veränderungen jedoch unter Berücksichtigung der hohen Außentemperaturen in den Tagen vor dem Auffinden und des Auffindeorts im Halbschatten mit einer Leichenliegezeit von einigen Tagen in Einklang zu bringen.«

Zur Fundsituation zitiert das Dokument aus dem Bericht der Mordkommission, die ebenfalls zur Untersuchung des Falles hinzugezogen worden war. Hinweise auf Fremdeinwirkung entdeckte die Kripo demnach nicht. Den längeren Beschreibungen zufolge hing die

Leiche an einem weißen Kunststoffseil am Ast eines Baumes, rund einen Meter vom Stamm entfernt und diesem mit dem Gesicht zugewandt. Der Ast befand sich in etwa 2,3 Metern Höhe, sodass der am Strick herabhängende Körper mit den Füßen den Boden berührte. Angeblich sei der Ast so beschaffen gewesen, dass eine Person ihn am Ende greifen und mit einiger Anstrengung nach unten ziehen konnte, um dann den Strick daran zu befestigen. Dennoch muss es für eine einzige Person, die zudem laut Bericht keine Steighilfe mit sich geführt hatte, schon einem Zauberkunststück gleichgekommen sein, den Strick dann am relativ stabilen Punkt des Astes, eben rund einen Meter vom Stamm entfernt, zu befestigen. Kirsten Heisig soll sich dann mit dem ganzen Körpergewicht nach vorne in die Schlinge haben fallen lassen, um sich auf diese Weise zu erdrosseln. Eine doch eher befremdliche Art, sich umzubringen, zumindest für einen einigermaßen intelligenten Menschen, der gewiss jede Option auf einen qualvollen Tod versuchen wird auszuschließen. Am Fundort der Leiche wurden noch einige persönliche Gegenstände gefunden – darunter eine Tasche sowie eine Jacke mit dem Autoschlüssel, dann auch zwei Plastikflaschen. Kirsten Heisig hatte laut Mordkommission an ihrer eigenen Richtstätte eine Überdosis Antidepressiva eingenommen, die auch in entsprechend großer Menge bei der Obduktion festgestellt worden seien.

Im Abschnitt »Zu Fakten, die eine Fremdverschuldung des Todes ausschließen« heißt es dann: »Bei der am 3. Juli durchgeführten Obduktion wurden an dem Leichnam von Frau Heisig keine Zeichen von Gewalteinwirkung festgestellt. Es befanden sich weder an den Armen und Handgelenken Fesselungs- oder Abwehrspuren noch an irgendeiner anderen Körperstelle auf eine Gewalteinwirkung hinweisende Einblutungen oder sonstige Verletzungen vor dem Sterben. Anhand von Einblutungen in die Muskulatur in Höhe des Schlüsselbeins und in den Wirbeln ließ sich feststellen, dass die Verstorbene zum Zeitpunkt des Erhängens noch lebte. Die Strangmarke korrespondierte mit der Auffindesituation … Hinweise auf jegliche Art von Fremdverschulden wurden weder am Fundort noch durch spätere Maßnahmen festgestellt.«

Der Bericht geht auch noch auf die Untersuchung des silbernen *Mazdas* von Kirsten Heisig ein, wobei kurz gesagt ebenfalls keinerlei Hinweise auf Manipulation entdeckt worden seien. Auch hier hätten sich einige persönliche Gegenstände gefunden: eine Brieftasche, ein Schlüsselbund mit Anhänger, eine Geldbörse, ein Terminplaner. Obenauf noch der Dienstausweis der Verstorbenen. Seltsam, dass hier keine Rede von dem Handy ist, das doch angeblich im Fahrzeug gefunden wurde.

Abschließend heißt es »Zu objektiven Anhaltspunkten für ein planvolles Vorgehen von Frau Heisig in Bezug auf den eigenen Tod«: »Am 28. Juni 2010 suchte Frau Heisig ihre Rechtsanwältin auf und ließ schriftlich aufnehmen, dass sie im Falle ihres Todes an einer bestimmten von ihr näher bezeichneten Stelle begraben werden wolle. Ebenfalls am 28. Juni 2010 löste Frau Heisig ein auf sie ausgestelltes Rezept für ein Medikament gegen Depressionen ein, das als Überdosis in ihrem Leichnam festgestellt wurde.«

Auch hierfür gebe es verschiedene Erklärungen, die nicht alle auf einen Suizid verweisen müssten. Wie es heißt, stand die Richterin unter starkem Druck. Dies unter anderem aufgrund der Scheidung von ihrem Mann, aber auch durch die berufliche Belastung, die öffentlichen Auftritte, den Medienrummel. Aber hatte sie diesen Rummel denn nicht zu einem gewissen Grade gesucht? Sie war souverän damit umgegangen und wartete nun auf das Erscheinen ihres Buches. Da können also auch Interpretationen nicht greifen, denen zufolge Kirsten Heisig ihre großen Projekte nun hinter sich gebracht hatte und sich daher vielleicht innerlich leer fühlte, allein und zurückgelassen. »Ich habe keine Freunde hinzugewonnen. Ich fühle mich oft als Exot wahrgenommen«, sagte sie einmal. Doch geht das nicht jedermann irgendwann so? Gehört dies nicht geradewegs zu einem kritischen Ich-Bewusstsein dazu? Kennt nicht jeder bestimmte Phasen, in denen er sich ausgebrannt und unverstanden fühlt?

Kirsten Heisig hatte definitiv einen fordernden, einen anstrengenden Beruf – wohlgemerkt, ihren Traumberuf –, in dem sie sehr klare und nüchterne Entscheidungen treffen musste, die gewiss auch ihrem persönlichen Mitgefühl entgegenwirkten, aber eben dennoch getroffen werden mussten. Sie galt als »Mrs. Tough«, wurde als »Richterin Courage« oder auch die »Ruhestörerin« betitelt, als Berlins härteste Richterin. Andere bezeichneten sie sogar als Deutschlands härteste Richterin und wegen ihrer kritischen Äußerungen hinsichtlich des prozentualen Anteils an Straftätern mit Migrationshintergrund auch als »den weiblichen Sarrazin«. Gewiss aber gab es hinter dieser Person auch den Menschen, der nicht zuletzt unter dieser Art des auf ihm lastenden Druckes litt. Dies geht aus entsprechenden Bemerkungen hervor, auch aus ihrem »Vermächtnis«, ihrem Buch, dessen Erscheinen sie nicht mehr erleben sollte. Dass Kirsten Heisig nicht nur eine Sonnenseite des Lebens kannte, war angesichts ihres Berufs und ihrer Berufung wohl klar, wobei sie Konfrontationen nicht aus dem Wege zu gehen neigte. Tatsächlich suchte sie auf wöchentlicher Basis auch einen Psychologen auf, wobei sich hier sogleich die Frage stellt, ob denn nicht während dieser Betreuung etwas Ungewöhnliches bemerkt wurde. Fachleute sollten in der Lage sein, doch eine Veränderung festzustellen und hier entgegenzuwirken. Oder wäre das zu blauäugig gedacht? Doch die Veränderungen, wie sie auch von den Kollegen bemerkt wurden, kurz bevor Kirsten Heisig dann verschwand, die gewisse Nervosität und Zerstreutheit, wie sie auch in den Medienberichten erwähnt wurde, auch dies alles könnte – natürlich einmal nur laut nachgedacht – andere Hintergründe besitzen und darauf hindeuten, dass Kirsten Heisig sich bedroht fühlte. Immerhin galt sie aufgrund ihrer Arbeit als gefährdete Person.

Etliche Aspekte, sowohl zum Umfeld als auch zu den Fundumständen, erinnern an den Fall des englischen Mikrobiologen und Waffeninspekteurs Dr. David Kelly, der im Juli 2003 ebenfalls tot im Wald aufgefunden wurde und angeblich Selbstmord begangen hatte. Da wurde auch hinsichtlich eines Motivs herumspekuliert, und dennoch konnte niemand einen echten Grund vorlegen, warum Dr. Kelly freiwillig aus dem Leben hätte scheiden wollen. Vielmehr fand, ähnlich wie offenbar auch bei Heisig, eine Verwischung von Spuren am Tatort statt, und bald zeigten sich eklatante Widersprüche, die sehr deutlich gegen die offizielle Suizid-Erklärung sprachen. Natürlich ist es hier jetzt nicht möglich, näher auf diesen Fall einzugehen, den ich unter anderem in meinem Buch *Denn sie wussten zu viel – Mysteriöse Todesfälle und ihre wahren Hintergründe* ausführlich behandelt habe. Gelegentlich werden nach vielen Jahren dann plötzlich doch die vermeintlich »abwegigen Verschwörungstheorien« rehabilitiert und somit auch die Opfer, deren wahre Todesumstände dann endlich ans Licht gelangen. Denken wir nur an den vermeintlichen Selbstmörder Uwe Barschel, der bekanntlich 1987 tot in der Badewanne eines Genfer

Hotelzimmers aufgefunden wurde. Im Spätherbst 2010 wurde plötzlich bestätigt, was der *Mossad*-Agent Victor Ostrowsky längst detailliert geschildert hat: dass Barschel einem Geheimdienstmord zum Opfer gefallen war. Derartig ungewöhnliche Geschichten von Menschen, die gestorben oder selbstgemordet wurden, gibt es wahrlich zuhauf, man würde kaum glauben, in welcher Zahl sie auftreten, jene Fälle, die aus den unterschiedlichsten Gründen von offiziellen Stellen gedeckelt und verfälscht werden, dass sich noch posthum die Särge biegen. Da werden pathologische Gutachten gefälscht, Fundumstände vernebelt oder ebenfalls manipuliert und Zeugen ins Feld geführt, die es nie gab. Es kann einem wahrlich schwindelig werden, wenn man die Skrupellosigkeit der Hintermänner solcher finsteren Aktionen bedenkt und sich der Zahl ihrer Opfer bewusst wird. Im Grunde ist wirklich alles möglich. Ich habe diese Erfahrung auch während der Arbeit am oben genannten Buch machen müssen, das sich auf mysteriöse Todesfälle konzentriert, wie sie im Gefolge der Ereignisse des 11. September 2001 gehäuft auftraten. Das ursprünglich geplante Buch – *Zum Schweigen gebracht* – musste noch warten, als sich erwies, dass jene mysteriösen Ereignisse einen eigenen Band erforderten. Dann erst konnte ich auf aktueller Basis weiteren Todesfällen nachgehen – angeblichen Unfällen und Selbstmorden, die es nie gab. Weil es sich nämlich um *Morde* handelte.

Mit Blick auf Kirsten Heisig sieht es doch sehr ähnlich aus, denn auch hier bleiben trotz der nunmehr am 19. November 2010 erfolgten Auskunftserteilung der Generalstaatsanwaltschaft Berlin viele offene Fragen, Widersprüche und Ungereimtheiten bestehen, wie eben so oft in solch besonderen Fällen.

Weiterhin bleibt rätselhaft, was es mit dem toten Hund und jener Plastikhülle auf sich hatte, deren Maße genau dem entsprechen, was im englischen Sprachraum als *body bag* bezeichnet wird – damit ist nicht nur eine Gürteltasche gemeint, sondern eben auch der *Leichensack*.

Dass jene beiden Relikte nicht gleich bei den ersten Untersuchungen des Fundorts entdeckt wurden, spricht kaum für eine sehr gründliche Arbeit. Die Fundumstände der Toten sind doch gerade auch hinsichtlich des Zeitpunkts eigenartig. Und überdies ist der Zeitpunkt des »Selbstmordes« seltsam – kurz vor Erscheinen des eigenen Buches!

Dann die Todesart: Welche intelligente Person würde einen Abgang wählen, der durchaus sehr qualvoll verlaufen könnte? Und warum wurde ein kurz vor dem Verschwinden der Richterin mit ihr aufgezeichnetes Interview nie gesendet?

Mitte Juni sprach Peter Hahne in seiner Sendung mit Kirsten Heisig. Dieses Material verschwand aber in den Archiven. Vielleicht, weil die engagierte Frau hier nicht mehr engagiert, sondern vielmehr deprimiert wirkte? Dem widerspricht Hahne deutlich und erklärt, sie sei sehr entschieden, eloquent, konsequent, aber auch humorvoll bei ihm aufgetreten – einfach »mutig, tatkräftig, zupackend und kein bisschen resignativ«.

Alles nur gespielt? War dann auch die Antwort auf die Frage, ob sie denn Angst habe, nur gespielt? Heisig erwiderte damals darauf: »Nein, überhaupt nicht. Die arabischen Jugendlichen achten mich«, so erinnert sich Hahne. Verabschiedet hatte sie sich bei ihm jedenfalls mit »Bis zum nächsten Mal«.

Doch irgendeinen triftigen Grund musste es wohl gehabt haben, die Fernsehaufzeichnung wegzusperren. Gab sie den entscheidenden Hinweis, der später dann auf den oder die Täter hätte hindeuten können? Das aber würde wohl indizieren, dass ein konkretes Vorauswissen bestand und der »Suizid« zudem mit Billigung der Obrigkeit ausgeführt wurde. Hinsichtlich der potenziellen Täter war gegen Ende 2010 noch alles völlig offen. So fragwürdig die vermeintlichen Motive für einen Freitod sind, so unbekannt sind die Motive für einen Mord. Wird der Fall Heisig zu den ewig ungeklärten, weil offiziell zu schnell geklärten Fällen zählen?

Gareth Williams – Agentenleiche in der Umhängetasche

Am 23. August 2010 verschafften sich einige Polizeibeamte Zutritt zu einem Appartement in der noblen Londoner Wohngegend von Pimlico. Es war gegen 16:40 Uhr, als die uniformierten Beamten die Türe in der 36 Alderney Street aufbrachen. Denn der Inhaber jener Wohnung war seit längerer Zeit nicht mehr zur Arbeit erschienen und auch sonst nirgendwo mehr gesehen worden.

Rein vom Augenschein her sah hier alles unverdächtig aus. Schon an der Türe hatte es keine Anzeichen eines Einbruchs gegeben, und auch der Zustand der Räumlichkeiten ließ nicht darauf schließen. Dennoch wurde den Beamten sofort klar, dass hier buchstäblich etwas »faul« war. Als sie dann das Bad betraten, betätigte sich dieser Verdacht schnell. Am Boden lag eine große rote Sporttasche, verdächtig prall gefüllt und mit einem kleinen Vorhängeschloss gesichert. Als die Polizisten den Reißverschluss öffneten, quoll ihnen der verwesende Leichnam eines Mannes entgegen. Damit fand sich der schlimmste Verdacht bestätigt.

Die Identifizierung erwies: Bei dem Toten handelte es sich um den 31-jährigen Gareth Williams, einen Mitarbeiter des britischen Auslandsgeheimdienstes MI6!

Doch wie war der Agent in die Tasche gekommen? Offenkundig doch nicht von selbst. Hier schien ein Kapitalverbrechen vorzuliegen, das vor allem auch wegen der beruflichen Position des Opfers gewiss einen besonderen Stellenwert besitzen und auch besondere Ermittlungen nach sich ziehen würde. Keine Frage, wenn Geheimdienste im Spiel sind, wird es besonders problematisch.

Abb. 48: Der Geheimagent Gareth Williams war in seinem Privatleben ein begeisterter Radsportler. Am 23. August 2010 wurde er tot in einer Sporttasche gefunden.

Der 1979 in Anglesey, Wales, geborene Gareth Williams hatte noch als Schüler begonnen, auf »Teilzeitbasis« Mathematik an der *University of Wales* zu studieren und erwies sich als hochbegabt. Schon bald wurde der britische Geheimdienst auf ihn aufmerksam und rekrutierte ihn für die Mitarbeit im *Government Communications Headquarters* (GCHQ). Dieser Dienst beschäftigt sich vor allem mit Fragen der Verschlüsselung und Entschlüsselung von Botschaften. Neben der Kryptografie interessiert man sich dort natürlich für Datentransfer und Abhörmaßnahmen. Im Prinzip entspricht dieser Dienst der amerikanischen *National Security Agency* (NSA), die weit größer ist als die CIA und als eine der verschwiegensten, wenn nicht gar überhaupt als die verschwiegenste Behörde der Vereinigten Staaten gilt. Kein Wunder, dass die drei großen Buchstaben N – S – A gern auch ganz eigen interpretiert wurden: *Never Say Anything! – Sage nie etwas!* war da so eine Variante. Oder, die *Gibt's-nicht-Behörde*: *No Such Agency*.

Das GCHQ arbeitet sehr eng mit der NSA zusammen. In beiden Diensten sind vor allem hochbegabte Mathematiker beschäftigt, um im Dienste der *Nationalen Sicherheit* zu wirken, das heißt insbesonde-

Abb. 49: Die Zentrale des britischen Auslandsgeheimdienstes MI6. Williams arbeitete für das GCHQ.

re, entsprechende mathematische Verfahren zu entwickeln, eigene Informationen effektiv zu verschlüsseln und gegnerische Kommunikationsdaten entsprechend zu dechiffrieren. Natürlich geht es bei diesen Anstrengungen auch darum, möglichst in alle existenten Kommunikationssysteme und Datennetzwerke einzudringen, um die betreffenden Informationen jederzeit abgreifen zu können. Zum globalen Netz der NSA-GCHQ-Kooperation – letztlich eine Allianz zwischen den USA, Kanada, Großbritannien, Australien und Neuseeland – zählt auch die riesige Abhöranlage von Menwith Hill im ländlichen North Yorkshire, nahe dem schottischen Hochland. Im sanften Hügelland liegen hier zahlreiche weiße Kuppelgebäude, die aus der Ferne betrachtet wie Wiesenchampignons aussehen. Unter diesen Radomen befinden sich mächtige Radarschüsseln, die »Ohren« einer technisch an der vordersten Front der Geheimhaltung wirkenden Überwachungsstruktur. Ähnliche Einrichtungen sind die Sugar-Grove-Anlage in West Virginia, USA, und Pine Gap in Australien. Auch eine Station auf Ascension Island und die Anlage von Diego Garcia zählen zum weltweiten Netz der besonderen Art.

Während seiner Tätigkeit beim GCHQ hielt sich Gareth Williams auch viel in den Vereinigten Staaten auf, um dort bei der NSA tätig zu werden. Über Williams wurde mittlerweile viel geschrieben, sein mysteriöser Tod machte selbstverständlich Schlagzeilen, und möglicherweise entstand dadurch auch insgesamt ein gewisser Mythos um seine Person. Doch muss Williams an sehr bedeutsamen Aufgaben beteiligt gewesen sein, die ihn zu einem erstrangigen Geheimnisträger machten. Gareth Williams war kein Agent, der bei Auslandseinsätzen in James-Bond-Manier unterwegs war und aktiv spionierte. Zumindest war dies nicht der charakteristische Teil seiner Arbeit, auch wenn sie zeitweilig in diese Richtung tendieren konnte. Er arbeitete allerdings vorwiegend als Wissenschaftler für das nur wenige hundert Meter von seiner Wohnung entfernte GCHQ, um dort unter Anwendung mathematischer Methoden zur Lösung kryptografischer Probleme beizutragen. Wie berichtet wird, ging es dabei um die moderne Weiterführung des *Echelon*-Systems, das bereits seit den Tagen des Kalten Krieges existiert und sich zu einem Netz von Supercomputern und Spionagesatelliten auswuchs. Es dient laut offizieller Angabe heute vor allem der Überwachung von Terrorverdächtigen und Drogenhändlern, wobei man sich kaum die Bemerkung verkneifen kann, dass sich damit anscheinend die Geheimdienste und ihre Regierung selbst überwachen. Denken wir nur an den Drogenkrieg in der Region von Afghanistan. Natürlich geht es *Echelon* auch um das Abfangen geheimer diplomatischer Nachrichten und anderer relevanter Kommunikation. Verschiedenen Angaben zufolge werden pro Tag etwa fünf Milliarden Gespräche und andere Arten von Kommunikation überwacht. Williams war also als glänzender Mathematiker und Kryptograf in dieses komplexe System eingebunden. Wie es heißt, war er sogar im Auftrag für einen Horchposten in Afghanistan tätig, neben all den Aufenthalten bei der NSA in *Fort George Meade*, Maryland. Zu seinen Spezialitäten zählte unter anderem auch die Entwicklung ausgeklügelter mathematischer Algorithmen zur Suche nach Schlüsselwörtern, sogenannten Hitwords, in der internationalen Kommunikation. Williams war verschiedenen Berichten zufolge mit der Entschlüsselung von Codes der afghanischen *Taliban* befasst.

Abb. 50: Der technische Geheimdienst der Vereinigten Staaten von Amerika: die National Security Agency (NSA). Sie ist für Kryptografie zuständig und weit größer als die berühmte CIA. Gareth Williams arbeitete eng mit der NSA zusammen.

Auch die Geheimdienste haben mit der immer umfangreicheren und sich rasant entwickelnden Technologie zu kämpfen und müssen nicht nur Schritt halten, sondern darüber hinaus immer etliche Schritte voraus sein, um hier nichts zu verpassen. Diese Sicherung des geheimdienstlichen Anschlusses liegt ebenfalls im Aufgabenbereich von Leuten wie Williams. Eine seiner bedeutendsten Aufgaben lag laut Medienberichten darin, Methoden zu entwickeln, die Internet-Telefonkommunikation zu überwachen: das *Voice Over Internet Protocol* (VOIP) wie beispielsweise *Skype*, das von Terroristen oder Auslandsagenten gern verwendet wird, um die übliche Routineüberwachung von Telefonaten zu umgehen.

Doch wie kam der Agent in die Tasche? Was war geschehen, wann wurde er zum letzten Mal gesehen, und was spielte sich in den Tagen und Stunden vor seinem Tod ab? Am Anfang herrschte einige Verwirrung, und auch die Informationen flossen nur spärlich und widersprüchlich, wie das eben meist so ist. Gareth Williams sei bereits seit Wochen verschwunden gewesen, hieß es beispielsweise kurz nach dem grausigen Fund. Und: Er sei zerstückelt aufgefunden worden.

Tatsächlich wirkt es eher unwahrscheinlich, dass ein ausgewachsener Mann unversehrt in eine Sporttasche passen soll. Doch auch wenn Williams ein begeisterter Radfahrer war, muskulös und sportlich, so war er mit etwa 167 Zentimetern Körpergröße nicht zu hoch aufgeschossen, was die Sache schon etwas einfacher machte. Die Tasche ihrerseits muss dennoch recht voluminös gewesen sein. Genaue Angaben zu dem fraglichen Produkt sind nicht bekannt, lediglich, dass es sich um eine rote Sporttasche der bekannten Firma *North Face* handelte. Verschiedene größere Modelle hätten vielleicht gerade ausgereicht, um Williams aufzunehmen. Jedenfalls wurde er laut Polizeibericht nicht zerstückelt, sondern lag äußerlich unversehrt in jener Tasche, die vielleicht anschließend auch aus der Wohnung abtransportiert werden sollte, dann aber doch stehengelassen wurde.

Wiliams war unbekleidet und wies laut der späteren Obduktion keine Verletzungen auf. So hieß es: »Eine Obduktion in der Leichenhalle von Westminster, durchgeführt am 25. August 2010, ergab keinen offensichtlichen Todesgrund.« – Was nichts daran änderte: Der Agent war nun einmal tot. Auch erste toxikologische Untersuchungen ergaben laut dem Polizeibericht nichts. Einbruchdiebstahl wurde sofort ausgeschlossen, da in der Wohnung ganz offenbar nichts fehlte. So lagen dort auch noch zwei Bündel mit Banknoten im Wert von jeweils 500 Pfund herum. Was es mit diesem Geld auf sich hatte und ob es auf die Spur des Täters führen könnte, war nicht klar. Doch der hätte in diesem Falle vielleicht eher dafür gesorgt, es mitzunehmen. Wenn ihm die beiden Bündel in der Situation überhaupt auffielen, ein Interesse schien er nicht daran zu haben, und eine direkte Verbindung zu ihm schien daher wohl nicht zu existieren.

Nun, zumindest laut den Angaben der Londoner Polizei gab es also keinerlei Spuren von Gewaltanwendung bei Williams, entgegen den ersten, nicht ganz unbegründeten Spekulationen. Er war offenbar auch nicht bereits seit Wochen verschollen, sondern erst seit ziemlich genau einer Woche, bis ein Arbeitskollege dann die Polizei verständigte.

Mithilfe der omnipräsenten Londoner Überwachungskameras konnten noch einige letzte Bilder des Agenten eingefangen werden. Laut dem Polizeibericht wurde er am 15. August 2010 zum letzten Mal lebend erfasst. Eine Sprecherin der *Metropolitan Police* erklärte: »Mr. Williams kam am Mittwoch, den 11. August 2010, von einem geplanten Urlaub aus den USA nach Großbritannien zurück. Zu seiner Rückkehr haben wir anhand von CCTV-Überprüfungen feststellen können, dass er bei mehreren Gelegenheiten in den Stadtteilen West End und Knightsbridge zum Einkaufen unterwegs war.« CCTV, das sind natürlich die Überwachungskameras, von denen es in London bekanntlich nur so wimmelt. Der Name *Closed Circuit Television* weist darauf hin, dass nur ein berechtigter Kreis dieses Material einsehen darf, dies zur Abgrenzung gegenüber dem öffentlichen Fernsehen. Dass Williams offenbar so ungezwungen und entspannt zum Shopping durch Londons Straßen schlenderte, deutet darauf hin, dass er keine Vorahnung hatte. Ihn scheinen keinerlei Befürchtungen geplagt zu haben. Anscheinend fühlte er sich nicht bedroht, es muss ihn wie der Blitz aus heiterem Himmel getroffen haben.

Aus dem polizeilichen Bericht geht weiterhin hervor: »Die CCTV-Bilder zeigen Mr. Williams [zunächst], wie er am Samstag, 14.08.10, gegen 15 Uhr die U-Bahn in Richtung Holland Park betritt … Am Sonntag, 15.08.10, hielt sich Mr. Williams zum Einkaufen in der Brompton Road, SW7 auf. Er ging an einen Bankautomaten, anschließend betrat er *Harrods*. CCTV-Aufnahmen, die gegen 14:30 Uhr

Abb. 51: Ganz London wird von CCTV-Kameras überwacht. So konnten die letzten Stunden von Williams teilweise noch rekonstruiert werden.

aufgenommen wurden, zeigen ihn in der Hans Crescent, SW1, wie er sich in Richtung Sloane Street bewegt, nahe einem *Dolce-&-Gabbana*-Geschäft. Er trug ein rotes T-Shirt, beigefarbene Hosen und weiße Turnschuhe.«

Darauf wurde Gareth Williams nicht mehr gesehen.

Zunächst fiel das in seiner Umgebung nicht weiter auf, denn Williams führte ein zurückgezogenes Leben, die Nachbarn sahen ihn selten, auch wenn er zu Hause war. Er hielt seine Fenster geschlossen, die Vorhänge zugezogen, irgendwie ein geheimnisvoller Schweigender. Wenn man ihn traf, waren die Gespräche eher kurz und weitgehend belanglos, zu seiner Arbeitsstelle gab er meist nur verschwommen Auskunft, was in der Natur der Sache lag. Sein Nachbar Stephen Barnes, der ihm erstmals 2008 begegnet war, berichtete später: »Der Bursche erzählte mir, Beamter zu sein, als Techniker zu arbeiten. Er sagte auch, die Regierung zahle die Miete für die Wohnung, sonst könne er es sich nicht leisten, in Pimlico zu leben. Er war ein Einzelgänger.«

So hatte er auch sehr selten Besuch. Doch etwa zwei Monate vor seinem rätselhaften Tod interessierten sich offenbar zwei Unbekannte für sein Appartement in der Alderney Street. Die Polizei bat um Mithilfe bei der Identifikation eines südländisch wirkenden Paares, beide im Alter zwischen geschätzt 20 bis 30 Jahren, die im Juni oder

Juli spät abends dort auftauchten und das Wohnhaus durch die gemeinschaftlich genutzte Eingangstüre betraten. Sie wurden dieses eine Mal gesehen, schienen aus dem Nichts gekommen und auch wieder dorthin verschwunden zu sein. Dabei ist nicht einmal klar, ob sie den Agenten besuchten oder nicht.

Auch die US-Bundespolizei, das *Federal Bureau of Investigation*, schaltete sich in die Angelegenheit ein, immerhin hatte Williams ja in den Staaten eng mit der NSA zusammengearbeitet. Wie weit nun die Aufklärung des Mordes hier die Hauptrolle spielte, bleibt dabei die andere Frage. Vielleicht ging es dem FBI unter diesem Vorwand auch nur darum, weitere Informationen über Williams und über das, was er wusste, zu sammeln und auszuwerten. Jedenfalls unterzog das FBI die CCTV-Bilder des *Dulles International Airport*, Washington, einer »Face-Recognition-Analyse«, also der Gesichtsanalyse, um herauszufinden, ob der MI6-Mann zu seinem Rückflug nach London allein erschienen war. Dabei ging es eben auch um die Frage, ob er vielleicht in Begleitung eines südländisch wirkenden Paares unterwegs war. Offenbar nicht, zumindest gibt das FBI offiziell nichts preis. Die Agenten durchsuchten auch ein Appartement, das Williams in der Nähe der NSA bewohnt hatte. Sie hätten hier prüfen wollen, ob sich eventuell Hinweise darauf finden ließen, dass die Anwesenheit des britischen Geheimdienstlers unter Umständen sogar eine Bedrohung der nationalen Sicherheit der USA bedeutete. Das war nach geltender Darstellung auch der Grund, warum sie eine ganze Reihe an US-Kollegen von Williams befragten. Gab es vielleicht hier, im engen Kreis der Arbeitskollegen und der zwangsläufig wenigen Freunde, die Williams in den USA gewonnen hatte, ein südländisches oder südländisch wirkendes Paar?

Genauso klopften die FBI-Leute auch das weitere private Umfeld von Williams ab, das vor allem im sportlichen Bereich anzutreffen war. Offenbar ließ man nichts aus – die Beamten der US-Bundespolizei überprüften sogar die Radrouten in den nahen Appalachen, um festzustellen, ob Gareth Williams hier eventuell ein Rad gemietet hatte. Ebenfalls Fehlanzeige – zumindest war das dann das offizielle Resümee. Denn in der typischen Auskunftsmanier solcher Behörden erklärte das FBI auch, weder zu bestätigen noch abzustreiten, Mr. Williams Appartement durchsucht zu haben – »Wir diskutieren keine laufenden Ermittlungen«.

Zwei Autopsien konnten nicht klären, wodurch Gareth Williams letztlich zu Tode kam. Schließlich drangen dann aber völlig neue Aspekte ans Licht der Öffentlichkeit. Man habe einige Seltsamkeiten am Fundort festgestellt. In der Nähe der Tasche seien ein Handy sowie eine ganze Reihe SIM-Karten gefunden worden, die in einer »rituellen« Weise angeordnet gewesen seien, so, als ob sie eine Botschaft vermitteln sollten. Man habe Fesselungswerkzeug gefunden, möglicherweise für eher ungewöhnlichere sexuelle Praktiken, auch einschlägige Magazine. Gareth Williams sei ein homosexueller Transvestit und sogar als eine Art Callboy tätig gewesen. Gleichfalls war von ungewöhnlichen Kontenbewegungen die Rede. Da seien kurz vor seinem Tod höhere Summen eingezahlt und abgehoben worden. Wie es aussah, schien plötzlich aus irgendeinem Grund die Gerüchteküche zu brodeln, was das Zeug hielt.

Williams sei wohl selbst in die Tasche geklettert, sein Tod im Grunde ein Unfall gewesen, ein nicht wie geplant verlaufenes autoerotisches Spiel. Die Familie konnte diese Behauptungen nicht fassen. William Hughes, der Onkel des toten Agenten, sprach von einer Schmierenkampagne, um den Neffen zu diskreditieren und vom Eigentlichen abzulenken – dass nämlich dessen Tod unmittelbar mit seinen sensitiven beruflichen Aufgaben zusammenhänge. Das Ganze sei schlicht und ergreifend der schier unfassbare Versuch, genau davon abzulenken. Später erklärte auch die Polizei, deren Arbeit übrigens wiederum von geheimdienstlichen Ermittlern behindert wurde, dass es sich bei all diesen Darstellungen um blanke Spekulationen und nicht zutreffende Aussagen handele. Die Geschichte mit den SIM-Cards sei ebenfalls eine solche Spekulation gewesen, so hieß es dann, nirgends seien Hinweise auf ein Ritual gefunden worden. Neben dem Handy hätten darüber hinaus auch nicht »zahlreiche Karten in besonderer Anordnung gelegen«, sondern lediglich drei Stück ohne eine spezielle Geometrie.

Außerdem sei es höchst unwahrscheinlich, dass es der Agent geschafft habe, sich selbst in die Tasche zu zwängen und dann auch noch den Reißverschluss von innen zuzuziehen. Und was war mit dem kleinen Vorhängeschloss? Hier wurde zudem nie klar enthüllt, ob es denn seiner Funktion gerecht wurde oder nicht. Anscheinend doch, und dann konnte sich Williams wohl nicht von selbst in die Tasche gequetscht, den Reißverschluss *von innen* bedient und dann auch noch *von außen* das Schloss festgemacht haben.

Bizarre Geschichten von autoerotischen Unglücksfällen und Ähnlichem sind in Geheimdienstkreisen und deren Umfeld gar nicht so selten. Wo es um tiefer reichende Geheimnisse und ihre Aufdeckung geht, kommt es doch schon zu sehr ungewöhnlichen Toden. Hier wird offenbar, genau wie William Hughes vermutet, sehr gern versucht, die Aufmerksamkeit vom Eigentlichen abzulenken, um Personen zu diskreditieren und damit teils auch ihre gesamte Arbeit unglaubwürdig erscheinen zu lassen. Dies im Falle, dass sie überhaupt enthüllt wird.

Als ein weiteres Beispiel aus der Welt bizarrer Morde darf der Fall des 28-jährigen britischen Luftwaffenpiloten und späteren Redakteurs des Magazins *Defense Helicopter World*, Jonathan Moyle, gelten. Ende März 1990 war Moyle nach Santiago de Chile gereist, um als Gast bei einer Flugshow der chilenischen Luftwaffe teilzunehmen. Er beabsichtigte, einen umfangreicheren Bericht über die Veranstaltung zu schreiben. Daraus wurde jedoch nichts mehr. Am 31. März 1990 fand ihn ein Zimmermädchen tot auf. Er hing an seinem eigenen T-Shirt aufgeknüpft im Kleiderschrank. Über Moyles Kopf war ein Kissenbezug gestülpt – angeblich wiederum ein autoerotischer Zwischenfall mit Todesfolge.

Anthony Moyle, der 2007 verstorbene Vater des Journalisten, konnte die offizielle Erklärung nicht akzeptieren und ließ nicht locker. Nach fast anderthalb Jahren wurde daraufhin die Akte Moyle wieder geöffnet, wobei ein chilenischer Richter nunmehr schließlich von einwandfreiem Mord sprach. Denn die gerichtsmedizinische Untersuchung hatte ergeben, dass Moyle mit Drogen vollgepumpt worden war, man hatte ihm zudem eine tödliche Substanz in die Ferse injiziert und ihn danach dann zur Ablenkung im Schrank drapiert.

Aber: Arrangierte man das alles nur, weil Moyle eine Flugshow in Chile besuchen wollte? Nein, gewiss nicht. Denn dieser Besuch galt ihm nur als Cover. In Wirklichkeit war er einer schattenhaften Agenda auf der Spur und verfolgte Verbrechen, die im ganz großen Stil abliefen. Enorme illegale Waffengeschäfte und die diesbezüglichen Verwicklungen der britischen Regierung, das war sein eigentliches Interesse. Doch wer in dieses gigantische und knochenharte Räderwerk gerät, wird schonungslos zermalmt.

Anlässlich des bislang ebenfalls mysteriösen Todes von Gareth Williams erklärte die Mutter von Jonathan Moyle: »Meine Gefühle sind mit der Familie von Gareth Williams. Warum sollten sie [die Medien] solche grausamen Unwahrheiten über dessen Tod verbreiten? Vielleicht würde einige behaupten, dies lag im nationalen Interesse … Aber wir haben genau dasselbe durchlitten, als Jonathan vor zwei Jahren ermordet wurde.« Wensley Clarkson, der dem sehr ähnlichen Fall Moyle nachgegangen ist und darüber ein Buch geschrieben hat, sprach davon, der Tod des Journalisten sei eine Botschaft gewesen, eine Botschaft seiner Feinde. Nun, so kann man es tatsächlich nennen. Diese Botschaft erging natürlich auch an andere. Sie mahnte auf sehr drastische Weise zur Vorsicht, und ab und an musste diese Botschaft an allzu Neugierige genauso wie an potenzielle Verräter und Abtrünnige wiederholt werden.

Clarkson glaubt, auch der Mord an Gareth Williams sei eine solche Botschaft gewesen. Vielleicht. Vielleicht wusste Williams zu viel, vielleicht war er auch zu neugierig geworden, vielleicht gibt es noch ein ganz anderes Geheimnis um ihn, das bis jetzt noch nicht ans Licht gekommen ist.

4.
Das schmutzige Geschäft
mit der Gesundheit

Schwein gehabt? – Die Botschaft
der Schweinegrippe

Auch im Jahr 2010 hielt die »gefährliche Schweinegrippe-Pandemie« unsere Welt in Atem – oder sollte dies zumindest tun. Den großen Verdienern an der geschürten Panik konnte die Situation in den etablierten Medien gar nicht dramatisch genug dargestellt werden, nur die Grippe selbst, die blieb weit hinter den »Hoffnungen« zurück. Aber auch das war egal, solange nur die Behörden sehr harmonisch Händchen mit der Industrie hielten! Denn bekanntlich ging es bei der Geschichte um Geld, um sehr viel Geld sogar. Also mehr ein politisch-ökonomisches Thema. Nur ist das ja im Gesundheitswesen nicht ganz so selten der Fall. Und auch mit der Schweinegrippe verdienten sich so manche Berater, Mediziner und insbesondere die mächtigen Chemiekonzerne eine goldene Nase – eine weitere in einer bereits beachtlichen Nasensammlung. Daran wäre im Prinzip nichts auszusetzen, ginge es ehrlich zu und hätte es ernste Hintergründe gegeben, die über das bloße Profitdenken hinausgehen. Wenn sich aber einige Menschen eine goldene Nase genau dadurch verdienen, dass sie andere Menschen an der Nase herumführen, dann geht der Spaß zu weit.

Die Schweinegrippe erblickte, wie so etliche »moderne« Krankheiten, das Licht unserer verseuchten Welt gleichsam von einem Moment auf den anderen. Das war im April 2009, als ein Kind in Veracruz erkrankte und die Welt plötzlich von einer drohenden, tödlichen Pandemie erfuhr.

Nein, falsch: Eigentlich gibt es die Schweinegrippe schon länger, nur haben das mittlerweile die meisten vergessen. 1930 wurde der erste Schweinegrippe-Erreger isoliert, der porzine Influenzavirus H1N1. Seit Anfang 1960 allerdings schien der Virus dann hierzulande völlig von der Bildfläche verschwunden zu sein. Erst in den 1970er-Jahren ging es wieder los. 1976 kam es in *Fort Dix* im US-Bundesstaat New Jersey zu vermutlichen Fällen von Schweinegrippe. Einige Soldaten wurden krank, und die Alarmglocken begannen zu läuten. Schon damals wurde sofort eine Massenimpfung angeregt, an der sich rund 40 Millionen US-Amerikaner beteiligten. In jener Zeit soll der Virus dann auch wieder nach Europa eingeschleppt worden sein, um sich fortan in den Schweineställen einzunisten und dort auch für die kommenden Jahrzehnte Bestand zu haben.

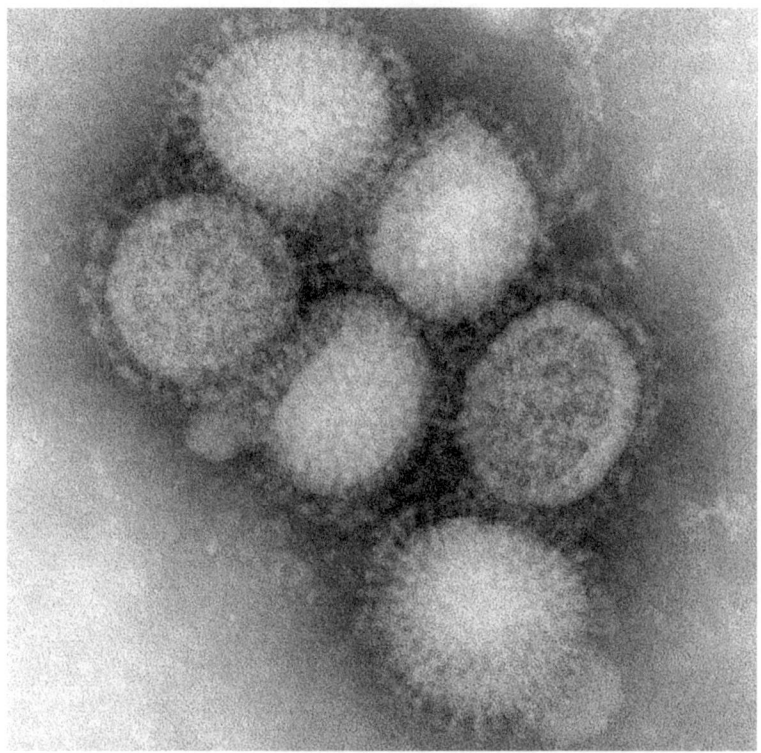

Abb. 52: Der H1N1-Virus – der Auslöser der Schweinegrippe, die offenbar niemand bekam.

Der Virus verbreitet sich recht schnell und ist auf den Menschen übertragbar, doch trotz der immer wieder erklärten hohen Ansteckungswahrscheinlichkeit und Gefährlichkeit machte sich die Schweinegrippe nie als eine klar von der üblichen saisonalen Grippe unterscheidbare und eigenständige Erkrankung bemerkbar. Selbst nach offizieller Lesart ist die Sterblichkeit gering einzustufen.

Doch dann taucht der Virus in Veracruz auf. Ein Kind ist erkrankt, und die amerikanische Regierung reagiert. Aber wie! Man könnte beinahe von Überreaktion sprechen. Sie beginnt mit Vorbereitungen zur massenweisen Herstellung von Impfstoff, als wäre demnächst der Weltuntergang zu befürchten. Da wurden sehr schnell auch Erinnerungen an die schreckliche »Spanische Grippe« aus dem Jahr 1918 ins Bewusstsein gerufen; am Horizont brauten sich bereits düstere Wolkengebilde zusammen, deren Silhouette beängstigend an die Apokalyptischen Reiter gemahnte und ein neues Seuchenzeitalter heraufzubeschwören schien. Als hätte die Welt nicht schon genug erduldet. Alles zitterte und wartete. In den Arztpraxen gab man sich nicht mehr die Hand, überall wurden Desinfektionsmittel verkauft. Und man wartete weiter auf das Kommende.

Zu diesem mittelalterlichen Szenario fehlte beinahe nur noch ein großer Komet, der als Gottes glühende Zuchtrute am Himmel drohte. Sollte der Beginn des 21. Jahrhunderts wirklich eine neue Seuchenära einläuten? So sehr hatte sich die Welt seit dem Mittelalter ja ohnehin nicht geändert.

Gott sei Dank aber arbeitete man in den Vereinigten Staaten fieberhaft an der Lösung, und auch die anderen Staaten zogen bald nach, um möglichst zügig möglichst viel Impfstoff zur Verfügung zu stellen. Das Rezept dafür lag ja auch überraschend schnell bereit, in Form eines Präparats, das seltsamerweise bereits für eine andere Grippe produziert worden war – die Vogelgrippe nämlich. Und schien es nicht bereits damals so, als ob hier ganz bewusst Panik geschürt wurde? Panik, mit der sich gutes Geld verdienen ließ? Sollte das nun weitergehen und mit »Restposten« tüchtig Profit gemacht werden? Schon bald meldeten sich vereinzelte Skeptiker zu Worte, doch gingen sie im Lärm der Massenverdummung unter.

Tatsächlich aber – und natürlich glücklicherweise – »floppte« die Schweinegrippe. Zwar war monatelang in den Medien fast täglich von der Gefahr zu hören, doch von gesicherten Todesfällen oder auch nur Krankheitsfällen? Nun, eher weniger. Die Weltgesundheitsorganisation (WHO = *World Health Organization*) erklärte die Schweinegrippe am 11. Juni 2009 zur Pandemie. Das war ziemlich zu der Zeit, als Mexiko seinen im April ausgelösten H1N1-Alarm bereits wieder aufhob! Für die Welt ging es aber jetzt erst so richtig los, vor allem für die große Industrie und die »Qualitätsmedien«, die eifrig ins Horn der Mächtigen bliesen und damit versuchten, zumindest eine virtuelle Pandemie effektiv um sich greifen zu lassen. Schließlich brauchte es auch »Panikwerbung« für die bevorstehenden Impfaktionen! Der Tod ist in solchen Fällen ein guter Promoter! So wurden Einzelfälle geradezu krampfhaft hochstilisiert, obwohl oft nicht einmal nachgewiesen werden konnte, dass der verstorbene Patient auch wirklich am H1N1-Virus erkrankt war.

Jeder dieser Fälle wurde zum Medienereignis, und wieder ging die Angst um. Der eigentliche »Seltenheitswert« jener beängstigenden und beängstigend hochgeputschten Tode durfte dabei getrost untergehen. Wer näher hinsah, musste dazu noch feststellen, dass viele der Patienten ohnehin Risikogruppen mit höherer Mortalität angehörten. Da tat sich der Killervirus entsprechend leicht.

Immerhin warnten Experten schon bald vor den verheerenden Folgen der Pandemie. So hatte sich bereits im Oktober 2009 der deutsche Medizinprofessor Dr. Adolf Windorfer zu Wort gemeldet, als klar wurde, dass die Bevölkerung auf die große Impfwerbung eben doch nicht so recht anspringen wollte. Hier musste also ein wenig nachgeholfen werden. Somit gab es Nachhilfe im »Fach Angst«. Professor Windorfer, zehn Jahre lang bis 2006 Leiter des Niedersächsischen Gesundheitsamtes und WHO-Berater, äußerte vor laufender Kamera finstere Prognosen und erklärte, es werde 30 Millionen Infizierte und 35 000 Tote in Deutschland geben. Die Grippe werde einen schweren Verlauf nehmen, mit blutigen Lungenentzündungen und Herzmuskelentzündungen. Der Professor berief sich immerhin auf »harte Fakten«. Ausgangspunkt seines »Blicks in die Kristallkugel« waren dabei besonders verlustreiche Grippejahre. In den folgenden Monaten bestätigten sich diese apokalyptischen Prognosen aber glücklicherweise nicht. Bis zum Frühjahr des Jahres 2010 waren 235 Tote zu beklagen, ohne dass ein Kontext zu H1N1 wirklich einwandfrei nachgewiesen war. Der

Impfstoff jedenfalls musste dennoch her, möglichst schnell und um jeden Preis.

Interessant: Als die wichtigen Verträge zur Anforderung und Herstellung der Präparate unter Dach und Fach waren, wurde die Warnstufe erstmals abgesenkt! Und als die Wirkstoffe dann bereitstanden, tat sich in der Bevölkerung immer noch nicht viel. Die Panikmache wollte nicht greifen, viele Menschen waren skeptisch geworden, und das Ansehen der Pharmaindustrie hatte über die Jahre hinweg ohnehin schon kräftig gelitten. Forschung zum Wohle der Patienten? Fehlanzeige!

Derweilen erreichten die Impfstoffe schließlich ihr Verfallsdatum. Ende März 2010 war Celtura von *Novartis* fällig. Immerhin 13 Millionen Einheiten davon hatte die Schweiz angekauft – für 84 Millionen Franken. Hier kamen zumindest fünf Millionen Impfdosen beim »Endverbraucher« an und wurden ihm mittels üblicher Spritze verpasst. 1,5 Millionen Einheiten gingen als großzügige Spende an die Weltgesundheitsbehörde, 900 000 an den Iran, natürlich weitgehend kostenpflichtig.

Mitte 2010 wurden 70 Millionen Einheiten von H1N1-Wirkstoff unbrauchbar, das entspricht einem Gegenwert von einer Viertelmilliarde Dollar. Aber was tut man nicht alles für die Gesundheit? Und so bezeichneten einige Befürworter der Impfbemühungen die ganze Aktion als eine Art Versicherung, wobei es natürlich gut sei, dass diese Versicherung nicht eingelöst werden musste.

Auch die »Waffe« des britischen Pharmariesen *GlaxoSmithKline* (GSK) blieb weitgehend liegen, wobei der Wirkstoff eine 24-monatige Haltbarkeit besitzt. Ablauf: 2012. Für einige nicht nur das Verfallsdatum des Impfstoffes, sondern auch der Welt, wie wir sie kennen. Ungeachtet dessen wird der Impfstoff spätestens ab diesem Zeitpunkt ohnehin für überflüssig erachtet, da den üblichen Grippeimpfungen ab 2012 standardmäßig eine zusätzliche H1N1-Komponente beigemengt wird. Nur stellt sich hier natürlich ebenfalls sofort die Frage nach der Notwendigkeit. Im Gegensatz zu Adolf Windorfer gab sein Kollege Professor Ulrich Keil, gleichfalls WHO-Berater, ein völlig konträres Urteil ab und bedauerte die Pandemie-Einstufung, wie sie von der WHO ausgerufen wurde. Dadurch habe das Gesundheitswesen wertvolle Gelder verloren. Wiederholt wies er in Interviews darauf hin: »Die großen Killer unserer Gesundheit sind in Wahrheit heute andere: chronische Erkrankungen wie Bluthochdruck oder Diabetes oder auch ungesundes Verhalten wie falsche Ernährung, Rauchen oder Bewegungsmangel.«

Anfang Februar 2010 erklärte Prof. Keil gegenüber einer *Stern*-Reporterin: »An allen Ecken und Enden fehlt uns das Geld im Gesundheitssystem, und dann wird bei der Schweinegrippe eine Milliarde oder mehr durch den Schornstein gepfiffen.« Der Münsteraner Epidemiologe stellt außerdem klar, dass wir alle paar Jahre mit vermeintlich drohenden Epidemien konfrontiert und dadurch verängstigt werden – 2002/2003 SARS, 2005/2006 dann die Vogelgrippe. Auch er spricht von »inszenierten Angstkampagnen« und einem völlig falschen Vergleich mit der gefürchteten Pandemie der Spanischen Grippe 1918. Damals griff der Virus unter Menschen um sich, die vom Ersten Weltkrieg enorm geschwächt und unterernährt waren. Viele litten bereits unter anderen gefährlichen Krankheiten. Doch daran wurde im medialen Panikkonzert nie erinnert. So macht man das eben!

Wie das funktioniert? Mit dem besten Schmiermittel der Welt – dem Geld! Geld ist ein hervorragender Weichmacher. Man könnte auch sagen, Meinungsmacher. Was im Mainstream als weitere »Verschwörungstheorie« verhöhnt wurde, während unabhängige Medien und Journalisten längst darauf hinwiesen, stellte sich letztlich wieder einmal als klare *Verschwörungspraxis* heraus. Irgendwann mussten es auch die etablierten Medien eingestehen: Es gab da neben Angehörigen der geschätzten Ärzteschaft auch einige Journalistenkollegen und diverse Autoren, die in das WHO-Sirenengeheul einstimmten. Denn einen wirklich wirksamen Wirkstoff hatte die Pharmaindustrie sehr schnell parat: bare Münze als Heilmittel der »Skeptizitis«! Nebenwirkung allerdings: »Konformitis«! Doch das störte keinen, war sogar erwünscht.

Wie dann Mitte 2010 unter anderem auch bei *Welt online* zu lesen war, ging schließlich sogar die Vermutung um, diese Pandemie könne sich vor allem zu einem der größten Pharmaskandale der vergangenen Jahre ausweiten. Denn tatsächlich stellte sich heraus: Eine Reihe von Autoren und Forschern, die wesentlichen Anteil an der Ausgestaltung der WHO-Pandemie-Richtlinien besaßen, dies natürlich auch hinsichtlich der Schweinegrippe, nahmen Geld von der Pharmaindustrie. Immerhin stehen für diese Information das *British Medical Journal* ein sowie auch das *Bureau of Investigative Journalism* (BIJ). Zum gleichen Ergebnis kam eine Anhörung im Europarat.

Die Richtlinien empfahlen nicht zuletzt, entsprechende Vorräte an Impfstoffen anzulegen. Für die Pharmaindustrie war dabei zweitrangig, was das nützte und wer das alles bezahlen sollte, die Priorität lag selbstverständlich »auf anderem Gebiet«.

Im August 2010 folgten dann weitere interessante Enthüllungen. Nachdem sich die WHO zunächst nicht dazu hinreißen lassen wollte, Namen im großen Spiel zu nennen, gelangten dann schließlich doch die Identitäten derjenigen WHO-Berater ans Licht, denen die Pandemie-Einstufung letztlich zu »verdanken« war. Darunter ebenfalls Empfänger spezifischer Pharmazuwendungen. Mindestens fünf Berater waren demnach mit Geldern der Impfstoffhersteller »geimpft« worden. Die Korruption blüht an allen Ecken und Enden. Jene fünf recht bedeutsamen Personen sind im Einzelnen:

– Nancy Cox: eine US-amerikanische Virologin, die für die Gesundheitsbehörde *Centers for Disease Control* (CDC) tätig ist. Das CDC erwies sich bereits wiederholt als durchaus korruptionsanfällige Behörde, ein Kontrollzentrum, das wohl selbst ebenfalls einer Kontrolle unterliegen sollte. Hier stellt sich die alte Frage: Wer kontrolliert eigentlich die Kontrolleure? Nancy Cox ist hoch angesehen, *Newsweek* listete sie unter den »15 People Who Make America Great«. Das scheint vor allem mittels Impfung zu funktionieren, während Kopp-Autor Mike Adams bedauert, dass das CDC die Bedeutung von Vitamin D völlig ignoriert. Cox ihrerseits erhielt für ihre Arbeit zu Impfstoffen einige Finanzspritzen vom Internationalen Verband der Pharmazeutischen Unternehmen und Vereinigungen (IFPMA).

– Neil M. Ferguson: Professor für die mathematische bzw. rechnergestützte Biologie von Infektionskrankheiten. Was es nicht alles gibt! Der junge Professor erforscht die »epidemiologischen Faktoren und Populationsprozesse, wie sie die Ausbreitung von Infektionskrankheiten in Menschen- und Tierpopulationen formen. Ein praktischer Schlüsselfokus ist die Analyse und Optimierung von Interventionsstrategien, die auf eine Limitierung der Infektionsausbreitung abzielen.« Mit diesen Worten umreißt Ferguson sein primäres Tätigkeitsgebiet auf seiner Homepage am *Imperial College*, London. Oft bestehe die Intervention in einer Störung in der Dynamik der Pathogenausbreitung. Das klingt alles schön und auch gut, doch in der Praxis läuft das wiederum auf nichts anderes hinaus als impfen und nochmals impfen. Das auch dort, wo es überhaupt nicht nötig ist. Und wo überhaupt ist es nötig? Professor Ferguson dürfte da allerdings nicht ganz unparteiisch sein, erhielt er doch Gelder der Pharmaunternehmen *Roche* und *GlaxoSmithKline Biologicals*.

– Arnold Moto: Der US-Professor für Epidemiologie lehrt an der *University of Michigan School of Public Health*. Um es kurz zu machen: Dr. Moto war bei den Pharmaunternehmen nicht gerade wählerisch und erhielt fast von jedem größeren Hersteller dieser Branche Gelder. Zu seinen »Unterstützern« zählen *GlaxoSmithKline, Novartis, Roche, Baxter* und *Sanofi Pasteur*. Vielleicht hätte er für einen entsprechenden Obolus öffentlich auch befürwortet, Miss Piggy gegen die Schweinegrippe zu impfen.

– John Wood: Chefwissenschaftler und Virologe am britischen Nationalinstitut für biologische Standards und Kontrolle (NIBSC). Auch in die dortige Forschung flossen effektive Gelder diverser Pharmaproduzenten.

– Maria Zambon: Professorin am Infektionszentrum der britischen Gesundheitsbehörde HPA. Auch sie wurde vom üblichen Reigen der großen Unternehmen wie *Novartis, Baxter, Sanofi Pasteur, GlaxoSmithKline* und anderen geschm… finanziert.

Dies also war das »Pentagramm« des allgemeinen Impfglücks! Nicht zu vergessen ist in diesem Zusammenhang die meist vorhandene Dunkelziffer. Immerhin nämlich gaben diese fünf Personen ihre Pharmaverbindungen öffentlich gegenüber der WHO bekannt! Wohl also nur die Spitze des Eisbergs. Zudem mögen noch so manch andere profitable Kontakte bestehen und die wirklich schwarzen Schafe woanders sitzen. WHO knows?

Eine fatale Verknüpfung: Von der Industrie bezahlte Experten geben ihre nunmehr parteiischen Empfehlungen an die Weltgesundheitsbehörde ab, die daraufhin im vollen Wissen um sämtliche Hintergründe ihre politischen (Fehl-)Entscheidungen fällt, die wiederum vom Steuerzahler abzufangen sind!

Und wie Professor Ulrich Keil kritisierte, wurden damit auch dem Gesundheitswesen wesentliche Gelder zur Behandlung der tatsächlichen großen Krankmacher entzogen.

So gesehen war also die Schweinegrippe tatsächlich eine Pandemie, denn indirekt schadete sie uns allen eben doch. Und dagegen war dann schließlich kein Kräutlein mehr gewachsen.

Auch hinsichtlich der Impfstoffe selbst gab es so einige Verwirrung. Das begann bereits ganz am Anfang – damals, als die große Massenimpfung gestartet wurde.

Man schrieb Montag, den 19. Oktober 2009. Der Tag der großen Schweinerei. Deutschland im Impffieber. Erst einmal ging es um die Lieferung der Wirkstoffe an die Gesundheitsämter. In den ersten Wochen sollte vor allem »Sicherstellungspersonal« gegen den bedrohlichen Virus immunisiert werden – die Ärzte selbst, Polizei, Feuerwehr. Dann auch Mitarbeiter des Gesundheitswesens, darauf folgend besondere Gruppen aus der Bevölkerung: Schwangere, chronisch Kranke, Kinder, Jugendliche, Menschen bis 48 Jahre, zuletzt dann die älteren. Verwirrung stiftete die Tatsache, dass die Bundeswehr einen anderen Impfstoff erhielt als die übrige Bevölkerung, *Baxters* Celvapan. Dieses Präparat enthielt keine fragwürdigen Zusatzstoffe, ganz anders als Pandemrix von *GlaxoSmithKline* – ein kombiniertes Präparat, auch als »Spaltimpfstoff« bezeichnet, bei dem Virusbruchstücke zur Verwendung kommen, neben Wirkstoffverstärkern, den sogenannten Adjuvanzien. Außerdem wurde dem »Wirkstoff fürs Volk« auch Quecksilber als Konservierungsmittel hinzugegeben. Ebenfalls nicht gerade vertrauenerweckend. Bei GSK sah die Geschichte besonders seltsam aus. Geordert waren dort 50 Millionen Einheiten von Pandemrix. Was da ein wenig klingt, als entstamme es direkt einem kleinen gallischen Dorf, wurde in offiziellen Wirkstoffbeschreibungen allerdings als GSK-Präparat gegen H5N1 angegeben, also als Mittel gegen die Vogelgrippe. Wohl, auf dass der gallische Hahn noch lange krähen sollte! Als offiziellen Wirkstoff gegen die Schweinegrippe, H1N1, hingegen nennt *GlaxoSmithKline* ein Mittel namens Pandermix. Noch einmal zum Vergleich:

- Pandemrix: H5N1
- Pandermix: H1N1

Was war da geschehen? Wurde der falsche Wirkstoff bestellt? Und überhaupt, hatte man nicht ohnehin den Vogelgrippe-Impfstoff lediglich leicht modifiziert, um ihn fortan als Impfstoff gegen die Schweinegrippe einzusetzen? Das wiederum klang am ehesten nach einem *Pand-Remix*!

All dies steigerte die Verwirrung und Unsicherheit. Und dann waren da schließlich noch jene seltsamen Wirkstoffverstärker, die Adjuvanzien. Sie werden immer dann verwendet, wenn vom eigentlichen Wirkstoff in kurzer Zeit keine ausreichenden Mengen zur Verfügung gestellt werden können. Allerdings verbinden sich mit ihnen unwägbare Risiken. Sie sind wenig erforscht, vor allem hinsichtlich seltener Nebenwirkungen, die allerdings durchaus fatale Folgen zeitigen können. Wegen einer unzureichenden Statistik lassen sich hier keinerlei verlässliche Angaben machen. Die Bundeswehr erhielt den Wirkstoff ohne Adjuvanzien, die Bevölkerung bekam sie aber »spendiert«.

Was etwaige Nebenwirkungen der Schweinegrippe-Impfungen angeht, so wurden bald entsprechende Vorfälle bekannt. Und dies ganz und gar nicht erst bei der »Pandemie« von 2009/2010, sondern bereits mehr als 30 Jahre zuvor.

Wie schon erwähnt, erkrankten im Jahr 1976 einige Soldaten in *Fort Dix*, New Jersey, an der Schweinegrippe. Die USA starteten daraufhin eine Massenimpfung, an der 40 Millionen US-Bürger teilnahmen. Um deren Bereitschaft zu steigern, fand eine ganz besondere Werbeaktion statt: Präsident Gerald Ford ließ sich vor laufenden Kameras impfen. Es sei dahingestellt, was ihm damals wirklich gespritzt wurde. Unter denjenigen, die an jenem Programm teilnahmen, traten jedoch vereinzelt sehr heftige Reaktionen auf. Zwar selten, aber in der Wirkung eben doch schwerwiegend. Bei den Betroffenen trat das sogenannte Guillain-Barré-Syndrom auf, das sich in verschiedenen Formen bemerkbar macht. Zu den Beschwerden zählen aufsteigende motorische Lähmungen, die auch die unteren Hirnnerven erreichen, sowie ziehende Schmerzen. Es handelt sich um eine entzündliche Erkrankung der Nervenwurzeln des Rückenmarks, die daher auch als

Abb. 53: Als 1976 aus Fort Dix einige Fälle von Schweinegrippe berichtet wurden, fand eine Massenimpfung von 40 Millionen Amerikanern statt. Einige erlitten Impfschäden.

Radikuloneuritis bezeichnet wird und in Form der Landry-Paralyse einen akuten, häufig sogar tödlichen Verlauf nimmt. Die Lähmungen erfassen zunächst die unteren Gliedmaßen und gehen dann schnell auf den Rumpf, die Atem- und die Schlundmuskulatur über.

Als bald nach der Impfaktion von 1976 etliche Fälle des Guillain-Barré-Syndroms auftraten, konnte zwar nie definitiv nachgewiesen werden, dass hier ein tatsächlicher Zusammenhang bestand. Diesen Beweis anzutreten schien annähernd unmöglich. Doch die Häufung dieser Erkrankung im engen zeitlichen Umfeld mit der Immunisierung war auffallend. Die Schadensersatzforderungen beliefen sich damals auf insgesamt rund 3,5 Milliarden US-Dollar.

Wer aber wirklich Kasse machte, das war die Industrie. Und bei der heraufbeschworenen Pandemie-Stimmung von 2009/2010 ging es noch um mehr. Hier zielten die entscheidenden Kräfte darauf ab, die öffentliche Bereitschaft für die Einrichtung einer globalen Kontrollbehörde zu erhöhen – für ein Weltgesundheitsministerium, ganz im Sinne der

Bilderberg-Gruppe. Nun, die Rechnung ging zumindest diesbezüglich nicht auf. Die Industrie verdiente gut, wir haben bezahlt, und dann war die Sache gelaufen. Schon am 10. August 2010 hatte die WHO die »Pandemie« offiziell für beendet erklärt.

Kommt bald die »Schwogel«-Grippe?

Im September 2010 wurde ein bereits mehrfach diskutiertes Angstthema von einigen Medien wieder neu aufgewärmt und mit weiteren wissenschaftlichen Erkenntnissen »untermauert«. Die Mahner deuteten mit ausgestrecktem Zeigefinger in die grippale Zukunft, um uns auf die drohende Gefahr von Mutationen des Schweinegrippevirus hinzuweisen. Dies also einen Monat, nachdem die Schweinegrippepandemie für »beendet« erklärt worden war.

Schon als sich im Laufe des Vorjahres herausstellte, dass das ganze porzine Spektakel eher harmlos verlief, versuchten einige Fachleute, die Ängste neu anzufachen, indem sie eine zweite, weitaus bedrohlichere Grippewelle für den Herbst 2009 prognostizierten. Doch auch sie blieb aus. Nun ließen sich ja noch Furchtkombinationen in genügender Zahl kreieren. Ganz besonders eine davon lag nahe: eine boshafte Symbiose zwischen zwei Verwandten, der Vogelgrippe und der Schweinegrippe. Das befürchtete Ergebnis wurde beinahe wie eine Art virale Knallgasreaktion geschildert!

Indonesische und japanische Forscher hatten beobachtet, dass sich Schweine mit dem Vogelgrippevirus H5N1 infiziert hatten. Laut Angaben des Forschers Chairul Nidom von der Airlangga-Universität im indonesischen Surabaya geschieht dies mindestens seit dem Jahr 2005. Nun befürchten er und seine Kollegen, jener Vogelgrippevirus könne die Fähigkeit entwickeln, sich von Säugetier zu Säugetier auszubreiten. In seiner Urform erweist sich der Virus jedoch als recht träge. Die Ansteckung erfolgt in der Regel durch direkten Kontakt mit einem erkrankten Vogel, die Übertragung zwischen Menschen findet allerdings nicht so leicht statt. Doch die Letalität ist hoch. Wer den Virus in sich trägt, ist laut offiziellen Angaben zu 60 Prozent dem Tode geweiht.

Genug, um sich ernstere Gedanken zu machen. Die aber seien noch nötiger, wenn sich die komplementären Eigenschaften von H5N1 und H1N1 künftig vielleicht gar verbinden.

Bei der Schweinegrippe ist die Letalität niedrig, dafür die Virulenz hoch. Bei der Vogelgrippe ist es umgekehrt. Natürlich spricht nun keiner davon, die beiden Formen könnten sich auch gegenseitig immunisieren. Das wäre ja ein Segen, aber ein Szenario, in das keine Arbeit zur Vorsorge investiert werden muss. Nur was, wenn genau das Gegenteil eintritt und eine hochvirulente, hochletale Variante das Licht der Welt erblickt?

Die Forscher »visionierten« hierzu ein Szenario, demzufolge H5N1 Schweine infiziert und sich dort anpasst. Wegen der zahlreichen Ähnlichkeiten zwischen Mensch und Schwein – gemeint sind hierbei die rein biochemischen Übereinstimmungen! – könnten die gefährlichen Vogelgrippeviren sich so weit adaptieren, dass die Ansteckungsgefahr von Mensch zu Mensch deutlich ansteigt. Die Autorin Deborah McKenzie berichtete am 7. September 2010 im Wissenschaftsmagazin *New Scientist* über diese drohende Gefahr. In ihrem Beitrag »Bird flu jumps to pigs« heißt es unter anderem: »Ein an Schweine adaptierter Grippevirus löste 2009 die Schweinegrippepandemie aus.« Eigentlich ein verblüffender Satz, vor allem für den Herbst 2010! Der ganze Zirkus war längst ohne jede »Vorstellung« vorüber – und nun dies!

Die Pharmawelt schrie »Feuer!«, doch Gott sei Dank, es brannte nicht! Eine Pandemie gab es nicht, lediglich die entsprechende Einstufung. Das war dann doch ein kleiner Unterschied.

Deborah MacKenzie vom *New Scientist* beruft sich in ihrem Beitrag natürlich direkt auf die Ergebnisse der Forscher und betont: »Sie berichten nun, dass in der Zeit zwischen 2005 und 2007, als die Vogelgrippe ihren Höhepunkt erreichte, 7,4 Prozent von 700 getesteten Schweinen auch H5N1 in sich trugen. Es gab sporadische Berichte über H5N1 in Schweinen, doch dies ist das erste Mal, dass das Ausmaß des Problems gemessen wurde.«

MacKenzie bemüht sich in ihrem Bericht noch um einige Details der indonesisch-japanischen Analysen. In jedem Falle ähne der Virus in Schweinen sehr eng dem H5N1 aus nahe gelegenen Ausbrüchen unter Geflügel. Somit sei er tatsächlich von Vögeln auf Schweine übergegangen. Diese Information und der kleine Anteil infizierter

Schweine schließen demnach eine bereits erfolgende Ausbreitung von Schwein zu Schwein aus. Das bestätigte sogar auch ein »unabhängiger« Experte, der führende niederländische Virologe Professor Ab Osterhaus von der ehrwürdigen Erasmus-Universität Rotterdam.

Das klingt doch alles ganz beruhigend.

Die schwierige Aufgabe, die sich folglich nunmehr für die Panikmacher stellte, bestand darin, jetzt etwas richtig Schlimmes aus allem zu machen. Am besten noch einmal einige Informationen sammeln und über Lösungen des Problems nachgrübeln. Nur brachte das zunächst auch noch nicht das gewünschte Resultat. Denn seit dem Jahr 2007 nahmen die Fälle von Vogelgrippe sowohl unter Geflügel als auch unter der indonesischen Bevölkerung dummerweise ab.

Die Forscher entdeckten auch, dass die Infektionsrate bei Schweinen im gleichen Maße abnahm. Eine geradezu umwerfende Erkenntnis! Aber: Die Tiere tragen laut der betreffenden Studie trotzdem immer noch die Anzeichen einer kürzlich erfolgten Infektion im Körper! Zwar finden sich keinerlei Symptome dafür, nur ist das eben genauso wie beim Geheimdienst: Im Idealfall sieht man ihn nicht, und es gibt ihn dennoch!

Wenn aber der Virus ebenfalls noch existiert, kann er sich auch ganz im Stillen verändern, weiterentwickeln, ausbreiten. Auch die asiatischen Wissenschaftler zeigten sich alarmiert: »H5N1-Viren könnten sich leicht einer Entdeckung entziehen, während sie sich in symptomlosen Schweinen über Asien verbreiten«, so befürchtet Dr. Nidom. Und er sieht erschreckende Anzeichen dafür, dass das Virus bereits eine wesentliche Mutation erlebt hat, die uns sehr gefährlich werden kann. Denn die Virologen fanden, wie es heißt, das Virus zumindest in einem Schwein bereits modifiziert vor. Hier habe sich der Erreger tatsächlich in der Lage gezeigt, an ein Molekül anzubinden, das sowohl im Rüssel des Schweins als auch in der Nase eines Menschen vorkommt. Und genau diese Veränderung im Rüssel sei für die Gefahr der wahre Schlüssel! Nämlich die Möglichkeit, sich mit Leichtigkeit von Mensch zu Mensch zu übertragen.

Droht uns also wirklich eine »Schwogelgrippe«?

Prof. Ab Osterhaus hält das für sehr gut möglich und bestätigt die neuen Forschungen mit bedeutungsvollem Blick: »Dies zeigt uns, dass wir ein sehr wachsames Auge auf die Schweinegrippe werfen sollten, da sie sich rapide verändern kann«, sagt er. – So leitete auch die Europäische Union einen entsprechenden Handlungsbedarf ab und unterstützt eine wissenschaftliche Kollaboration mit der leicht drolligen Bezeichnung FLUPIG.

Wie Name und Hintergrund schon andeuteten, soll dieses Projekt dem Zwecke dienen, die Art und Weise zu studieren, in der sich die Vogelgrippe an Schweine anpasst, und außerdem herauszufinden, wie die Schweinegrippe schließlich auf uns Menschen übergeht. Alles natürlich nur zum Besten der geliebten Bevölkerung.

Jetzt aber wird es doch Zeit, sich noch einmal dem »unabhängigen« Experten zu widmen, dem Professor Osterhaus. Eine wirklich interessante Persönlichkeit. Allmählich kristallisieren sich Informationen heraus, die eben doch gewisse Abhängigkeiten aufzeigen.

Nachdem die modernen Grippeformen als Nebenwirkung zumindest einen eigenartigen Beigeschmack hinterließen und nicht alles so logisch und eindeutig war, wie es zunächst klang, begann sich die niederländische Regierung auch näher um den Professor zu kümmern und berief hierzu einen eigenen Untersuchungsausschuss ein. Dabei kam zutage, dass auf den Konten des Albertus Dominicus Marcellinus Erasmus Osterhaus, so der (prunk-)volle Name des Professors, einige nicht unerhebliche Geldeingänge zu verzeichnen waren. Verdächtig daran war nicht nur die Höhe, sondern auch die Herkunft der Beträge. Sprudelnde Quellen waren namhafte Pharmaunternehmen, die allesamt eifrig mit der Produktion von Impfstoffen gegen die fatalen Viren von Donald Duck und Schweinchen Dick befasst waren, wofür es dann eben auch Scheinchen gab, und zwar ebenfalls dick!

Prof. Osterhaus hatte sich seinerseits ja doch auch um nützliche Forschung bemüht und erstmals die Übertragung des Vogelgrippevirus nachgewiesen. Er forschte zu H5N1, ebenso zu SARS und anderen Viruserkrankungen, gilt als absoluter Spitzenwissenschaftler auf seinem Gebiet. Vielleicht aber auch als wissenschaftlicher Spitzbube?

Während er in seinen häufigen TV-Auftritten als ausgewiesener Top-Experte immer wieder auf die potenziellen Bedrohungen durch mutierte Viren hinweist, blickt er drein, als könne er kein Wässerlein trüben. Doch belegen die Verbindungen zur großen Pharma ganz offenbar das exakte Gegenteil. Osterhaus gilt als der einflussreichste

WHO-Berater in Sachen »neue Grippeformen« und soll auch für die Pandemie-Einstufung der Schweinegrippe gesorgt haben. Er ist *der* Alarmprofessor!

Der Münsteraner Virologe Professor Ulrich Keil sieht das Kernproblem darin, wirklich unabhängige Gutachter zu finden. Gegenüber dem *Stern* erklärte er: »Von Studentenbeinen an ist in der Medizin der Einfluss der pharmazeutischen Industrie und der Geräteindustrie unverkennbar.« Auch kritisiert er die Arroganz mancher Fachleute, die einfach feststellen, all jene Zusammenhänge seien zu kompliziert, die »lieben Leute könnten das gar nicht verstehen«. Allerdings kann eine solche Haltung kaum Vertrauen schaffen. Sich hinter wissenschaftlicher Komplexität und Unverständlichkeit zu verschanzen kann nicht der richtige Weg sein, wenn es um die Wahrheit geht. So sieht Professor Keil es als Aufgabe von Wissenschaftlern an, die Fakten stets verständlich zu machen, und zwar ohne jegliche Interessenkonflikte. Er glaubt auch, dass die WHO hinsichtlich der Schweinegrippe unter Druck gesetzt wurde, sonst aber auch auf große Verdienste zurückblicken könne. Er wolle die WHO nicht verunglimpfen.

Schon im Mai 2009 erinnerte der Politologe, Wirtschaftswissenschaftler und Autor F. William Engdahl an einen anderen Fall offenbarer politisch-industrieller WHO-Beeinflussung, wie er sich im Novem-

Abb. 54: Der niederländische Virologe Ab Osterhaus warnte vor Mutationen der Schweinegrippe. Ein »Alarmprofessor«?

ber 2004 zutrug. Damals hatte die Vogelgrippepanik gerade ihren Höhepunkt erreicht. Die amerikanische Arzneimittelbehörde FDA hatte für eine Schnellzulassung des Medikaments Tamiflu gesorgt, das in höchsten Tönen als ultimative Waffe gegen den bedrohlichen Virus beworben wurde. Auch Donald Rumsfeld stimmte in den Chor der Lobeshymnen ein und sang sogar besonders laut, denn wahrhaft nicht umsonst hatte sein eigenes Unternehmen *Gilead Sciences* diese Ruhmestat vollbracht und jenes Wundermittel hergestellt. Die Lizenz für Tamiflu erwarb dann der Pharma-Riese *Roche*. Die WHO ihrerseits publizierte einen ungewöhnlichen Artikel, so gar nicht passend zu einer UN-Behörde. Titel: »Irgendwann in der Zukunft«. Was da beschrieben oder geradezu heraufbeschworen wurde, war ein fiktives Szenario, offenbar um die Menschen wach zu rütteln. Da hieß es dann:

»Gerüchte über den Ausbruch einer ungewöhnlich schweren Atemwegserkrankung in zwei Dörfern einer entlegenen Provinz haben das Gesundheitsministerium in einem Mitgliedsland der Weltgesundheitsorganisation (WHO) erreicht. Ein Team ist in die Provinz geschickt worden und hat dort erfahren, dass der Ausbruch etwa einen Monat zuvor begonnen hat. Das Team kann mindestens 50 Fälle im vergangenen Monat identifizieren. Alle Altersgruppen sind betroffen. 20 Patienten werden derzeit im Provinzkrankenhaus behandelt. Fünf Menschen sind bereits an Lungenentzündung und akutem Atemversagen gestorben. Die Untersuchungen im umliegenden Gebiet werden verstärkt, neue Fälle werden in der gesamten Provinz festgestellt. Den Atemwegen mehrerer Patienten entnommene Proben werden im nationalen Untersuchungslabor untersucht und erweisen sich als positiv für einen Influenza-A-Virus, können aber nicht weitergehend typisiert werden. Die Isolate werden zur Charakterisierung an das Influenza-Referenzzentrum der WHO geschickt, wo sie als Influenza A (H6N1) bestimmt werden, ein Untertypus, der nie zuvor beim Menschen isoliert worden ist. Untersuchungen der Gen-Sequenzialisierung deuten weiter darauf hin, dass die meisten viralen Gene von einem Vogelgrippevirus, die übrigen Gene von einem menschlichen Typus stammen.«

William Engdahl kommentiert hierzu: »Dieses fiktive Szenario der WHO aus dem Jahre 2004 liest sich wie eine Anleitung für das, was sich seit Ende April [2009] in den USA, Mexiko und anderen Ländern ereignet hat. Es führt zu der ernsthaften Frage, ob die Welt einer riesigen psychologischen Kriegsführung unterworfen wird mit dem Ziel, die Menschen dazu zu bringen, große Dosen gefährlicher Medikamente einzunehmen, um einer Gefahr zu begegnen, die es in der behaupteten Form gar nicht gibt.«

Doch die Bevölkerung hat sich weitgehend nicht an der Nase herumführen lassen. Glücklicherweise. Erleichtert statuiert dies auch Professor Keil und ergänzt: »Die Leute haben gemerkt: Bei der Schweinegrippe handelt es sich nicht um eine gravierende Krankheit.«

Und wie geht es nach der Schweinegrippe weiter? Kommt irgendwann demnächst wirklich die Mischung von Vogel- und Schweinegrippe, tatsächlich also eine »Schwogelgrippe« als neue Mogelgrippe?

Man wird es uns wohl wieder einzureden versuchen. Prof. Osterhaus hält die Mutation wie gesagt für durchaus denkbar. Andere Experten wollen ihm hier allerdings nicht beipflichten. So nennt der Arzt und Mikrobiologe Dr. Miquel Ekkelenkamp vom *University Medical Center Utrecht* den WHO-Berater Osterhaus frei heraus einen Panikmacher. Für ihn steht fest: »›Experte‹ Osterhaus sollte auf immer aus dem Fernsehen gebannt werden. Alles, was er bisher behauptete, hat sich als unwahr herausgestellt: Wir werden nicht allesamt sterben, wie dies 1918 der Fall war. Nicht jedermann benötigt eine Impfung; wir werden auch nicht jedem Tamiflu verabreichen, und der Virus ist auch nicht zu etwas noch Gefährlicherem mutiert.«

Auch Professor Keil wehrt ab und sieht keine Bedrohung durch ein mutierendes H1N1-Virus. Schließlich gehe das nur in mehreren Stufen, sonst könne man mit dem alten Impfstoff gar nichts anfangen. »Das aber bestreiten diverse Institute wie das Robert-Koch-Institut oder auch das Paul-Ehrlich-Institut«, so Prof. Keil. Er wundert sich dabei: »Gleichzeitig weisen sie auf die bedrohliche Mutation als Grund für die Pandemie-Impfung hin. Da muss man die Logik einmal hinterfragen.« Und er resümiert: »Für mich sieht es jedenfalls so aus, als ob wir die Schweinegrippe überstanden haben.«

Was uns noch so alles
eingeimpft werden soll

Die vermeintliche Schweinegrippe-»Pandemie« sollte die Bevölkerung möglichst in Angst und Schrecken versetzen und sie massenweise an die Nadel jagen. Das Thema wurde gleichsam rund um die Uhr diskutiert, die Massenmedien schlugen dabei großteils in die Kerbe der großen Industrie. Dennoch ließen sich nur recht wenige Menschen wirklich impfen. Wie sich herausstellte, behielten die sogenannten Verschwörungstheoretiker eben doch recht. Sie hatten die H1N1-Pandemie zur profitablen Panikmache erklärt und damit voll ins Schwarze getroffen.

Im Sommer 2010 spitzte sich allerdings ein weiterer Skandal zu, der nicht ganz so öffentlich war, der nicht gar so hohe Wellen schlug. Und doch drehte sich wiederum alles um eine echte Impfkatastrophe. Nein, es ging nicht allein um unsinnige Immunisierungsaktionen, sondern ganz offenbar um blanken Mord per Spritze.

Zum Ausgangspunkt kürten die Befürworter des Ganzen nicht einfach eine fragwürdige Grippe, sondern zielten unmittelbar auf die wohl schrecklichste Geißel der modernen Zivilisation – Krebs!

Worum genau geht es?

Der Sachverhalt lässt sich schnell schildern: Einige Formen der Human-Papilloma-Viren (HPV), die durch sexuelle Kontakte übertragen werden, stehen im Verdacht, später bei den infizierten Frauen einen Gebärmutterhalskrebs auszulösen, auch als Zervix-Karzinom bekannt. In der scheinbar allwissenden Internet-Enzyklopädie *Wikipedia* findet sich noch gegen Ende 2010 ein völlig linientreuer Überblick, der die Gefährlichkeit von HPV absolut bestätigt. Immerhin seien die Hochrisikotypen dieses Virus weltweit »für etwa 70 Prozent aller Zervix-Karzinome« verantwortlich. Das klingt natürlich gar nicht gut. Glücklicherweise aber nennt die gleiche Internetseite auch die Lösung des Problems in Gestalt eines völlig unproblematischen Impfstoffes. Klar und deutlich heißt es hier: »HPV-Impfstoffe sind nach gegenwärtigem Wissensstand gut verträglich und sicher.«

Also, warum sich aufregen? Schon in jungen Jahren wehrt dieses Mittel, Handelsname Gardasil (auch: Silgard), die Infektion und eine spätere Krebserkrankung effektiv ab. Man sollte sich laut Herstelleran-

220

gabe nur möglichst noch vor Eintreten einer Infektion immunisieren lassen, was das Impfalter allerdings schon sehr deutlich nach unten drückt. So sind es meist Kinder, die hier »an die Nadel« sollen.

Seit Sommer 2010 dürfen Ärzte und Krankenschwestern in Großbritannien die Kinder und Jugendlichen sogar ohne jede Einwilligung der Eltern impfen! Wäre diese »Amtshandlung« tatsächlich so unbedenklich, wie oft geschildert, ließe sich der kleine Stich ja auch ohne Weiteres verschmerzen, und es müsste kein Wort mehr über HPV, Zervix-Karzinome oder Gardasil verloren werden. Nur leider ist dem nicht so. Vielmehr verbindet sich mit diesem Thema ein echter Skandal. Ein tödlicher Skandal sogar.

Heranwachsende, die gegen HPV geimpft wurden, entwickelten kurze Zeit darauf teils erhebliche Nebenwirkungen. Sogar Todesfälle waren zu beklagen! Darum allerdings schert sich unter den »Verantwortlichen« niemand. Die großen Unternehmen und die große Politik bemühen sich vielmehr »redlich« darum, den famosen – oder doch eher fatalen – Impfstoff an die Frau zu bringen und seit einiger Zeit auch an den Mann! Denn auch Letzterer könnte durch HPV-Infektion ja später einige Krebsformen entwickeln, sodass die Impfung von Jungen das »Schutzprogramm« ergänzt. Es muss ja nicht unbedingt nur das Zervix-Karzinom sein!

Merck & Co./Sanofi Pasteur MSD, der Hersteller von Gardasil, finanzierte im Jahr 2006 einen Preis für »hervorragende Leistungen zur Förderung des Impfgedankens«. Wäre es noch um die Förderung der Impfsicherheit gegangen, nur wäre das ja dem zitierten Gedanken zuwidergelaufen! Jedenfalls ging der mit 10 000 Euro dotierte Preis damals an keinen Geringeren als Prof. Dr. med. Heinz-Josef Schmitt, seines Zeichens ehedem Pädiater an der Kinderklinik der Universität Mainz und Vorsitzender der Ständigen Impfkommission (STIKO). Sie entscheidet bekanntlich über Wohl und Wehe individueller Impfstoffe, sie legt die Zulassungen der Präparate fest, die von den Krankenkassen zu erstatten sind.

Eine plumpere Bestechung konnte es wohl kaum noch geben, selbst wenn die Summe noch vergleichsweise gering ausfiel. Aber das war wohl nur der Anfang, ein »Appetizer« gewissermaßen – oder vielleicht noch eher: eine nett formulierte Anfrage zur »Geschmacksrichtung«.

Die Zulassung des Präparats erfolgte bereits im März 2007. Und schon kurze Zeit darauf wurden Todesfälle bekannt, die sich unmittelbar nach einer Impfung ereignet hatten. Neben einigen Fachblättern traten damals recht bald sogar auch die etablierten Medien auf den Plan und kritisierten die enorm schnelle Zulassung und die mangelnden Detailkenntnisse um schwerwiegende Nebenwirkungen.

Professor Schmitt sah dies jedoch völlig anders. Der *Ärztezeitung* gegenüber erklärte er am 20. September 2007: »Wir verwenden die am besten wirksamen und sichersten Impfstoffe der Welt. Gerade dass der neue HPV-Impfstoff zur Prävention von Gebärmutterhalskrebs so rasch nach der Zulassung in den Impfkalender aufgenommen wurde und auch von den Krankenkassen bezahlt wird, ist ein gutes Zeichen! Wir bieten unserer Bevölkerung ein sehr umfangreiches Impfprogramm – und das ist eine Voraussetzung dafür, dass Gesundheit für alle bezahlbar bleibt.« Ja, bezahlbar – und wenn es mit dem Leben ist!

Aus den USA wurden in relativ kurzer Zeit 22 Todesfälle im Kontext mit dem HPV-Impfstoff bekannt. Als die Immunisierung in Texas sogar zur gesetzlichen Pflicht wurde, landete der engste Berater des dortigen Gouverneurs ohne große Umschweife beim betreffenden Hersteller. Eine ähnliche Karriere machte auch Professor Schmitt. Die »Geschmacksrichtung« hatte also gestimmt, auch wenn sie den Beigeschmack des Todes trug.

Und selbst wenn dies nicht der Fall gewesen wäre, stellen sich im Zusammenhang mit HPV und dem Zervix-Karzinom ebenso drängende Fragen wie hinsichtlich einer Anwendung des Impfstoffes selbst.

Der Probleme gibt es vielerlei. Die sexuell übertragbaren HP-Viren werden als Verursacher von Genitalwarzen und in späteren Jahren bei Frauen als Auslöser von Gebärmutterhalskrebs gesehen. Die Ansteckung mit den Viren erfolgt in der Tat häufig: Etwa sieben von zehn Frauen infizieren sich im Laufe ihres Lebens mit HPV. Allerdings heilen die Beschwerden nach allgemeiner Angabe *unbehandelt* bei rund 90 Prozent aller Betroffenen wieder aus. Außerdem konnte weder ein einwandfreier Zusammenhang zwischen HPV und Zervix-Karzinom nachgewiesen werden noch eine Effektivität der Impfstoffe.

Zur Wirksamkeit von Gardasil fanden mehrere placebokontrollierte, randomisierte und doppelblinde Studien statt. Hinter diesen Begriffen verbergen sich übliche Verfahren klinischer Medikamententests. Die

Placebokontrolle führt ein äußerlich identisches, allerdings wirkstoffloses Scheinmedikament in die Überprüfung mit ein. Dadurch werden Vergleichsmöglichkeiten mit einer Kontrollgruppe geschaffen. Weichen die Ergebnisse der Wirkstoffgruppe gegenüber den faktisch Unbehandelten ab, lässt dies entsprechende Rückschlüsse auf die Effektivität des neuen Medikaments zu. Die Randomisierung nutzt das Zufallsprinzip. Die Teilnehmer der Studie werden per Los einer der beiden Gruppen zugeordnet, dadurch werden bewusste Auswahleffekte durch die Ärzte vermieden. Doppelblind sind diese Studien dann, wenn weder der Arzt noch der Patient weiß, zu welcher Gruppe ein jeweiliger Teilnehmer zählt. Wenn eine Studie größer angelegt und gleich von mehreren Instituten und Kliniken durchgeführt wird, somit »multizentrisch« wird, gilt sie als besonders verlässlich. Solche Studien gelten als modernste und überzeugendste Form der Medikamentenüberprüfung.

Das klingt alles schon mächtig beeindruckend. Wie kann es sein, dass bei all dieser wissenschaftlichen Präzision noch entscheidende Fehler unterlaufen? Ganz einfach: Bei aller Wissenschaft bleiben immer wieder einige sehr wichtige, alles entscheidende Aspekte auf der Strecke. So auch beim HPV-Präparat. Denn im Zeitraum der Überprüfung ereignete sich weder in der Impfgruppe noch bei den unbehandelten Teilnehmern ein Fall von Zervix-Karzinom! Demnach also konnte auch die Wirksamkeit logischerweise nicht nachgewiesen werden. Überhaupt bleibt der HPV-Zervix-Kontext fragwürdig, da nur sehr wenige infizierte Frauen dieses Karzinom ausbilden.

Noch ein Problem: An den Studien nahmen nur relativ wenige Probanden teil. Über seltene Nebenwirkungen lässt sich also nichts aussagen. Im Falle von Gardasil kam noch hinzu, dass diversen Berichten zufolge ein Teil der Zulassungsstudien nie das Licht der Öffentlichkeit erblickte. Er wurde unter Verschluss gehalten. Warum nur? Von dem, was öffentlich vorliegt, rechtfertigt rein gar nichts die Verwendung dieses Impfstoffes. Und das, was bislang geheim gehalten wurde, dürfte wohl kaum von positivem Charakter geprägt sein.

Ganz ähnlich wie bei der in den USA durchgeführten Schweinegrippe-Massenimpfung im Jahr 1976 traten auch bei Gardasil zeitnah etliche Fälle des Guillain-Barré-Syndroms auf. Zufall? Wiederholt berichten die jungen Opfer der HPV-Impfaktion von deutlichen Nebenwirkungen in direkter Folge. Zufall? Nach Impfungen traten vereinzelt Todesfälle auf. Zufall?

Der Frage haben sich auch die US-amerikanischen *Centers for Disease Control* (CDC) angenommen. Die Ergebnisse sind auch auf deren Online-Seiten einsehbar. Dabei wirbt das CDC im Banner mit den Worten: »Ihre Online-Quelle für glaubwürdige Gesundheitsinformation«. Also dann!

Mit drei Systemen versucht das CDC nachzuprüfen, ob unerwünschte Nebenwirkungen im Zusammenhang mit Impfstoffen auftreten. Das *Vaccine Adverse Event Reporting System* (VAERS) ist dabei ein öffentliches »Frühwarnsystem« für negative Impfwirkungen. Geprüft wurden die Präparate Gardasil und Cervarix von GSK, das in Deutschland seit Ende 2007 als weiterer HPV-Impfstoff zugelassen ist. Die Ergebnisse lauten: Bis zum Mai 2010 wurden 29,5 Millionen Einheiten Gardasil in den USA verteilt. Bis zum selben Datum gingen 16 140 VAERS-Berichte zu Negativwirkungen ein, die einer Gardasil-Impfung innerhalb der Vereinigten Staaten folgten. 92 Prozent davon werden als nicht ernsthafte Erscheinungen beschrieben, acht Prozent als ernst zu nehmend. Gleich im nächsten Satz heißt es dann: »… basierend auf allen heute vorliegenden Informationen empfehlen die CDC eine HPV-Impfung zur Vorbeugung gegen die meisten Formen von Zervix-Karzinom. Sämtliche bei diesem Impfstoff entdeckten Probleme werden an Gesundheitsämter, medizinisches Personal und die Öffentlichkeit berichtet, nötige Maßnahmen werden unternommen, um die öffentliche Gesundheit und Sicherheit zu gewährleisten.« Hinsichtlich der festgestellten Fälle des Guillain-Barré-Syndroms (GBS) heißt es: »GBS ist eine seltene Erkrankung, die Muskelschwäche verursacht. Sie tritt bei ein bis zwei von 100 000 Menschen im Teenager-Alter auf. Eine Reihe von Infektionen kann GBS verursachen. Es gibt keine Indikationen, dass Gardasil die GBS-Häufigkeit bei Mädchen und Frauen über das in der allgemeinen Bevölkerung erwartete Level anhebt, ob nun eine Impfung erfolgte oder nicht.« Zu den mit Gardasil in Verbindung gebrachten Todesfällen heißt es dann schließlich: »Bis zum 31. Mai 2010 gab es 53 US-Berichte zu Todesfällen unter Frauen, die Gardasil erhalten haben. 29 dieser Berichte wurden bestätigt und 24 bleiben unbestätigt, dies aufgrund im betreffenden Bericht nicht identifizierbarer Patienteninformation wie Name und Kontaktinformationen. Bestätigte Berichte sind jene, deren Behauptungen von Wissenschaftlern untersucht und bestätigt wurden. In den 29 bestätigten Berichten gab es keine ungewöhnlichen Muster oder eine Anhäufung von Todesfällen, die nahelegen würden, dass sie durch den Impfstoff verursacht wurden.«

Seltsam nur, dass etliche Menschen unmittelbar nach der Impfung mit dem HPV-Wirkstoff ungewöhnliche Symptome entwickeln. Die Beschwerden decken ein breites Spektrum ab, reichen von Kopfschmerzen, Bluthochdruck und Gelenkschmerzen über Muskelzuckungen, Übelkeit und Schwindel bis hin zu Atemnot, ja schließlich Bewusstlosigkeit. Zahlreiche Jugendliche wie auch deren Eltern haben ihre »unvergessenen« Erfahrungen nach der Impfung beschrieben.

Aus Deutschland und Österreich wurden ebenfalls Todesfälle im engen zeitlichen Umfeld mit der Impfung bekannt. Wenige Monate nach der Zulassung des Präparats starb im Sommer 2007 ein 17-jähriges Mädchen. Völlig unerwartet, einen Tag nach der Impfung. Ebenso plötzlich verstarb dann im Oktober 2007 in Österreich eine 19-Jährige. Sie war drei Wochen zuvor geimpft worden. Weitere Fälle wurden bekannt. So starb im Juni 2009 eine 14-Jährige nur wiederum drei Tage nach einer HPV-Impfung. Als Symptome wurden Asthma, Unterversorgung des Gehirns mit Sauerstoff, Pupillenweitung, Kammerflimmern und, neben anderen, erschwerte Atmung und schließlich Herzstillstand beschrieben.

Todesfälle werden als Verdachtsfälle im Kontext mit den Impfungen in Instituts-Datenbanken festgehalten, so auch beim deutschen Paul-Ehrlich-Institut. Dessen Präsident erklärte allerdings: »Plötzliche ungeklärte Tode treten auch ohne Impfungen auf.« In ihrem Beitrag »Nach der Impfung verstorben« vom 29. Januar 2008 zitiert *Süddeutsche-Zeitung*-Autorin Christina Berndt den Mediziner Wolfgang Becker-Büser vom kritischen *Arznei-Telegramm*: »Mit dem Verweis auf den statistischen Zufall kann man jeden Verdacht auf Nebenwirkungen nivellieren. Wenn gesunde, junge Frauen sterben, muss man das in jedem Fall ernst nehmen.« Da der Impfstoff ohnehin nicht gegen alle HP-Viren immunisiere und generell auch kein hundertprozentiger Schutz bestehe, seien Sinn und Nutzen der Impfung fragwürdig. Man könne genauso gut auf sie verzichten. Der Arzt resümiert: »Und solange es alarmierende Nachrichten im Zusammenhang mit der Impfung gibt, auch wenn sie noch so vage sind, fällt die Bewertung für mich bis zum Beweis des Gegenteils negativ aus.«

Das alles hält aber Industrie wie Politik natürlich nicht von der so umfang- wie einfallsreichen Impfpropaganda ab. Begonnen hatte dies schon im Jahr 2006 mit dem ersten in England geimpften Mädchen, der 13-jährigen Holly Anderson aus London. Sie wurde zur »Gardasil-Ikone«. Im Mai 2010 kam dann der britische Gesundheitsdienst (*National Health Services*, NHS) auf einen ganz besonderen Kunstgriff, um die weiblichen Teenager buchstäblich »bestechen« zu können: Jedem Mädchen im Alter zwischen 16 und 18 Jahren wurde schlichtweg ein Einkaufsgutschein im Gegenwert von 50 US-Dollar versprochen! Das war doch mal ein Wort! Und die Finanzierung stellte auch kein größeres Problem dar, das ließ sich über Steuergelder regeln. Profitabel war die Impfung ohnehin, Politik und Hersteller legten schnell Einigkeit an den Tag. Pro Person belaufen sich die HPV-Impfkosten auf immerhin 624 Euro. Christina Berndt sprach von der »teuersten Impfung aller Zeiten«.

Die Geschäftsinteressen sollten bald durch Anpeilen einer neuen Zielgruppe gefördert werden. Denn auch Jungen würden deutlich von dem Präparat profitieren. Anfang Januar 2009 teilte der *Merck*-Konzern öffentlich mit, bei der US-Gesundheitsbehörde FDA eine Zulassung von Gardasil für Männer beantragt zu haben. Das Arzneimittel sollte auch hier gegen Genitalwarzen und andere Erkrankungen bei Jungen und jüngeren Männern im Alter zwischen neun und 26 Jahren zum Einsatz kommen, da seine Wirksamkeit durch entsprechende Studien festgestellt worden sei. Schon 2008 lagen die mit Gardasil erzielten Umsätze laut Einschätzung von *Merck* bei rund 1,6 Milliarden US-Dollar. Die erweiterte Zulassung würde wahrhaft »mercklliche« Steigerungen bringen. Das *H. Lee Moffitt Cancer Center & Research Institute,* ein führendes amerikanisches Krebsforschungszentrum, das vorwiegend aus Einnahmen durch die US-Zigarettensteuer finanziert wurde, bestätigte zudem, dass eine Gardasil-Impfung auch bei männlichen Jugendlichen ebenfalls gegen einige, später vereinzelt auftretende Krebsformen vorbeuge.

Hier in Deutschland wurde Gardasil, wie bereits erwähnt, im März 2007 von der STIKO zugelassen, obwohl noch so gut wie nichts über das Präparat bekannt war, nicht einmal Studien zur »Wirksamkeit«

lagen vor. Doch das war egal, denn Prävention war gefragt, und die Antwort war klar: impfen, was das Zeug hält! Die HPV-Gefahr wurde hochgehalten, die zwölf- bis 17-jährigen Mädchen sollten davor geschützt werden, wenn auch mit fragwürdigem *Geschütz*. Die Industrie durfte sich wieder einmal die Hände reiben, denn pro geimpftem Jahrgang flossen rund eine halbe Milliarde Euro.

Die Initiative Unbestechlicher Ärztinnen und Ärzte, die unter dem Motto MEZIS – »Mein Essen Zahl Ich Selbst« – aktiv ist, bedauerte 2009 in ihrem Nachrichtenblatt, dass die Impfdiskussion im Grunde nicht öffentlicher geführt werden könne, da jede Kritik sofort als »Impfgegnerschaft« gebrandmarkt werde, die Menschen aber genau durch eine derartige Impfpolitik in die Impfgegnerschaft getrieben worden seien. An der Situation werde sich nicht viel ändern, zumindest, solange so viele Gruppen an den Impfungen verdienen. Seien es die Pharmaindustrie und der Pharmahandel, sei es die Ärzteschaft durch »extrabudgetäres Geld«, sei es der Staat durch die Mehrwertsteuer.

Der Druck, der auf die Bevölkerung ausgeübt wird, ist dabei enorm.

Es überschreitet schon die Grenze zum Zynismus, wenn seit dem 1. Januar 2008 im hessischen Kinderschutzgesetz verankert ist, Kindern die Aufnahme in eine Gemeinschaftseinrichtung zu verweigern, wenn sie nicht komplett nach STIKO-Maßgabe geimpft worden sind!

In Großbritannien müssen seit August 2010 wie gesagt nicht einmal mehr die Eltern um Erlaubnis zur Impfung gebeten werden, medizinisches Personal darf einfach und unkompliziert zur Spritze greifen, egal, was dann geschieht.

Abgesehen von der Gefahr schwerer, sogar tödlicher Nebenwirkungen sehen Kritiker auch noch andere negative Folgen der Impfaktion. Die geimpften Teenager könnten bei sexuellen Kontakten oftmals dem Trugschluss völliger Sicherheit erliegen, ohne noch in irgendeiner Weise zu differenzieren, worauf die – ohnehin mehr als fragwürdige Impfung – abzielt. Manche verweisen auch darauf, die Jugendlichen könnten unter Umständen eher auf nötige Vorsorgeuntersuchungen verzichten.

Natürlich sahen seit dem Sommer 2010 vor allem Eltern und Familienrechtler in Großbritannien dringenden Handlungsbedarf, nachdem die elterliche Einwilligung plötzlich nicht mehr erforderlich war. Norman Wells vom britischen *Family Education Trust* kleidet die Befürchtungen in eindeutige Worte: »Den Mädchen diese Impfung ohne Einverständnis der Eltern zu verabreichen ist unethisch und ein Katastrophenrezept!« Besonders bedenklich, wenn das Impfrisiko weit höher angesiedelt ist als die angeblich bekämpfte Gefahr. Im Zweifelsfalle für den Angeklagten – das gilt hier nicht! Es geht nicht darum, zunächst die Gefährlichkeit des Präparats nachzuweisen, hier genügt der Verdacht, um entsprechend zu handeln! Somit darf die Ratio nur lauten: Solange nicht definitiv nachgewiesen werden kann, dass keine der kurz nach den Impfungen aufgetretenen Erkrankungen durch das Medikament ausgelöst wurden, kann niemals von »Unbedenklichkeit« oder »Sicherheit« die Rede sein. Demnach darf auch nicht geimpft oder »behandelt« werden. Aber genau das ist immer wieder der Fall, bei Gardasil ebenso wie bei vielen anderen Segensbringern der mordenden, pardon, der modernen Chemieindustrie!

Die Bestechung geht weiter: Ärzte in den Fängen der Pharmaindustrie

Der September 2010 brachte neue Überraschungen hinsichtlich eines ernst zu nehmenden und brisanten Themas der Medizin – der Bestechlichkeit von Ärzten. In jenen Tagen sorgte eine umfangreiche US-amerikanische Studie für einiges Aufsehen und natürlich auch für manche Kontroverse im In- und Ausland. Den Ergebnissen zufolge werden renommierte Mediziner regelmäßig dafür geschmiert, in Fachartikeln positiv über Pharmaprodukte zu schreiben. Sind Ärzte wirklich bestechlich? Nun, man könnte unmittelbar entgegnen: Jeder ist bestechlich, es kommt nur auf die gebotene Summe an. Doch so einfach wollten es sich die Verfasser der US-Studie nicht machen. Sie haben recherchiert, und sie sind fündig geworden.

Die Verfasser, das sind in diesem Falle immerhin Forscher am New Yorker Institut für Medizin als Profession, kurz IMAP! Eine andere, bestätigende Arbeit erschien in einem anerkannten Fachblatt, dem *Journal of the Medical Association*.

Die IMAP-Autoren sind zur Begründung ihrer weitreichenden Vorwürfe einen neuen, bislang nie beschrittenen Weg gegangen. Denn sie mussten ja zunächst einmal die Beziehungen zwischen den Ärzten und der Industrie aufdecken und überprüfen; sie mussten herausfinden, wer hier wem welche Summen bezahlt hatte und warum. Hierbei kamen ihnen sogar öffentlich zugängliche Datenbanken zu Hilfe. In diesen riesigen Beständen werden Zahlungen an die fachlichen Berater aufgelistet. Anschließend hatten sich die Forscher der Mühe unterzogen, die Publikationstätigkeit der betreffenden Mediziner zu überprüfen. Sie wollten wissen, welche Fachartikel von diesen Ärzten veröffentlicht worden waren und was darin zu lesen war. Nach dieser immensen Arbeit lagen klare Fakten auf dem Tisch. Zumeist renommierte Mediziner, die auf ihrem Fachgebiet keine Unbekannten sind, äußerten sich wiederholt lobend und mit empfehlenden Worten über medizinische Präparate sowie auch Apparaturen. Es waren dieselben Mediziner, die zuvor von den jeweiligen Herstellern fürstlich für ihre »Beratungstätigkeit« entlohnt worden waren. In der Regel war davon dann aber in den Fachbeiträgen keine Rede, die großzügigen Zuwendungen wurden verschwiegen. Damit, und das ist ein entscheidendes Ergebnis der Studie, tun sich in den Fachjournalen deutliche Lücken hinsichtlich der Beziehung zwischen Arzt und Industrie auf. Definitiv ein Missstand, letztlich vor allem zuungunsten des Patienten. Denn sofort stellt sich die Frage, ob eine ihm angepriesene Prothese nur deshalb die vermeintlich beste für ihn sei, weil der behandelnde Arzt für seine Empfehlung gutes Geld vom Hersteller erhält.

So kann es nicht gehen! Daher beklagen die Autoren der IMAP-Studie auch die mangelnde Transparenz und jene klaffende Informationslücke hinsichtlich solcher entscheidender Beziehungen. Insgesamt haben die Forscher die verfügbaren Datenbanken von fünf großen Unternehmen eingehend geprüft – *Biomet*, *DePuy Orthopedics*, *Stryker*, *Zimmer* sowie schließlich noch *Smith & Nephew*, nicht zu verwechseln mit einem ähnlich klingenden US-Waffenhersteller! Jede vierte in Deutschland implantierte Knie- oder Hüft-Endoprothese stammt übrigens von *Smith & Nephew*, dem Waffenschmied fürs Hüftgelenk!

Natürlich wirft die Studie ein völlig neues Licht auf die Mechanismen, mit denen solche Produkte den »Endverbraucher« erreichen, und mancher Patient wird sich im Nachhinein fragen: »Wenn hier Geld im

Spiel war, wenn hier Ärzte geschmiert wurden, bin ich dann auch optimal versorgt worden? Ist das, was mir jetzt implantiert wurde, wirklich die bestmögliche Lösung für mich, oder bin ich nur Teil einer rein geschäftlichen Kalkulation?«

Diese Frage ist durchaus berechtigt. Die Herausgeber der Fachjournale verließen sich offenbar schlichtweg blind auf die Ehrbarkeit ihrer medizinischen Autoren, Überprüfungen jedenfalls fanden keine statt. Wo die Grenze zwischen Blindheit, Blauäugigkeit und dezentem Wegsehen zu ziehen ist, bleibt eine andere Frage. Jedenfalls wurde klar, dass die Industrie zum puren Selbstzweck qualifizierte (Plauder-)Taschen füllte, solange sie nur jene innige Beziehung zu den Geldgebern geheim hielten. Einige »beratende« Fachautoren strichen Summen von über einer Million Dollar ein, Spitzenwerte lagen bei 8,8 Millionen. Spätestens hier wirkt das globale Schmiermittel auch bei den zähesten Fällen erweichend.

Die New Yorker Forscher beziehen sich auf die Datengrundlage von 2007 und konnten insgesamt 1654 Zahlungen feststellen, die als Beratungshonorare oder andere Formen der Vergütung deklariert worden waren. Der Geldsegen summierte sich auf 248 Millionen Dollar und sorgte doch für einige fröhliche Gesichter unter den Empfängern. Doch ganz unbefleckt war diese Empfängnis gewiss nicht.

Konzentriert hatten sich die Rechercheure von IMAP auf orthopädische Chirurgen. Allerdings zeichnen die Autoren auch für andere medizinische Fachbereiche ein ähnlich düsteres Bild. Eine Umfrage im *Journal of the Medical Association* bestätigt zudem auf ein Neues die altbekannte Tatsache, dass zumindest einige Ärzte – selbstverständlich bei Weitem nicht alle – diversen Geschenken nicht abgeneigt sind und dafür gern auch freundlich zu ihren Gönnern sind. Demnach lassen sich mehr und mehr Ärzte »ab und an« einmal etwas von der Pharmaindustrie spendieren. Das geht vom Füllfederhalter bis zur luxuriösen Konferenzreise an die beliebtesten Urlaubsziele der Welt. Der Witz ist, dass manchmal eben schon der elegante Füllfederhalter oder die praktische Kaffeetasse genügt, um einen netten Menschen für sich einzunehmen. Und auch Ärzte sind bekanntlich nur Menschen. Gerade die angenehmeren Zeitgenossen fühlen sich dann doch schnell einmal verpflichtet, sich für eine zuvorkommende Geste auch ihrerseits erkenntlich zu zeigen. Nur ist das eben nicht immer gut und richtig.

Ein feines »Arbeitsessen« kann gleichfalls Wunder wirken, eher als jeder der angepriesenen Wirkstoffe! Warum soll man sich nicht einmal etwas Gutes tun lassen?

Immerhin war ja auch die medizinische Ausbildung besonders anstrengend und zeitintensiv. Auf ihrem Weg haben es angehende Ärzte wahrlich nicht leicht. Wer hier ins Berufsleben einsteigt, darf sich oft mit sehr kurzen Nächten begnügen, wird schlecht bezahlt und legt manchmal sogar noch selbst drauf. Sollte man da später allzu zimperlich sein, wenn – gewissermaßen zum Ausgleich – die Pharma-industrie einen netten Referenten vorbeischickt, der sich auch mal freundlich um den Arzt kümmert?

Sehr interessant: Bei der aktuellen US-Umfrage kam es auf die Reihenfolge der Fragen an. Wurde zuerst um eine Beurteilung gebeten, was denn von den Zuwendungen der Arzneimittelhersteller zu halten sei, erwiderte nur jeder fünfte Kandidat, dies sei durchaus akzeptabel. Wenn aber zuerst die mageren und schwierigen Lehrjahre ins Feld geführt wurden und dann die Frage nach den Zuwendungen folgte, akzeptierte doch jeder Zweite diesen »Ausgleich«.

Noch fehlt in Deutschland eine entsprechende Untersuchung. Doch fachkundige Beobachter sehen hier eine sehr ähnliche Situation, auch unter den ohnehin gut verdienenden Ärzten.

Allerdings gibt es auch genügend Ärzte, die sich nicht für Profit-zwecke von Pharmaindustrie & Co. missbrauchen lassen wollen. Sie schließen sich zu Interessengemeinschaften zusammen und lehnen Besuche von Pharmareferenten in ihren Praxen strikt ab.

In Deutschland ist es die schon erwähnte, sehr engagierte Initiative unbestechlicher Ärztinnen und Ärzte, die unter dem klaren Motto »Mein Essen Zahl Ich Selbst« (kurz: MEZIS) wirkt. Diese Gruppe publiziert vorbildliche, weil unabhängige und kritische Beiträge zu zahlreichen wesentlichen Themen der Medizin. Auch hinsichtlich der Schweinegrippepanik oder fragwürdiger onkologischer Therapien neh-men die Fachleute hier kein Blatt vor den Mund.

MEZIS warnt auch vor der deutlichen Kommerzialisierung der Medizin. Die Warnung wurde in einem entsprechenden Beitrag sehr deutlich: »Wenn Patienten zu Kunden werden, sind ÄrztInnen VerkäuferInnen, und die Praxis wird zum Ramschladen.« So kritisiert MEZIS auch die um sich greifende Animierung von Selbstzahlerleistungen, den »Individuellen Gesundheitsergänzungsleistungen« (IGeL). Diese IGeLs erweisen sich dabei demnach oftmals als so unnütz, dass das ohnehin schon lange Wort durchaus noch länger werden dürfte: »Gesundheitsergänzungs**fehl**leistungen«! Stimmt das wirklich?

Von den IGeLs gibt es laut MEZIS viele hundert, und die größte Zahl sei ohne jeden nachgewiesenen Nutzen, allen voran die Augeninnendruckmessung. In allen Fällen sollte sich der Arzt darüber klar werden, ob bei seinen Empfehlungen eher der eigene Verdienst die entscheidende Rolle spielt oder wirklich der mit dem jeweiligen Verfahren verbundene Nutzen für den Patienten. Hier scheiden sich die Geister oft. Aber es ist ein wahrer Lichtblick, dass es Initiativen wie MEZIS gibt!

Natürlich wehren sich Ärzte gegen die Vorwürfe von Bestechlichkeit und Betrug, wobei dies ohnehin zwei verschiedene Paar Stiefel sind. Doch beide sind schmutzig, und das wollen sich manche Repräsentanten der weißen, sauberen Welt nicht gern anhängen lassen. Hier wie überall sind es natürlich die Schwarzen Schafe, die eine ganze Berufsgruppe in Misskredit bringen. Und darunter leiden besonders diejenigen, die sich wahrlich nichts zuschulden kommen lassen und stets aufrichtig um das Wohl ihrer Patienten bemüht sind.

Nur haben die IMAP-Studie wie auch die Umfrage durch das Journal der US-amerikanischen Ärztevereinigung doch gezeigt, dass ein nicht zu vernachlässigender Anteil dieser Berufsgruppe durchaus gewillt ist, sich für kleine, teils aber auch sehr große Geschenke vor den Karren der Industrie spannen zu lassen. Das muss aufgedeckt und klargestellt werden.

Nachdem ich einen entsprechenden Beitrag in dem auf wöchentlicher Basis erscheinenden Printmedium *KOPP Exklusiv* publiziert hatte, gab es natürlich auch Gegenwind vonseiten der Ärzteschaft. Ein Facharzt für Augenheilkunde warf mir vor, in meinem Artikel Dinge zu vermengen, die miteinander nichts zu tun hätten. Er könne zwar nicht beurteilen, ob amerikanische Ärzte bestechlich seien, doch in Deutschland seien solche Vorkommnisse Seltenheiten. Gesetzliche Krankenkassen würden »große Betrugsskandale« in die Medien bringen, sobald Honorarverhandlungen bevorstünden. Damit solle den Ärzten die öffentliche Zuneigung entzogen werden. Der Facharzt stellte mir die rhetorische Frage: »Was kam bei den großen Herzklappenbetrugsskandalen heraus?« und antwortete, wie es sich für eine rhetorische Frage gehört, sogleich selbst: »Einzelfälle«, um zu ergänzen, dass Betrug in der Kassenpatientenversorgung »schlicht unmöglich« sei. Er wollte mich sogar ins Abrechnungswesen der Kassenärzte einführen, um mir aufzuzeigen, dass alles budgetiert, pauschaliert und rationiert ist. Mir tat dieser Facharzt nun wirklich fast schon leid, da seine Zeilen absolut aufrichtig erschienen. Er war in Rage geraten, weil für ihn derlei betrügerische Machenschaften so weit jenseits seines Berufsethos zu stehen schienen, dass er sich persönlich angegriffen fühlte, was ich durchaus nachvollziehen kann. Allerdings schoss dabei seine Argumentation für meine Begriffe deutlich übers Ziel hinaus, denn nun warf er mir unsaubere journalistische Arbeit vor, meine Darstellung sei »schlicht falsch«. Dabei übersah er vollends, dass ich mich auf eine aktuelle Studie US-amerikanischer Forscher bezog, für die ich wohl kaum verantwortlich zeichnen konnte. Vor allem fokussierte ich meinen Beitrag auf Bestechung, nicht auf Betrug, und auch dies sind, wie gesagt, unterschiedliche Paar Stiefel. Abschließend tat ich es diesem Buchkapitel gleich und erwähnte noch die MEZIS-Initiative, immerhin von Fachleuten ins Leben gerufen, wobei es um die allgemeine Kommerzialisierung der Medizin ging. Dies gänzlich ohne Vermengung von Fakten und Begrifflichkeiten, schön klar und sauber getrennt.

Dem Augenarzt zufolge aber vermischte ich Betrugsvorwürfe mit überflüssigen Individuellen Gesundheitsleistungen. Dabei ging es natürlich vor allem um die angesprochene Prüfung des Augeninnendruckes. Dass ich mich allerdings auf MEZIS berief und im Konjunktiv formulierte, ging bei diesem Angriff vollends unter. Hingegen fragte mich der aufgebrachte Arzt nunmehr fast schon beschwörend in wiederholter direkter Anrede, ob ich denn die Verantwortung übernehmen wolle, sofern ein Leser durch *meine* (sic!) »Falschinformation« erblinde, weil er Geld »sparte«! Das war wohl gegenüber einem Nichtmediziner doch etwas zu hoch gegriffen. Als Autor und Wissenschaftsjournalist muss ich mich auf die Aussagen von Fachleuten beziehen und berufen dürfen, wobei auch hier klarerweise deutliche Meinungsunterschiede auftreten können. Das ist selbst in den exakten Wissenschaften immer wieder auch bei Grundsatzfragen der Fall.

Jedenfalls war es sicherlich keine unsaubere journalistische Vorgehensweise, Fachmeinungen konjunktivisch wiederzugeben. Aus der Sicht
und Darstellung des Augenarztes heraus enthalten die Krankenkassen
die Augendruckmessung vor, ebenso wie alle anderen Augenvorsorge-
untersuchungen. Diese Rationierungs- und Zweiklassenmedizin durch
gierige Krankenkassen sei der eigentliche Skandal in Deutschland. So
der Facharzt. Und alles spricht dafür, dass er mit diesem Vorwurf an die
Krankenkassen durchaus recht hat. Nur, hier geht es bereits wieder um
ein anderes Thema. Die Notwendigkeit jener IGeL einer Augeninnendruckmessung wird allerdings auch von Fachleuten angezweifelt. Sind
das dann die kassenhörigen Mediziner? Wurden sie von den Kassen
geschmiert? Aber im Ernst: Eigentlich ging es generell um die Bestechlichkeit der Ärzte, und von ihr driftete das Schreiben an mich letztlich
vollends ab. Ich für meinen Teil erwähne diesen Brief aus zwei Gründen so ausführlich. Der erste Grund ist ein exemplarischer, denn kein
in größerem Umfang publizierter Text kann natürlich auf das Wohl-
wollen seiner kompletten Leserschaft hoffen, hier treten schnell Interessenkonflikte und sogar Geschmacksfragen hinsichtlich von Fakten
zutage, was natürlich höchstens den Prozess der Wahrheitsfindung
beeinflusst, nicht aber die Wahrheit per se. Nur ist es natürlich ohnehin eine altbekannte Tatsache, dass schon immer der Überbringer
einer schlechten Botschaft eins »auf den Deckel« bekam, ob er nun
etwas dafürkonnte oder nicht. Und wann konnte er schon? Bei den
Autoren, selbst wenn sie nur Meinungen und Ergebnisse *zitieren*, ist es
oftmals nicht viel anders. Doch darum soll es hier nicht vorrangig
gehen, das darf auch Teil der Diskussion sein, wenn sie sinnvoll,
nützlich und nicht zuletzt gepflegt ist. Der zweite Grund aber, jenes
Schreiben ausführlicher anzusprechen, ist schlicht derjenige, der Gerechtigkeit beiderseits genüge zu leisten und die Bedenken eines Augenarztes zu einem in jedem Fall wichtigen Thema nicht auszusparen.
Was aber dennoch bleibt, ist die Frage nach der Bestechlichkeit mancher Ärzte, vor allem: ob dies auch hierzulande geschieht. Ist so etwas
bei uns wirklich unmöglich? Hierzu nur so viel:
     Der deutsche Medizinjournalist Hans Weiss hatte sich nach einer
Vorarbeit von zwei Jahren in Wallraff-Tradition eine Identität als
vermeintlicher Pharmaberater aufgebaut, um Zugang zu den einge-
weihten Kreisen zu erhalten und die der Öffentlichkeit weitgehend

verborgenen Funktionen und Wechselbeziehungen im Ärzte-Industrie-Gespinst aufzudecken. Das Resümee seines 2008 erschienenen Buches lautet: »Die Pharmaindustrie kontrolliert unser Gesundheitswesen in unvorstellbarem Ausmaß – nicht ohne aktive Mithilfe von Ärzten, die sich von den Konzernen lukrativ entlohnen lassen.« Dieses Buch nennt auch Namen von bekannten Ärzten, die auf der Zahlungsliste der großen Konzerne stehen. Weiss kontaktierte prominente Ärzte, um ihnen – als vorgeblicher Repräsentant von Pharmaunternehmen – hohe Honorare anzubieten, damit sie beschleunigte Medikamententests durchführten. Das Interesse an solchen Angeboten war in der Regel groß. Dass Bestechung auch bei deutschen Ärzten vorkommt, räumte selbst Andreas Köhler, Vorsitzender der Kassenärztlichen Bundesvereinigung, im September 2009 völlig deutlich ein, denn die gebe es unter anderem auch in Gestalt von »Motivationsprämie, Fangprämie, Kopfpauschale«.

Abb. 55: Der Journalist Hans Weiss mit seinem Buch Korrupte Medizin *baute sich eine glaubwürdige Identität als Pharmaberater auf, um hinter die Kulissen der Konzerne blicken zu können.*

Im Dezember 2010 wurde dann bekannt, ein deutscher Medizinprofessor habe wohl eine angeblich größer angelegte Medikamentenstudie gefälscht. In diesem Falle ging es um Tests zu zwei Herzmedikamenten. Später wurde eine Expertenkommission eingesetzt, um die

Angaben des seinerzeitigen Chefanästhesisten der Ludwigshafener Klinik zu überprüfen. Die Daten seien demnach komplett gefälscht worden. Sogar Unterschriften von Co-Autoren der Studie sowie von Patienten seien gefälscht worden. Ein Fall dieser Art galt zu dem Zeitpunkt als hierzulande einmalig. Nein, so ganz ohne geht es eben auch in Deutschland nicht!

Neues aus der Krebsmedizin

Die Tendenz der Krebserkrankungen ist steigend – erstaunlicherweise, wo doch die Schulmedizin ihre Methoden bereits seit Jahrzehnten zu absoluten Standards erhoben hat. Kann das angehen, wenn die Erfolge ausbleiben? Bestimmt nicht. Normalerweise hätten »Chemo & Co.« einen Triumph nach dem anderen feiern müssen, um weiterhin mit buchstäblich tödlicher Selbstsicherheit als einzig wirksame Konzepte angepriesen werden zu können. Doch nichts bestätigt dies. Der Siegeszug liegt aufseiten der Pharmaindustrie und ihrer enormen Profite. Es ist das altbekannte Geschäft mit der Krankheit. Wäre die Welt geheilt, so wäre dies der Tod der großen Industrie. Und einer ihrer besten Ernährer ist die Geißel der Menschheit, der Krebs. Würden die Geschäftemacher ihn bändigen, schnürten sie sich selbst die Nährstoffversorgung ab, und die gigantischen Geldsummen, die nur so in der Krebsindustrie sprudeln, müssten schnell jämmerlich versiegen. Die Devise lautet daher weiterhin: siegen statt versiegen, und das gilt weniger hinsichtlich des Krebses als hinsichtlich des Profits – also werden die fragwürdigsten, wenn auch teuersten Methoden zum Allerheiligsten erhoben, während effektivere Therapien sehr stille Revolutionen feiern.

In der schul(d)medizinischen Forschung herrscht keineswegs Stillstand. Ständig ist von neuen Verfahren und Studien die Rede, erfolgversprechenden und sehr gezielten Methoden, zum Zwecke, jene schwere Krankheit in den Griff zu bekommen, je früher, desto besser natürlich. Die vielen Wege nach Rom führen allerdings oft in eine Sackgasse, erweisen sich als Scheinerfolge oder aber Ansätze, die bestenfalls erst in einigen Jahren zur praktischen Anwendung kommen. Mit teils fragwürdigem Ausgang.

In der Diagnostik hat sich mehr getan als in der Therapie, die auf schul(d)medizinischer Seite immer noch weitgehend auf den althergebrachten Prinzipien beruht, wobei manchmal einfach nur die Dosis erhöht wird. Die brutale Hochdosis-Chemo führt den Körper dann so richtig in den Abgrund, doch angeblich hilft das gegen den Krebs. Wahrscheinlich stimmt das sogar, denn der Krebs stirbt spätestens mit dem Tod des Patienten!

Die Hochdosis-»Therapie« beruft sich sogar heute noch immer wieder auf die südafrikanische Bezwoda-Studie, doch wie sich herausstellte, beruhten die dort angegebenen positiven Effekte des Verfahrens lediglich auf betrügerischen Informationen! Wenn es nun um die Diagnose geht, dann haben die diversen bildgebenden Nachweisverfahren konsequenterweise in den vergangenen Jahren sehr deutliche Fortschritte gemacht. Allerdings kann eine Früherkennung auch zu früh stattfinden oder fehlerhafte Deutungen beinhalten. So wurden

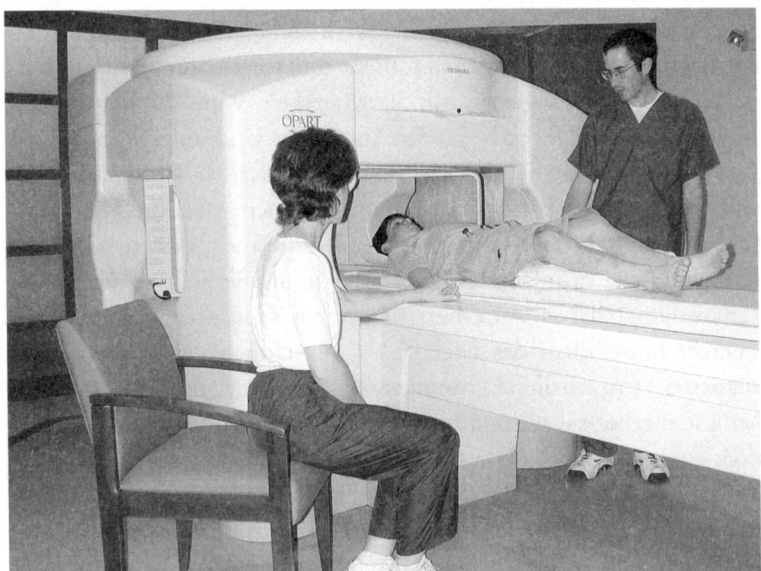

Abb. 56: Moderne Diagnosetechnik kann bei Krebsfrüherkennung viel bewirken. Doch kann sie auch zu empfindlich sein und etwas finden, das gar nicht vorhanden ist.

dann Brüste amputiert oder Lungenlappen entfernt, obwohl die Betroffenen – wie sich später herausstellte – gar nicht an Krebs erkrankt waren. Schwarze Schafe der Medizin favorisieren mitunter chirurgische Eingriffe, um ihre Statistik schnellstmöglich aufzubessern, denn nur so ist der Weg zum Facharzt geebnet.

Abgesehen von onkologischen »Nebenwirkungen« dieser besonderen Art dürfte auch ein kritischer Blick auf die Forschung durchaus nötig sein. Denn der Forschungszwang ist enorm, jeder steht unter Druck, muss liefern. Ergebnisse. Doch nicht immer sind die eben da: Also wird nachgeholfen, damit publiziert werden kann. Und es wird publiziert, auf Teufel komm raus! Oftmals wird hier Forschung aus dem Nichts geschaffen, wertlose Studien werden zu Sensationen hochstilisiert. Auch in der Medizin tut sich eine »vakuöse« Blase auf, ein wucherndes Gebilde der Forschung nur um der Forschung und um des Geschäftes willen, nicht mehr zum Zwecke weiterführender, neuer Resultate.

Vor diesem Hintergrund muss auch die Krebsmedizin gesehen werden. Skepsis ist angebracht bei den neuen Verfahren und Methoden. Noch einmal zum Stichwort Früherkennung. Was bringt uns eine supergenaue Diagnose? Anfang 2010 wurde eine Neuentwicklung von Wissenschaftlern der amerikanischen *Yale*-Universität bekannt, ein Gerät von der Größe eines Taschenbuchs, das es allerdings wirklich in sich haben soll. Denn dieser kleine Apparat sei in der Lage, eine Reihe von Krebsarten innerhalb von nur 20 Minuten zu diagnostizieren, und zwar mit sehr hoher Genauigkeit. Winzige Proben an Körperflüssigkeit genügen, um die nötigen Informationen zu erhalten. Dabei wird Nanotechnologie eingesetzt, sowohl bei der Diagnose als auch zur Therapie. Laut Darstellung der *Yale*-Wissenschaftler könne das Gerät ein Salzkorn in einem Swimmingpool aufspüren.

Wie weit aber soll und darf die Genauigkeit gehen? Gibt es vielleicht einen Punkt, ab dem sie keinen Sinn mehr ergibt? Würden Onkologen unseren Körper mit beliebiger Präzision auf Krebs sondieren können, so würden sie bekanntlich stets fündig. Denn wir tragen zu jeder Zeit entsprechend veränderte Zellen in uns, mutierte Strukturen, die allerdings von einer normal funktionierenden Körperabwehr identifiziert und unschädlich gemacht werden. Nun wäre es fatal, jeden sofort einer Krebstherapie zu unterziehen, weil die Diagnose-

technologie überreagiert! Fraglich ist auch der Einsatz der Nanotechnologie in der Therapie. Ein neues Konzept sieht vor, diese winzigen, spezifisch konzipierten Partikeln direkt in den Tumor einzusprit-
zen. Genauer gesagt sollen hier *magnetische* Nanopartikel verwendet
werden, bestehend aus zahlreichen Eisenoxidkernen und eingehüllt in
Aminosilan, eine Siliziumverbindung. Sobald sie dann im Tumor
angekommen sind, kann das Zerstörungswerk beginnen, per externem
Magnetfeld. Die Teilchen werden über ein hochfrequentes, 100 000
Mal pro Sekunde umpolendes Feld in starke Schwingungen versetzt.
Bewegung aber ist Wärme, und sie ist vor allem für Krebszellen
schädlich. Daher auch die Methode, den Körper an die Grenzen der
individuellen Erträglichkeit zu erwärmen, um einen Tumor mittels
Hyperthermie zu bekämpfen. Die magnetischen Nanopartikel sollen
durch das von außen einwirkende Magnetfeld auf bis zu 70 Grad
Celsius erhitzt werden, was zur Denaturierung der Eiweiße und Zerstörung der infiltrierten Zelle führt. Die umliegenden gesunden Zellen
bleiben der Theorie zufolge verschont, da sie keine Nanoteilchen
enthalten und somit auch nicht magnetisch erhitzt werden können.
Das klingt nach einem sinnvollen Ansatz. Lassen sich bösartige Ge-
schwülste auf diesem Weg tatsächlich »wegschmelzen«?

Was nach einer Wunderwaffe klingt, kennt allerdings auch einige
deutliche Nachteile und Unwägbarkeiten. Erstens ist nicht ausreichend genau bekannt, welche Auswirkungen Nanopartikel verschiedener Art in unserem Körper noch haben können, ebenso wenig weiß
man, welche Folgen mit den hochfrequenten Schwingungen verbunden sein könnten. Hinzu kommt, dass die Tumorzellen in der Praxis
wohl kaum alle von den Partikeln und von den Magnetfeldern erfasst
werden dürften. Wenn aber maligne Zellen übrig bleiben, so bleiben
auch Nester für neue Wucherungen bestehen. Also keine Garantie auf
Heilung. Und noch etwas: Die direkte Injektion in einen Tumor stellt
stets ein riskantes Unterfangen dar. Die Zellverbände werden zerrissen,
einzelne Zellen lösen sich aus dem Gefüge und werden zu gefährlichen
Botschaftern im Blutstrom. Wenn dann metallische Partikel noch
zwischen ihnen umherschwirren und -schwingen, dann steigt mit der
Temperatur auch die Gefahr einer Streuung der entarteten, der bösartigen Zellen. Schon Julius Hackethal warnte davor, einen möglicherweise permanent schlummernden »Haustier-Krebs« gleichsam zu we-

cken und daraus einen erst wirklich bedrohlichen »Raubtier-Krebs«
werden zu lassen, der Metastasen bildet und schließlich den gesamten
Körper befällt.

Aber was tun? Bei der »altbewährten« Chemotherapie bleiben?
Gewiss nicht! Abgesehen von der erschreckend niedrigen Erfolgsquote
dieses »Heilverfahrens« konnten außer den bekannten Nebenwirkungen noch weitere schädigende Eigenschaften der chemischen Keulen
nachgewiesen werden. Anfang Oktober 2010 wurde bekannt, dass
Chemotherapie das Gehirngewebe angreift. Man hörte insgesamt nicht
allzu viel von jener an sich doch bedeutsamen Erkenntnis. Immerhin
drang durch, dass es US-Forschern gelungen sei, nun erstmals Bildbeweise von entsprechenden Veränderungen zu liefern. Ein wissen-

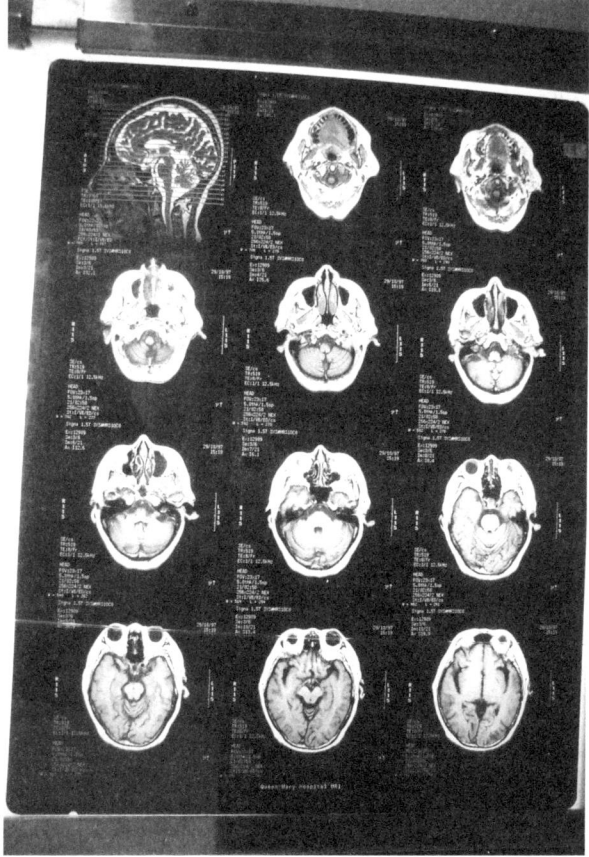

Abb. 57: Wissenschaftler haben im Oktober 2010 erstmals Bildbeweise dafür geliefert, dass eine Chemotherapie das Gehirngewebe angreift.

schaftlich untermauerter Skandal! Wie sich herausstellte, treten Schädigungen der Grauen Substanz unseres Gehirns auf. Das sind bekanntlich jene Bereiche in unserem »Denk-Blumenkohl«, die aus Nervenzellkörpern bestehen und im medizinischen Präparat eine graue Kolorierung annehmen, während sie im lebenden Organismus rosa getönt sind. Die graue Substanz befindet sich in verschiedenen Bereichen, vorwiegend in den Außenregionen und somit der Hirnrinde. Hier besteht verschiedenen Untersuchungen zufolge auch ein Zusammenhang zwischen dem Volumen der Grauen Substanz und der Intelligenz einer Person. Den Grad dieser Korrelation einmal außen vor gelassen. konnte anhand von MRI-Aufnahmen im Jahr 2010 nachgewiesen werden, dass die chemotherapeutische Radikalbehandlung sichtbare Veränderungen in der Grauen Substanz hervorruft. Sie gehen einher mit Konzentrationsschwächen, Bewusstseins- und Wahrnehmungsstörungen sowie einer allgemeinen Beeinträchtigung des Gedächtnisses. Man spricht hier kurz und wenig schön von »Chemo-Brain«, den Auswirkungen einer solchen Behandlung auf das Gehirn.

Ungewöhnlich genug, dass hier wissenschaftliche Institutionen, nämlich die *Indiana University Melvin* sowie das *Bren Simon Cancer Center*, gegen den Strom schwimmen und es wagen, auf bislang angezweifelte Nebenwirkungen der allgemein geheiligten Chemotherapie hinzuweisen. Mehr noch, sogar Bildbeweise hierfür vorzulegen. Die Wirkungen der Chemo gehen dieser Studie zufolge sogar so weit, dass einige der Betroffenen ihren Beruf nicht mehr ausüben konnten – und zwar nicht wegen der Folgen ihrer Erkrankung, sondern wegen der Folgen jener Therapie.

Hier hilft nur der Versuch einer Schadensbegrenzung durch das »Establishment«. Da wird dann gerne abgewiegelt und beschönigt, denn bekanntlich wachsen ja auch die Haare hinterher wieder, wenn die Chemotherapie abgeschlossen ist, nachdem sie zuvor büschelweise ausgefallen sind. Also, der Körper, der erholt sich schon. Warum sollte das Gehirn eine Ausnahme darstellen? Dieser Logik folgen auch streng akademische Mediziner in Deutschland. In einem kurzen Aufsatz zum Thema »Chemo-Brain« erklärt Dr. Jutta Hübner, Chefonkologin der Kassler Habichtswald-Klinik: »Viele Patienten klagen nach einer Chemotherapie über Störungen des Gedächtnisses oder der Konzentration, der unmittelbare Zusammenhang mit der Chemotherapie ist ihnen jedoch nicht bekannt, sodass unnötig Sorgen und Ängste entstehen. Bei den Aufklärungsgesprächen über eine Chemotherapie wird diese Nebenwirkung, da sie wenig erfassbar ist, oft nicht genannt.«

Die Onkologin beklagt hier also den mangelnden Informationsfluss an den Patienten und verlagert das tatsächliche Problem auf diesen Aspekt. Fast klingt es – wenn auch vielleicht ungewollt – doch zynisch, wenn hier die Rede davon ist, der Patient mache sich unnötigerweise Sorgen, wo doch bekannt sei, dass eine Chemotherapie nun einmal das Gehirn angreife!

Klar, es wird ja mit ein wenig Geduld auch wieder! Oft zumindest. De facto wird vonseiten der Schulmedizin erläutert, dass sich die meisten Patienten wieder von den Beeinträchtigungen erholen. Also gibt es im Umkehrschluss auch Ausnahmesituationen, gravierende Fälle, bei denen irreversible und somit nicht wieder gutzumachende Schädigungen auftreten.

Was aber ergab die neue Studie?

Untersucht wurden Brustkrebspatientinnen. 17 von ihnen wurden nach der OP mit einer Chemotherapie behandelt, zwölf weitere nicht. Eine dritte Gruppe von 18 Frauen war gesund. Eine erste MRI-Serie mit Gehirnscans der Patientinnen entstand direkt nach dem operativen Eingriff, jedoch noch vor Beginn der Chemotherapie. Die nächsten Aufnahmen folgten dann einen Monat sowie ein Jahr später, das heißt, nach vollständigem Abschluss der Chemo. Eindeutig waren Veränderungen in der Grauen Substanz erkennbar, vor allem in solchen Regionen, die sich mit kognitiven Dysfunktionen und somit Wahrnehmungstrübungen während oder kurz nach einer Chemobehandlung deckten. Zwar besserte sich die Situation nach ihrer Beendigung zumeist tatsächlich, doch eben nicht bei allen Patientinnen. Einige blieben geschädigt und waren nicht mehr in der Lage, ins Berufsleben zurückzukehren. Eine derart einschneidende Auswirkung aber ist mehr als bedenklich!

Derweilen wird weltweit fieberhaft an neuen Verfahren und Konzepten geforscht, die Geißel der Menschheit doch endlich in den Griff zu bekommen. Jedes Verfahren bringt neue Hoffnung, jede Hoffnung auch wieder Geld! Doch der Fortschritt, wenn es ihn überhaupt gibt, scheint im Kampf gegen den Krebs sehr langsam vonstattenzugehen. Und das bringt paradoxerweise noch mehr Geld, denn wo nie wirklich geheilt wird, dort wird eben viel behandelt. Der großen Industrie könnte nichts lieber sein als das! Die Forschung ist vom Geld der Pharmaindustrie abhängig.

Manchmal kann gute Forschung zu gut sein. Immer wieder verschwinden gerade wirksame Heilmittel vom Markt, Hintergründe bleiben unklar, Studien werden geheim gehalten. Der gesamte Apparat der pharmakologischen Forschung ist so gigantisch und von derlei komplexer Struktur, dass er sich zwangsläufig einer Kontrolle entzieht. Die kleinen »Konkurrenten« werden dabei schnell ausmanövriert, Entwickler möglicherweise sinnvoller Therapien können nicht mithalten und auch die Anforderungen an Geräte- und Medikamententests nicht erfüllen. Vor allem finanziell nicht. Umfangreiche Studien, deren Wahrheitsgehalt wiederum auf anderen Füßen steht, verschlingen riesige Summen. Hier sind die großen Konzerne gefragt. Ebenso hinsichtlich der Entscheidung, was aus der Forschung auf den Markt kommt.

Schottische Wissenschaftler stellten im Jahr 2010 eine neue Therapie gegen Hautkrebs vor, die vielversprechend klingt. Eine Forschergruppe um Dr. Christine Dufes von der *Strathclyde University* in Glasgow konnte anhand von Labortests offenbar einzigartige Ergebnisse vorlegen: Demzufolge verschwanden rund 90 Prozent von Hauttumoren innerhalb von wenigen Tagen komplett. Die Forscher machten sich eine Eigenschaft der Trägerproteine des in der Leber produzierten Glycoproteins Transferrin zunutze. Sie konzentrieren sich nämlich mit Vorliebe in Tumorzellen. Der Eiweißstoff Transferrin dient, wie schon sein Name andeutet, dem Transport von Eisen im Blut. Dr. Dufes und ihrer Gruppe gelang es, therapeutisch geeignete DNA-Stränge per Transferrin in den Tumor einzuschleusen. Dort angekommen, sorgen diese Genabschnitte für die Produktion eines ganz spezifischen Proteins, das in der Lage ist, Tumorgewebe zu zersetzen. Es beginnt, den Tumor aufzulösen, ohne das umliegende, gesunde Gewebe anzugreifen. Spätestens nach einem Monat hatte sich die bösartige Wucherung vollständig zurückgezogen. Ein enormer Erfolg!

Wie die schottische Wissenschaftlerin stolz betont, ließ das Verfahren die Tumoren nicht einfach nur schrumpfen, sondern wirklich komplett verschwinden – »Das ist für uns ein großer Durchbruch, besonders, da augenblicklich keine Gentherapie dieser Art zur intravenösen Anwendung auf dem Markt existiert«, erklärt Dr. Dufes. Der nächste Schritt für die Forscher ist, herauszufinden, ob die Methode auch bei anderen Krebsformen erfolgreich angewendet werden kann. Das wäre in der Tat ein großer Durchbruch. Während die Gelehrten aus Glasgow hierbei eher auf wissenschaftliche Ehren und beachtlichen pekuniären Segen hoffen, würde ein echter Sieg über den Krebs der Pharmaindustrie wie gesagt eher weniger willkommen sein. Die Kuh, die man melken will, tötet man bekanntlich nicht. Und die teuflische Krebskuh gibt sehr viel Milch, sie bedient bekanntlich einen Milliardenmarkt.

Apropos Milch: Ebenfalls im Jahr 2010 warnte der Krebsforscher und Nobelpreisträger Samuel S. Epstein vor allzu häufigem Genuss des weißen Saftes. Allein schon deshalb, weil diese Milch von einem artfremden Säugetier stamme, eben der Kuh. Tatsächlich gebären Kühe zumeist Kälber, eher selten Menschen. Und die sind demnach auch nicht dafür geschaffen, Kuhmilch zu trinken. Die Folgen müssen nicht immer gleich Krebs sein, doch unschön sind sie allemal und äußern sich eben auch in den berühmten »Kinderkrankheiten«. Anfälligkeit für Neurodermitis, Hautausschläge, Lymphknotenschwellungen, allesamt Unverträglichkeitsreaktionen wegen körperfremder Eiweiße, die (ganz) natürlich mit der Kuhmilch aufgenommen werden.

Richtig schlimm aber wird die Situation dann wieder durch die großen Konzerne. Den Tieren werden Wachstumshormone gespritzt, um die Milchproduktion effektiv zu steigern – was mit dem Hormon rBGH (*recombinant bovine growth hormone*) immerhin mit dem Faktor 1,2 gelingen soll. rBGH regt die Leber der Kühe an, die Milch mit dem Insulin-Wachstumsfaktor IGF-1 anzureichern. Dummerweise bringt das den gesamten Hormonhaushalt durcheinander und – so meinen etliche Wissenschaftler – fördert die Entstehung von Brust-, Darm- und Prostatakrebs. Zudem hebelt in den USA der düstere Gen-Gigant *Monsanto* die US-Gesetze aus, um seine Produkte in die Kuh und von dort in den Menschen zu bringen. Ein Teufelskreis. Denn die Werbung geht immer noch in die Richtung: Trinkt viel Milch, denn Milch ist gesund! Das stimmt zwar, jedoch nur bedingt. Gesund ist die Milch nämlich vor allem für *Monsanto* und die Pharmaindustrie. Beide verdienen auf ihre jeweils ganz eigene Weise ein Vermögen mit dem weißen Gold!

Was kann man nun gegen den Krebs tun? Von der Prävention abgesehen, was, wenn eine sichere Diagnose besteht? Was sogar, wenn die erste Chemotherapie bereits erfolgte, weil man zunächst den angeblich etablierten, vielleicht doch sichersten Weg gehen wollte?

Illusionen dürfen wir uns hier nicht hingeben. Ein allgemeingültiges, immer und überall wirksames Patentrezept wurde bisher nicht gefunden, zumindest nicht in Form einer Monotherapie, die eingleisig und mit nur einer einzigen Therapiemethode gegen das komplexe Geschehen ansteuern will. Der Krebs ist eine multifaktorielle Störung der Zelle. Es gibt nicht nur eine einzige Ursache. Und auch die Therapie wird umso erfolgreicher, je vielschichtiger sie ist und je mehr sie das abnorme Geschehen in die Zange nimmt.

Die große Sünde der Chemotherapie besteht vor allem darin, dass sie den großteils ja gesunden Organismus vollständig niederknüppelt. Sie schädigt die gesunden Zellen, treibt das Immunsystem in die Enge und den Körper in die finale Auswegslosigkeit. Damit nimmt sie ihm zumeist chancenlos die größte Fähigkeit, die ihm die Natur gegeben hat – die Fähigkeit der Selbstheilung. Sie anzuregen und die malignen Prozesse mit ihrer Unterstützung einzudämmen muss eines der wesentlichen Ziele jeglicher sinnvoller Therapie sein. Die etablierte chemische Keule vermag dies eben nicht, im Gegenteil. Hingegen gibt es begleitende oder eigenständige Verfahren, dem Körper ein möglichst hohes Gesundungspotenzial zu vermitteln.

Die große Industrie aber scheint derzeit einen nochmals verstärkten Kampf gegen genau diese teils preiswerten, einfach umzusetzenden Wege führen zu wollen. Das Warum muss nicht lange erörtert werden.

So war im Laufe des Jahres 2010 auch ein heftiger Gegenwind zu spüren, wenn es um Omega-3-Fettsäuren oder Vitamine, allen voran Vitamin C, ging. In wissenschaftlichen Veröffentlichungen wurde da aus angeblich berufenem Munde plötzlich freiweg erklärt, Vitamin C sei sogar krebserregend! So erklärten *Harvard*-Forscher, Vitamin C liefere den bösartigen Zellen zusätzliche Energie und Nährstoffe, sodass sie ihr zerstörerisches Werk schneller beginnen könnten. In anderen Studien wurde bereits zuvor festgestellt, dass Vitamin C in Kombination mit Fett krebserregende Substanzen produzieren könnte. Auf einmal ist es nichts mehr mit dem Vitamin C als Antioxidans und damit sehr effektivem Fänger der reaktionsfreudigen und somit krebserzeugenden freien Sauerstoffradikale. Auch die Anregung der Selbstheilung fällt glatt unter den (OP-)Tisch. Die Angriffswelle auf Vitamin C scheint gezielt. Die Bevölkerung muss verunsichert werden, um nicht zu sehr zu den zunehmend bevorzugten alternativen Heilmethoden abzudriften. Doch bislang konnte niemand echte Beweise für die Schädlichkeit von Vitamin C vorlegen. Auch die *Harvard*-Forscher sind sich nicht sonderlich sicher. So meint die Genetikerin Joan Brugge: »Wie stark man all die Ergebnisse verallgemeinern kann, ist noch unklar. Möglicherweise fallen die Effekte bei Frauen, bei kranken oder bei älteren Menschen anders aus.« Interessant: Im August 2010 erklärte Margreet Vissers, Professorin in der Forschungsgruppe Freie Radikale der neuseeländischen Universität Otago, sehr positive Wirkungen von Vitamin C gefunden zu haben. Vitamin C bremse das Wachstum von Krebszellen, ja, sei generell in der Lage, Krankheiten einzudämmen, bei denen die Zellen »verrückt spielen«.

Auch die vielfach als »Placebo-Medizin« verfemte Homöopathie hat es im Kampf gegen die große Chemie nicht leicht, obwohl sie selbst bei »austherapierten« Fällen meist weit bessere Ergebnisse vorlegen kann als die etablierte Lehre.

Im Oktober 2010 aber erhielt sie deutliche Rückendeckung, als ein Nobelpreisträger wissenschaftliche Grundlagen der Homöopathie fand und formulierte. Der französische Virologe Luc Montagnier löste geradezu einen Schock unter seinen illustren Kollegen aus, als er eine ganz besondere Entdeckung verkündete. Nämlich, dass Wasser über eine Art von Gedächtnis verfüge, das noch nach zahlreichen Verdünnungen nachweisbar sei. Und genau auf extremer Verdünnung beruhen die homöopathischen Präparate. Nobelpreisträger Montagnier fand heraus, dass Lösungen, in denen virale oder bakterielle DNA enthalten ist, niederfrequente Radiowellen abstrahlen. Diese langwellige Strahlung beeinflusst die Umgebungsmoleküle der Lösung und erzeugt organisierte Strukturen, die wiederum eine Abstrahlung aufweisen. Selbst nach einer umfangreichen Verdünnungsreihe bleiben diese Strukturen erhalten, so berichtete unter anderem der Autor Tony Isaacs auf den Online-Seiten des Kopp Verlags. Hier erinnert er auch an den offenen Kampf, den die Chemieindustrie gegen die Homöopathie schon vor langer Zeit zu führen begann. Isaacs schreibt: »Mit Beginn des 20. Jahrhunderts erklärte die *American Medical Association*

(AMA) unverhohlen, der Wettbewerb ruiniere die Einkommens-
möglichkeiten der Schulmediziner. Mithilfe finanzieller Unterstützung John D. Rockefellers und der Carnegie-Stiftung war es der AMA
möglich, die Homöopathie und andere naturheilkundliche und alternative Heilmethoden immer mehr an den Rand zu drängen und
schließlich ganz auszuschalten. Von den 22 homöopathischen Universitäten um 1900 existierten 23 Jahre später nur noch ganze zwei. 1950
gab dann die letzte Schule, in der Homöopathie gelehrt wurde, auf.«
Isaacs verweist auch auf die »bittere Ironie, dass John D. Rockefeller
selbst ein überzeugter Anhänger der Homöopathie war. Er bezeichnete
sie als ›fortschrittlichsten und aggressivsten Schritt in der Medizin‹.
Rockefeller wurde 99 Jahre alt und verwendete in seinem letzten
Lebensabschnitt ausschließlich homöopathische Heilmethoden.« So
weit Tony Isaacs hierzu.

Alternative Verfahren sind auch in der Lage, die Nebenwirkungen
einer Chemotherapie zu lindern. Dies ist schon lange bekannt. Im
August 2010 berichtete das amerikanische Fachblatt *Science Trans-
lational Medicine* von einer weiteren erstaunlichen Entdeckung, die
diese älteren Erkenntnisse wiederum bestätigt. Eine Forschungsgruppe
der *Yale*-Universität hatte unter Leitung des Mediziners Dr. Yung-Chi
Cheng herausgefunden, dass ein seit vielen Jahrhunderten bekanntes
chinesisches Heilmittel gegen jene wahrhaft üblen Begleiterscheinun-
gen wirkt. Auf der Grundlage alter Überlieferungen entwickelten die
Wissenschaftler ein Präparat mit der Code-Bezeichnung PHY906, um
es unterstützend bei der schulmedizinischen Krebsbehandlung einzusetzen. Das in seiner Urform als Huang Qin Tang bekannte Heilmittel
wurde in China traditionell zur Behandlung von Übelkeit, Durchfall
und Erbrechen eingesetzt. Seine Zusammensetzung ist recht exotisch
und erinnert wahrlich an einen Zaubertrank. Gemischt werden hier
unter anderem Pfingstrosen, Lakritze und die »Frucht des Bockshorn-
Baumes«. Die Heilwirkung tritt bereits innerhalb weniger Tage nach
der ersten Anwendung ein.

Natürlich geht es auch hier um Vermarktung, Dr. Cheng will seine
Erkenntnisse in ein neues Produkt seines Unternehmens *PhytoCeu-
tica, Inc.* einfließen lassen. Diese Firma hat sich zur Aufgabe gemacht,
traditionelle chinesische Medizin in moderne Präparate umzuwandeln. Irgendwie müssen die Substanzen ja letztlich auf den Markt

gelangen. Das Beispiel demonstriert aber auch die üblichen Mechanismen, die hier anzutreffen sind. Der Wettbewerb beinhaltet allerdings ein starkes Ungleichgewicht zugunsten der Chemieindustrie, die abschätzig auf die pflanzlichen und homöopathischen Präparate blickt und sich gleichzeitig eifrig darum kümmert, diese Medikamente als Placebos und gar Scharlatanerie abzukanzeln. Dabei darf nicht verges-

Abb. 58: *Vinca rosea – eine harmlos und schön aussehende Blume. Sie enthält ein tödliches Zellgift, das in der Chemotherapie Verwendung findet.*

sen werden, dass die Chemotherapie in ihren Präparaten durchaus gleichfalls auf Pflanzenstoffe zurückgreift, so auch bei Vincristin, das aus der rosafarbenen *Vinca rosea* gewonnen wird. Das klingt beinahe schon homöopathisch, erweist sich in der traurigen Praxis allerdings als zerstörerisches Zellgift, das heftige Nebenwirkungen zeitigt. Die naturheilkundlichen Verfahren hingegen gelten als unwirksam, weil nicht nebenwirksam. Anders ausgedrückt: Was keine Nebenwirkungen hat, das kann nach verbreiteter Ansicht auch nicht heilen. Doch wer heilt, der hat recht, und genau hier punktet die Alternativmedizin ganz erheblich! Mit kombinierten Verfahren, Misteltherapie, Hyperthermie, Akupunktur und spezifischen Magnetfeldtherapien sind im Verbund teils enorme Erfolge erzielt worden. Und allein das zählt. Denn: Kommt es auf etwas anderes an als die *Heilung*?

5.
Archäologie im Visier

Enthüllt: die Entdeckungen
des Dr. Hawass

Das Jahr 2010 bescherte wieder so etliche Neuigkeiten aus dem geheimnisvollen Land am Nil. Gleich in den ersten Wochen schon wurde bekannt, dass sich die Ägyptische Altertümerverwaltung – entgegen allen vorherigen Ankündungen – dazu entschlossen hatte, eine CT-Untersuchung am einbalsamierten Körper des »Kindpharaos« Tutanchamun durchzuführen. Außerdem wurden neue Bohrungen im Bereich des mächtigen Sphinx von Gizeh bekannt, Funde von Statuen und zahlreichen nie zuvor gesehenen Relikten aus der alten Zeit der Pharaonen. Im Sommer 2010 testeten britische Ingenieure dann einen Spezialroboter in der Großen Pyramide, um die rätselhaften Schachtsysteme der »Königinkammer« weiter zu erforschen. Alles im direkten Auftrag des *Supreme Council of Antiquities*.

Seit vielen Jahren schon wurden sowohl Archäologie als auch Öffentlichkeit von dieser obersten ägyptischen Ägyptologiebehörde vertröstet. Nun kam wieder die zunehmend drängende Frage danach auf, ob es endlich weitergeht mit dem Abenteuer, das 1993 durch die sensationelle Fahrt eines Raupenroboters begonnen hatte. Das Miniatur-Vehikel, eine Entwicklung des deutschen Ingenieurs Rudolf Gantenbrink, zwängte sich durch den engen Südschacht der Pyramidenkammer bald 60 Meter hinauf, um dort eine kleine, steinerne Türe zu finden, die seit dem Bau des Monuments kein Mensch mehr zu Gesichte bekommen hatte!

Seit dieser Entdeckung gab es viele Querelen um die Weiterführung der Arbeiten, bis dann im September 2002 endlich neue Entdeckungen im Schachtsystem folgten. Damals wurde die Welt bekanntlich mit einer Liveübertragung gefoppt: Vor laufender Kamera wollten Archäologen erstmals hinter die erste Türe des Südschachts blicken. Allerdings war das nötige Loch hierfür bereits vorgebohrt worden. Überhaupt entpuppte sich diese ägyptische Late-Night-Show als pure Farce. Immerhin, wer sie erlebt hat, behält sie zumindest in bleibender Erinnerung. Dann folgte noch eine Entdeckung im Nordschacht. Wiederum eine kleine Türe. Nun sind drei davon bekannt. Was dahinter liegt, weiß allerdings (wohl) niemand.

Seit 2002 herrschte wieder ziemliche Funkstille. Was wird geschehen, wann wird weitergearbeitet, wer wird die Arbeiten übernehmen und wie wird das Projekt umgesetzt, vor allem aber: Was wird man dabei finden? Jedes Jahr tauchten diese Fragen gleichsam aufs Neue aus dem Dunkel der Pyramide auf und verhallten, ohne eine Antwort zu erfahren. Dabei gab es noch so viel zu klären. Bis heute ist nicht einmal bekannt, wie alt die Große Pyramide nun wirklich ist und wer sie demnach errichtet hat.

Cheops? Das mag schon sein, mehr aber auch nicht. Denn dass er der *Erbauer* war, ist angesichts der Faktenlage höchst unwahrscheinlich. Auf dem Plateau wimmelt es vor Hinweisen auf ein viel höheres Alter – nicht nur der Großen Pyramide, nein, auch der anderen Monumente und Relikte dort. Wer sich der Mühe unterzieht, einmal in jene Bereiche der Pyramide vorzudringen, die in Büchern selten oder gar nie abgebildet werden, wer sich zwischen den Steinen des Kernmauerwerks vorarbeitet, aber auch die Gesamtkonstruktion kritisch ins Visier nimmt, wird sehen, dass an so mancher etablierter Konzeption etwas nicht stimmen kann. Er wird immer wieder auch auf entsprechende Indizien stoßen, dass Cheops dieses einzigartige Bauwerk allerhöchstens renovieren und weiter ausbauen, jedoch nicht komplett errichten ließ.

Spannende Fragen, über die man sich allerdings wohl noch ewig streiten wird, weil ein gewisses Gedankengut bereits zu fest zementiert ist, als dass es so leicht verworfen würde. Schon hinsichtlich der erwähnten Schachtsysteme kursieren unterschiedlichste Theorien, während ihre Gesamtanlage bis heute noch unbekannt ist. Wir kennen eben nur einen Teil davon.

Das soll sich mit dem neuen Roboter der britischen Techniker und

Forscher ändern. Die Ingenieure der *University of Leeds* scheinen auf dem besten Weg, das perfekte Erkundungsgerät zu realisieren. Im Rahmen des Djedi-Projektes entwickeln sie ein Robotergefährt, das sich sehr schonend durch die engen Gänge vorpirschen soll, immer weiter hinein in die jahrtausendealte Dunkelheit des letzten verbliebenen Weltwunders, über dessen Sinn und Zweck sich die Welt wohl wahrlich noch lange wundern wird.

Tatsächlich spannend, Ägypten eben! Doch kann Ägypten auch immer wieder enttäuschen. Nein, nicht das Land an sich, ganz gewiss auch nicht die alten Monumente, denen wohl niemand eine zeitlose Magie absprechen würde. Nein, daran liegt es gewiss nicht. Die archäologischen Verhältnisse sind es zuweilen, die nicht allein Nonkonformisten zu schaffen machen, sondern auch professionelle Ägyptologen manchmal geradezu verzweifeln lassen!

Frischer Wind erhält im Lande immer weniger Sympathien, wenn beispielsweise archäologische Außenseiter sinnvolle Konzepte zum Studium der Altertümer einbringen wollen. Ganz abgesehen davon bereitet vor allem eine Tatsache so manch Unbehagen: nämlich diejenige, dass wirklich jedes Projekt vom Willen oder auch Unwillen einer einzigen Person abhängt – vom obersten Chef der Ägyptischen Antikenverwaltung (*Supreme Council of Antiquities*) im Kairoer Stadtteil Zamalek. Da gibt es einfach nichts Ägyptologisches, das nicht zunächst über den massiven Tisch von Dr. Zahi Hawass ginge, jenes »modernen Pharao«, des »Big Zee«, wie er manchmal ebenfalls genannt wird. *Er* hat die Schlüssel zu jeder antiken Stätte *seines* Reiches. *Seine* Meinung gilt wie ein ehernes Gesetz, und *sein* Urteil entscheidet über Wohl und Wehe archäologischer Expeditionen, von denen *er* bereits 14 des Landes verwiesen haben soll.

Nur wenige Archäologen würden wagen, jenem Potentaten der Ägyptologie zu widersprechen – denn eigentlich will jeder auch weiterhin graben dürfen. Auch Rudolf Gantenbrink kam erwartungsvoll und mit innovativen Konzepten ins Land der Pharaonen. Er wollte der Archäologie mit moderner Technik beiseitestehen, brachte Erfahrung aus der Roboterentwicklung für die Ölindustrie mit, baute einen raupenartigen Roboter, der in der Lage war, sich in den sehr schmalen »Luftschacht« in der Königinkammer zu zwängen, dessen quadratischer Querschnitt allerdings lediglich 20 auf 20 Zentimeter erreicht.

Abb. 59: Herrscher über die
ägyptischen Altertümer –
Dr. Zahi Hawass, Chef des
Suprime Council of Antiquities

Dann die große Sternstunde: die Entdeckung der Türe in jenem Südschacht! Der Weltsensation allerdings folgte maßlose Enttäuschung. Denn: Ein Fachfremder hatte sich im Wortsinne zu weit vorgewagt. Das aber ließ ihn die Altertümerverwaltung deutlich spüren. Eine geplante Pressekonferenz fand nach zahlreichen Vorbereitungen nicht statt, Gantenbrink reiste schließlich frustriert nach Deutschland zurück.

Nicht zuletzt in Ägypten können selbst ambitionierte und sehr erfolgreiche Forscher scheitern, wenn sie nicht ins übliche, nicht ins starre Schema passen. Zudem werden hier die großen Entdeckungen ausschließlich von einer Person gemacht. Sobald sich irgendwo in Ägypten ein archäologisch bedeutsamer Fund anbahnt, übernimmt genau diese Person unweigerlich die Zügel, um vom Alleinherrscher zum Alleinentdecker zu werden. Und sobald diese eine Person den Eindruck gewinnt, die Kontrolle über eine Situation verlieren zu können, wird sie unruhig, schreitet zur Tat, meist sehr effektiv.

Hinsichtlich der Entdeckung im Südschacht der sogenannten Königinkammer der Großen Pyramide war Gantenbrink jedenfalls schließlich weg vom Fenster – oder eben besser gesagt: weg von der Türe. Andere kamen, die weit mehr geeignet schienen, das wirklich Wesentliche ins Bild zu rücken, natürlich in Gestalt von »Big Zee«, von Dr. Hawass, jener berühmten »Ein-Mann-Konfliktzone«. Nun war es nicht mehr das kleine *Upuaut*-Robotergefährt eines deutschen Freizeitforschers, sondern der spezialisierte *Pyramid Rover*, der gemeinsam von Dr. Hawass und *National Geographic* wirkungsvoll in Szene gesetzt werden sollte.

Doch die meisten Zuschauer hätten sich wohl im Nachhinein gewünscht, dieses einzigartige Spektakel der »Ägyptolügie« verschlafen zu haben! Was geschieht als Nächstes? Das System der Ingenieure der Universität Leeds sei am besten für den Einsatz in der Königskammer geeignet, so erklärt der allmächtige Direktor der ägyptischen Altertümerverwaltung.

Grund für die lange Forschungspause sei die intensive Suche nach einem geeigneten Entwicklerteam gewesen, das die konstruktiven Voraussetzungen für einen Spezialroboter möglichst ideal in die Praxis umsetzen könnte. Die britischen Experten arbeiten unter anderem mit Ingenieuren des französischen Flugzeugherstellers *Dassault* zusammen und erfüllen die nötigen Anforderungen laut Dr. Hawass nun nahezu perfekt.

Abb. 60: Der seit 1993 wiederholt von Roboterfahrzeugen erkundete Südschacht in der Königinkammer der Großen Pyramide von Gizeh. Hier wurden vermeintliche »Live-Enthüllungen« inszeniert, echte Fortschritte blieben weitgehend aus. Gut sichtbar auch die legendär präzise Bearbeitung der Steinquader.

Der neue Roboter wurde vor allem darauf abgestimmt, das Mauerwerk der Schächte zu schonen. So bewegt er sich, anders als seine Vorgänger, auf Nylon- und Karbonfaserrädern und erhielt weiche Polsterungen an seinen künstlichen Extremitäten, um sich an den Mauern abzustützen, ohne dort bleibende Spuren zu hinterlassen. Ein abkoppelbarer Miniaturroboter soll sich durch Öffnungen von weniger als zwei Zentimetern Größe bewegen können.

Die Luftschächte wurden bereits im Juli und Dezember 2009 überprüft, um den Roboter exakt auf seinen Einsatz abstimmen zu können. »Mission Manager« Shaun Whitehead erklärt: »Alles wurde von Grund auf neu konstruiert, um den Schächten so wenig Schäden beizufügen wie nur irgend möglich.« Whitehead beschreibt auch einige der wesentlichen Komponenten des Robotergefährts. Dazu zählt eine endoskopische Kamera, die als Mikro-»Schlangenkamera« in der Lage ist, sich durch kleinste Öffnungen zu zwängen sowie um Ecken zu blicken und damit Bilder von bislang unsichtbaren Details zu liefern. Außerdem sollen die Schachtwände mit Ultraschall »abgeklopft« werden. Die Ingenieure versprechen sich auf diese Weise neue Erkenntnisse über Wanddicken und den Zustand der Steine. Dr. Hawass zeigte sich im August 2010 hinsichtlich der bevorstehenden Erfolge des Roboters äußerst zuversichtlich: »Ich glaube, dass dieses Projekt endlich beantworten wird, was sich hinter den Luftschächten der Großen Pyramide befindet.«

Und wenn diese Antwort erfolgt, so wird sie auch von niemand anderem als Dr. Hawass verkündet werden. Man wird sehen, wie die im Jahr 2010 wieder hochgekochte Geschichte um den Pyramidenschacht und den neu entwickelten Roboter letztlich endet. Das Jahr 2010 förderte auch andernorts wieder zahlreiche Relikte an die Oberfläche, die seit Jahrtausenden im ägyptischen Sand schlummerten. Alte Gräber, Spuren verschütteter Pyramiden und Schächte oder mächtige Königsstatuen. Manchmal folgten die Funde in kurzer Folge. Am 18. Oktober 2010 entdeckten Ausgräber die letzte Ruhestätte des Rudj Ka, eines Priesters der fünften Dynastie, am 2. November 2010 wurde bekannt, dass eine bis dahin unbekannte antike Mauer vor König Chephrens Taltempel auf dem Gizehplateau gefunden wurde. Sie stammt aus der Zeit von Tutmoses IV. Am 5. November 2010 kündigte der ägyptische Kulturminister Farouk Hosny an, eine Expedition des SCA habe eine antike Straße in Luxor entdeckt, mit zwölf bis dahin unbekannten Sphingen aus der Zeit von König Nectanebo I., der im vierten Jahrhundert vor Christus herrschte und damit lange nach den berühmten Königen und Pharaonen. Einige Tage später stießen die SCA-Ausgräber am Totentempel von Amenophis III. auf eine fein gearbeitete Doppelstatue des Herrschers, die ihn zusammen mit dem Gott Re-Harachte zeigt. Und dies sind nur einige wenige Beispiele. Wie mir Dr. Hawass in seinem Hauptbüro in Kairo-Zamalek während eines Gesprächs im Jahr 2004 erklärte, geht er davon aus, dass wir bislang nur 30 Prozent der Altertümer Ägyptens kennen. 70 Prozent seien wohl noch unter dem Sand verborgen. Im (ägyptischen) Grunde birgt jeder Tag neue spannende Ereignisse, und immer mitten im Geschehen Dr. Hawass, unfraglich selbst ebenfalls ein ziemlich spannendes Ereignis.

Seine persönliche Geschichte ist hochinteressant, ebenso sein Umgang mit Kollegen und deren Entdeckungen. Überhaupt sind seine Methoden recht unkonventionell, auch nach den Maßstäben der archäologischen Wissenschaft. Dr. Zahi, der ägyptologische Chef-Zerberus, nimmt es mit der Wahrheit nicht immer allzu genau. Gefragt nach seiner größten Entdeckung erklärte er bereits vor etlichen Jahren, dies sei der Osiris-Schacht. Dieser in der Tat faszinierende Schacht liegt unter dem Aufweg zur Chephren-Pyramide und reicht dreigeschossig rund 33 Meter in die Tiefe. In alter Zeit hatte ihn schon der berühmte Herodot recht genau beschrieben und vom »Grab des Cheops« gesprochen. In der untersten der drei Kammern befindet sich ein dunkler, schwerer Sarkophag, von Wasser und vier Säulen umgeben. In jüngerer Zeit findet dann ein »Schachtgrab in der Nähe des Sphinx« Erwähnung beim englischen Astronomen und Ausgräber Piazzi Smyth, wobei er ebenfalls vom »Grab des Cheops« spricht. Konkrete Informationen aber erscheinen spätestens bei Dr. Selim Hassan, einem bedeutenden Vorgänger von Dr. Hawass.

Dr. Hassan beschrieb die unterirdische Anlage in den 1930er-Jahren sehr genau. Was Dr. Hassan damals zumindest wiederentdeckt hatte, wurde einige Jahrzehnte später dann zur »größten Entdeckung« des Dr. Hawass.

Heute gilt Dr. Hawass – übrigens auch stellvertretender Kultusminister Ägyptens – als der berühmteste Ägyptologe der Gegenwart und hat sicherlich Aussicht, auch zum berühmtesten Ägyptologen aller Zeiten zu werden, wenn er es nicht ohnehin schon ist. Zumindest der Einflussreichste ist er allemal, denn wahrlich niemand kommt an ihm vorbei und kann ohne seine Genehmigung auch nur einen Finger in den geschichtsträchtigen Sand am Nil stecken, ohne dass der Chef-ägyptologe mit dem erhobenen eigenen Finger danebensteht. Dr. Hawass ist ein mächtiger Mann, und wenn er könnte, so würde er gewiss auch die Todesstrafe für all jene einführen, die nicht seiner Fasson entsprechen, vor allem auch für Museumsdirektoren, die sich weigern, altägyptische Kunstschätze wieder nach Ägypten zurückzu-führen. Sie alle trifft ohnehin der Fluch des modernen Pharaos.

Doch wer ist dieser Mann eigentlich? Wer ist Dr. Hawass? Geboren wurde Zahi Hawass am 28. Mai 1947 in dem kleinen ägyptischen Dorf Abeedya an der East Bank unweit der Nilmündung zum Mittel-meer und nahe dem Erholungsort Ras el-Bar. Sein Vater war ein Bauer, der in der Region etwas Land besaß, auf dem er Kühe und Wasser-büffel züchtete. Bei der Heirat war die Mutter erst 14 Jahre alt. Zahi kam als erster von sechs Sprösslingen zur Welt. In den Tagen der frühen Kindheit habe ihn sein Vater unterwiesen und ihn gelehrt, stets ehrlich zu sein und nie etwas an sich zu nehmen, was ihm nicht auch gehöre, die Menschen zu lieben und niemanden zu verletzen, gleich-zeitig aber auch stark zu sein und seine Schwächen niemandem außer den nächsten Angehörigen zu enthüllen. Der Vater habe zudem immer den Wunsch geäußert, dass sein Sohn eine Ausbildung erhalten und ein berühmter Mann werden solle. Das funktionierte auch wie am Schnürchen.

Zunächst erwog der intelligente und ehrgeizige junge Mann ein Jurastudium, schrieb sich dann aber für Griechische und Römische Archäologie an der Universität von Alexandria ein. Später folgte ein Diplom in Ägyptologie an der Universität Kairo. Seinen Doktor mach-te er schließlich in den Vereinigten Staaten, an der Universität von Pennsylvania. Er lehrte in Kalifornien und Ägypten und arbeitete als Chefinspektor auf dem Gizehplateau. 1993 legte er diesen Posten dann nieder – es war übrigens das Jahr, in dem Gantenbrink auf die Türe im Südschacht stieß. Angeblich sei damals durch das Verschulden oder gar die Mitwirkung von Hawass eine wertvolle Statue aus Gizeh gestohlen worden, was der »Ego-Ägyptologe« in seinen Publikationen weit von sich weist. Und schon im folgenden Jahr war er wieder Chefinspektor, um 1998 dann zum Direktor des Plateaus aufzusteigen. Der steile Karriereverlauf ließ ihn 2002 dann ins Amt des Generalsekretärs der Antikenverwaltung aufsteigen. Hier regiert er wahrlich einem Pharao gleich und trifft im Grunde alle wesentlichen Entscheidungen. Da gibt es wirklich nichts, was nicht über seinen Schreibtisch ginge, während seine Untergebenen stets ängstlich durch die weitläufigen Büroräume huschen. Wie bereits erwähnt: Hawass besitzt zu jeder antiken Stätte die Schlüssel, zu den Pyramiden, zum Tal der Könige, einfach zu allem. Selbst Petrus wäre wohl auf dessen Schlüsselbund neidisch. Ende 2009 wurde der im Felde stets mit breitkrempigem Indiana-Jones-Hut anzutreffende Überausgräber schließlich von Präsident Mubarak höchstpersönlich zum stellvertretenden ägyptischen Kultusminister ernannt. Es würde zu weit führen, sich mit den diversen Facetten dieses wahrhaft erstaunlichen Mannes befassen zu wollen, mit seinen Widersprüchlichkeiten, Ansinnen und Eitelkeiten, auch mit seinen freundlicheren Seiten. Nur noch so viel:

Seit Jahren schon hat er sich dem Kampf für alle Kostbarkeiten verschrieben, die vor Jahrzehnten oder gar Jahrhunderten in ausländi-

Abb. 61: Dr. Zahi Hawass, Antikenchef und stellvertretender Kulturminister, beim Ägyptenbesuch des US-Präsidenten Barack Obama im Jahr 2009.

sche Museen verbracht wurden, sei es der Stein von Rosetta, sei es der Luxor-Obelisk, sei es der Tierkreis von Dendera oder aber die Büste der Königin Nofrete. Letztere ist heute im Nordflügel des Neuen Museums in Berlin zu bewundern. Auch sie verlangt Hawass voller Zorn zurück und droht allen, die heute noch große altägyptische Kunstschätze in ausländischen Museen beherbergen: »Ich werde jedem ein elendes Dasein bereiten, der sie nicht zurückgibt.« Klingt das nicht ein wenig nach einem altägyptischen Herrscher? Vielleicht auch voll beabsichtigt.

Im Mai 2010 unterstrich Hawass noch einmal seine strikte Forderung, die Nofretete-Büste wieder an Ägypten zurückzugeben. Was ihre authentische Vorlage, nämlich die echte Nofretete, betrifft, so leistete sich »Dr. Zahi« hier ein ganz besonderes Husarenstück mit einer englischen Ägyptologin, die möglicherweise auf die sterblichen Überreste jener wohl berühmtesten Frau Ägyptens gestoßen ist. Diese Geschichte zeigt auch deutlich auf, welche Maßstäbe Dr. Hawass mit Blick auf die Fakten anlegt und wie er sie, sehr zweckdienlich, wiederholt zu beugen imstande ist.

Im Jahr 2003 nahm die britische Ägyptologin Joann Fletcher an einer folgenreichen Expedition ins legendäre Tal der Könige teil, um Mumien im vielfach rätselhaften Grab KV 35 zu untersuchen. Dr. Fletchers hauptsächliches Augenmerk fiel dabei auf den einbalsamierten Körper einer jüngeren Frau, an dem sie einige Besonderheiten bemerkt hatte. Diese Beobachtungen verleiteten sie zu einem einzigen Schluss: Vor ihr lag die lange Zeit verschollene Mumie von Königin Nofretete. Aber das gliche wahrlich einer wissenschaftlichen Sensation!

Ob Dr. Fletcher mit ihrer Theorie richtig liegt oder nicht, sei vorerst dahingestellt. Die Diskussion hierüber würde ein Buch füllen. Hier soll es nur kurz darum gehen, wie sich Dr. Hawass in dieser Angelegenheit verhalten hat. Die Ereignisse und Aussagen dokumentieren ganz offenkundig seine eigentlichen und eigenen Interessen.

Die »neuere« Geschichte jener Mumie von KV 35 reicht bis ins Jahr 1898 zurück, als der französische Archäologe Victor Loret die offenbar recht jung verstorbene Frau zusammen mit zwei anderen Mumien in einer Seitenkammer von Grab KV 35 entdeckte, jener letzten Ruhestätte von Pharao Amenophis II.

Die einbalsamierte Tote war nicht in einen Sarkophag gelegt worden, sie war nackt, hatte einen kahl geschorenen Kopf und war wohl in voller Absicht ziemlich übel zugerichtet worden. Ihr Gesicht war zerschmettert worden, hier fanden sich ebenso wie in der Brust weit klaffende Löcher, die nicht vom Einbalsamierungsprozess herrührten. Die beiden »Nachbarmumien« machten einen ähnlichen Eindruck. Loret hielt all seine Beobachtungen fest und katalogisierte die zerschundene Mumie unter der Nummer 61072. Vor allem drei Dinge fielen ihm auf:

Dem Leichnam fehlte der rechte Arm, in der Nähe des Körpers lag eine Perücke, und außerdem glaubte Loret noch, es handele sich um einen Mann. Diese Beurteilung änderte sich, als im Jahr 1907 der in Kairo tätige Anatomieprofessor Grafton Elliot Smith das Grab aufsuchte. Smith befand sich gerade in Vorbereitung seines berühmten Kataloges königlicher Mumien und untersuchte zu diesem Zwecke natürlich auch KV 35. Hier fand er bei genauerer Kontrolle des düsteren Kabinetts einen abgetrennten rechten Unterarm mit angewinkeltem Ellbogen. Die Wahrscheinlichkeit war doch recht groß, dass dieses abhandengekommene Körperteil zur Mumie 61072 gehörte, die Smith ebenfalls genauer untersuchte. Der Wissenschaftler musste nicht zweimal hinsehen, um zu erkennen, dass Loret sich bezüglich des Geschlechts, aus welchen Gründen auch immer, mächtig getäuscht hatte. »Es bedarf keines großen Wissens in Anatomie, um zu bemerken, dass der exzellent erhaltene nackte Körper derjenige einer jungen Frau ist.« Wie er feststellte, war der Genitalbereich weit geöffnet und von innen mit Leinen ausgestopft worden. Smith konnte sich Lorets klaren Irrtum nur dadurch erklären, dass sich der Archäologe durch den rasierten Schädel hatte täuschen lassen.

So weit die damalige Situation.

Als sich Dr. Joann Fletcher fast hundert Jahre später ihren Weg durch die staubigen Korridore hinein ins düstere, muffig riechende Mumienversteck von Grab 35 bahnte, führte sie moderne Technik mit sich sowie einige anerkannte Experten. Die Gruppe der Universität York wollte die drei Mumien an Ort und Stelle röntgen. Dr. Fletcher selbst war allerdings ganz besonders an der von Loret beschriebenen Perücke interessiert gewesen, die sie zuvor im Museum von Kairo näher untersuchen konnte. Immerhin hatte sie ihre Doktorarbeit über

Stil, Form und Funktion altägyptischer Haartracht verfasst. Jetzt aber musste sie natürlich auch die Mumie und deren Herkunft ergründen. Doch hing alles ganz offenbar eng zusammen. Jedenfalls schien es logisch, dass das Haarteil zu der einzigen am Kopf geschorenen Mumie gehörte, wobei das Tragen einer Perücke während der 18. Dynastie eine Eigenart königlicher Damen war.

Nun kamen andere interessante Details zum Vorschein, die sich für Dr. Fletcher zu einem einheitlichen Bild fügten. Denn im einzig übrig gebliebenen Ohr der weiblichen Mumie fand sich ein sonst seltener doppelter Einstich, ebenfalls typisch für Königinnen aus jener Epoche. Und da war noch jener abgerissene Arm. So etwas war zwar kein typisches Merkmal für die 18. Dynastie, doch als Dr. Fletcher ihn im Jahr 2003 bei der Mumie wiederentdeckte, fiel ihr eben sofort auch der angewinkelte Ellbogen auf, eine Position, wie sie nur bei königlichen Mumien angetroffen wird. Allmählich verdichtete sich das Bild – hatte Dr. Fletcher wirklich die bis dahin verschollene Nofretete identifiziert? Waren die übrigen Mumien königliche Familienmitglieder? Wenn andere Experten sich nicht irrten, so konnte es sich bei ihnen um die Mutter und den Bruder von Nofretetes Ehemann, des Ketzerkönigs Echnaton, handeln. Zu diesem Bild schien auch die mutwillige Zerstörung der Gesichtszüge der Frau zu passen.

Grabräuber waren nur an den Schätzen interessiert. Hier aber dürften ideologische Gründe und ein tief sitzender Hass gewütet haben, wahrscheinlich gegen die häretischen Lehren des Echnaton, bis schließlich seine Anhänger noch retteten, was zu retten war, und die Mumien in sichere Verstecke schleppten. Alle Fakten sprachen für Nofretete, selbst der lange, schwanengleiche Hals der Mumie erinnerte Dr. Fletcher an die Darstellungen der altägyptischen Königin und vor allem an die berühmte Berliner Büste, die 1912 vom deutschen Ägyptologen Ludwig Borchardt in den Ruinen von Tell el-Amarna gefunden wurde, dem einstigen Achet-Aton, Echnatons einzigartiger Metropole. Selbst das Todesalter der einbalsamierten Frau schien sich mit der Lebensspanne von Nofretete zu decken. Doch die Fachwelt wollte die Theorie von Dr. Fletcher nicht so leicht übernehmen. Allen voran Dr. Zahi Hawass war dazu nicht bereit. Sogleich erklärte er, jeder Ägyptologe in der Welt hielte Dr. Fletcher für verrückt. Während andere vielleicht von »Wunschdenken« sprachen und von »vorschnellen Schlüssen«, ging Hawass doch gleich deutlich weiter in seinen Anschuldigungen und bezeichnete die Theorie als ein »Bündel von Lügen«, Fletcher habe die Welt betrogen. Der Hauptfehler der britischen Ägyptologin allerdings hatte wohl eher darin bestanden, nicht sofort die Altertümerverwaltung in Kairo zu verständigen, den *Supreme Council of Antiquities*, und damit Dr. Zahi Hawass, denn er und der SCA, das ist im Grunde genau dasselbe. Dr. Fletcher übergab ihre Entdeckung somit nicht dem ägyptologischen Alleinherrscher, sie publizierte ihre Arbeit auch nicht in einem wissenschaftlichen Blatt, sondern tat genau das, was eben jener Alleinherrscher in der Regel auch zu tun pflegt: Sie arbeitete mit den Medien zusammen.

Heraus kam eine Dokumentation des *Discovery Channel*. Das brach ihr in Ägypten das Genick. Der gern raketenhaft aufbrausende Dr. Zahi sprach den ultimativen Bann über sie aus: Die Forscherin durfte nicht mehr in Ägypten arbeiten. Denn die goldene Regel des Antikenchefs besagte, dass niemand seine eigenen Ergebnisse präsentieren darf. Dieses Recht besitzt in Ägypten ausschließlich Hawass allein: »Archäologen müssen uns ihre offiziellen Berichte vorlegen. Wir entscheiden dann, wann, wie und ob in den Medien eine Meldung erfolgt.«

Der englische Journalist Richard Girling hat die seltsamen Entwicklungen nachgezeichnet, die sich fortan abspielten. In der Kurzform: Hawass begann einen regelrechten Feldzug gegen die nonkonforme Ägyptologin. Er sprach ihr sämtliche Qualifikation ab und verdrehte ihr das Wort im Munde. Außerdem stellte er selbst Behauptungen auf, die er zu anderer Stunde widerlegte. Dabei berief er sich immer wieder auf Alter und Geschlecht der Mumie.

Nofretete muss um die 30 gewesen sein, als sie starb. Laut Hawass hatten aber Röntgenanalysen durch einen Professor der Amerikanischen Universität in Kairo ergeben, dass es sich bei der KV-35-Mumie um ein zum Todeszeitpunkt etwa 16 Jahre altes Mädchen gehandelt haben müsse. Wenig später erklärte Hawass gegenüber der Nachrichtenagentur *Mittlerer Osten*, die Mumie sei die eines Mannes – angeblich nach Aussage eines Vorgesetzten von Dr. Fletcher. Gemeint war Professor Don Brothwell, der die Gruppe aus York geleitet hatte. Doch von einem Mann hatte der nie gesprochen. Hawass aber blieb dabei, der Expeditionsleiter habe das Alter auf 16 bis 20 angesetzt, also viel zu jung für Nofretete, und allein darauf kam es ja an! Nur dass Brothwell die Altersspanne zwischen 18 und 30 angesiedelt hatte. Ein unbedeutender Unterschied gegenüber der Darstellung von Dr. Zahi. Doch es kam noch besser.

Dr. Hawass stritt die Existenz der Perücke ab, da niemand von den Leuten um Dr. Fletcher einen Gegenstand dieser Art im Grab gesehen habe. Großes Wunder: Das Haarteil staubte ja schon seit Generationen im Ägyptischen Museum vor sich hin, wo es dann auch von Dr. Fletcher bewundert wurde. Nur zwei Tage nach dieser Perücken-Episode lieferte der SCA-Chef den nächsten Kracher: Jetzt sollte der einbalsamierte Körper derjenige eines 15-jährigen Jungen gewesen sein. Eine Woche darauf war wieder von *einer* 15- bis 20-Jährigen die Rede. Wieder eine Woche später stellte Dr. Hawass gegenüber der Agentur *Reuters* fest: »Ich bin sicher, dass diese Mumie keine Frau ist.«

Interessant, Hawass versuchte, Dr. Fletchers Ruf zu demontieren, indem er Fachurteile einholte, die bestätigten, dass sie überhaupt nicht als Expertin für anthropologische und pathologische Untersuchungen an Mumien qualifiziert sei. Doch hatte sie das auch nie behauptet. Denn dafür waren ja Prof. Brothwell und andere Fachleute im Team umso kompetenter. Und Brothwell hatte klare Aussagen getroffen hinsichtlich Geschlecht und Alter. Daher musste Dr. Hawass nun ja auch zu härteren (Mumien-)Bandagen greifen. Und, einfallsreich, hob er das vermutliche Todesalter von Nofretete auf 35 Jahre an. Warum wohl? Nur, damit es außerhalb der Reichweite der kontroversen Leiche von KV 35 lag. Denn die hatte ja nach Brothwells deutlicher Aussage eine »Laufleistung« von keinesfalls mehr als 30 Jahren zu bieten.

Dann schon wieder die nächste Überraschung: Dr. Hawass, der sich immer gegen DNA-Tests an Mumien ausgesprochen hatte, da die Effektivität des Verfahrens nicht gesichert sei und die einzigartigen archäologischen Relikte durch dieses invasive Verfahren verletzt werden könnten, genau dieser Dr. Hawass sandte den Bericht über eine DNA-Probe von Mumie 61072 im Januar 2004 an eine kanadische Rundfunkgesellschaft und erklärte, es handele sich um einen Mann.

Dumm daran nur: Diese Angabe stimmte definitiv nicht! Außerdem halten sich nach einstimmiger Aussage von Experten jegliche DNA-Überreste unter den heißen und feuchten Bedingungen ägyptischer Grabstätten nur maximal etwa 400 Jahre, nicht länger. Poröse, alte Knochen saugen sich bis ins Innerste wie ein Schwamm mit

Feuchtigkeit voll, sie nehmen die Luft der Umgebung auf, den Schweiß der Archäologen, Medienvertreter, Fotografen, Pathologen, Techniker, Konservatoren und wem noch alles. Nicht umsonst wurden sogar in Dinosaurierknochen DNA-Reste gefunden. Allerdings menschliche!

Im Grab KV 35 und an der über 3000 Jahre alten Mumie 61072 waren unzählige Menschen zugange. Für gewöhnlich sollte dabei mit Handschuhen und Mundschutz gearbeitet werden, doch interessanterweise ist in einer Dokumentation des kanadischen Fernsehens ein Dr. Hawass zu sehen, wie er sich ohne jeglichen Schutz sprechend über selbige Mumie beugt!

Am Ende eines gründlichen DNA-Tests von Mumie 61072 käme wohl heraus, dass sie tatsächlich männlich sei. Man könnte den einbalsamierten Leichnam bestimmt noch genauer identifizieren, sein Alter, seine Herkunft. Er wäre dann über 60 Jahre alt geworden und in einem kleinen ägyptischen Dorf namens Abeedya geboren. 1987 (n. Chr.) hätte er dann in den Vereinigten Staaten promoviert. Ja, das Ergebnis wäre tatsächlich:

Jene Mumie ist Zahi Hawass!

Entartet: Tutanchamuns
tausend Krankheiten

Zu den glanzvollsten, rätselhaftesten und faszinierendsten Kapiteln der Ägyptologiegeschichte zählt unzweifelhaft die Entdeckung des Grabes von Tutanchamun und seines sagenhaften Goldschatzes. Die Magie jener altägyptischen Epoche hat sich genauso wie die Magie jener einzigartigen Tage der Graböffnung bis in die jüngste Gegenwart hinein erhalten. Gleich zu Beginn des Jahres 2010 wurden neue Enthüllungen bekannt, die das Leben und Sterben des wohl berühmtesten Pharaos aller Zeiten in einem völlig neuen Licht erscheinen lassen. Was jedoch hier von offizieller Seite verlautbart wird, zeigt deutliche Schwächen, scheint kaum plausibel oder wirklich gesichert.

Gerade beim »Fall Tutanchamun«, bei dem es sich vielleicht sogar um einen Mordfall gehandelt hat, wäre es aber doch angebracht, Daten und Fakten sehr genau zu nehmen. Warum dies offensichtlich nicht geschieht, bleibt eine eigene Frage.

Tutanchamun und seine uralte Heimat Ägypten, beide sind untrennbar miteinander verwoben. Es gibt Namen, die wie Märchen oder Epen klingen, deren Aura eine ganze Ära ausleuchtet und die jene berühmte magische Anziehungskraft besitzen, die einfach jeden erfasst. In Ägypten sind es Orte wie Karnak, Theben oder Achetaton, es sind Namen wie Cheops und die Pyramiden von Gizeh, Ramses oder eben Tutanchamun. Sie stehen als Synonyme und Symbole für die alte Nilkultur.

Es war im November 1922, als der britische Zeichner und ägyptologische Autodidakt Howard Carter nach bereits zahlreichen erfolglosen Grabungskampagnen endlich das Grab des Tutanchamun fand – tatsächlich in letzter Minute. Gerade noch hatte Carter seinen reichen Finanzier, der aus den ersten Kreisen des Empires stammte, von der Wichtigkeit und Notwendigkeit einer weiteren Grabungssaison überzeugen können. Der Earl of Carnarvon war über die Jahre hinweg sehr skeptisch hinsichtlich des genauso ausartenden wie erfolglosen Strebens von Carter geworden, im Tal der Könige nach dem Grab jenes jung verstorbenen Pharao zu fahnden, über den nur wenig bekannt war. Alles schien bereits erforscht, jede Möglichkeit ausgeschöpft, und nun sollte der Earl wiederum eine fünfstellige Summe in

Abb. 62: Howard Carter, der Entdecker des Grabes von Tutanchamun, im Jahr 1924

**Abb. 63: Earl of Carnarvon,
Finanzier der Ausgrabungen
im Tal der Könige**

soliden Pfund Sterling hinblättern, damit die ganze Geschichte noch
einmal von vorn losgehen sollte. Das anfangs fantastisch scheinende
Ägyptenabenteuer hatte in all der fruchtlosen Zeit einfach schon zu
viel an Reiz eingebüßt. Überhaupt war es ja eher dem Zufall zu
verdanken gewesen, dass der britische Aristokrat auf archäologische
Eskapaden in Ägypten verfiel. Zwar ging in England immer noch eine
allgemeine »Ägyptomanie« um, und das gediegene Interesse eines
Angehörigen des Hochadels gab keinerlei Grund zur Verwunderung.
Doch der Earl of Carnarvon begeisterte sich ursprünglich weit eher für
Automobile denn für Archäologie. Diese Leidenschaft sollte es allerdings auch sein, die seinen Lebensweg für immer änderte. Bei einem
Aufenthalt in Deutschland verunglückte der britische Lord im Jahr
1901 mit seinem Wagen schwer auf einer Landstraße bei Bad Schwal-
bach. Er trug erhebliche Verletzungen davon. Daraufhin begab er sich
nach Ägypten, um in dem günstigen Klima schneller genesen zu
können. Damit begann alles.

Schon im Jahr 1907 unterstützte er Ausgrabungen in Theben, zwei
Jahre später schloss sich ihm Howard Carter als Assistent an, der dem
Earl vom berühmten zeitgenössischen Ägyptologen Gaston Maspero
empfohlen wurde. Diese schicksalhafte Begegnung brachte schließlich
die Steine im Tal der Könige ins Rollen, mündete in eine nicht unpro-
blematische Freundschaft und gipfelte in der Entdeckung der bedeutendsten Grabstätte der Welt.

Entgegen aller Expertenmeinung ist Carter davon überzeugt: Hier, im siedend heißen, staubtrockenen Tal der Könige, wartet auch Tutanchamun auf seine Entdeckung. Nach fünf Jahren intensiver Grabungstätigkeit, am 4. November 1922, war es endlich so weit. Der besessene britische Ägyptologe hatte das Tal der Könige in unzählige Planquadrate aufgeteilt und von 275 ägyptischen Arbeitern systematisch durchforsten lassen. Sie schafften Tausende von Tonnen Geröll in ihren Körben fort, ein wahrer Sklavendienst.

Jetzt war nur noch ein einziger Abschnitt nicht untersucht worden, somit die Hoffnung mittlerweile auf null gesunken. Lediglich hier, unter einem anderen Königsgrab, konnte noch Unentdecktes verborgen sein. Hier, unter dem Grab von Ramses VI. Am 4. November wurde Carter dann tatsächlich von aufgeregten Arbeitern gerufen – eine Treppenstufe war zum Vorschein gekommen. Was folgte, ist schon wieder Geschichte. Bis zur endgültigen, beruhigenden Klarheit nahm die Ausgrabung noch viel Zeit in Anspruch. Doch das Siegel über dem Grabeingang deutete auf ein Königsgrab. »Können Sie etwas sehen?« Auf Carnarvons Frage antwortete Carter nur: »Ja, wunderbare Dinge« – ein knapper, aber weltberühmter Dialog in jenen Augenblicken, in denen Carter das Innere der Grabkammer Tutanchamuns mit einer schwachen Kerzenflamme ausleuchtete. Was er sah, waren seltsame Tiergestalten, glänzende Statuen und überall der Schimmer von Gold.

Viele Details der Graböffnung zeigen sich zunehmend von rätselhaften Vorkommnissen begleitet, um die es hier aber nicht gehen kann. Doch was damals ans Licht gelangte, übertraf die kühnsten Erwartungen. Die Grabbeigaben gelten als der kostbarste Goldschatz der Welt. Trotz all der wunderbaren Gegenstände aus einer mehr als 3000 Jahre vergangenen Epoche, trotz des einzigartigen Silber- und Goldschmucks, trotz der prunkvollen Möbel und übrigen Beigaben zeigten sich etliche Fachleute enttäuscht. Ging es doch eigentlich nicht um Schatzsuche, sondern um Forschung und Erkenntnis. Die Experten wollten mehr über jene geheimnisvolle 18. Dynastie erfahren, in der Tutanchamun gelebt hatte. Ihre Hoffnung galt der Entdeckung alter Papyri mit aufschlussreichen Inschriften. Erst viel später stellte sich heraus, dass der Entdecker ganz offenbar tatsächlich solche Dokumente im Grab gefunden, sie aber dann rechtzeitig zur Seite geschafft hatte. Einige Informationen deuten auf brisantes Material hin, das unter Umständen sogar die komplette Geschichte Ägyptens in ein neues Licht rücken würde.

Für die Öffentlichkeit allerdings gab es genug zu bestaunen. Das Gold des so früh verstorbenen »Kindpharaos« ließ die faszinierten Massen nach Ägypten strömen und sorgte immer wieder auch für groß angelegte und bestens gesicherte Ausstellungen außerhalb Ägyptens – im April 2011 schließlich erstmals auch in Australien. Stets im Zentrum des pharaonischen Vermächtnisses: die 16 Kilogramm schwere Goldmaske. Ästhetisch und majestätisch zugleich, unzweifelhaft von sensibelster Künstlerhand geschaffen, strahlt diese Maske eine jenseitige Zeitlosigkeit aus. Der Blick des Pharaos geht in die Ferne und will niemanden um sich wahrnehmen, der Betrachter existiert nicht in diesen traurigen Augen. Die ebenen, feinen Gesichtszüge zeichnen das idealistisch anmutende Abbild eines auch nach Maßstäben der Gegenwart gut aussehenden jungen Menschen. Aber: Entsprechen sie der Wahrheit oder schmeicheln sie lediglich dem Verstorbenen?

Neuesten Erkenntnissen zufolge stimmte vieles nicht mit dem jungen Pharao. Seine Gesundheit war vielfach höchst angegriffen, und er litt zeitlebens wohl unter schmerzhaften Gebrechen.

Abb. 64: Die 16 Kilogramm schwere Goldmaske des unter rätselhaften Umständen gestorbenen »Kindpharaos«.

Anfang 2010 startete die Diskussion um die Todesursache des Gottkönigs wieder aufs Neue, als die Mumie noch einmal genau untersucht und sogar eine DNA-Probe genommen wurde. Hierbei ging es auch darum, endlich zu klären, wer denn die wahren Eltern von Tutanchamun waren. Zur besseren Einordnung des aktuellen Geschehens dürften doch noch einmal zwei kurze Zeitreisen nötig sein. Eine zurück in die 18. Dynastie, die andere in die »Roaring Twenties«, jene ziemlich verrückten Jahre, in die auch die Entdeckung des Tutanchamun-Grabes fällt.

Nach allgemeiner Einschätzung wurde Tutanchamun nur 19 Jahre alt, und um sein frühes Ableben ranken sich wahrlich zahlreiche Legenden und Mysterien. Sie reichen, ganz abgesehen vom berühmten »Fluch des Pharaos«, sogar bis hin zur Theorie, der junge altägyptische König sei von seinen Rivalen heimtückisch ermordet worden. Tutanchamun, letzter Spross der größten Herrscherdynastie des Neuen Reichs, zeigt sich von Geheimnissen umgeben wie dereinst sein einbalsamierter Körper von Leinenbinden.

Der erste Mediziner, der eine Untersuchung an ihm durchführte, war Dr. Douglas Derry. Leider ging er dabei äußerst rücksichtslos vor und scherte sich bei seiner Tätigkeit nicht im Geringsten darum, ob die fragile Mumie beschädigt würde. Ihr Körper war fest mit einer pechartigen Masse verklebt, die vom Einbalsamierungsprozess herrührte. Dr. Derry wollte den Leichnam vom Boden des innersten Sarkophags lösen und tat dies mit Gewalt. Bei seiner weiteren »Untersuchung« brach er ihr beinahe sämtliche Knochen. Wollte er gar etwas vertuschen, wie schon hie und da gemunkelt wurde? War ihm der Tote absolut gleichgültig und suchte er nur etwas Geheimes an dessen Körper, etwas, das er möglichst schnell finden und in seinen Besitz bringen wollte, bevor es andere täten? Ein rein spekulativer Gedanke, durch keinerlei Beweise gesichert. Was bleibt, ist die Tatsache, dass Dr. Derry die späteren Untersuchungen durch sein brutales Agieren deutlich erschwerte bis sogar gänzlich unmöglich machte.

Jahrzehnte nach seiner »Untersuchung«, die sich wohl vielmehr als Antiken-»Vandalismus« beschreiben ließe, entstanden erste Röntgenaufnahmen des Toten. Sie zeigten auch ein seltsames Knochenfragment im Hinterhaupt. Stammte es von einem absichtlich beigebrachten, gewaltsamen Schlag? Wurde Tutanchamun also wirklich ermordet?

Allen voran war es der Paläopathologe Bob Brier, der diese Theorie favorisierte und populär machte. Tatsächlich scheint das gesellschaftliche Umfeld am Hofe durchaus gepasst zu haben. Die düsteren, machtgierigen Gestalten dort besaßen in all ihrem Streben gewiss genügend Motive. Was heute aus jener Zeit und über die »handelnden Personen« bekannt ist, scheint diese Vermutung beinahe zur Sicherheit zu verdichten.

Doch angeblich widerlegen die neuen Analysen dieses perfide Szenario. Überhaupt entsteht ein völlig neues Bild des strahlenden jungen Pharaos, der uns überall als »goldener Gott« begegnet und dem nur wenige Jahre auf dieser Welt vergönnt waren. Fast scheint er wie ein Symbol der ewigen Jugend, doch von alledem ist spätestens seit 2010 nichts mehr übrig, ein Mythos scheint sich in Luft aufgelöst zu haben. Was nunmehr bleibt, ist ein Bild des Jammers: ein extrem gebrechlicher junger Mann, geplagt von den physischen Folgen einer inzestuösen Herkunft. Ein hinkender, hasenschartiger Halbgott mit vorstehenden Zähnen und zutiefst marodem Immunsystem. Wie aber kam es zu diesem radikalen Wandel im Bild, das sich die Wissenschaft derzeit von Tutanchamun macht?

Bei den aktuellen Untersuchungen betritt selbstredend ein besonderer Mann die archäologische Bühne, Dr. Zahi Hawass als oberster Chef der Ägyptischen Altertümerverwaltung. Schon im Jahr 2005 erfolgte eine computertomografische Untersuchung des einbalsamierten Leichnams – oder, besser gesagt, dessen, was die Zeit und Dr. Derry noch von ihm übrig gelassen hatten. Mit diesem nicht invasiven Analyseverfahren ließ sich das »Innenleben« des Toten in Augenschein nehmen. Die Mumie musste nicht angetastet werden. 2008 fand dann sogar die erste DNA-Analyse statt. Und das glich einer Sensation.

Lange Zeit hatte Dr. Hawass ein solches Verfahren strikt abgelehnt, denn dazu musste eine, wenn auch winzige, Gewebeprobe entnommen werden. Und das konnte unter Umständen ja wertvolle Informationen unwiederbringlich zerstören. Interessant, dass zwar auch Mitarbeiter von Dr. Hawass dies zu bedenken gaben, der Antikenchef selbst aber auf die Frage seiner Ablehnung von DNA-Tests schlichtweg erklärte: »Es gibt Leute, die wollen die Geschichte Ägyptens verändern.« Da fehlte beinahe nur noch die Ergänzung: »Und wir können nicht zulassen, dass die Wahrheit gesagt wird.«

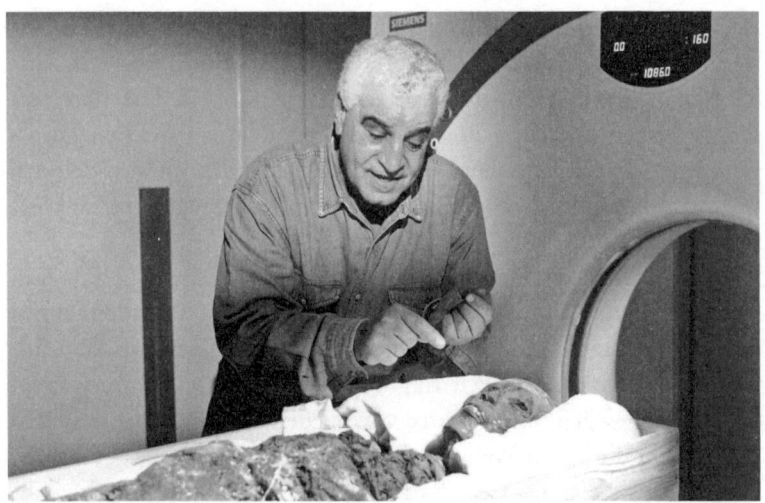

Abb. 65: Dr. Hawass bei der CT-Untersuchung von Tutanchamun – kein Mundschutz, keine Handschuhe

Vielleicht verweigerte Ägyptens Chefausgräber den Test auch aus Prestigegründen, denn das Angebot einer DNA-Analyse war damals aus Japan gekommen. Als aber dann das landeseigene Genlabor fertig war, sah die Sache offenbar doch anders aus.

Seltsam ist die ganze Angelegenheit auch deshalb, da ursprünglich die Rede davon war, DNA-Untersuchungen an ägyptischen Mumien seien bisher ohnehin nie erfolgreich verlaufen. Einige Ägyptologen nehmen an, dieses Versagen liege am Mumifizierungsprozess, der die DNA verändere, andere erklären: Die Haltbarkeit der DNA unter den in den alten Gräbern herrschenden Bedingungen sei sehr begrenzt. Sie geben dem Erbgut nur etwa 400 Jahre.

Dr. Hawass »entwickelte« wohl daher zwar keine weitere Mumie, aber doch ein eigenes Verfahren, um eine *Königs*-Mumie zuverlässig als solche zu erkennen. Und wie? Nun, er »erschnüffelt« sie einfach. So geschehen zumindest im Fall der erforderlichen Identifizierung von Ramses I. Der lag etliche Jahre unerkannt in einem kanadischen Museum, bis Dr. Hawass das allmächtige Urteil mithilfe seiner untrüglichen Nase fällte. Denn: »Sie riechen anders«, so Hawass über die Königsmumien, die einem anderen Einbalsamierungsvorgang unterzogen wurden als normale Sterbliche. Mit dem unfehlbaren Nasentest avancierte die anonyme kanadische Mumie schließlich zu König Ramses I.

Und dann kam der große Sinneswandel. Nämlich vom Geruchssinn zum Gentest. Nach Jahren der Opposition entschloss sich der Antikendirektor nunmehr also doch, DNA-Proben des Tutanchamun analysieren zu lassen, im Rahmen eines Programms, bei dem künftig noch Hunderte von Mumien untersucht werden sollen. Dr. Hawass zeigte sich also plötzlich vom DNA-Fieber ergriffen! »Ich dachte niemals, dass wir wirklich eine große wissenschaftliche Entdeckung erlangen würden«, schwärmte der Chefägyptologe angesichts des Tut-Tests. Und gestand damit seinen Irrtum indirekt ein. Ist dies wirklich möglich? Kann sich ein Dr. Hawass überhaupt irren? Hawass? Ach was! Alles nur eine Frage des Standpunkts.

Was aber resultiert überhaupt aus der bislang einzigen DNA-Analyse des Gottkönigs? Das wichtigste Ergebnis betrifft wohl dessen Abstammung. Mit den spärlichen DNA-Überresten wurde ein hochempfindlicher Vaterschaftstest durchgeführt. Das Ergebnis ist nun eine weitgehende genetische Übereinstimmung mit einer für den Ketzerkönig Echnaton gehaltenen Mumie in Grab Nummer 55 im Tal der Könige (KV 55). Und daher sei Echnaton jetzt wohl endlich auch identifiziert. Diese Schlussfolgerung allerdings ist schon mehr als erstaunlich. Denn nur weil der Vaterschaftstest positiv ausfällt, heißt das doch nicht automatisch, dass es sich bei der fraglichen Mumie um Echnaton handelt. Gerade einmal festzustehen scheint der Zusammenhang Vater–Sohn! Und das auch nur anhand 3300 Jahre alter Genfragmente. Schon vor Jahren benannten einige Ägyptologen ihrerseits vielmehr Semenchkare, den geheimnisvollen jüngeren Bruder Echnatons, als potenziellen Vater von »Tut«!

Als Mutter identifizierte das internationale Forscherteam 2010 die Mumie einer jüngeren Frau im Grab Nr. 35, die als »Jüngere Dame« oder eben »Younger Lady« bekannt ist und somit unter dem Kürzel KV 35 YL firmiert. Es handele sich aber anscheinend nicht um die legendäre Nofretete, wie die britische Forscherin Joann Fletcher vermutet, sondern wohl um eine Nebenfrau Echnatons. Das könnte Kija sein, möglicherweise aber auch eine Schwester von Echnaton selbst, am ehesten Sitamun. Oder aber, als dritte Option: Echnaton erwählte sogar eine seiner eigenen Töchter für die Zeugung Tutanchamuns.

Niemand kann somit sagen, wer die »Younger Lady« wirklich war. Drei Möglichkeiten also, die zu völlig unterschiedlichen Gensätzen führen. Überall wird aber berichtet, Tutanchamun sei das Ergebnis einer *inzestuösen* Verbindung gewesen. Im Alten Ägypten an sich zwar nichts Ungewöhnliches, aber hier in keinerlei Weise belegt. Auch wenn uns dies offenbar suggeriert werden soll, Sicherheit herrscht aber auch nach dem DNA-Test nicht.

Da wird KV 35 YL einerseits als Schwester Echnatons identifiziert, andererseits immer noch Kija als mögliche Mutter des Kindpharaos ins Kalkül gezogen. Kija jedoch war keine *Blutsverwandte*, sondern stammte nach allgemeiner Auffassung aus dem Mitanni-Reich in der Region des heutigen Nordsyrien. Sie war keine Ägypterin. Da beginnen sich so manche zu fragen, wie genau denn ein Gentest wirklich ist, wenn er nicht einmal zwischen einer engen Blutsverwandten und einer völlig familienfremden Person zu unterscheiden vermag! Die Kija-Variante jedenfalls bleibt offenbar weiterhin bestehen. Der Radiologe Dr. Ashraf Selim führte schon 2007 eine CT-Untersuchung an KV 35 YL durch und identifizierte sie anhand der angewandten Mumifizierungstechnik als Mitglied des Königshauses. Seiner Ansicht nach sind es die sterblichen Überreste von Kija. Die pathologische Untersuchung ergab, dass sie gewaltsam zu Tode kam. Eine klaffende Wunde im Gesicht, Hinweise auf einen Bluterguss, eingeschlagene Zähne sowie ein zerschmetterter Kiefer – was will man mehr? Nun, Kija wollte sicherlich nichts von alledem, aber für die Archäologen waren dies doch unübersehbare Indizien für eine Gewalttat. Es bedurfte wohl kaum detektivischen Spürsinns, um zu dieser Schlussfolgerung zu gelangen.

Und die Todesursache Tutanchamuns? Er sei, wie gesagt, ein krankes, sehr gebrechliches Inzestkind gewesen, so zumindest lautet die aktuellste Diagnose. Ihn hätten sogar gleich mehrere Leiden gleichzeitig geplagt, mit von der Partie auch die Köhler-Krankheit (*Morbus Köhler*), die den Blutstrom in die Fußknochen blockiert. Benannt nach dem Wiesbadener Röntgenologen Alban Köhler wird sie als »juvenile aseptische Nekrose des Kahnbeins« beschrieben, eine schmerzhafte Weichteilschwellung des Fußes, wobei es nach etwa drei Jahren in der Regel aber zu einer Spontanheilung kommt. Außerdem fehlte dem Pharao noch so einiges, darunter auch eine Zehe am linken Fuß. Die Krankenakte des berühmtesten Pharaos liest sich beinahe wie ein medizinisches Lexikon, so umfangreich ist sie. Tutanchamun litt demnach an Rückgratverkrümmung, verwachsenen Weisheitszähnen und einer Gaumenspalte. Seine Knochen waren laut paläopathologischer Untersuchung morsch. Und genau aus diesem Grunde brach er sich kurz vor seinem frühen Tod ein Bein. Die Vermutung geht zudem in die Richtung, dass eine Infektion hier zu Komplikationen führte.

Augenfällig und faktisch vorhanden ist der für die gesamte damalige Königsfamilie deutlich verlängerte Hinterkopf, wie er immer wieder auf den berühmten Reliefs der Amarna-Zeit zu sehen ist. Aus gleichem Grunde wählte die schöne Nofretete wohl auch eine Kopfbedeckung mit den Ausmaßen eines büroüblichen Aktenvernichters, um die Überlänge zu kaschieren. Wobei die Königsfamilie dieses markante Merkmal wie etliche andere körperliche Eigenheiten zum Schönheitsideal erklärt haben dürfte.

Irgendetwas stimmte da wirklich nicht mit den königlichen Proportionen, wenn man die Darstellungen jener Epoche für bare Münze nimmt. Oder waren sie nur das Produkt künstlerischer Freiheit und eines eben doch recht seltsamen Schönheitsideals? Zumindest die langgestreckten Schädel sind ein Faktum. Vielleicht sind sie zusammen mit den merkwürdigen Reliefs auch weit mehr Grund für die aktuellen Interpretationen als die vermeintlich exakten Analysen und medizinischen Gutachten der vergangenen Jahre.

Der DNA-Test spürte laut Angaben der beteiligten Forscher zu allem Überfluss auch noch Relikte des Malaria-Erregers auf. Tutanchamun war, wie es heißt, sogar an der schwersten Form erkrankt, der *Malaria tropica*. Im Verbund mit der Knochenkrankheit soll sie letztlich zum Tod des Herrschers geführt haben.

So weit also die wesentlichen Untersuchungsergebnisse, wie sie 2010 in die Öffentlichkeit getragen wurden. Dabei mischen sich in Wirklichkeit die neuen Resultate mit den Erkenntnissen der Computertomografie von 2005.

Aber: Treffen die Aussagen wirklich alle zu? Wie aussagekräftig also sind sie, was stellten die Fachleute wirklich fest? Selbst in einem Bericht der direkt beteiligten Ärzte der Medizinischen Fakultät Kairo, verfasst zusammen mit Dr. Hawass unter dem Titel *Computed Tomography of King Tut-Ankh-Amen (2008)*, wird lediglich von »normalen anatomischen Varianten« gesprochen. Hier ist also nicht die Rede von

einem Klumpfuß oder von starken Deformationen, sondern beispielsweise von einer leichten Abweichung der Wirbelsäule. Interessant
auch, wie und wann sie möglicherweise erst entstand. Als Ursache
hierfür wird nämlich auch die Lagerung der Mumie durch die
Einbalsamierer erwähnt! Auch hinsichtlich des Zahnstatus sehen die
Ergebnisse jetzt plötzlich wieder ganz anders aus. Hier sprechen die
Mediziner von einem »milden Vorbiss« und erwähnen nebenher eine
»leichte Fehlstellung von drei Weisheitszähnen, während der vierte
verlagert und noch nicht durchgebrochen war«. Insgesamt betonen sie,
es handelte sich um ein »exzellentes Gebiss«. Die Gaumenspalte sei
»nicht vollständig« und damit äußerlich nicht erkennbar. Sie tritt in
der Minimalform als eine Längsspalte im Gaumenzäpfchen (Uvula)
auf.

Und die Knochenbrüche? Besaß der Pharao hochempfindliche
»Glasknochen«? Faktisch ist nicht mit letzter Sicherheit klar, ob die
Brüche vor dem Tod eingetreten sind oder aber erst während der
Einbalsamierung beigebracht wurden. Wenn sie zu Lebzeiten entstanden sind, so lässt sich nichts über den auslösenden Vorfall sagen. Somit
bleibt auch jetzt noch offen, ob sie einem unglücklichen Sturz vom
Streitwagen zuzuschreiben sind oder aber einem tödlichen Gewaltakt
gegen den Herrscher. Dass Tutanchamun kein Muskelprotz war, scheint
noch am ehesten gesichert – umso leichter dürfte potenziellen »Auf-
tragsmördern« die Tat gefallen sein. Sei es durch eine Manipulation des
Streitwagens, einen direkten Überfall oder wie auch immer. Allerdings,
zuverlässig musste die Methode eben schon sein, wenn sie nicht als
Retourkutsche enden sollte!

Offiziell wird nun aber von einigen Seiten mit überraschender
Sicherheit erklärt: »Nein, ein Mord war es nicht.« Und weiter: Die
Todesursache sei *vermutlich* ein durch den – ebenfalls nicht bewiese-
nen – Inzest entstandener Knochenabbau gewesen sowie eben jene
Malaria-Erkrankung. *Wahrscheinlich* habe die Blutversorgung der Knochen nicht ausgereicht. So und ähnlich lauten die Erklärungen gegenwärtig. Ihre Essenz erschöpft sich also in purer Spekulation.

Fachleute haben zudem wiederholt daran erinnert, dass der Gentest
auch mit Blick auf die Malaria-Erkrankung nicht absolut sicher sein
könne, da der Körper des toten Königs im Verlauf der Einbalsamierung »durch viele Hände ging«, wobei automatisch auch fremde Gene

mit eingeschleust wurden, vielleicht sogar ebenso Malaria-Erreger, die womöglich aus ganz anderer Quelle in der Werkstatt der Einbalsamierer herumschwirrten.

Der Archäologieprofessor und Hawass-Vorgänger Dr. Abdel Halim Nureddin betrachtet letztlich auch den »Vaterschaftstest« mit Skepsis. Wie andere Experten betont der erfahrene Ägyptologe, er könne nicht mit Gewissheit sagen, dass solche Gentests an bald 3500 Jahre alten Mumien wirklich noch sinnvolle, gültige Ergebnisse brächten. »DNA-Tests genügen in der Archäologie nicht«, so bestätigt Nureddin. »Wir benötigen andere archäologische Beweise, die uns mit Sicherheit ermöglichen, einen Stammbaum von Tutanchamun zu erstellen.«

Die überzogen wirkenden Schilderungen des gesundheitlichen Zustands von Tutanchamun stimmen insgesamt nachdenklich. Bewiesen wurde auch 2010 nichts, selbst wenn Dr. Hawass doch bereits eindeutig erklärte: »Ich denke, wir können damit nun die Fragen hinsichtlich des Todes von Tutanchamun ad acta legen.« Somit ist also auch die »Mordtheorie« angeblich endgültig vom Tisch! Ging es vor allem darum? Aber warum?

Enttäuscht: nicht das kleinste Dings unterm Sphinx?

Vor den drei großen Pyramiden des Gizehplateaus wacht der weltberühmte steinerne Löwe mit seinem menschlichen Antlitz und lässt all seine vorüberziehenden Besucher mit majestätischer Mystifikation zurück. Hier steht er den anderen Monumentalbauten am Rande der Wüste in nichts nach. Niemand kann wirklich sagen, wer sie errichtete und wann dies geschah. Die offizielle Chronologie nennt die vierte Dynastie als Entstehungszeit dieser architektonischen Meisterleistungen, betrachtet Cheops (Khufu) als den Bauherrn der Großen Pyramide und dessen Sohn Chephren (Khafre) als denjenigen Herrscher, unter dem der Sphinx geschaffen wurde. Wer etwas anderes behauptet, gilt gemeinhin als »Pyramidiot« und »Verschwörungstheoretiker«, ganz gleich, welche Gründe er vorbringt und wie zwingend sie sein mögen.

Abb. 66: Seit uralten Zeiten wird der Sphinx von Gizeh restauriert – bis in die Gegenwart hinein. Doch mit einigen Arbeiten verbindet sich auch eine Suche nach verborgenen Kammern in seinem Inneren und unterhalb seines riesigen Leibes, der aus dem natürlichen Fels gehauen wurde. Offiziell heißt es: Es gibt hier nichts mehr zu entdecken!

Die Einzigartigkeit des mächtigen Mischwesens, das über die Jahrtausende wiederholt vom Sand befreit werden musste, wird auch als einer der entscheidenden Gründe gesehen, warum ihm so viel Aufmerksamkeit von Wissenschaftlern wie auch Laien entgegengebracht wird. Ein wohl nicht sonderlich überraschender Schluss.

Im April 2010 publizierte der Chef der ägyptischen Antikenverwaltung, der bereits »beiläufig« erwähnte Dr. Hawass, einen kurzen Überblicksbericht zu aktuellen Arbeiten am Sphinx, vor allem zu einer Radarsondierung, ausgeführt vom viele Jahre auf dem Plateau tätigen amerikanischen Ägyptologen Dr. Mark Lehner, allseits dort als »Dr. Mark« bekannt. Im Jahr 2009 vorausgegangen waren dieser Tätigkeit bereits diverse Bohrungen rund um den steinernen Löwen. Wie Hawass betont, ging es bei dieser Aktion vor allem darum, »jedermann zu zeigen, dass es nichts unterm dem Sphinx gibt und dass ganz gewiss keine verlorene Zivilisation hier verborgen ist«. So stellt er schließlich klar fest: »Es gibt keine geheimen Räume unter dem Sphinx.« Mit diesen Bemerkungen zielte er auf die New-Age-Bewegung und jene Prophezeiungen des »Schlafenden Propheten« Edgar Cayce, der während der 1930er-Jahre im tranceartigen Zustand auch über Atlantis und die Heiligen Hallen der Aufzeichnungen berichtete. Unter dem Sphinx gebe es einen geheimen Raum, von dem aus ein Gang zur »Halle der Aufzeichnungen« führe, in der das unschätzbare Wissen der versunkenen Zivilisation aufbewahrt werde, so Cayce.

Dr. Mark Lehner kam in den 1970er-Jahren dereinst selbst nach Ägypten, um diese Heiligen Hallen zu suchen. Er wurde von der Cayce-Gesellschaft gefördert, studierte Ägyptologie und entwickelte sich zu einem engen Freund und Vertrauten von Dr. Hawass. Heute gilt er als einer der führenden Ägyptologen und will von seiner anfänglichen Suche natürlich nicht mehr allzu viel wissen.

Ein Kurzfilm von Sandro Vannini zeigt Dr. Lehner vor dem Sphinx. Er erklärt die aktuellen Bohrungen zur Kontrolle des bedrohlich angestiegenen Grundwassers unter dem Monument. »Dr. Mark« geht in diesem Film ebenso wie Dr. Hawass auf die vermeintlichen Geheimkammern ein, mit einem milden Lächeln. Hier gebe es schlichtweg nichts, so wird uns gesagt. Dies war auch die Prämisse der Untersuchung. Man wolle die New-Age-Ideen widerlegen. Natürlich erschiene es auch merkwürdig, Traumprophetien als Ausgangspunkt für wissenschaftliche Arbeiten zu nehmen. Sie sind gewiss keine sehr glaubhafte Quelle. Historisch gesehen und ebenso auch hinsichtlich der vorhandenen Informationen über den Untergrund von Gizeh besteht allerdings eine gute Möglichkeit für Kammern und Gänge unterhalb des Sphinx, der ja wohl selbstredend einen besonderen Ort markieren musste. Und zumindest wäre es wohl korrekter gewesen, vorurteilsfrei an die Analyse zu gehen, um die Existenz solcher Gelasse dann entweder belegen oder eben widerlegen zu können. Die Herangehensweise aber spricht weit mehr für die weitere Zementierung offenbar unverrückbarer Dogmen, die jedoch im Widerspruch zur Wahrscheinlichkeit stehen. Sollten die in Ägypten waltenden Archäologen vielleicht gut daran tun, sich unter anderem einmal mit Einsteins Methodologie zur Theorienbildung zu befassen?

Doch eine andere Frage liegt hier in der Luft: Was bekam der geneigte Betrachter denn nun eigentlich zu Gesicht? Versprochen wurde doch, der Welt ein für alle Mal zu zeigen, dass dort unten nichts außer Gestein und nochmals Gestein existiert. Die Filmaufnahmen zeigten die Bohrarbeiten, viel mehr auch nicht. Zudem *Fragmente* von Bohrkernen. Diese spärliche Information dürfte selbst gutgläubige, um nicht zu sagen: leichtgläubige Zeitgenossen kaum überzeugen. Interessant auch, dass Dr. Hawass tief unter die linke Pranke des Sphinx bohren ließ. Im entsprechenden Cayce-Reading ist allerdings von der »rechten Pranke« als Ausgangspunkt für den Geheimtunnel die Rede. Unabhängig vom Stellenwert und von der Bedeutung jener Darstellung darf doch auf den Unterschied zwischen »links« und »rechts« hingewiesen werden. Der ist nicht nur in der Politik sehr entscheidend, wo er mittlerweile allerdings eher überholt und nicht mehr zeitgemäß erscheint.

Von allen Fantasmen abgesehen, kümmerten sich ja über die Jahre und Jahrzehnte hinweg verblüffend viele, eher archäologiefremde Einrichtungen und Organisationen um den Sphinx. Da gab es vor allem die wiederholten Bohrungs- und Grabungsprojekte des CIA-Kontraktors SRI. Interessant auch, dass sich Dr. Hawass laut Informationen der Organisation *Association for Research & Enlightenment* (ARE) gegen Anfang 2009 bereit erklärte, mit dieser Stiftung des Edgar Cayce zu kooperieren. Bewirkt worden sei der Sinneswandel durch das ARE-Mitglied Joe Jahoda, als Dr. Hawass ausgerechnet vor dieser Gesellschaft einen Vortrag hielt. Viel mehr war nicht zu erfahren. Was folgte, waren Bohrungen und Radarsondierungen. Von einem das komplette Gizehplateau erfassenden Projekt zur Untergrundradarkartierung sprach Dr. Hawass unter anderem auch mir selbst gegenüber bereits viele Jahre früher, doch auch hierzu wurde noch nicht viel publiziert.

Bei den aktuelleren Bohrungen zur Bestimmung des Grundwasserpegels wurden Kameras in die Tiefe herabgelassen, aber die Datenlage ist spärlich. Kein Wunder, wenn dort unten doch nichts zu sehen ist, so werden Skeptiker zu recht einwerfen. Allerdings gibt es von vielen wesentlichen Kammer- und Tunnelsystemen des Plateaus keine offiziellen Bilder, auch nicht in den führenden Buchveröffentlichungen. Und dennoch existieren sie.

Denen, die über diese Anlagen berichten, wird dann aber seltsamerweise vorgeworfen, sie berichteten da nichts Neues. Nur eigenartig, dass selbst Ägyptologen, die man auf dem Gizehplateau mit solchen architektonischen Meisterwerken des Untergrunds konfrontiert, völlig überrascht und begeistert sind. Bemerkenswert auch, wie häufig dann diese Anlagen von erklärten Skeptikern mit anderen, tatsächlich bekannten Örtlichkeiten identifiziert werden, was aber nicht stimmt, weil sie eben ganz woanders liegen. Und beachtlich, wie die Lesegewohnheiten mancher erzskeptischer Zeitgenossen beschaffen sind, die ihre eigenen Erwartungen in diverse Publikationen hineinprojizieren und dann enttäuscht sind, sie nicht erfüllt zu finden. Da finden sich dann zuweilen die verblüffendsten Behauptungen. Aus faktisch senkrecht in die Tiefe führenden Schachtsystemen mit zwischen 30 bis etwa 90 Metern Tiefe werden plötzlich »ökologische Anlagen mit Tunnelnetzwerken über viele Kilometer«, deren Existenz man als Autor behauptet, was allerdings nie der Fall war. Aber auch dies nur nebenbei bemerkt.

Abb. 67: Eingänge zu tiefen unterirdischen Schacht- und Tunnelsystemen. Warum wird darüber nirgends berichtet? Seit Jahren gibt es trotz entsprechender Ankündigungen der ägyptischen Altertümerverwaltung keine Veröffentlichungen zu Untergrundkartierungen des Gizehplateaus.

Die Radarsondierung von 2010 widmete sich auch den vier merkwürdigen, rechteckigen Anbauten, die den Sphinx direkt flankieren. Wie sich herausgestellt habe, ließen diese Strukturen keinerlei Hohlräume erkennen. Auch eine Radarsondierung, die bis zu 26 Meter unter die linke Vorderpranke reiche, ließ nichts erkennen. Zu dumm nur, dass man sich nicht für die rechte Pranke entschieden hatte, um Cayce zu widerlegen. Nun, dort wurde zwar sogar auch gebohrt, aber leider nur bis in eine Tiefe knapp oberhalb der vermuteten Deckenlinie jener ebenfalls natürlich nur vermuteten Kammer. Deutlich früher erfolgte Messungen mit einem den Boden durchdringenden Radar lieferten immerhin schwache Hinweise auf eine »Anomalie« unterhalb der rechten Katzenpfote.

So, wie es nach den aktuellen Sondierungen aussieht, gibt es nichts unterhalb oder innerhalb des Sphinx. Wer allerdings einmal die Möglichkeit erhält, den für die Öffentlichkeit nicht zugänglichen Graben um den Sphinx zu betreten und somit überhaupt erst direkt an das Monument zu gelangen, sollte diese Gelegenheit beim Schopfe ergreifen und sich der Kehrseite der großen Katze zuwenden. Westnordwestlich an ihr findet sich hier ein unscheinbares Löchlein – aber bitte jetzt nichts Falsches denken!

Diese kleine Öffnung lässt jedenfalls wahrlich tief blicken. Ins Innere öffnet sich eine recht große Höhlung. Von hier aus geht es einen – allerdings absichtlich mit Brettern versperrten – Gang nach oben und ebenso einen per Stahlträger gesicherten Tunnel nach unten. Und offenbar noch weiter. Komisch nur, dass immer wieder aus berufenem

Abb. 68: Diese Aufnahme des Verfassers zeigt einen Abschnitt im Inneren des Sphinx. Zumindest hier, in dessen Hinterleib, befindet sich ein größerer Hohlraum, von dem Schächte ins Innere führen.

Munde zu hören ist, der Sphinx sei massiv und enthalte keine Hohlräume. Sicherlich, massiv ist er schon, und er wurde aus dem natürlichen Fels gehauen. Doch durchgängig ausgefüllt, das ist er deshalb noch lange nicht, dessen konnte ich mich zumindest im Ansatz überzeugen. Diesen Beobachtungen schließt sich eine Episode nahtlos an, die der Vollständigkeit halber noch kurz ins ägyptologische Feld geführt werden muss. Der in Ägypten geborene Autor Robert Bauval, dessen Orion-Theorie weltbekannt ist, erklärte, schon im Jahr 1998 ein siebenminütiges Videoband erhalten zu haben, das aus ganz bestimmten Gründen seine unmittelbare Neugierde weckte. Denn sein alles bestimmendes Thema war *The Secret Chamber – Die Geheimkammer*!

Dieses vielversprechende Band nahm seinen Ursprung bei dem im Jahr 2002 verstorbenen Filmemacher Boris Said. Geplant war allerdings ein größeres Filmprojekt, hier lag nur ein Werbeträger dafür vor. Grundlage waren Aufnahmen aus den Jahren 1991 bis 1993, einer Zeit, in der sich auf dem Plateau eine ganze Menge tat. Vieles auch außerhalb des grellen öffentlichen Rampenlichts. Private Spurensucher hatten sich damals zusammengetan, um den inneren Rätseln des Sphinx möglichst doch ein wenig näherzukommen. Neben dem Privatforscher John Anthony West waren auch Fachleute wie der Geologieprofessor Robert Schoch und der Seismologe Thomas Dobecki mit dabei – natürlich kann man jedem die Kompetenz absprechen, wenn seine Erkenntnisse nicht mit der etablierten Darstellung konform gehen. Sich dessen bestimmt bewusst, unternahm die kleine Gruppe dennoch das Unterfangen, frühere Hinweise auf einen künstlichen Hohlraum unter der *rechten* Pranke mit moderner Messtechnik nachzuprüfen. Dies sei dann auch tatsächlich gelungen. Noch erstaunlicher aber sind einige von Bauval erwähnte Sequenzen, die Dr. Hawass zeigen, wie er in einen Tunnel hinabsteigt und schließlich die entscheidenden Sätze in die Kamera sagt: »Selbst Indiana Jones wird niemals glauben, dass wir hier sind. Wir befinden uns innerhalb des Sphinx in diesem Tunnel. Dieser Tunnel ist nie zuvor geöffnet worden. Niemand weiß wirklich, was sich innerhalb dieses Tunnels befindet. Aber wir werden ihn zum ersten Mal öffnen.« – Wenn es eine solche Öffnung je gab, so fand sie allerhöchstens vor laufender Kamera statt, nicht aber vor der Öffentlichkeit, die anno 2010 mit Fragmenten von Bohrkernen »abgespeist« wurde, ein wahrlich hartes Brot. Doch im Ernst, offiziell ist ein derartiger Film nie gezeigt worden. Laut Bauval existiert sogar ein zweites Band, das aus fast sendefähigem Material bestand und weitere Hinweise auf ein entsprechendes Untergrundsystem gibt.

Befand sich Dr. Hawass tatsächlich in einem Tunnel unter dem Sphinx und kennt er am Ende sogar die Zugänge zu den Hallen, war vielleicht sogar schon dort und täuscht die Weltöffentlichkeit mit ziemlich »verbohrten« Beweisen und Ansichten? Die von Bauval wiedergegebene Diktion scheint typisch für Hawass, auch der Verweis auf Indiana Jones, dem der ägyptische Gelehrte geradezu nachzueifern scheint – nicht von ungefähr trägt der Antikenchef im Felde stets den charakteristischen breitkrempigen Hut. Auf diese Weise selbst behütet, macht sich Hawass mit geradezu heiligem Eifer auf, um als Hüter der alten Schätze Ägyptens aufzutreten und sie für die Nachwelt zu sichern. So ließ er gleich Anfang 2010 auch das legendäre Grabräuberdorf al-Qurna am Tor zum Tal der Könige endgültig und komplett dem Erdboden gleichmachen.

Gleichsam selbst ein mit eisernem Willen über alles wachender Sphinx, mag der moderne Pharao dabei vielleicht doch so manch wesentliche Information so sehr hüten, dass sie das Licht der Öffentlichkeit eben nie erblicken darf oder, böse gesagt: dass die Öffentlichkeit hinters Licht geführt wird.

Nur, wie sieht es auf der »anderen« Seite aus? Immerhin liegen hier einige klare Fakten hinsichtlich größerer Hohlräume im Inneren des Sphinx vor. Diese Fakten lassen ebenso wie die ausufernden Untergrundnetze des Plateaus ernsthaft vermuten, das es hier höchstwahrscheinlich noch weiter geht und vielleicht sogar Kammern und Tunnel unter dem steinernen Löwen zu finden sind. Nur, ob die mysteriösen Filme tatsächlich existieren und warum sie bis heute nicht gezeigt wurden, das wiederum bleibt eine Frage für sich. Somit kann diese Information auch leider nur als Anekdote am Rande berichtet werden. Der Sphinx scheint wahrhaft ein ewiges Rätsel zu bleiben, und beim Wahren seiner Geheimnisse scheinen ihm die alten Götter Ägyptens noch bis zum heutigen Tage hilfreich zur Seite zu stehen!

Entziffert: Platons verborgener Code

Dr. Jay Kennedy scheint ein wenig wie die authentische Vorlage für Dan Browns Romangestalt, den Forscher Robert Langdon, der sich der geheimnisvollen Symbolologie verschrieben hat. Wenn sie auch offiziell noch nicht existiert, dürfte diese Wissenschaft wohl bald erfunden werden. Ihr Betätigungsfeld wäre sicherlich interdisziplinär und entsprechend riesig. Auch die Arbeit von Jay Kennedy, der an der Universität von Manchester wirkt, erstreckt sich auf mehrere Wissensgebiete und liefert bemerkenswerte Ergebnisse, die allerdings gewiss noch eine ganze Weile darauf warten müssen, auch von der großen Forschungsgemeinde akzeptiert und weiterverfolgt zu werden. Der Mainstream hat eben mit so manchem seine Probleme, die Gleichschaltung findet man allerorten, in den Medien wie in der Forschung.

Dr. Kennedy studierte Mathematik und Computerwissenschaften an der renommierten *Princeton*-Universität, promovierte dann an der ebenfalls berühmten *Stanford*-Universität in Philosophie, wobei er sich auf die Geschichte und Philosophie der mathematischen Physik spezialisierte. Mit anderen Worten: Seine Arbeit beginnt dort, wo andere thematisch meist abschalten. So trocken aber sein berufliches Steckenpferd zunächst auch erscheint, es entpuppt sich als recht lebendiges Mischwesen voller Geheimnisse – ein echter Sphinx also!

Dabei ist es nicht wirklich nötig, sich in sämtliche Details zu vertiefen, um einen Überblick über die spektakulär erscheinenden Funde Dr. Kennedys zu erhalten. Eigentlich hat dieses Kapitel unter der Rubrik »Archäologie« nichts zu suchen, doch im erweiterten und übertragenen Sinne soll es hier interessehalber zumindest in kurzer Form angerissen sein, eben weil die Geschichte bemerkenswert ist.

Nach mehr als fünfjähriger Arbeit ist der britische Forscher davon überzeugt, dass die Werke des großen antiken Philosophen Platon sehr zahlreiche geheime Botschaften enthalten. Im Juni 2010 veröffentlichte Kennedy seine ersten Ergebnisse. Wie er sagt, beweise die Entschlüsselung des umfangreichen Materials, dass Platon (lateinisch: Plato), der gegen 428 v. Chr. geboren wurde und Schüler von Sokrates war, die Grundgedanken der wissenschaftlichen Revolution bereits zwei Jahrtausende vor dem Physiker Isaac Newton erkannt und schriftlich festgehalten hatte. Der Philosoph sei bei seiner Codierung so weit gegangen, seinen Texten durch eine entsprechende Aufteilung, durch Symbole und regelmäßige Buchstabenmuster eine musikalische Struktur zu verleihen, um seine Leser darüber emotional zu steuern. Demnach wollte er also unterschwellig Einfluss ausüben und das »kosmologische« Gedankengut seines Vorgängers Pythagoras mit in sein Werk einbeziehen, wobei es ihm vorrangig um die Idee der Sphärenharmonie ging, derzufolge Gestirne eine nicht hörbare Musik erzeugen. Pythagoras glaubte, die Himmelskörper thronten auf kristallenen Sphären, die sich gegeneinander ständig verschöben und dadurch gläserne Klänge produzierten.

Abb. 69: Original-
fragment einer Schrift
Platons, Politeia

Ähnlich, wie von Sokrates keine Schriften bekannt sind und das Wissen über ihn und seine Lehren vor allem durch seinen kongenialen Schüler Platon überliefert ist, so liegen auch von Pythagoras selbst keine Aufzeichnungen vor. Hier waren es wiederum dessen Schüler, durch die sein Werk bis heute erhalten geblieben ist. Pythagoras war von der Kugelgestalt der Erde vollends überzeugt und gilt als der wohl erste griechische Philosoph, der herausfand, dass der Abendstern und der Morgenstern auf ein und dasselbe Himmelsobjekt zurückgehen, nämlich den Planeten Venus. Die numerischen Proportionen der Natur waren für Pythagoras von ganz besonderer Bedeutung, genauso auch die musikalischen Harmonien mit Blick auf die entsprechenden

Zahlenverhältnisse. Die Sphärenharmonie finden wir nunmehr bei Platon wieder, genau wie dann bei spätantiken Denkern wie Anicius Boethius oder auch bei neuzeitlichen Gelehrten wie Johannes Kepler, der das Konzept in seinen großen astronomisch-philosophischen Werken aufgriff, darunter im *Mysterium Cosmographicum* (dem *Weltgeheimnis*) 1596. Dieses Buch widmete er den fünf regulären Körpern und versuchte dabei einen Zusammenhang zwischen deren Proportionen und den planetaren Bahnen im Sonnensystem herzustellen. Später legte er seine ersten beiden, strikt aus astronomischer Beobachtung und mathematischer Berechnung hergeleiteten Erkenntnisse in dem 1609 erschienenen Buch *Astronomia Nova* (*Neue Astronomie*) sowie das dritte Planetengesetz zehn Jahre darauf in *Harmonices Mundi* (*Weltharmonik*) nieder. Trotz seiner mathematischen Orientierung blieb Kepler aber zeit seines Lebens ein Mystiker. Fast 2000 Jahre zuvor war auch Platon bereits davon überzeugt, dass das »Buch der Natur« in der Sprache der Mathematik verfasst sei. Aber auch die geheimnisvollen Sphärenklänge habe er mittels musikalischer Gesetzmäßigkeiten in seinem philosophischen Werk imitiert und darin weitere verschlüsselte Botschaften eingebracht. Seine Lehren standen allerdings im krassen Widerspruch zu den religiösen Vorstellungen der damaligen Zeit. Dies sei laut Kennedy auch der hauptsächliche Grund für die Chiffrierung gewesen. Für Platon wirkten nicht die Götter, sondern allem voran mathematische Prinzipien als gestaltende Kraft im Universum. Eine ketzerische Vorstellung, die ihn durchaus um Kopf und Kragen hätte bringen können.

Man muss sich nicht weit aus dem Umfeld Platons entfernen, um auf Fälle zu stoßen, in denen Häresie tödliche Folgen zeitigte. Denn bekanntlich wurde auch Platons großer Lehrmeister und wohl bedeutendster Philosoph der alten Zeit, Sokrates, wegen seiner vermeintlichen Irrlehren verfolgt und für schuldig befunden, die Götter zu missachten und die Jugend zu verderben. Daher wurde er zum Tod durch den Schierlingsbecher verurteilt. Doch gab er auf den Schierling keinen Pfifferling, nahm die nunmehr bevorstehende Hinrichtung schlicht und gelassen als Fehlurteil hin und philosophierte im Kreise seiner Freunde und Schüler noch bis zum letzten Stündlein.

Platon wollte allerdings seinerseits doch noch einige Stündlein länger über das Weltgefüge sinnieren und entschloss sich, seine gesellschaftlich und religiös weitgehend inakzeptablen Konzepte mehrfach zu verklausulieren. Allgemein inakzeptabel an seinen Ansichten wäre seinerzeit auch gewesen, dass für Platon keine Götter auf dem Olymp hockten, um von dort aus das Universum zu kontrollieren. Wer hier vielmehr herrschte, waren mathematische Gesetzmäßigkeiten.

Ganz vom Göttlichen allerdings wollte sich auch Platon nicht distanzieren. So richtete er das Augenmerk auf besondere »Belege« für eine göttliche Existenz und verwies auf die Fähigkeit des Menschen, die unermessliche Schönheit des Kosmos empfinden zu können und vor dieser einzigartigen Schöpfung tiefe Ehrfurcht zu empfinden. All das täuschte jedoch nicht darüber hinweg, dass die Ideen ein gefährliches Potenzial bargen und für jene Epoche einfach nicht geschaffen waren. So blieb die Chiffrierung als einzig sicherer Weg, derlei nonkonforme Thesen zu erhalten, weiterzureichen und nicht selbst dabei unter die tödlichen Räder antiker Streitwagen zu geraten. Schon in früher Zeit behaupteten viele Anhänger des großen Philosophen, er habe seine Texte in allegorischer oder symbolischer Form abgefasst,

Abb. 70: Die beiden großen Gelehrten Platon (links) und Aristoteles in einem Fresco des italienischen Meisters Raphael Sanzio.

und dies gleich auf verschiedene Arten. Seine wahre Philosophie sei unter mehreren Lagen verborgen, tief unter der sichtbaren Geschichte, die er an der Oberfläche erzählt.

Unter Anhängern alter Brüderschaften, Sekten und Religionen war es verbreiteter Brauch, bestimmte Informationen als Geheimwissen nur an Initiierte weiterzugeben, an Menschen, die bereits genügend in die entsprechende Lehre *eingeweiht* und von ihr durchdrungen, um nicht zu sagen: *eingeweicht* waren. So habe auch Platon für sich in Anspruch genommen, besondere Symbole zu nutzen, um seine ureigenste Philosophie schriftlich zu sichern.

Platons Botschaft erhielt sich über Jahrtausende hinweg, bislang jedoch offenbar weitgehend unentdeckt. Wie Jay Kennedy erläutert, demonstriert Platons bejahende, positive Philosophie, wie sich Wissenschaft und Religion miteinander vereinen lassen. Ebenso Kunst und Wissenschaft. Musik war für ihn mathematisch begründet, Mathematik musikalisch. Was wir als schöne Musik wahrnehmen, war für Platon die Wahrnehmung jener Schönheit, wie sie der Mathematik innewohnt.

Solche Auffassungen legte er auch der Konzeption seiner Bücher zugrunde. Jeder Dialog war in zwölf Abschnitte unterteilt. An jedem Zwölftel platzierte Platon bestimmte Passagen, um Noten einer Tonleiter zu markieren. Der griechischen Musiktheorie zufolge sind einige Noten auf dieser Skala harmonisch – sofern sie zur Zwölftelnote im Verhältnis kleiner ganzer Zahlen stehen. Andere erscheinen dissonant oder neutral. »Bei den harmonischeren Noten fügte Platon Textpassagen über Tugenden, Formen, Schönheit usw. ein; bei den eher dissonanten Klängen gibt es Passagen über Laster, Negatives, Schande usw. Dieser Bezug ist eine Art von deutlichem Beleg dafür, dass die Struktur einer musikalischen Skala entspricht«, so stellt Kennedy fest und betont: »Diese musikalische Struktur kann ganz rigoros studiert werden, da sie so regelmäßig ist.«

Dr. Kennedy veröffentlichte seine Arbeit unter anderem im Fachmagazin *Apeiron* und listet hier noch eine ganze Reihe an Indizien auf, die seine recht ungewöhnliche Erkenntnis weiter erhärten. So zeigt er auch, dass die Längen der jeweiligen Reden und Dialoge exakt abgestimmt waren, findet Wechselbeziehungen zwischen der Erzählung und der musikalischen Struktur und zwischen symbolischen Passagen und der relativen Notenharmonie sowie einiges mehr. Resümierend erklärt er: »Platon lächelt. Er hat uns eine Zeitkapsel geschickt.« Sogar nach heutigen gesellschaftlichen Maßstäben würde Platon mit all seinen revolutionären Ideen weiterhin gewiss als Freigeist gelten. Und wollten wir es auf die Spitze treiben, könnten wir sogar in der heutigen Wissenschaft immer wieder auch platonisch-pythagoreische Gedanken entdecken, wobei die Natur und die Mathematik erneut zum Schöpfer werden. Ein Beispiel führt auf ein Neues zur Sphärenharmonie, wenn auch in ganz anderer Gestalt, als die alten Denker dies auch nur erahnen konnten. Britische Astronomen berichteten im Juni 2010 darüber, Schwingungen unserer Sonne hörbar gemacht zu haben. Wissenschaftler um Professor Robertus von Fáy-Siebenbürgen, Leiter der Forschungsgruppe für Sonnenphysik der Universität Sheffield, untersuchten riesige Plasmaschleifen in der ultraheißen Korona der Sonne. Diese hauchdünne äußere Atmosphäre unseres Sterns wird offenbar von Überschallwellen aus den tieferen Schichten aufgeheizt und dehnt sich weit ins All aus. Bei totalen Sonnenfinsternissen ist sie regelmäßig als graublauer Lichtkranz zu sehen, der wie eine Krone auf der verfinsterten Sonnenscheibe sitzt. Daher auch der Name Korona. Die riesigen magnetischen Schleifen vibrieren wie die Saiten eines Musikinstruments. Diese koronalen Strukturen erstrecken sich über Regionen von mehr als 100 000 Kilometern Ausdehnung, sie sind wahrhaft gigantisch und lassen unsere Erde im direkten Vergleich zu einem zwergenhaften Objekt schrumpfen.

Die Astronomen aus Sheffield haben Satellitenbilder analysiert, um die sichtbaren Vibrationen in Geräusche umzuwandeln. Dabei kamen sehr niederfrequente Schwingungen heraus, die das menschliche Ohr nicht wahrnehmen kann. So blieb unsere Sonne zunächst stumm. Um ihre »Harmonien« hörbar werden zu lassen, erhöhte Prof. von Fáy-Siebenbürgen einfach die Frequenz und spielte das solare Sphärenkonzert dann noch einmal ab. Heraus kam eine geheimnisvolle »Komposition« der Natur, die mit ihren metallischen Klängen an moderne Synthesizereffekte erinnert und fraglos gut als Untermalung für einen Science-Fiction-Thriller geeignet wäre.

So lieferte die schlichte Umsetzung visuell feststellbarer Schwingungen in akustische Signale völlig neue Eindrücke von der Sonne. Die Arbeit der britischen Forscher lässt die Geräuschkulisse über der

Sonnenoberfläche erahnen. Direkt lässt sie sich nicht erfassen, denn mit dem Beginn des Vakuums hört bekanntlich die Schallübertragung auf. Im All ist es totenstill. Doch die koronalen Schleifen und ihre Schwingungen verraten die Sphärenklänge unseres Sterns.

Pythagoras und Platon hätten bestimmt ihre Freude daran gehabt. Dr. Jay Kennedy seinerseits bestätigt mit seiner aktuellen Arbeit ganz offenbar endlich auch die zahlreichen Vermutungen zu geheimen Codes und Symbolen in Platons Schriften. Behauptungen in dieser Richtung wurden von der modernen Wissenschaft allerdings bis heute großteils abgelehnt, und auch Dr. Kennedy wird sich darauf einstellen müssen, seine »ketzerischen« Gedanken gegen harte Kritik verteidigen zu müssen.

6.
An den Grenzen der Wissenschaft

Ein unerklärlicher Kollaps

Die Wissenschaft rückt die Grenzen unseres Verstehens immer weiter nach außen, um die letzten Rätsel dieses Universums zu lösen. Diesen Satz hören wir gerne im Zusammenhang mit neuen Forschungsprojekten und den Errungenschaften der modernen Naturwissenschaft, die ganz gewiss mehr als nur »bemerkenswert« sind. Doch weitaus bemerkenswerter ist und bleibt: *die Natur selbst.* Sie ist auch den hellsten Köpfen dieser Welt immer weit voraus. Dass die exakten Wissenschaften allerdings überhaupt in der Lage waren, ihr durch klare, meist mathematische Konzepte so viele Geheimnisse zu entreißen, kommt beinahe schon einem eigenen großen »Wunder« gleich, wobei Wissenschaftler weniger den *Wundern* zugetan sind als der Eigenschaft, sich *wundern* zu können. Nicht zuletzt Albert Einstein sah in dieser Eigenschaft bekanntlich eine der kostbarsten Chancen sowie Erfahrungen und fürchtete um den Verlust des, wie er sagte, »Sichwundernkönnens«. Hätten Menschen sich nie gewundert, sie hätten auch keine Fragen gestellt und auch keine Antworten gefunden. Doch damit verbindet sich ein jahrhundertealtes, ewig gleich klingendes Lied: Die mit den Antworten neu aufkeimenden Fragen wuchsen exponenziell an, denn die Welt in ihrer »minimalistischen Komplexität« wurde immer größer, und Gott zog sich in die Tiefen von Makro- und Mikrokosmos zurück. Heute dringen Physiker in den größten Forschungslabors der Welt mit Teilchenbeschleunigern wie, allen voran dem wiederholt in die Schlagzeilen geratenen *Large Hadron Collider*

(LHC) am Genfer Kernforschungszentrum CERN, in die Geheimnisse der kleinsten Teilchen ein. Die mittlerweile aufgewandten Energien sind so gigantisch, dass es vielen Beobachtern des Geschehens geradezu angst und bange wird hinsichtlich dessen, was hier so geschieht. Und auch dies wirft wiederum neue Fragen auf, Fragen nach der Sicherheit. Selbst einige professionelle Physiker meinten, hier könnte die Grenze zu extrem gefährlichen Experimenten überschritten werden, zu Experimenten, die bislang unbekannte Teilchen erzeugen und Phänomene auslösen könnten, die im Extremfalle gar unseren Planeten gefährden könnten. Die hoch spezialisierten Fachleute im CERN wiegelten ab. Man wisse, was man tue. Tatsächlich wäre die Wahrscheinlichkeit eher sehr gering einzustufen, dass bei den LHC-Experimenten wirklich etwas Gefährliches entsteht, beispielsweise Schwarze Minilöcher, und zwar solche, die auch lange genug stabil bleiben, um überhaupt einen Schaden anzurichten. Eine aktive Gruppe um den Chemiker Otto Rössler warnte allerdings generell vor Risiken, die vom LHC ausgehen könnten, und reichte Klage beim Europäischen Gerichtshof für Menschenrechte gegen die Inbetriebnahme ein. Der entsprechende Eilantrag wurde jedoch gerichtlich abgewiesen. Im Februar 2010 lehnte das Bundesverfassungsgericht die Annahme einer Verfassungsbeschwerde ab. So bleiben weitere Schritte abzuwarten.

Zwar gab es am LHC auch technologisch einen regelrechten Hindernislauf, denn immer wieder traten Probleme auf, doch am 30. März 2010 gelang ein erstes wichtiges Experiment zur Protonenkollision. Die Wissenschaft aber schiebt die Grenzen, so weit eben möglich, weiter hinaus, stößt an scheinbare Grenzen, um sie meist doch wieder zu überwinden. Beinahe schon unheimlich. Und selbstverständlich faszinierend. Wohin das letztlich führt? Niemand weiß es.

Im November 2010 wurden Forschungsergebnisse bekannt, denen zufolge im All doch Hinweise auf eine Epoche *vor dem Urknall* gefunden wurden. Damit wurde es denkbar, dass unser Universum gleichsam zyklisch oszilliert.

Solche Erkenntnisse aus den Tiefen des Raumes liefern einerseits immer neue Überraschungen zum Aufbau der Welt. Andererseits gibt es Phänomene direkt vor unserer kosmischen Haustüre, die ungeklärt bleiben. Und je näher wir an die Erde heranrücken, desto mehr macht sich auch die menschliche Komponente bemerkbar. Denn hier kann der Mensch, dessen Raumsonden derzeit gerade einmal das Sonnensystem verlassen, wirklich direkt aktiv werden und Einfluss nehmen, auf uns und auf unseren Planeten. Die Technologie hat uns Menschen viele Vorteile gebracht – der Natur jedoch, dem Planeten Erde eher weniger. Die negativen Auswirkungen zeigen sich manchmal direkt, manchmal indirekt. Oft lassen sie sich nur schwer nachweisen, vor allem, wenn zu allem Überfluss auch noch militärisch-geheimdienstliche Projekte auf die Umwelt Einfluss nehmen. Und all dies führt uns hoch über die Wolken hinaus, an die Grenze zum Weltraum.

Die Thermosphäre ist eine Schicht unserer irdischen Hochatmosphäre. Sie bildet die untere Lage der Ionosphäre und erstreckt sich über einen weiten Bereich, beginnend zirka 85 Kilometer über dem Erdboden. Ab rund 500 bis 600 Kilometern Höhe geht sie dann in die Exosphäre über. Ihr Name, der ein wenig nach einer Mischung zwischen Wärmflasche und Globus klingt, bezieht sich auf die in der Thermosphäre mit der Höhe zunehmende Teilchenbewegung und damit auf ansteigende Temperaturen. Umgerechnet erreicht diese Schicht Spitzentemperaturen um die 1700 Grad Celsius, doch wäre diese Hitze für uns nicht spürbar, einfach wegen der extrem geringen Teilchendichte dort oben.

Tatsächlich entspricht diese Höhenlage bereits unserem typischen Bild des Weltraums, hier sind wir längst weit hinaus aus dem, was wir landläufig noch als Atmosphäre oder Lufthülle auffassen würden. Laut schlichter Definition, die allerdings keinen wirklich nachvollziehbaren physikalischen Hintergrund besitzt, beginnt der Weltraum in einer Höhe von 100 Kilometern. Damit liegt also fast die gesamte Thermosphäre im »All«. Hier kreisen auch einige künstliche Erdtrabanten und Raumschiffe.

In den vergangenen Jahren hat die Thermosphäre allerdings eine weitgehend unverständliche, radikale Veränderung erlebt und ist laut verschiedenen Angaben auf mindestens ein Drittel ihrer ursprünglichen Ausdehnung geschrumpft. Eine schockierende Erkenntnis, die erst im Jahr 2010 bekannt wurde.

Grundsätzlich war zwar schon ein Absacken der Thermosphäre zu erwarten, deren Ausdehnung an die Aktivität unserer Sonne geknüpft ist. Angesichts dessen, dass in den Jahren 2008 und 2009 kaum eine nennenswerte Sonnentätigkeit feststellbar war, durfte man nicht er-

Abb. 71: Was geschieht mit der Hochatmosphäre unserer Erde? For-scher beobachteten 2010 einen extremen Kollaps der Thermosphäre.

warten, dass die Wärmehülle der Erde große Höhen über dem Boden erreichen würde. Doch auf einen derart radikalen Kollaps war niemand gefasst.

Was genau führt aber zu den Schwankungen der Thermosphäre? Unser Stern unterliegt einem durchschnittlich 11,2-jährigen Zyklus, bei dem sich Aktivitätsmaxima und -minima abwechseln. Zu Zeiten starker Aktivität hin entwickeln sich auf der gleißend hellen Sonnenoberfläche zunehmend Bereiche mit dunklen Flecken verschiedener Größe und Anordnung, es gibt winzige Poren, die kaum aus der Granulation herausstechen, kleine Einzelflecke und sich immer stärker entwickelnde Gruppen mit komplexer Magnetfeldstruktur. In den aktiven Gebieten finden riesige Detonationen statt, und von der Sonne geht ein Überschuss an extremer Ultraviolettstrahlung aus. Sie bedingt die Erwärmung der oberen Atmosphärenschicht und damit die Ausdehnung der Thermosphäre. Das beeinflusst auch die Bahnen von relativ niedrig fliegenden Raumfahrzeugen wie der *International Space Station* oder, zumindest bis vor Kurzem, auch des *Space Shuttle*, sodass immer wieder Korrekturen nötig sind. In Zeiten einer eher ruhigen Sonne flacht die Thermosphäre entsprechend ab.

Seit Jahren erleben wir nun ein eher anomales, weil außergewöhnlich langes Sonnenminimum. Folglich durften Forscher von einem deutlich erkennbaren Einfluss auf die Hochatmosphäre ausgehen. Sie erwarteten nicht viel »Größe« von ihr.

Im Auftrag der NASA sollten Wissenschaftler genauere Beobachtungen und Analysen durchführen. Wie aber würde das funktionieren? Dr. John Emmert vom Forschungslabor der US-Marine bediente sich eines »Tricks«. Er begann, sich mit den Satellitendaten der vergangenen Jahrzehnte zu befassen, denn die Schwankungen im Orbit würden entsprechend langfristige Veränderungen der Thermosphäre verraten. Die Bahndaten waren also der Schlüssel. Ihre Analyse würde Aufschluss geben. Doch was Dr. Emmert herausfand, spottet jeder Beschreibung: Seit mindestens 43 Jahren hatte es keinen derart starken Kollaps der Thermosphäre mehr gegeben. Irrtum anscheinend definitiv ausgeschlossen.

Vor allem ließ sich der Effekt nicht mehr durch die kläglich niedrige Sonnenaktivität allein erklären. Für die wahrlich katastrophale Entwicklung musste es noch andere Auslöser gegeben haben. Weitgehend unbekannte Auslöser. Ob und was ein derartiger Zusammenbruch einer Schicht der Hochatmosphäre eventuell hier unten auf dem Erdboden bewirken könnte, das war noch eine ganz andere Frage. Dr. Emmert vermutet hier Auswirkungen auf unser Klima, und dies in einer bislang noch nicht absehbaren Weise. Der Wissenschaftler hält es auch für denkbar, dass wir hier unter Umständen an einer Art »Umkehrpunkt« stehen, was auch immer wirklich darunter zu verstehen sein mag. Irgendetwas könnte sich in der Hochatmosphäre radikal geändert haben, sie könnte dadurch empfindlicher gegenüber den Einflüssen der Sonne geworden sein.

Natürlich ist das bislang nichts als eine erschreckende Spekulation, wenn auch auf wissenschaftlicher Grundlage. Aber wichtig, und in unser aller Interesse, wäre es wohl schon, der Sache künftig nachzugehen. Warum die Thermosphäre plötzlich empfindlicher geworden sein sollte, welche Mechanismen hier eventuell am Wirken sind, das muss alles zunächst noch offenbleiben. So wissen wir nicht, ob aus der Thermosphäre mittlerweile eine »Emosphäre« geworden ist, wie manche mit leichtem »Galgenhumor« feststellen. Hier dürfte es insgesamt auch um die langfristige Weiterentwicklung der Situation gehen.

Derzeit kann also nur die Veränderung an sich statuiert werden.

Und Fakt bleibt dabei ganz offensichtlich, dass die Sonnenaktivität nur rund 30 Prozent Anteil am Phänomen zu tragen scheint. 70 Prozent bleiben offenbar unerklärlich. Was aber ist mit diesem Rest?

Der amerikanische Physiker nennt zusätzliches Kohlendioxidgas als möglichen Mitauslöser. Das Gas wirkt in der Hochatmosphäre kühlend. John Emmert weiß aber, dass mit dieser Zusatzerklärung in Wahrheit nicht viel gewonnen ist, denn das CO_2-Gas kann doch nur etwa zehn weitere Prozentpunkte des Effekts ausmachen. Das bringt einen in der Frage nach der Hauptursache also immer noch nicht wesentlich weiter. Immerhin bleibt noch ein Rest von 60 unerklärlichen Prozenten. Keine der bisher angebotenen Thesen kann aufdecken, was es damit nun wirklich auf sich hat. Wenn aber keine natürlichen Ursachen gefunden werden konnten, zumindest bis dato, was bleibt dann noch übrig?

Könnte die Thermosphäre auf einen künstlichen Auslösereiz reagiert haben?

Diese Frage führt den Interessierten ein wenig in der Zeit zurück. Nicht zu weit, nur bis zum 9. Dezember 2009. Dann hält der Suchende inne und beginnt, sich erstmals Fragen zu stellen. Denn an jenem frühen Dezembertag spielte sich am Himmel über Norwegen ein sehr eigenartiges Schauspiel ab. Damals beobachteten und fotografierten zahlreiche Zeugen ein einmaliges Phänomen, das anscheinend durch nichts erklärbar war. Über der Landschaft tauchte wie aus dem Nichts eine riesige blaue Lichtspirale mit einem gebündelten Strahl auf, der wie ein Disco-Beamer der ganz eigenen Art aussah und die Spirale mittig gleich einem gelungenen Schuss traf. Was war das?

Die offiziell angebotene und zu einem gewissen Grad noch am plausibelsten wirkende Erklärung war die folgende: Eine russische *RSM-56-Bulawa*-Rakete war von Bord des U-Bootes *RFS Dimitriy Donskoy* abgeschossen worden. Es habe allerdings leider einen Fehlstart gegeben, wobei die dritte Raketenstufe sich erratisch verhielt, ins Rotieren geriet und dabei ein leuchtendes Muster in Form einer perfekten Spirale an den Himmel zeichnete.

Allerdings waren schon damals Zweifel angebracht, da niemals exakte Daten veröffentlicht wurden und offenbar auch keine weiteren Bestätigungen eintrafen.

Hinsichtlich einer solchen offiziellen Aussage gab es einige Verwirrung wegen späterer Meldungen zu einem Dementi, doch zumindest am 10. Dezember 2009 und damit genau einen Tag nach dem ungewöhnlichen Ereignis bestätigte das russische Verteidigungsministerium den Abschuss jener *Bulawa*-Rakete. Hier wurde erklärt: »Die ersten beiden Raketenstufen arbeiteten normal, doch gab es technische Fehlfunktionen an der nächsten, der dritten Stufe ...« Bereits einen Monat zuvor hatte es ein nicht ganz so auffälliges Ereignis gegeben, das sich ebenfalls am Himmel über Norwegen abspielte und wiederum als Versagen einer *Bulawa*-Missile deklariert wurde. In anderen Meldungen zum Fehlstart am 9. Dezember war allerdings von Problemen mit der zweiten Stufe die Rede. Irgendwie schien hier doch etwas nicht so ganz den Tatsachen zu entsprechen. Da sich Aufnahmen von mehreren Standorten finden ließen, die jene mächtige Himmelsspirale vom 9. Dezember 2009 zeigten, war durch das übliche Triangulationsverfahren auch eine Lagebestimmung im Raum möglich. Dabei zeigte sich, dass sich ein Großteil des Phänomens bereits im All abspielte, in der Thermosphäre und damit in Höhen, in der auch das *Space Shuttle* kreiste – einige hundert Kilometer. Die Bahnberechnung ergab, dass die *Bulawa*-Missile, wenn es denn eine war, den russischen Luftraum nie verlassen hatte, also über Norwegen zwar sehr gut sichtbar war, sich aber nicht direkt über norwegischem Territorium befand. Die Analyse des Bildmaterials erweckte allerdings Zweifel, ob es sich wirklich um ein zufälliges oder unerwartetes Versagen einer solchen Rakete gehandelt hatte. Offenbar waren mehrere sehr ähnliche Versager vorausgegangen, was natürlich bei Tests vorkommt. Doch wurde als alternative Erklärung auch ins Feld geführt, es könne sich bei der Fehlfunktionsmeldung um ein Cover für ein geheimes Programm gehandelt haben, bei dem eine revolutionäre neue Antriebstechnologie getestet wurde, vielleicht auch eine neue Verteidigungstechnologie. Jedenfalls sind die offiziellen Angaben nicht schlüssig, was die defekte Raketenstufe betrifft. Und das lässt möglicherweise ebenfalls auf eine Deckgeschichte schließen.

Schon länger lag der Gedanke in der Luft, bei dem Himmelsphänomen über Norwegen habe es sich vielleicht um ein geheimes

Experiment gehandelt. Genau das wurde dann auch in der Zeitung *Pakistan Daily* berichtet, allerdings zielte der dortige Beitrag auf ein ganz anderes Experiment: Russische Wissenschaftler hätten gegenüber Ministerpräsident Putin von einem Hochenergiestrahl gesprochen, der von der Radaranlage EISCAT im norwegischen Ramfjordmoen am 9. Dezember 2009 in die Hochatmosphäre »abgefeuert« worden sei. Und nun wird es wirklich interessant. Zumindest laut jenem Bericht riss der Energiestrahl nämlich ein katastrophales Loch in die Thermosphäre. Dadurch sei es zu einer thermischen Inversion gekommen. Anthony Nunan, Risikomanager der japanischen *Mitsubishi Corporation*, geht noch weiter und erklärt, dies habe auch den extrem kalten Winter 2009 / 2010 bewirkt. *Pakistan Daily* distanzierte sich allerdings bald von sämtlichen Äußerungen des Beitrags.

Abb. 72: Am 9. Dezember 2009 zeigte sich am Himmel über Norwegen eine riesige Lichtspirale. Am selben Tag fand ein Experiment in der EISCAT-Forschungsanlage statt, die allerdings einen Zusammenhang dementierte. Im Januar 2010 erschien ein Zeitungsbericht, demzufolge dieses Experiment ein Loch in die Atmosphäre riss.

Wie sich bald herausstellte, wurde am 9. Dezember 2009 wirklich nicht nur ein russisches Raketenexperiment durchgeführt, sondern auch ein spezielles Experiment in Norwegen. Und zwar tatsächlich von EISCAT. Sogar der offizielle Plan der Versuchsanlage nennt für die Zeitspanne zwischen 7:00 und 10:00 Uhr vormittags ein Hochenergie-Experiment. Dieser Test trug die Bezeichnung *TEQUILAsun-rise – Transient Effects Quantification Under Atmospheric Low Angle sunrise.* Die Betreiber der Anlage beziehungsweise die beteiligten Forscher beschrieben das Projekt offiziell als »Studien von Meteorstaub«, wobei es in der Natur von EISCAT lag, diese Studien unter aktiver Bestrahlung durchzuführen. Als ausführende Wissenschaftler werden der finnische Atmosphärenphysiker Dr. Antti Kero und sein deutscher Kollege Prof. Dr. Markus Rapp genannt. Allerdings wird jeglicher Zusammenhang zwischen dem Experiment und der norwegischen Himmelsspirale negiert. War das also nur ein ganz zufälliges zeitliches Zusammentreffen?

Das größer ausgelegte HAARP-Projekt in Gakona, Alaska, befasst sich übrigens mit ähnlichen Fragestellungen und wird schon lange von Kritikern, darunter auch Naturwissenschaftlern, als durchaus bedrohlich eingestuft. Doch wäre das ein eigenes Thema.

Der schon erwähnte, jedoch strittige *Pakistan-Daily*-Artikel, der bereits am 8. Januar 2010 erschien, schloss mit einer sicherlich beinahe global gültigen Bemerkung, deren Rechtfertigung angesichts zahlreicher von Menschen ausgelöster Katastrophen unbestritten sein dürfte. Hier heißt es dann: »Aber der kritischste Aspekt dieser Ereignisse liegt mit Sicherheit in der fortgesetzten Arroganz der Westlichen Welt, was Experimente sowohl mit den naturgegebenen Arten unseres Planeten als auch mit menschlichen Wesen betrifft, und obwohl manche denken mögen, Götter zu sein, so liefern sie doch ständig Belege dafür, eher wie Teufel zu handeln.«

Und was wird weiterhin geschehen? Gewiss, geheime Experimente werden auch in Zukunft weitergeführt, die Wahrheit fällt dabei oft unter den Tisch, was davon bleibt, sind höchstens Krümel. Deckerklärungen stehen bei entsprechenden Regierungsprojekten an der Tagesordnung. Und die Thermosphäre, was geschieht mit ihr? Wird sie weiter kollabieren und schließlich ganz verschwinden, ungeachtet der Ursachen?

Immerhin nahm die Sonnenaktivität bis zum Ende des Jahres 2010 insgesamt doch wieder zu, und damit auch die EUV-Emission. Die Thermosphäre begann sich daher wieder allmählich zu erholen. Diese Wechselwirkung könnte, so hofft Dr. Emmert, auch noch rückwirkend Schlussfolgerungen hinsichtlich der wahren Hauptursache des Phänomens zulassen.

Was ist bloß mit unserer Sonne los?

Am 11. Februar 2010 um exakt 10:23 Uhr Ortszeit erzitterte wieder einmal der Boden am Raumflughafen von Cape Caneveral in Florida. Feuer züngelte aus den Triebwerken, die Luft brodelte, und der Donner brüllte durch die flirrende Atmosphäre. Liftoff! Die mächtige Rakete vom Typ *Atlas-V-(401)* hob langsam vom Boden ab und begann jetzt, ihre Geschwindigkeit zu erhöhen, um schließlich in den blauen Himmel aufzusteigen. Hoch oben hatten sich Zirren aus Eiskristallen gebildet und erschienen an diesem Tag als irisierende Nebensonne. Die Rakete raste mitten durch dieses zarte Gewölk hindurch und zerstob es dabei. Fast schien der zufällige Durchflug durch die Nebensonne symbolträchtig, denn das Ziel der Mission war, einen hochmodernen Sonnensatelliten ins All zu verfrachten – das *Solar Dynamics Observatory* (SDO). Seine Aufgabe besteht darin, unseren Stern aus einem geosynchronen Orbit mit einer nie dagewesenen Genauigkeit zu überwachen. Verschiedenste Instrumente sollen hierzu Bilder und Daten in unterschiedlichen Spektralbereichen gewinnen. Alle zehn Sekunden liefert die neue Sonde erstklassige Aufnahmen in IMAX-Qualität, zehnmal so gut wie alles, was zuvor an Technik existierte.

An Bord von SDO befindet sich nicht zuletzt auch ein Detektor, der in der Lage ist, »hinter die Kulissen« zu blicken. Er erlaubt eine Sondierung der tieferen Regionen unserer kosmischen Zentralheizung, um ihrem äußerst komplexen Motor auf die Schliche zu kommen. In einer Tiefe von mehr als 200 000 Kilometern arbeitet dort ein »Sonnendynamo« als Quelle unterschiedlichster Sonnenphänomene. SDO ist

Abb. 73: Das am 11. Februar 2010 gestartete Solar Dynamics Observatory (SDO) ist das beste Weltraumobservatorium zur Sonnenbeobachtung und liefert zehnmal bessere Bilder als alle vorherigen Systeme. Mit dieser Technik hoffen Astronomen, einige Rätsel der Sonne zu lösen.

eine flexibel ausgelegte Sonde, die unseren Stern auch im Extremen Ultraviolett (EUV) überwacht. Dieser Bereich ist von besonderer Bedeutung, da die Sonne hier ihre größte Veränderlichkeit zeigt. Die EUV-Emission variiert deutlich mit der wechselnden Aktivität des gesamten Sterns. Wären unsere Augen für diesen kurzwelligen Spektralbereich gerüstet, könnten wir die Lichtschwankungen sogar mit bloßem Auge sehen. Wir würden feststellen, wie sich das Sonnenlicht im Sekundentakt änderte und das Flackern radikal zunähme, sobald auf der Oberfläche eine Explosion stattfindet, die wir mit unseren »gewöhnlichen Augen« nicht wahrnehmen können. Mit einem EUV-empfindlichen Sinnesorgan wüssten wir also auch ohne komplexe Technik sofort, wenn »dort oben« etwas Spektakuläres geschieht. So aber müssen sich Astronomen mit entsprechenden, meist extrem aufwendigen Instrumenten behelfen. Aber Hauptsache, es funktioniert. Und tatsächlich, in den vergangenen Monaten lieferte SDO atemberaubende Bilder solarer Phänomene. Dabei zeigte sich die Sonne insgesamt noch recht zurückhaltend. Nun ist an sich nichts Ungewöhnliches daran, dass unser Stern seine Aktivität ändert, während er in seinem Inneren bei einer Kerntemperatur von rund 15 Millionen

Grad ständig Wasserstoff zu Helium fusioniert. Ein unfassbarer, gigantischer Mechanismus, der seit Jahrmilliarden zuverlässig im Gange ist. Und jede Sekunde verschmilzt dieser riesige natürliche Reaktor, dem wir alle unser Leben zu verdanken haben, rund 597 Millionen Tonnen Wasserstoff zu 593 Millionen Tonnen Helium, jede Sekunde! Jede Sekunde verliert er also vier Millionen Tonnen an Masse – eine gewaltige Abmagerungskur, die dennoch kaum auffällt. Diese vier Millionen Tonnen fallen als reine Energie an, im Sinne der von Einstein gefundenen Äquivalenz von Masse und Energie. Sie dienen zur Aufrechterhaltung der Leuchtkraft unseres Sterns und Lebensbringers.

Nun sehen wir die Sonne Tag für Tag in gleicher Weise auf- und untergehen, ihre Bahn am Himmel ändert sich jahreszeitlich bedingt, doch die gleißend helle Sonnenscheibe scheint uns unveränderlich – wobei der direkte Blick in das beißende Licht für die Augen schädlich ist. Wir blinzeln eben kurz hinein und erfreuen uns ansonsten der Wärme, die von ihr ausgeht. Der riesige Gasball Sonne zeigt aber bei nur etwas näherem Hinsehen unter gesicherten Bedingungen und mit speziellen Vorrichtungen dann durchaus doch eine ganze Menge an Veränderungen. Am auffälligsten sind dabei die dunklen Sonnenflecken, die zu bestimmten Zeiten besonders häufig zu sehen sind. Die in diesen Gebieten konzentrierten Magnetfelder verändern das Sonnenplasma und kühlen es dort leicht ab. Deshalb erscheinen die entsprechenden Regionen dunkler – es ist, als ob man eine Kerze vor ein weiß glühendes Eisen hielte. Im Kontrast erscheint die Kerzenflamme dunkel, sofern man die Szenerie durch ein Schutzglas betrachtet. Nicht anders bei der Sonne. Wie sich durch jahrhundertelange Beobachtungen herausgestellt hat, ändert sich die Zahl der Sonnenflecken rhythmisch. Durchschnittlich alle 11,2 Jahre entwickeln sich enorm viele Flecken, die zu magnetisch bipolaren Gruppen mit gewaltiger Ausdehnung heranwachsen können. Diese Vorgänge hängen mit dem solaren Magnetfeld und der differenziellen Rotation unseres Sterns zusammen, der sich am Äquator viel schneller dreht als in hohen Breiten. Während des solaren Maximums entstehen auf diese Weise komplexe magnetische Muster, die zu den dunklen Gebieten führen. Insgesamt zeigt sich die Oberfläche schon im sichtbaren Licht, vor allem aber in besonderen Spektralbereichen voller Aktivität, sie scheint überall zu kochen und zu brodeln. In den aktiven Gebieten und deren Umgebung kommt es zu unvorstellbaren Explosionen, die mit der Gewalt von Milliarden Atombomben einhergehen, Lichtblitze dringen dabei aus der Oberfläche hervor und breiten sich über weite Gebiete aus. Am »Sonnenrand« treten zunehmend mächtige Wasserstofffontänen in Erscheinung, die zuweilen sogar den Durchmesser der gesamten Sonne an Ausdehnung überbieten können – und der liegt bei fast 1,4 Millionen Kilometern! Jene Protuberanzen entwickeln sich oft zu bizarren Gebilden und schweben geisterhaft vor dem dunklen Hintergrund des Raumes, während unter ihnen die Sonnenoberfläche tobt. Manche der intensiv rot glühenden Lichtfiguren hängen wie ein Damoklesschwert über der Oberfläche. Wenn die riesigen Bögen auseinanderbrechen und ihre Fragmente auf die Oberfläche prallen, lösen sie dabei ebenfalls explosive Vorgänge aus. In solchen Zeiten entfaltet die Sonne ein echtes kosmisches Schauspiel mit weitreichenden Nebenschauplätzen. Auch auf unsere Erde wirken sich die Vorgänge aus. Die Analyse der solar-terrestrischen Beziehungen bildet sogar einen eigenen Forschungszweig.

Zu anderen Zeiten verfällt die Sonne dann wieder in eine Art Ruhezustand, die Oberfläche wirkt wie blank geputzt, und bis auf ihre körnige, granulenhafte Struktur, die von den einzelnen Konvektionsblasen herrührt, zeigt sie sich weitgehend homogen. An vielen Tagen stört nicht ein einziger kleiner Fleck diese Harmonie. Auch die anderen Phänomene üben sich weitgehend in Zurückhaltung, selbst wenn solare Explosionen zu jeder Zeit auftreten können, denn in vielerlei Hinsicht ist unser Stern auch heute noch unberechenbar, unvorhersehbar. Zwischen den beiden Extremen vergehen jeweils durchschnittlich wie gesagt rund elf Jahre, doch unterliegt dieser Zyklus der Sonnenaktivität deutlichen Schwankungen, er ist nicht sehr zuverlässig. So können zwischen zwei Maxima mal nur sieben Jahre liegen, dann aber auch wieder 17 Jahre vergehen, bis die Sonne sich aus einer Talsohle erneut zur Höchstform aufschwingt.

Ab März 2008 zeigte unsere Sonne allmählich wieder schwache Anzeichen, sich aus ihrem aktuellen Aktivitätsminimum herauszubewegen, was nur durch ein paar kleine »Flecklein« an der Oberfläche auffiel. Jahrelang hatte sich überhaupt nichts getan, und überraschend häufig präsentierte sich eine blanke, völlig fleckenlose Sonne. Dann aber schien Zyklus 24 tatsächlich einzusetzen. In hohen solaren Breiten tauchten plötzlich neue Flecken auf, die gegenüber ihren Vorgängern eine umgekehrte magnetische Polarisierung aufwiesen. Damit war klar, dass sie auch tatsächlich die Kinder eines frisch beginnenden Zyklus waren.

Offenbar war es nun endlich so weit, dass die Sonne erwachte, denn allmählich begannen sich die Wissenschaftler schon Sorgen zu machen, ob tief im Inneren unseres Sterns vielleicht ein bis dato noch unidentifiziertes »Schlafmittel« wirkte und hier möglicherweise ein größerer Aussetzer eintreten könnte. Das kommt gelegentlich vor. Zum Beispiel im Zeitraum zwischen 1645 und 1715. Damals kam der übliche Sonnenrhythmus für mehrere Zyklen völlig zum Erliegen – die Gründe hierfür sind allerdings unbekannt. Bei niedriger Sonnenaktivität gehen auch die Temperaturen auf der Erde zurück, die Vorgänge auf der Sonne beeinflussen unser Klima.

Das war auch damals so, es wurde richtig kalt. Man spricht auch von der »Kleinen Eiszeit«. In Europa froren Bäche, Flüsse und Seen für

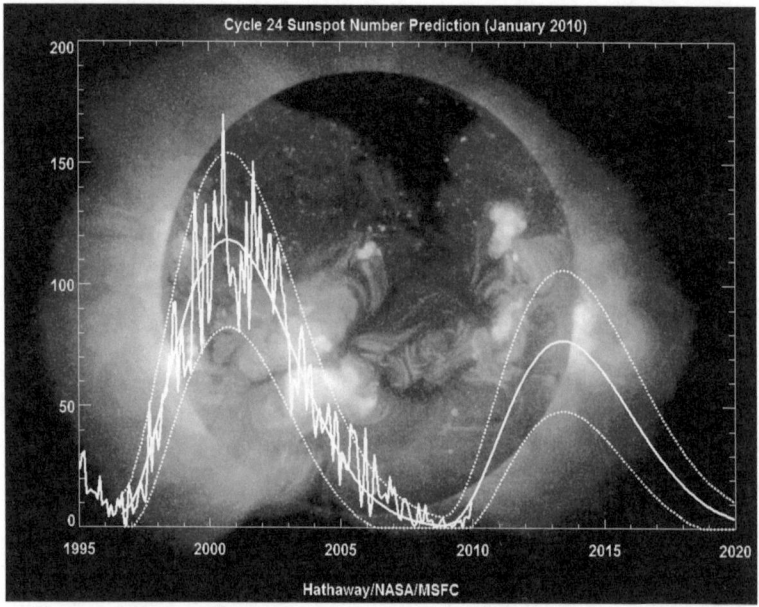

Abb. 74: Die Sonnenaktivität schwankt in einem Rhythmus von durchschnittlich 11,2 Jahren. Im Jahr 2010 erholte sich die Aktivität nach einem anomalen, besonders ausgeprägten Minimum.

lange Zeit zu, die Winter waren richtig frostig, und auf der Themse fuhr man Schlittschuh. Es war auch die Zeit, in der die berühmten holländischen Winterlandschaften entstanden, die heute so viel Beschaulichkeit, Gemütlichkeit und auch Freude ausstrahlen, obwohl damals wahrlich harte Zeiten angebrochen waren. Von »globaler Erwärmung« keine Spur, so etwas wurde seinerzeit ohnehin nicht thematisiert, was heute freilich anders aussieht. Da haben jetzt einige Experten die niedrige Sonnenaktivität gar als sehr vorteilhaft begrüßt, würde sie doch dem postulierten Treibhauseffekt entgegenwirken. Denn auch neuere Untersuchungen bestätigen den Zusammenhang zwischen dem solaren Rhythmus und entsprechenden klimatischen Schwankungen auf unserem kleinen Blauen Planeten.

So ganz geradlinig verhält sich diese Geschichte nicht, hinter allem stehen eben doch sehr komplexe Vorgänge, und deshalb gilt es, diese Prozesse erst einmal mühsam aus den Daten herauszuschälen, um sie auch erkennbar werden zu lassen. Schon Anfang der 1990er-Jahre fanden zwei Wissenschaftler deutliche Hinweise auf das Wirken solarer Zyklen auf die Hochatmosphäre. Die Meteorologieprofessorin Karin Labitzke von der Freien Universität Berlin sowie Harry van Loon vom Nationalzentrum für Atmosphärenforschung in Boulder, Colorado, stießen auf ein interessantes Zusammenspiel zwischen stratosphärischen Windströmungen und dem Sonnenzyklus. Professor Labitzke erläuterte mir seinerzeit: »Die Entdeckung galt ja ursprünglich für die Stratosphäre, und dort wurden meine Ergebnisse in den fünf Wintern nach Entdeckung voll bestätigt, das heißt *major warmings* in der Westphase im Solarminimum (wie jetzt, Jan. + Feb. 91 und Jan. + Feb. 1989), und ein kalter Winter in der Ostphase, Jan. + Feb. 1990.« Auch später gab es interessante Bestätigungen dieser Forschungen. Der finnische Wissenschaftler Jarl R. Ahlbeck gelangt zu deutlichen Schlussfolgerungen: »Anhaltende Perioden niedriger Sonnenaktivität könnten für die Zukunft eine Dominanz einer stark negativen AO [Arktischer Oszillationsindex – vorherrschendes Muster nicht saisonaler Luftdruckschwankungen auf Seelevel in höheren nördlichen Breiten, Anm. d. Verf.] und extrem kalte Winter in Nordamerika, Europa und Russland verursachen.«

Das vergangene Sonnenminimum erwies sich als ungewöhnlich lang, immerhin nahm dann die Aktivität im Laufe des Jahres 2010

Abb. 75: Die komplette Sonnenkugel im Visier des Weltraumsonnenteleskops SDO

allmählich, wenn auch eher schleppend, wieder zu. Schon der vergangene Winter erwies sich als richtig kalt, und auch Ende 2010 kehrte er früh und drastisch ein – in den Medien war teils die Rede davon, es sei der früheste und schlimmste Wintereinbruch seit Jahrzehnten. Nun, das mag öfter zu hören sein und auch noch keinen Beleg für einen solaren Zusammenhang darstellen, spricht aber bestimmt auch nicht gegen die neuen Erkenntnisse.

Im Mai 2010 hatten sich Sonnenexperten in den Vereinigten Staaten getroffen, um auf der halbjährlich stattfindenden Versammlung der Amerikanischen Astronomischen Gesellschaft ihre aktuellsten Theorien über die Sonne zu diskutieren, das heißt, über Vorgänge in deren Innerem. Vor allem ging es um zyklische Materieströme und Schallwellen in den tieferen Schichten unseres oszillierenden Gasballs. Alle der anwesenden Sonnenphysiker waren sich einig: Das Minimum der vergangenen Jahre weist deutliche Anomalien auf. Irgendetwas stimmte hier definitiv nicht, und zwar nicht nur hinsichtlich der ungewöhnlichen Dauer. Denn beim Blick ins Sonneninnere zeigte sich, dass hier tatsächlich einige Vorgänge nicht in üblicher Manier abliefen. Ein meridionaler Plasmastrom bewegte sich da wesentlich schneller als gewohnt. Natürlich ist klar: Wir Menschen sind erst seit kurzer Zeit in der Lage, solche Geschehnisse zu beobachten. Vieles ist daran unverstanden. Die Lebensspanne eines Sterns ist unvorstellbar groß, vermeintliche Abweichungen und Anomalien sind hier über lange Zeiträume betrachtet etwas ganz Normales und werden aus der menschlichen Perspektive oftmals überbewertet. Doch die Auswirkungen und Änderungen sind eben vor allem für unseren begrenzten Skalenbereich spürbar, und so erweist sich die Überwachung der Sonne als wesentlich. Sie dürfte in Zukunft einigen Nutzen bringen, wenn die so komplizierten inneren Abläufe zumindest ein wenig besser verstanden sind.

Keiner der Experten wollte demnach eine Prognose über die weitere Entwicklung der Sonnenaktivität wagen. Wenn aber alles einigermaßen normal verliefe, dürfte mit einem Maximum gegen das Jahr 2012, eher noch 2013 zu rechnen sein. Und wenn die Sonne weiterhin auf »niedriger Flamme« köchelt? Wenn ihre Aktivität tatsächlich zeitweilig pausiert, nun, könnte das nicht ähnlich kalte Jahrzehnte bringen, wie seinerzeit das Maunder-Minimum – jene nach ihrem Entdecker benannten Phase zwischen 1645 und 1715?

Nicht jeder zeigt sich von den Daten beeindruckt und somit überzeugt davon, dass ein echter Zusammenhang zwischen Sonnenaktivität und Klima besteht. Aber solche Meinungsverschiedenheiten zählen ja zur Tagesordnung, wobei aus einem Saulus selten ein Paulus wird. Sicher, hier geht es nicht um Glaubensfragen, doch manchmal erweist sich die zugrunde liegende Psychologie doch als recht ähnlich.

Wie auch immer, im März 2010 publizierten zwei deutsche Klimatologen eine Studie in einem geophysikalischen Fachblatt. Titel des Beitrags: »Über die Auswirkung eines neuen Großen Minimums der Sonnenaktivität auf das künftige Erdklima«.

Die beiden Forscher, Georg Feulner und Stefan Rahmstorf, simulierten per Computermodell verschiedene Szenarien mit jeweils variierenden Annahmen zur Entwicklung von Treibhauseffekt und Sonnenaktivität. Hierbei untersuchten sie neben zwei Modellrechnungen zu

Treibhausgasen auch den voraussichtlichen Einfluss eines ausbleiben-
den Sonnenmaximums bzw. fehlenden Zyklus bei entsprechend anhal-
tendem Sonnenminimum. Ihre Simulation rechneten sie in zwei Varianten bis zum Jahr 2100 durch. Professor Rahmstorf erklärt zum
Ergebnis, es gebe da nur unwesentliche Auswirkungen eines »Grand
Minimum« der Sonne, verbunden mit einem globalen Temperaturab-
fall von lediglich ungefähr 0,1 bis 0,2 Grad Celsius. Würde man alle
Unsicherheiten berücksichtigen, käme der solare Kühleffekt auf nicht
mehr als 0,3 Grad. Rahmstorf kommentiert: »Gegenwärtige Tempera-
turdaten bestätigen auch, dass die Wirkung niedriger Sonnenaktivität
auf das Klima sehr gering ist« – demnach habe auch das aktuelle
Minimum keine echte Bremswirkung auf die allgemeine globale Erwärmung ausgeübt.

Das Goddard-Institut der NASA erklärt seinerseits, das Jahr 2009
sei das zweitwärmste Jahr seit Beginn der klimatischen Aufzeichnungen, ja, in der südlichen Hemisphäre sogar das wärmste. Auch der
Januar 2010 galt interessanterweise als der global zweitwärmste überhaupt jemals verzeichnete Januar. Der wärmste habe hingegen im Jahr
2007 gelegen. Da es sich bei unserem Klima um ein nicht lineares
System handele, könnten laut Professor Rahmstorf allerdings kaum
vorhersehbare Änderungen in kürzester Zeit stattfinden, auch ein
spontaner Abriss des bislang sehr zuverlässigen Nordatlantikstroms als
Wärmetransportmechanismus für Europa.

Hierzulande jedenfalls seien insgesamt schon deutlich tiefere
Wintertemperaturen festgestellt worden. Dass die Sonnenaktivität mit
ihrem Dauerminimum einen wesentlichen Einfluss auf diese Entwicklung nimmt, bezweifelt Prof. Rahmstorf aufgrund seiner Computermodelle.

Ganz anderer Ansicht ist da der britische Astronom Dr. David
Whitehouse, der im Jahr 2010 sogar die ketzerische Behauptung
aufgestellt hat: Die globale Erwärmung ist seit Jahren zum Stillstand
gekommen: »Irgendetwas hat die Welt offensichtlich seit 1995 vor
einer weiteren Erwärmung abgehalten, und die wissenschaftliche Literatur ist voll von Vorschlägen über die Ursachen hierfür. Obwohl
bislang niemand einen brauchbaren physikalischen Mechanismus vorlegen kann, bleibt es doch eine interessante Übereinstimmung, dass die
globalen Temperaturen nach dem letzten Gipfel der Sonnenaktivität in

den späten 1980er-Jahren nicht mehr erheblich angestiegen sind und in eine Auszeit hineinliefen, während die Sonne durch ihr verlängertes Minimum ging. Während also die Klimamodelle keinerlei überzeugende Verbindung herstellen können, bleibt dies doch ein verdächtiges Zusammenspiel.« Das Problem dürfte in der Tat sein, dass wissenschaftliche Modelle, die bestimmte Vorgänge nicht kennen und daher auch nicht berücksichtigen können, wohl kaum in der Lage sind, ein realistisches Bild zu liefern und tatsächlich vorhandene Korrelationen zu reproduzieren. Kein Wunder, wenn dann die Simulation zu anderen Ergebnissen gelangt. Der Simulation den Vorrang gegenüber der Realität zu geben wäre wohl verkehrt. Was fehlt, das ist, wie Whitehouse eben feststellt, der *physikalische Mechanismus*.

Der Astronom weist auch auf die sich stark ändernde UV-Strahlungsemission der Sonne hin. Selbst diese bekannten Phänomene werden im neuen Modell nicht berücksichtigt, könnten aber das Klima nachhaltig beeinflussen.

Im Laufe des Jahres 2010 ist die Sonnenaktivität, wenn auch noch nicht dramatisch, so doch zumindest merklich angestiegen. Daher konnten die Befürchtungen eines mehrere Jahrzehnte andauernden »Totalausfalls« einerseits niedrig gehalten werden.

Skurril waren andererseits auch feste Prognosen zur weiteren Entwicklung, die sich kein Sonnenphysiker zutrauen würde. So war im Jahr 2010 zu hören, für Ende Dezember 2012 sei mit einer gigantischen Explosion auf der Sonnenoberfläche zu rechnen, deren Folgen sich auch auf der Erde auswirken würden. Tatsächlich gibt es solche Explosionen immer wieder, und sie können jederzeit stattfinden, vor allem während eines solaren Maximums, nur lässt sich keineswegs ein fester »Termin« für diese Ereignisse vorhersagen. Effekte dieser Art sind derzeit durch nichts und niemanden berechenbar!

Hier kann es ausnahmsweise keine zwei Meinungen geben, denn das Innenleben der Sonne lässt sich derzeit durch keine noch so ausgeklügelte Technik so exakt beobachten und analysieren, dass sämtliche Vorgänge und ihre Auswirkungen erfassbar wären, schon gar nicht längerfristig. Das wäre noch extremer, als jetzt schon eine exakte Wettervorhersage für Ostern in zwei Jahren erstellen zu wollen. Der Maya-Kalender endet bekanntlich zum 21. Dezember 2012 – ein Datum, das angesichts kalendarischer Umrechnungsprobleme auch

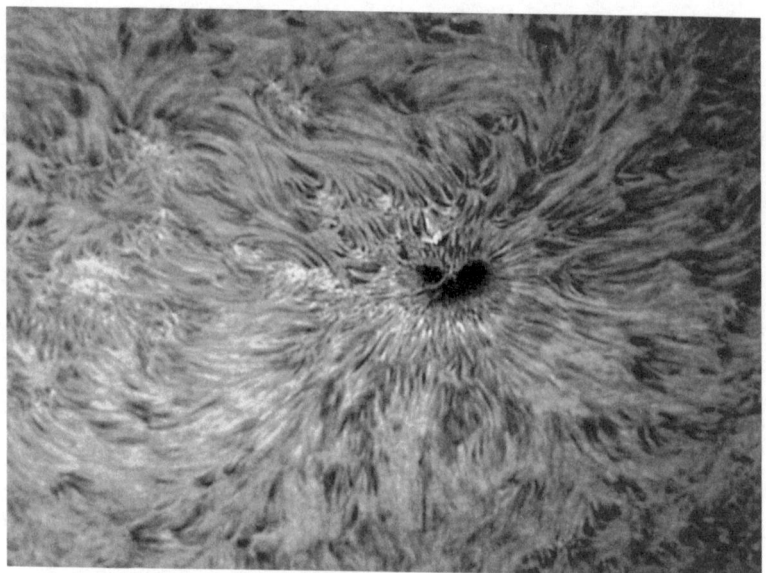

Abb. 76: In dieser am 23. September 2010 entstandenen Aufnahme des Verfassers sind Details in einem Sonnenfleck sowie die Magnetfeldstruktur der Umgebung gut zu erkennen. Aus solchen Gebieten gehen vor allem im Sonnenmaximum starke Explosionen hervor.

nicht genau feststeht. Nun sollte dieses Zeitenende mit einigen wenig erfreulichen Ereignissen einhergehen, so die Prophezeiung. Allein die Sonne schert sich darum wenig.

Klar ist nur: Das Sonnenmaximum wird sich wieder einstellen, wann genau, das ist dabei eine ganz andere Frage. Im Mai 2010 erklärte Richard Fisher, Chef der NASA-Abteilung für Heliophysik: »Die Sonne erwacht aus einem tiefen Schlummer, und für die nächsten Jahre erwarten wir, Zeugen einer viel höheren Sonnenaktivität zu werden.«

Auch im Laufe des Jahres 2010 fanden bereits einige »schwächere« solare Detonationen statt, bei denen schnelle, energiereiche Teilchen ausgeschüttet und bis zur Erde verfrachtet wurden. Die elektrisch geladenen Partikel erreichen unseren Planeten als Plasmafront und prallen auf das Erdmagnetfeld, um es in Schwingungen zu versetzen. Die Sonnenteilchen werden von den Feldlinien eingefangen und rasen auf Spiralbahnen schließlich durch die Hochatmosphäre zu den magnetischen Polen. Die Teilchen geben ihre Energie an die »Luftmoleküle« weiter, die dadurch zum Eigenleuchten angeregt werden und die märchenhaften Polarlichter an den Himmel zaubern. So auch in der Nacht vom 2. auf den 3. Mai 2010.

Die phänomenalen Lichtvorhänge wurden in Skandinavien so hell, dass sie trotz der Mitternachtssonne und teils durch Wolkenschleier hindurchgesehen werden konnten. Auch über Kanada und den nördlichen US-Bundesstaaten zeigten sich die logischerweise vor allem in höheren geografischen Breiten sichtbaren Polarlichter, um hier rote Auroraphänomene zu erzeugen. Bei großen Sonneneruptionen, die bei geeigneter Geometrie die Erde erreichen und hier entsprechend kräftige »Sonnenstürme« auslösen, können Polarlichter allerdings manchmal sogar noch am Äquator gesehen werden. Direkt auf der Erde haben diese Sonnenstürme allerdings manchmal sehr nachteilige Auswirkungen. Dass auf unserer Sonne sehr ungewöhnliche und unerwartete Vorgänge ablaufen können, ist schon länger bekannt.

Richard Carrington war der erste Zeuge eines Sonnenphänomens, das ihn wirklich völlig unerwartet überraschte. Hier zeigte die Sonne erstmals, dass sie noch so manche Geheimnisse besitzt.

Am 1. September 1859 strahlte über England eine warme, spätsommerliche Sonne. Gegen kurz nach elf Uhr vormittags begab sich der wohlhabende Brauereibesitzer Richard Carrington in seine private Sternwarte in Redhill, um wieder einmal einen Blick auf die Sonnenoberfläche zu werfen. Bei klarem Himmel nahm er sich, so oft er nur konnte, die Zeit, um unseren Stern mit dem Teleskop anzupeilen und Beobachtungen von Sonnenflecken durchzuführen. Carrington gilt als einer der bekanntesten Sonnenbeobachter seiner Zeit.

Natürlich konnte Carrington nicht direkt durchs Teleskop blicken. Er wäre sofort erblindet, das gebündelte Sonnenlicht hätte ihm die Netzhaut verbrannt. Selbst ohne optische Verstärkung kann ein nur etwas zu lange andauernder, direkter Blick in die Sonne schwerwiegende Augenschäden nach sich ziehen. Richard Carrington wusste sich selbstverständlich zu helfen, mit einer bereits altbewährten Methode. Er verwendete sein Teleskop als »Diaprojektor«, das heißt, er ließ das helle Sonnenbild in einigem Abstand hinter dem Okular auf einen weißen Projektionsschirm fallen, um es dort in aller Ruhe und Sicherheit betrachten zu können. Auf diese Weise war die Helligkeit genügend gedrosselt, um direkt auf die helle Fläche blicken zu können. Dies also, ohne eine Beeinträchtigung des Sehvermögens oder gar ein Erblindungsrisiko einzugehen. Richtig fokussiert, zeigen sich bei dieser Methode alle wichtigen Erscheinungen der Photosphäre, also jener hellen Schicht, die landläufig als »Sonnenoberfläche« definiert wird. Heute wissen Astrophysiker, dass jenes Licht, das von der Photosphäre ausgeht, um unseren Tag zu erleuchten, viele zigtausend Jahre alt ist. Es entsteht im dichten Sonnenzentrum während nuklearer Umwandlungsprozesse als Gammastrahlung. Diese extrem kurzwellige elektromagnetische Strahlung kämpft sich dann durch den komprimierten Gasbrei, der hier die 20-fache Dichte von Eisen erreicht, und wird durch die ständigen Zusammenstöße mit anderen Teilchen immer energieärmer, bis sie schließlich in den sichtbaren Teil des Spektrums hineinrutscht. So wird dieses Licht dann auch für uns sichtbar – die Sonne scheint!

Erst oberhalb der Photosphäre beginnt dann eine hauchdünne Schicht, die vorwiegend im roten Spektralbereich strahlt und zahlreiche ungewöhnliche Erscheinungen preisgibt. Hier zeigen sich mit Spezialinstrumenten die wüstesten Explosionen, hier sind mindestens dreimal so viel solare Phänomene zu beobachten wie im photosphärischen, »sichtbaren« Licht. Doch die Chromosphäre konnte Richard Carrington mit seinen Mitteln noch nicht beobachten. Als er sich aber an jenem 1. September 1859 ans Teleskop setzte, erhielt er gleichsam einen kleinen Vorgeschmack auf die »andere Sonne«, die ihm bisher immer verborgen geblieben war.

Aufmerksam betrachtete er das etwa 30 Zentimeter große Bild hinter dem Okular. Unübersehbar zeichnete eine gewaltige Sonnenfleckengruppe ihre Umrisse auf den Schirm. Carrington studierte die Formen und Anordnungen des ausgeprägten Gebildes. Doch von einem Augenblick auf den nächsten verstand der erfahrene Beobachter die Welt nicht mehr – oder zumindest »seine Sonne«. Denn urplötzlich bildeten sich direkt über den sonst dunklen Flecken zwei gleißend helle, weiße »Perlen«. Das Verblüffende: Sie strahlten deutlich heller als der ganze Rest der Sonnenoberfläche! Sie überstrahlten alles, wurden sogar noch leuchtkräftiger, fast so, als ob die Sonne von innen aufbräche. Anschließend expandierten diese rätselhaften Lichter und verformten sich. Das Ganze innerhalb nur weniger Minuten. Was in aller

Welt war das? Was konnte so viel Energie besitzen, die ohnehin gleißend helle Sonnenoberfläche noch einmal deutlich zu überstrahlen? Welche unvorstellbar gewaltigen Vorgänge liefen hier ab? Carrington hatte diesen Veränderungen bis zu diesem Moment fassungslos zugesehen. Nun aber riss er sich los und hastete davon, um eiligst einen Zeugen für diese wahrlich einzigartige Sichtung herbeizuholen. Der beinahe schon schockierte Beobachter benötigte nicht lange dafür, nach nicht einmal einer Minute war er bereits wieder zurück am Teleskop. Wäre er wohl besser dabei geblieben, denn bereits in dieser kurzen Zeitspanne der Abwesenheit hatte sich das Bild schon wieder verändert. Die grell leuchtenden Erscheinungen waren an Intensität deutlich abgeklungen, die blitzenden Perlen zu nadelfeinen Punkten geschrumpft. Bald sollten sie ganz verschwinden: Nach insgesamt fünf Minuten war der ganze Spuk vorbei – und ließ einen völlig irritierten Bierbrauer zurück!

Nein, der Alkohol – den man aufgrund des Berufs des Beobachters vermuten könnte – war nicht schuld an dieser Sichtung, Carrington hatte die Sonne buchstäblich nüchtern betrachtet. Doch was hatte er gesehen?

Tatsächlich gilt seine Beobachtung als die erste verbriefte Sichtung eines der seltenen Weißlicht-Flares. Es gehören wahrlich gewaltige Energien dazu, das Licht der Sonne noch deutlich zu überstrahlen. Diese Flares schaffen das aber. Sie entstehen bei unvorstellbar mächtigen Explosionen auf der Sonne (*Solar Flare Effect*, SFE), bevorzugt über aktiven Regionen wie großen Sonnenfleckengruppen. Im direkten Gefolge des Flares ereignete sich der Auswurf einer ausladenden Wolke elektrisch geladener Teilchen. Dieser koronale Massenauswurf (*Coronal Mass Ejection*, CME) entlud sich ins All hinein und schleuderte die schnellen Partikeln auf eine Bahn in Richtung Erde.

Im Gefolge des riesigen Weißlicht-Flares vom 1. September 1859 traten fantastische, vielfarbige Polarlichter am Himmel auf, die aber wegen der außergewöhnlichen Intensität des Sonnensturmes bis weit in südliche Breiten hineinreichten und sogar über Hawaii, Kuba, Jamaika oder den Bahamas sichtbar wurden.

Doch am Erdboden selbst zeitigte der »Carrington-Sturm«, wie man ihn später auch nannte, noch so einige Auswirkungen. Rund um den Globus machten die Telegrafenleitungen schlapp, es krachte und blitzte in den Stationen, Funkenentladungen trafen das Personal, an einigen Orten brachen auch Brände aus. Und selbst als die Betreiber der Anlagen den Strom abschalten ließen, funkten die aufgeladenen Telegrafen noch munter weiter. Das Ereignis induzierte elektrische Ströme in den Geräten und löste damit ein heilloses Chaos aus.

Was aber wäre, wenn uns ein solcher Sturm *heute* träfe? Die Welt hat sich seit Carringtons Zeiten wesentlich geändert, wir leben in einem Zeitalter, in dem nicht nur wir die Technik beherrschen, sondern auch die Technik uns.

Vor allem sind wir von hochsensiblen elektronischen Netzwerken umgeben, deren Ausfall unsere Welt in die Katastrophe stürzen würde, in einen echten Super-GAU. Ein moderner Carrington-Sturm, das wäre so etwas wie ein natürlicher EMP, der zum plötzlichen Ausfall zahlreicher wichtiger Systeme weltweit führen könnte. Die Erde ist bis in den Orbit hinein technisiert und computerisiert. Wir sind verwundbarer geworden. Wenn der Strom ausfällt, wenn Telekommunikation und Satellitenortung versagen, steht die Welt kopf. Laut Schätzungen dürfte sich im Extremfall allein der Schaden bei Satelliten auf einen Wert zwischen 30 und 70 Milliarden Dollar belaufen.

Louis J. Lanzerotti, ein altgedienter Telekommunikationsexperte der amerikanischen *Bell Laboratories* – hier wurde im Jahr 1965 übrigens die schon 1948 vorhergesagte kosmische Hintergrundstrahlung entdeckt –, war bereits seit Langem auf der Hut. Lanzerotti warnte vor mehr als 35 Jahren vor den fatalen Folgen eines schweren Sonnensturms: »Ich begann, die Aufmerksamkeit der Weltraumphysiker auf den Flare von 1859 und seinen Einfluss auf die Fernmeldetechnik zu lenken«, so erinnerte er sich später.

Auch für Lanzerotti selbst gab es selbstverständlich ein Auslöseereignis, das ihn gleichsam wach rüttelte. Dieses Ereignis datierte auf den 4. August 1972. Damals legte das Gefolge eines Sonnen-Flares sämtliche Telefonverbindungen im Bundesstaat Illinois lahm. Einen besseren Beweis für dringenden Handlungsbedarf konnte es für Lanzerotti nicht mehr geben. In der Tat überarbeitete das Unternehmen AT&T damals auch seine transatlantischen Kabelsysteme, um sie besser gegen solche Ereignisse zu schützen.

In den folgenden Jahren kam es immer wieder zu teils kräftigen solaren Detonationen und darauffolgenden Störungen des irdischen

Magnetfeldes durch eintreffende Teilchenfronten. All diese *Sonnen-stürme* sind übrigens nicht mit dem permanent aus den koronalen Löchern der Sonne ausströmenden *Sonnenwind* zu verwechseln, der eine andere Entstehung und keine schädlichen Auswirkungen hat.

Ein einschneidendes solares Ereignis datiert auf den März 1989. Es ging damit los, dass Anfang März ein echter solarer »Behemoth« am Sonnenrand auftauchte, eine monströse Sonnenfleckengruppe, die sich allmählich mehr und mehr ins Bild rückte und vor apokalyptischer Energie nur so zu strotzen schien. Gleich reihenweise ereigneten sich dort hocheruptive Detonationen. Im Laufe einiger Tage drehte die Sonnenrotation das unheimliche Gebilde dann in eine geeignete »Schussposition«. Ziel: Erde!

Was folgte, war ein weiterer, äußerst heftiger Sonnensturm, der unseren Planeten am 13. März 1989 mit voller Wucht erreichte. Die Folge waren Stromausfälle in weiten Teilen Kanadas, von denen rund sechs Millionen Menschen betroffen waren. Die Computer an der Börse von Toronto erlebten einen Totalausfall, nichts ging mehr. Oder manches wiederum ganz von selbst – beispielsweise automatische Garagentore, die sich nunmehr, wie von Geisterhand bedient, ständig öffneten und wieder schlossen. Den Funkbefehl hierzu hatte die Sonne gegeben! In New Jersey schmolzen die Transformatoren, eine erhöhte solare Röntgenstrahlung heizte die Hochatmosphäre auf: Bremswirkung für Erdsatelliten! So sackte der Sonnensatellit *SolarMax* gleich um fünf Kilometer in die Tiefe. Sein eigenes Beobachtungsziel trickste ihn aus und brachte den kosmischen Paparazzo aus dem Konzept. So trat er verfrüht in die Erdatmosphäre ein und verglühte als helle Sternschnuppe über dem Indischen Ozean. Die Sonne hatte wahrhaft ganze Arbeit geleistet. Und dieser Absturz, er war kein Einzel-»Fall«. Auch andere Satelliten vor und nach *SolarMax* mussten nach Mega-Flares den Gang des Vergänglichen gehen. Zu den berühmtesten »Kollegen« zählte wohl das Himmelslabor *Skylab*, das 1979 von der Sonne »ausgebremst« wurde und ins Meer stürzte. Im Dezember 2005 unterbrachen solare Röntgenstrahlen die Kommunikationsbrücken zu Satelliten. Dabei verstummten auch GPS-Signale für rund zehn Minuten – eine Ewigkeit.

In der Tat können zehn Minuten im Extremfall über Leben und Tod entscheiden. Louis Lanzerotti kommentierte hierzu nur lapidar:

»Ich würde mich nicht gern in einer Linienmaschine befinden, die gerade per GPS in den Landeanflug geleitet wird.« Im Dezember 2006 visierte der Satellit GOES-13 unsere Sonne mit seinem *X-Ray-Imager* an. Er sollte damit ein Sonnen-Flare aufnehmen. Wahrlich ein Spiel mit dem Feuer! Der solare Lichtblitz war so kräftig, dass er den Detektor sofort zerstörte. Die Sonne steht wohl nicht gern im Rampenlicht, sie erzeugt es eben lieber selbst, und das manchmal besonders intensiv. So auch 1859. Was damals geschah, das war noch ein ganz anderes Kaliber als die Sonnenstürme der vergangenen Zeit. Daher spricht man nicht nur vom »Carrington-Sturm«, sondern geradezu ehrfürchtig vom »perfekten Sonnensturm«, wenn jenes Ereignis gemeint ist. Ein Supersturm eben.

Seit mindestens 160 Jahren hatte es keinen vergleichbaren Zwischenfall mehr auf unserer Sonne gegeben. Doch sagt diese Zeitspanne nicht viel aus. Man müsste in Erfahrung bringen können, wie oft vergleichbare Stürme schon stattgefunden haben. Nur war Carrington ja der erste Beobachter eines solchen Phänomens. Vor ihm herrscht gähnende Leere in der Berichterstattung. Sonnenforscher suchen jetzt in arktischer Kälte nach Antworten. Denn die energiereichen Teilchen hinterlassen auch hier ihre Spuren – mitten im Eis und in den dort eingeschlossenen Nitraten. Demnach gab es sogar in den vergangenen 500 Jahren keinen vergleichbaren Sonnensturm. Das Ereignis von 1859 belegt aber, wozu die Sonne fähig ist. Sie ist unser Lebensspender, kann uns aber doch auch ganz schön gefährlich werden. So scheinen wir zwischen zwei Problemen zu stehen: entweder kalte Winter oder kräftige Sonnenstürme. Nun, wie die Sonne es auch macht, es scheint einerseits immer falsch zu sein. Andererseits sind es eben doch die Menschen, die sich die neuen Probleme schaffen, indem sie alte überwinden. Das gehört leider zum technologischen Fortschritt dazu. Aber im Ernst: Im Laufe des Jahres 2010 demonstrierte die Sonne doch wieder recht deutlich, auf ein neues Maximum zuzustreben, und Wissenschaftler erklärten, wir sollten gut darauf vorbereitet sein, schließlich habe sich in der vergangenen Dekade auf dem Techniksektor auch wieder einiges getan.

Im Juni 2010 zeigte sich die Sonne wieder in alter Frische und überraschte mit einer Reihe recht kräftiger Flare-Ausbrüche sowie auch Protuberanzen am »Sonnenrand«. Das *Solar Dynamics Observatory*

SDO lieferte am 12. Juni 2010 grandiose Aufnahmen eines solaren »Unwetters«, und bald darauf folgte aus der *Aktiven Region* »AR 1081« ein greller UV-Blitz mit einem respektablen CME. Dabei schleuderte die Sonne mehrere Milliarden Tonnen Materie ins All hinaus. Gesundheit!

Auf der gleißend hellen Oberfläche kam es durch dieses Ereignis zu einem regelrechten Sonnenbeben. Vom Ort der Explosion ging eine kreisförmige Druckwelle aus und raste durch das brodelnde Sonneninferno, als ob jemand einen riesigen Steinblock in ein höllisches Meer geworfen hätte! Eine Gluthölle, von der unser aller Leben abhängt. Ansonsten hatte das »Beben« keine Folgen, auch nicht für die Erde, denn der solare Materieschwall zielte diesmal nicht in ihre Richtung. Dafür sorgte eine Explosion am 1. August 2010 wieder für Polarlichter, nachdem er ebenfalls einen richtigen Sonnen-»Tsunami« ausgelöst hatte. Erneut ging eine Stoßwelle durch das heiße Sonnengas. Geradezu unheimlich war die weitreichende Verbindung verschiedener Aktivitätsgebiete und Sonnenphänomene. Damals spannte sich ein

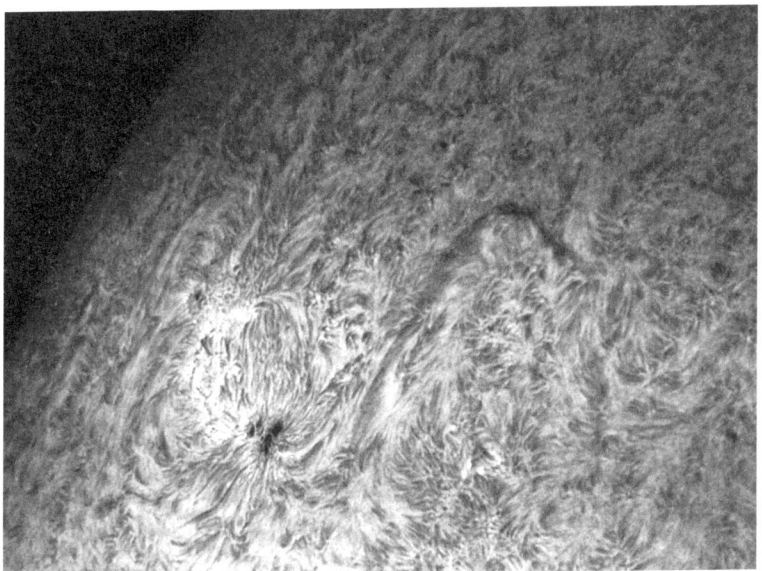

Abb. 77: Dieses Bild der Sonnenoberfläche nahm der Verfasser ebenfalls am 23. September 2010 auf. Es zeigt eine Aktive Region des neuen Sonnenzyklus.

riesiges dunkles Wasserstofffilament über die kochende Sonnenoberfläche, rund 400 000 Kilometer von einem Sonnenfleck entfernt. In beiden Gebieten kam es dann aber gleichzeitig zu einer jeweils heftigen Explosion. Dieses Ereignis belegte deutlich, wie eng die Vorgänge selbst über weite Strecken miteinander verbunden sind. Die Distanz der beiden aktiven Bereiche lag immerhin über der mittleren Entfernung zwischen Erde und Mond! Auch die aktuelleren Ereignisse des Jahres 2010 belegen die ungebrochene Macht der Sonne.

Am 8. Juni 2010 fand die vierte Jahrestagung des *Space Weather Enterprise Forum* in Washington statt. Hier, genauer gesagt im *National Press Club*, traf sich eine Gruppe von Forschern, Politikern, Wirtschaftsfachleuten, Juristen und Medienvertretern, um über die Auswirkungen unserer Sonne auf die Erde zu beraten. Das klingt fast nach »Bilderberg für die Hosentasche«. Doch hier ging es eher harmlos zu, wobei die Rettung der Infrastruktur auf dem Programm stand. Was tun, wenn der nächste große Sonnensturm naht? Wie lässt sich die empfindliche Technik effektiv schützen? Mit solchen Fragen setzte sich die Gruppe auseinander. In vielen Fällen wird einfach nichts anderes übrig bleiben, als die wirklich empfindlichen Systeme kurzzeitig abzuschalten bzw. für wesentliche Technologie im Falle des Totalausfalls auch stets Ersatz parat zu haben. Redundanz ist gefragt!

Natürlich tüfteln die Experten auch an Absicherungen von Einrichtungen, die ständig im Betrieb sein müssen, unter anderem in Kliniken. Unabdingbar sind allerdings auch Frühwarnsysteme. Schon jetzt kreuzt eine Flotte von Raumsonden und spezialisierten Satelliten durchs All, die allesamt zwar nicht als orbitale Alarmanlagen geplant waren, doch durch die Art ihrer Ausstattung durchaus genau diese Funktion übernehmen könnten. Der *Advanced Composition Explorer* (ACE) im sogenannten Lagrange-Punkt L1 befindet sich rund eine Million Kilometer von der Erde entfernt und überwacht ständig den Sonnenwind, der gewisse Hinweise liefern kann. Die beiden STEREO-Raumschiffe kreisen auf der Erdbahn in gebührendem Abstand vor und hinter unserem Planeten, um 3D-Bilder zu liefern und auch Sonnenareale zu erfassen, die von der Erde aus nicht sichtbar sind. Der schon erwähnte Satellit SDO wiederum erforscht die koronalen Löcher und Sonneneruptionen in bis dahin ungekannter Auflösungsstärke.

Bereits kurz nachdem ein Flare-Ausbruch erfolgt ist, trifft die solare Röntgenstrahlung bei der Erde ein, um die Hochatmosphäre aufzuheizen. Und schon nach etlichen Stunden krallen sich die ersten und schnellsten Teilchenfronten ins Erdmagnetfeld.

Schon länger existieren Studien, die aufzeigen, dass dieser Vorgang nicht nur zu Schädigungen irdischer Technologie, sondern auch des irdischen Lebens führen kann. Zwar sind diese Studien nach wie vor umstritten und werden von der etablierten Forschung oft ins Reich der Fantasie, der Pseudowissenschaft oder gar Esoterik verbannt, sodass sich kaum ein Astrophysiker oder Biomediziner getrauen würde, hierzu positiv Stellung zu beziehen. Dennoch deuten zahlreiche Untersuchungen und Fallbeispiele auf reale Zusammenhänge sowie biologische Auswirkungen hin. Offenbar sind die von der Sonne erzeugten erratischen Magnetfeldschwingungen schädlich für den Organismus. Da nützt es auch nichts, wenn Skeptiker auf kerngesunde Physiker verweisen, denen es im Großlabor schon die Schlüssel aus der Hosentasche gezogen hätte, weil sie in der Nähe von starken Magnetfeldern arbeiteten. Deren enorme Feldstärke hätte den Wissenschaftlern nicht geschadet. Doch gerade die solar erzeugten Schwingungen könnten uns betreffen, da hier weit mehr jene Feldstärken physiologischer Größenordnung ins Spiel gelangen. Und um die dürfte es letztlich gehen. Es wird wohl noch viel Überzeugungsarbeit kosten, um hier ernsthafte und aufgeschlossene Forschungsprojekte ins Leben zu rufen. Bis dahin werden die biologischen Auswirkungen von Sonnenstürmen weiterhin von der eigentlich zuständigen Fachwelt nur milde belächelt werden, obwohl Mainstream-Großspurigkeit bei derart wesentlichen Fragen wahrlich absolut unangebracht ist. Die Sonne schenkt uns Leben, dies aber ohne Rücksicht auf Verluste. Die Vorgänge auf ihr gründlich zu verfolgen dürfte in der zunehmend technisierten Gesellschaft eine immer bedeutsamere Rolle spielen. Vielleicht wird man eines Tages doch dahinterkommen, welche subtileren Auswirkungen dieser Stern zu alledem noch auf seine Geschöpfe zeitigen kann.

Geheimnisvolle Mikrowellenwaffen

Elektromagnetische Waffen spielen heute eine wesentliche Rolle. Die »nicht lethalen« Waffensysteme sind hierbei auf dem Vormarsch, wobei viele von ihnen eben doch tödliche Auswirkungen an den Tag legen. Zahlreiche militärische Forschungslabors arbeiten fieberhaft an neuen kompakten »Strahlenkanonen«, die wirkungsvoll und möglichst unerkannt eingesetzt werden sollen. Doch finden auch Mikrowellenangriffe gegen Privatpersonen statt, und das stellt ein wahrhaft ernstes Problem dar. Geheime Entwicklungen sind zudem schon lange im Einsatz. Im Jahr 2010 wurden auf diesem Sektor auch einige Projekte und Vorhaben bekannt, die nicht unbedingt beruhigend erscheinen. Dabei erhalten sie oft einen zivilen, eben harmlosen offiziellen Anstrich. An sich wahrlich nichts Neues.

Nun, wissenschaftliche Projekte renommierter Universitäten erscheinen oftmals als schlichte Grundlagenforschung im Dienste der Erkenntnis und für rein zivile spätere Anwendungen. Nicht umsonst verlagern die Militärs ihre Forschungsprojekte ebenfalls an Universitäten, abgesehen einmal von der Verfügbarkeit der Fachkräfte und der technischen Einrichtungen. Allerdings dürfte sich herumgesprochen haben, dass vor allem rein militärische Forschungslabors der Vereinigten Staaten von Amerika wahrhaft exzellent ausgestattet sind und nicht selten viele Jahre vor vergleichbaren zivilen Einrichtungen zu revolutionären Ergebnissen gelangen. Die Beispiele sind Legion. So war beispielsweise auch die Überraschung unter zivilen Forschern groß, als erste sogenannte adaptive Optiken mit Laserleitstern entwickelt wurden und das Militär nun urplötzlich damit herausrückte, diese fortschrittliche Technik schon lange zu beherrschen. Sie wurde am *Starfire Optical Range* der *Kirtland Air Force Base* in New Mexico entwickelt, wo das Militär auf streng abgeriegeltem Gelände ein Observatorium mit einem 3,5-Meter-Spiegelteleskop für eigene geheime Forschungen unterhält.

Klar ist jedenfalls, dass das Militär nicht mangels »Hardware« und »Know-hows« auf zivile Einrichtungen ausweichen muss, sondern mit dieser Entscheidung einigen Projekten schlichtweg einen »Unbedenklichkeits-Anstrich« geben will. Sinn und Zweck so mancher Entwicklung liegen dennoch meist schnell auf der Hand.

Forscher an der Universität Michigan, gefördert durch das US-Luftwaffen-Forschungslabor, haben im Februar 2010 einen neuen Typ von Magnetron entwickelt, um feindliche Elektronik lahmzulegen. Die Technik an sich existiert schon seit dem Zweiten Weltkrieg. Magnetrons sind Vakuumröhren mit einer walzenförmigen Kathode in ihrem Inneren, umgeben von einer zylindrischen Anode; sie erzeugen fürs Auge unsichtbares Licht – die vielseitig nutzbare Mikrowellenstrahlung. Am populärsten wirkt sie als Wärmequelle des Mikrowellenofens, aber auch als Frequenzquelle von Radarsystemen und Hochleistungsschaltkreisen.

Die Forscher aus Michigan haben nun die alte Technologie abgewandelt und ein Gerät geschaffen, das trotz einer kompakteren Größe höhere Ströme liefert als die bisherigen Varianten. Auch ist es schneller einsatzbereit. Und das wirkt sich natürlich sehr positiv aus, wenn man gegnerische Technik effektiv stören will. Die höheren Frequenzen erlauben eine verbesserte Radarauflösung, die geringen Ausmaße vereinfachen Anwendungen im Luftraum.

Mikrowellenwaffen sind eine völlig eigene Gattung, die eben wegen ihrer weiten Anwendungsmöglichkeiten seit vielen Jahren im Geheimen weiterentwickelt werden. Jedermann weiß zwar, dass solche Waffen existieren, aber über die Anwendungen wird kaum etwas verlautbart. Davon soll die Öffentlichkeit möglichst nichts erfahren. Neben dem Laser (im Mikrowellenbereich: Maser) gelten die HPM-Waffen (*High Power Microwave Weapons*, Hochleistungs-Mikrowellen-Waffen) als die bedeutendsten Systeme, bei denen Energie gerichtet auf ein Ziel abgestrahlt wird (*Directed Energy Weapons*, DEWs). Das Ganze ist ein Milliardengeschäft und genießt in den USA höchste Priorität. Wer die Elektronik gegnerischer Waffensysteme schlagartig ausschalten kann, ist klar im Vorteil – wenn's beide können, gewinnt der Schnellere!

Aber: Werden nun diese Geräte ausschließlich in Kampfeinsätzen gegen *Maschinen* aktiviert, oder gelangen sie auch gegen *Menschen* zum Einsatz, vielleicht sogar gegen Zivilisten außerhalb von Kriegsgebieten?

Zunächst einmal sehen Experten hier natürlich auch eine Gefahr in »illegalen« Aktionen durch Terrororganisationen. Doch was bedeutet das eigentlich? Immerhin wissen wir, dass der Terror manchmal eben durchaus hausgemacht und »von oben« sanktioniert ist. Wir wissen, dass hinter zahlreichen solchen Aktionen die Geheimdienste stecken, um ihre Interessen auf ungewöhnliche Weise durchzusetzen.

Manchmal geht es darum, missliebige Individuen ruhigzustellen. Manchmal auch »nur« darum, heimliche Testserien durchzuführen. Den verborgenen Akteuren dauern Kriege zuweilen einfach nicht lange genug, um ihre neuen Waffenvarianten auch richtig ausprobieren zu können. Wie schade doch! Und eigentlich sei die Wirkung der Mikrowellenwaffen ja nicht tödlich – sondern eben nicht lethal. Die Praxis sieht da aber leider anders aus.

Die sogenannten *Active Denial Systems* (ADS) können durchaus töten – wobei der Name nur »Teil-Programm« ist: aktive Verleugnung in etwa, also einmal ein aktiver Einsatz zur schnellen Zerstreuung aufrührerischer Gruppen, ein andermal auch zur möglichst schwierigen Nachweisbarkeit des Verursachers, was ganz im Sinne des Erfinders ist. Wird ein Mensch von einer derartigen Mikrowellenattacke erfasst, erleidet er völlig spontan entsetzliche Schmerzen, die ihn vor dem – für ihn unsichtbaren Angreifer – wehrlos machen sollen. Die Opfer gehen in die Knie, während sie das Gefühl haben, für einen Augenblick in glutflüssige Lava getaucht zu werden. Entsetzliche Auf-

Abb. 78: Eine portable, nicht lethale Waffe des Raytheon-Konzerns im Testaufbau

nahmen zeigen Opfer, die geradezu verschmolzene, wie von innen verbrannte Körper aufweisen. Offenbar handelte es sich um Menschen, die bei einem Angriff mit starken HPM-Waffen umgebracht wurden.

Auch in Deutschland werden laut verschiedenen Meldungen Hochleistungs-Mikrowellenwaffen produziert – von den Rüstungsfirmen Rheinmetall und Diehl. Von Diehl wurde unter anderem für den Antiterroreinsatz ein Spezialkoffer gebaut, der diese HPM-Technologie birgt. Seltsamerweise gingen später dann einige dieser Koffer »verloren«.

Je nach »Anwendung« sind die Auswirkungen auf den menschlichen Körper unterschiedlich und nicht immer *lethal*, meist aber doch *fatal*. Das *Oak Ridge National Laboratory* im US-Bundesstaat Tennessee führte Versuche durch, die zeigen, dass das menschliche Nervensystem durch elektromagnetische Pulswaffen massiv gestört wird. Keine sonderlich große Überraschung!

Abb. 79: Werden die Active Denial Systems auch gegen Zivilisten eingesetzt?

Ebenso kann eine solche Attacke auf technische Systeme in unserer hochgradig von Elektronik abhängigen Gesellschaft geradezu zu einem »Flächenbrand« führen. EM-Waffen wirken sich ähnlich wie Sonnenstürme als unsichtbare Geisterhand auf unsere Technik aus. Sie bringen Fahrzeuge zum Stillstand, zerstören Computeranlagen, lassen Flugzeuge abstürzen.

Ist es nur ein Gerücht, wenn der US-Oberst und EMW-Experte John B. Alexander von einem Hobby-Erfinder namens Sid Hurwich berichtet, der ein EM-System entwickelte, mit dem er das Abfeuern einer Pistole verhindern konnte? Dies sei alles andere als Folklore, versichert Alexander, und erinnert an eine israelische Spezialoperation in Uganda. Damals, bereits im Juli 1976, flogen israelische Jets völlig unentdeckt ein und wurden bei ihrem Eintreffen fast nicht beschossen. Kurz darauf wurde Sid Hurwich in der Beth-Tzedec-Synagoge für seinen Beitrag mit einer hohen Ehrung durch den Staat Israel bedacht. Schon seltsam.

Insgeheim war die militärische Forschung weiterhin nicht untätig. Und so manche, meist eher traurige Beispiele belegen bereits den rücksichtslosen Einsatz von Mikrowellenwaffen!

Auf dem Weg zum Mars –
und aus war's!

Schon seit Generationen träumen Gelehrte und Fantasten gleichermaßen davon, einen kleinen roten Punkt am Firmament zu besuchen, eine – aus kosmischer Perspektive betrachtet – gar nicht so ferne und doch schier unerreichbare Welt: unseren Nachbarplaneten Mars.

Die roten Sande des Mars zu betreten und von dort aus die strahlend blaue Erde am lachsfarbenen Himmel aufgehen zu sehen ist eine Vision, die schon viele Menschen tief bewegt hat. Doch die Hinreise zum »Roten Planeten« dauert wohl fast ein ganzes Jahr und birgt eine Menge ernster Probleme mit echten Gefahren für die Gesundheit der Astronauten. Können sie es überhaupt schaffen?

Im Jahr 2010 veröffentlichte Studien lassen daran zweifeln. Sollte das Raumfahrtprojekt zum Mars dennoch weiterbetrieben werden? Oder werden hier vielleicht Milliardensummen sinnlos verschleudert?

Im letzten Jahr des 19. Jahrhunderts kletterte ein 17-Jähriger auf einen Kirschbaum, er sollte einige Äste dort abzuschneiden. Von hier aus blickte er versonnen in den Himmel und begann zu träumen, von fremden Welten, von Reisen ins Ungewisse. Vor allem träumte er aber von einem Flug zum Roten Planeten Mars. Jener junge Mann wurde später einer der bedeutendsten Raketenpioniere der Welt: Robert H. Goddard. Er konstruierte die erste Flüssigtreibstoffrakete und erarbeitete zahlreiche Grundlagen der modernen Raumfahrt. Natürlich war ihm von Anfang an klar, selbst niemals jene roten Sande des Mars betreten zu können. Auch wusste er, dass wohl noch Generationen kommen und gehen müssten, bevor die erste bemannte Mission zur äußeren Nachbarwelt der Erde gelingen würde. Im August 1945 starb Goddard dann, ohne dass noch ein Mensch den Erdorbit erreicht hatte. Vom Besuch fremder Welten keine Spur.

Und heute, einige Jahrzehnte später, sieht es eigentlich nicht viel besser aus. Immerhin, auf dem Mond waren »wir« mittlerweile. Oder

Abb. 80: Der Raketenpionier Robert H. Goddard träumte von einem bemannten Flug zum Mars.

doch nicht? Nicht jeder ist bekanntlich gewillt, die *Apollo*-Landungen als Wahrheit zu akzeptieren. Doch gleich wie, ein Flug zum Mars besitzt ohnehin eine völlig andere Dimension. Unser kleinerer Planetenkollege mit seinen vielfach rätselhaften Landschaften ist tausendmal weiter entfernt als der von Kratern und weiten Basaltebenen bedeckte Erdbegleiter. Hier sind gänzlich andere Vorkehrungen und Technologien erforderlich, die Kosten steigen ins schier Unermessliche und die Anforderungen an die Astronauten ihrerseits ins schier Unmenschliche!

Abb. 81: Schon vor Jahrzehnten haben unbemannte Raumsonden den Mars erreicht und sind gelandet – hier eine Viking-Aufnahme aus den 1970er-Jahren. Doch bis heute hat noch kein Mensch je die roten Sande des Mars betreten.

Genau hier dürfte laut Erkenntnissen des Jahres 2010 auch der große Haken verborgen sein, an dem das gesamte Unterfangen letztlich hängen bleiben könnte: Der Mensch scheint nicht dauerhaft fürs All geschaffen. So zumindest sieht es seit den betreffenden Studien aus.

Denn Langzeitaufenthalte im Weltraum schaden unserem Organismus ganz extrem. Insbesondere die russischen Kosmonauten haben hier über viele Jahre hinweg bereits wahrhaft leidvolle Erfahrungen gesammelt, wobei ihre Aktivitäten auf nichts anderes hinzielten als die Bewältigung eines insgesamt mehrjährigen Fluges zum Mars. Wer erinnert sich nicht an die schlappen Superhelden des Weltraums, die von Helfern aus ihren Kapseln geschleppt werden mussten, weil sie nicht mehr selbstständig gehen konnten? Muskelschwund im All, ein schnell auftretendes, ernstes Problem!

Am längsten von allen hielt es der Kosmonaut Waleri Poljakow aus. Sein Aufenthalt an Bord der Raumstation *Mir* währte von Januar 1994 bis März 1995 – kaum vorstellbare 437 Tage, 17 Stunden und 58 Minuten! Absoluter Weltrekord! Jeder andere wäre bereits nach viel kürzerer Zeit am Ende gewesen und hätte gewiss nur noch die Worte hervorgebracht: »*Mir* ist übel!«

Von Beruf Weltraummediziner, führte Poljakow einen unvergleichlichen Selbstversuch durch und beobachtete die Veränderungen seines Körpers ständig. Sehr bald schon machte sich allerdings die Schwerelosigkeit nachteilig bemerkbar.

Ausgerechnet Ärzte der Universität Leiden erforschten die Leiden der Astronauten besonders gründlich. Die Mediziner publizierten ihre Ergebnisse im Herbst 2010.

Auch in den USA befassen sich Wissenschaftler zunehmend mit dieser Problematik, was nicht zuletzt dadurch erschwert wird, dass Astronauten nur ungern und demnach sehr zögerlich über ihre gesundheitlichen Beschwerden sprechen. Schließlich wollen sie auch bei künftigen Raummissionen wieder dabei sein.

2010 aber wurde im Zuge der neuen Studien bekannt: Weltraumreisende leiden sehr schnell nach dem Start unter starken, »explodierenden« Kopfschmerzen. Beim Eintritt in die Schwerelosigkeit überfällt fast jeden Astronauten die »Weltraumkrankheit« mit Unwohlsein, Desorientierung und Erbrechen. Neben physischen Problemen treten immer wieder auch psychische Labilitäten in der Einsamkeit des Alls und der nüchternen Enge des Raumfahrzeugs auf.

Bereits nach zwei Wochen machen sich ernstere Symptome bemerkbar: Nun beginnen die Knochen deutlich an Kalzium zu verlieren. Der Knochenschwund schreitet schnell voran. Jeder Monat im All entspricht einem Verlust, wie er bei einem älteren Osteoporose-Patienten auf der Erde innerhalb eines ganzen Jahres auftritt.

Orthopäden der Universität von Kalifornien haben Computermodelle entwickelt, die das Voranschreiten der Erkrankung genauer nachzeichnen. Die Werte variieren individuell, nicht jeder Astronaut ist also gleich betroffen. Doch auch im besten Falle schwinden bei Astronauten an Bord der Internationalen Raumstation ISS pro Monat immerhin 0,4 Prozent des Kalziumgehalts im Hüftknochen. In Einzelfällen kann die Rate sogar bei 1,8 Prozent liegen. Selbst unter Einhaltung einer geeigneten Diät mit Kalzium, Proteinen und Kohlenhydraten sowie diversen Mineralstoffen und Einnahme speziell entwickelter Medikamente bessert sich die Situation nicht erheblich.

Natürlich müssen bei Langzeitaufenthalten in der Schwerelosigkeit auch die Muskeln erhalten werden. Umfangreiche Trainingsprogramme sollen dabei helfen, doch oft bleibt angesichts der zu bewältigenden Forschungsaufgaben nicht genügend Zeit, diese Programme auch komplett durchzuführen. Da wird dann täglich statt zwei Stunden vielleicht nur 45 Minuten lang auf Laufband und Ergometer trainiert. Eine neue Studie hat ergeben, dass ausgerechnet diejenigen Astronauten, die auf der Erde den effektivsten Kraftsport zur Vorbereitung für die Raumreise durchgeknüppelt haben, dann im All den schnellsten Schwund aufweisen.

Die Schwerelosigkeit trifft jeden und beeinflusst den gesamten Körper nachteilig. Die Zahl roter Blutkörperchen sinkt, der Herzschlag verlangsamt sich, und das Immunsystem versagt zusehends. Hinzu kommt ein erhöhter Einfall kosmischer Strahlung. Zusammen mit der geschwächten Abwehr bedeutet dies ein merklich steigendes Krebsrisiko! Allesamt keine schönen Aussichten ins All!

Nach einem Jahr im Weltraum – ungefähr die Minimalzeit für einen Hinflug zum Mars – müssen die Astronauten auch verstärkt mit Knochenbrüchen rechnen. Und auf halbem Weg wären ihre Muskeln bereits sehr deutlich geschwächt. Ausgerechnet der US-Forscher Robert Fitts – »nomen est schon wieder omen« – von der *Marquette University*, Milwaukee, war es, der die »Fitness« der Astronauten genauer studierte und dabei zu einem niederschmetternden Ergebnis gelangte: Die Raumfahrer würden demnach die Strapazen bis zum Mars einfach nicht durchstehen. Zur Kontrolle entnahm Fitts etliche

Muskelproben von Astronauten, die sechs Monate lang auf der ISS verbracht hatten. Das Gewebe der Probanden war deutlich geschrumpft und verkürzt. Mit dieser Konstitution würden Marsreisende nicht einmal mehr die einfachsten Tätigkeiten ausführen können.

Laut Fitts fataler Formel würde ein 30-jähriger Astronaut bei seiner Ankunft auf dem Mars nur noch die Kraft eines 80-jährigen Greises besitzen.

Von wegen »Mars macht mobil«! Eher schon: Hals- und Beinbruch für die Ankunft! Denn spätestens jetzt, beim Betreten des Planeten, wären die Knochen wieder einer plötzlichen Belastung ausgesetzt – mit ungeahnten Folgen. Demnach dürften sämtliche Marsreisende vor allem ein Gepäckstück nicht vergessen: den Rollstuhl! Mit Verlaub und gewiss ohne Häme: ein klarer Selektionsvorteil für Stephen Hawking! Und bei der Ankunft könnten sogleich die ersten astronautischen Paralympics am *Nix Olympica* ausgetragen werden, nebenbei bemerkt dem größten Vulkan des Sonnensystems. Ansonsten wirklich nix zu machen! Was aber nützt es, wenn »Marsonauten« bereits nach halber Strecke auf der Strecke bleiben?

Nun, manchmal sind es gerade derlei – zugegebenermaßen bald schon unzulässig mar(s)kabere – Gedanken, die einem die Dramatik

Abb. 82: Nur eine Science-Fiction-Fantasie? Trotz umfangreicher Vorbereitungen, Tests und Simulationen bleibt fraglich, ob Menschen jemals den Mars erreichen werden. Eine Studie aus dem Jahr 2010 bezweifelt dies ernsthaft.

einer Situation wirklich vor Augen führen. Galgenhumor der Zukunft. Doch, wie wird diese Zukunft wirklich beschaffen sein, und vor allem: Welchen Sinn ergibt es, Milliardensummen in ein offenbar zum Scheitern verurteiltes Projekt zu stecken? Eine in der Tat sehr schwierige Frage, für die es nur auf den ersten flüchtigen Blick eine definitive Antwort gibt. Auf den zweiten aber nicht mehr unbedingt. Denn der Mensch hat stets neue Lebensräume für sich erschlossen – ob nun zum Vorteil jener Lebensräume oder seiner selbst, das sei dahingestellt. Doch wird der Mensch wohl langfristig gesehen vor der Erkundung und Besiedlung des näheren Weltraums nicht haltmachen, wahrscheinlich wird ihm, jetzt einmal in großzügigen Zeitspannen gedacht, auch gar nichts anderes übrig bleiben.

Somit aber wird er auch keineswegs innehalten, er wird nicht locker lassen, bis er das Urziel seines Strebens erreicht hat. Und wie viele Träume galten bereits als völlig unrealistisch? Sollten nicht die Menschen in schnell fahrenden Zügen zu ersticken drohen, weil ihnen angeblich die Luft ausginge? Galt nicht alles als flugunfähig, was schwerer als die Luft selbst war? Trotz aller Bedenken haben Spinner und Fantasten weitergemacht, Menschen, die zunächst belächelt, dann bewundert und beneidet wurden. Und so wird es wohl auch in Zukunft sein. Vielleicht auch auf dem Weg zu den fernen Gestaden des Mars. Was den Menschen und seinen Organismus dabei erwartet, weiß heute niemand mit Gewissheit.

Man wird es wohl ausprobieren müssen!

Nahtod-Forschung 2010: Unser Dasein endet nicht mit dem Tod!

»Ich wusste, dass ich starb und dass es nichts gab, was ich dagegen hätte tun können, weil mich doch keiner mehr hörte … Ich befand mich außerhalb meines Körpers, ganz ohne Zweifel. Ich konnte ihn da auf dem Operationstisch liegen sehen. Meine Seele war ausgetreten! Zunächst drückte mich all das furchtbar nieder, aber dann erschien dieses gewaltig helle Licht. Am Anfang war es wohl ein bisschen matt, aber dann schwoll es zu einem Riesenstrahl – es war einfach eine enorme Lichtfülle, mit einem großen hellen Scheinwerfer überhaupt nicht zu vergleichen, wirklich ungeheuer viel Licht. Außerdem strahlte es Wärme aus; ich konnte sie deutlich spüren.« Diese Worte stammen von einem Menschen, der ein Nahtoderlebnis (*Near-Death Experience*, NDE) mit einer außerkörperlichen Erfahrung (*Out-of-the-Body Experience*, OBE) hatte. Er berichtete dem amerikanischen Mediziner und Philosophen Dr. Raymond A. Moody ausführlich über seine Erlebnisse, die unter der Bedingung absoluter Anonymität in Moodys Bestseller *Leben nach dem Tod* einflossen. Das war in den 1970er-Jahren, und das Thema galt als wissenschaftlich mehr denn grenzwertig. Es ist allerdings interessant, dass Dr. Moody in der Einleitung zu seinem Werk explizit erklärt: »Ich schreibe als jemand, der keine umfassenden Kenntnisse der reichen Literatur über paranormale und okkulte Phänomene besitzt. Dies sage ich nicht, um mich davon zu distanzieren; vielmehr bin ich sicher, dass mir ein Eindringen in diese Literatur zu einem tieferen Verständnis des Geschehens, an dem ich arbeite, hätte verhelfen können.« Diese Aufgeschlossenheit ist leider auch heute noch häufig bei einigen Themen zu vermissen. Und dennoch kann gerade sie Tore zu wesentlichen neuen Erkenntnissen öffnen, ohne dabei blinden Glauben abzufordern.

Es gibt genügend Menschen, die an der Schwelle zum Tod standen und über ihre gar nicht so ungewöhnlichen Erfahrungen nur sehr zögerlich berichteten, wenn überhaupt. Dies aus Sorge, sich unglaubwürdig und lächerlich zu machen. Und dies wiederum vor allem aufgrund gesellschaftlicher Konvention. Die Dunkelziffer ungenannter, unbekannter Fälle dürfte recht hoch sein. Doch schon die Anzahl bekannter NDE- und OBE-Erlebnisse zeugt von einem verbreiteten Phänomen, nicht so sehr von einer ungewöhnlichen und seltenen Ausnahme. Allein die Tatsache, dass glücklicherweise eben doch nicht jeder in seinem irdischen Dasein in eine lebensbedrohliche Situation gerät oder auch physisch häufig kurz vor dem Exitus steht, ja, vielleicht sogar bereits klinisch tot ist, schränkt diese Erlebnisse zwangsläufig ein.

Allein in Deutschland wird die Zahl derjenigen Menschen, die eine NDE hatten, aber doch auf rund drei Millionen geschätzt! Die insgesamt also verblüffend häufigen Erfahrungen als reine Erfindungen hinzustellen dürfte daher wirklich nicht mehr möglich sein. Niemand wird abstreiten können, dass NDEs existieren. Die Frage ist nur: Wie entstehen sie und was sagen sie uns letztlich?

Menschen, die ihren eigenen Körper »von außen« sahen oder in undefinierbaren Räumen zu schweben schienen, als ihr Herz bereits nicht mehr schlug, Menschen, die dann aber wieder ins Leben zurückkehrten, schildern ihre Erfahrung zumeist als sehr positiv. Einige wollten gar nicht mehr reanimiert oder wie auch immer ins Diesseits zurückgeholt werden. Was uns als Einblick in eine jenseitige Welt erscheint, besitzt durchaus viele Formen, allerdings kehren stets die gleichen Grundmuster und Empfindungen in den Schilderungen wieder. Oft ist die Rede von äußerst friedvollen Augenblicken, von einem hellen Licht, vom Schwebezustand, eingebettet in wohlige Dunkelheit, von sich öffnenden langen Tunneln, an deren Ende dann das Licht zunächst auftritt, auch von angenehmen Klängen nach Glocken im Wind oder ähnlichen, sphärisch wirkenden Geräuschen, aber auch regelrechter sehr melodischer Musik. Kurz vor dem »Übergang« erleben Menschen oftmals ihre irdische Zeit noch einmal im Schnelldurchgang, wie in einem Zeitraffer, sie scheinen sich in diesen Momenten meist völlig klar darüber zu sein, nun sterben zu müssen. Andere begegnen längst Verstorbenen, die mit ihnen sprechen, sie manchmal sogar zurückschicken und erklären, die Zeit sei noch nicht gekommen. Löst sich hier die Seele wirklich zeitweilig vom Körper, um einen Blick hinter den Vorhang zu werfen, zu sehen, wo es *dann* hingeht?

Nüchternere Zeitgenossen sind da skeptisch, suchen nach wissenschaftlichen, das heißt: logischen Erklärungen, die keine fremden Dimensionen und jenseitigen Räume, keine Seelenausflüge und Begegnungen mit Toten einbeziehen müssen, sondern auf physiologischer Basis versuchen, den ganzen »Spuk« rational zu erklären. An sich verständlich, vor allem bei Menschen, die selbst keinerlei Erfahrungen dieser Art gemacht haben und dies alles nicht nachvollziehen könnten, zumindest nicht in der gleichen Art. Es muss eben alles erklärbar sein, andernfalls wäre es wohl unheimlich. Doch auch der Dialog und der Widerpart sind nötig, um hier weiterzukommen. Jeder möchte mehr darüber wissen. Sich Scheinwahrheiten vorzugaukeln bringt bekanntlich nichts. Sollte einmal eine schlüssige und rationale Erklärung gefunden werden, dann wird man es akzeptieren müssen. Doch davon

Abb. 83: Das *Gemälde* Aufstieg in das himmlische Paradies *von Hieronymus Bosch greift Elemente der Nahtoderfahrungen auf.*

sind wir entgegen der Ansicht einiger Gelehrter wohl doch noch sehr weit entfernt. Auch im Jahr 2010 gab es zur Nahtodforschung interessante Ergebnisse. Dies auf eine sehr konträre Weise.

Im April 2010 wurden die Resultate einer slowenischen Medizinergruppe bekannt, die sich dem NDE-Phänomen gewidmet hatte. Zalika Klemenc-Ketis, Janko Kersnik und Stefek Grmec untersuchten Patienten, die einen Herzstillstand (Asystolie) überlebt hatten. Insgesamt standen für die Studie 52 Personen zur Verfügung, deren Altersschnitt 53,1 Jahre betrug. Ähnlich wie bei den Untersuchungen Dr. Moodys galt auch hier absolute Anonymität als Prinzip beim Ausfüllen eines spezifischen Fragebogens. Unter dieser Bedingung lehnte es auch niemand ab, die gestellten Fragen zu beantworten. Alle diese Fragen bezogen sich rein auf Informationen, die zur Lösung des ungewöhnlichen Problems beitragen konnten. Zu den Fragen zählten auch solche aus dem Bereich Wahrnehmung und Paranormales. Ab einer bestimmten Punktezahl konnte der Patient dann als Zeuge einer authentischen NDE eingestuft werden. Eine Frage galt übrigens auch der Todesangst vor oder nach dem Erleben des Herzstillstandes. Hinzu kamen relevante medizinische Daten.

Bei ihrer Untersuchung richteten die slowenischen Forscher ihr Hauptaugenmerk auf die Gaskonzentration von Kohlendioxid im Blut (den pCO_2-Wert, Kohlendioxid-Partialdruck) sowie den am Ende der Expiration gemessenen Gasdruck $petCO_2$). Parallel hierzu analysierten sie auch die entsprechenden Werte für Sauerstoff im arteriellen Blut sowie venöse Serumwerte für Natrium und Kalium. Die statistische Auswertung des gesamten Tests lieferte zunächst einmal das Ergebnis, dass immerhin ein Fünftel der Befragten echte NDEs hinter sich hatten. Allein schon diese Beobachtung war durchaus interessant. Ein erstaunlich hoher Anteil. Nun stellte sich aber auch heraus, dass Patienten mit höheren pCO_2/$petCO_2$-Werten wesentlich häufiger von NDEs berichteten als solche mit den entsprechend niedrigeren Werten. Damit schien für viele Skeptiker unmittelbar erwiesen, dass diese bis dahin unerklärlichen Erfahrungen chemisch-physiologisch erklärbar waren, also wissenschaftlich-rational. Wer einen höheren Kohlendioxidanteil im Blut hat, der erlebt die verrücktesten Dinge, wer nicht, der geht gleichsam »leer« aus – und dies alles unabhängig vom Glauben oder von anderen möglichen Einflussfaktoren.

Nun sei also eine ganz »banale Ursache« entdeckt worden, hieß es da in den großen Standardmedien. Das *Ärzteblatt* hingegen sah die Sache differenzierter und agierte deshalb vorsichtiger, was die Bewertung anging. Denn bei der Untersuchung waren doch einige Fragen offengeblieben. Auch über den Zeitpunkt, an dem dann die NDE einsetzt, bestand keine wirkliche Klarheit. Sie spielt aber auch hinsichtlich der Kohlendioxidkonzentration eine Rolle – und damit für das gesamte Studienergebnis.

Die slowenische Forschergruppe selbst übt sich ebenfalls in Zurückhaltung und behauptete in ihrer Publikation nicht, die NDEs nunmehr geklärt zu haben. Sie wies generell darauf hin, dass Kohlendioxid das Säure-Basen-Gleichgewicht im Gehirn beeinflusst. Und dass dies dann eher ungewöhnliche Erfahrungen nach sich ziehen kann – außerkörperliche Erfahrungen beispielsweise. Oder auch das Erleben von Visionen, das Sehen von Lichtern. Das käme der Sache zwar schon nahe, erklärt aber nicht alles. Die Forscher weisen auch auf alternative Ideen hin, die Bewusstseinsprozesse und NDEs sogar in neuronalen Prozessen auf der Quantenebene gesucht haben. Die an der 2010 publizierten Studie beteiligten Mediziner betonen, in ihrer Arbeit zwar richtungweisende Ansätze zu sehen, möchten damit aber keine vorschnellen Schlussfolgerungen verbunden wissen. Und so schreiben sie: »Unsere Studie legt nahe, dass einige physiologische Faktoren oder Prozesse [einerseits] beim Auslösen von NTEs bedeutsam sein könnten. Andererseits bestehen die durch neurophysiologische Vorgänge hervorgerufenen Erfahrungen meist aus bruchstückhaften und zufälligen Erinnerungen, ganz anders als die wirklichen NDEs, die klar, hoch strukturiert und leicht erinnerbar sind […]. Es wird nicht für möglich gehalten, NDEs allein unter den Gesichtspunkten physiologischer Prozesse zu erklären. Höchstwahrscheinlich sind multiple physiologische Faktoren beteiligt […]. Unfraglich treibt die Präsenz von NDEs das gegenwärtige Wissen über das menschliche Bewusstsein und das Geist-Gehirn-Verhältnis an die Grenze unseres Begreifens.« Man erkennt an dieser kurzen Textpassage, wie unendlich schwer sich die drei Forscher in diesem gesamten Spannungsfeld tun. Sie wollen das Phänomen einordnen, können es aber nicht. Dies ist vor allem an der Grundaussage zu erkennen: Es wird »nicht für möglich gehalten, NDEs allein unter den Gesichtspunkten physiologischer Prozesse zu erklären«, daher werden dann »multiple physiologische Prozesse« ins Feld geführt, die »höchstwahrscheinlich« beteiligt sind. In einer seriösen Abhandlung darf dann vielleicht von vorsichtiger wissenschaftlicher Beurteilung die Rede sein, die Pro-Seite käme wohl nicht so billig davon, hier dürfte man eher mit dem Kommentar rechnen, es handele sich um »pseudowissenschaftliches Gewäsch«. Wie dem auch sei, den slowenischen Forschern darf jedenfalls zugutegehalten werden, in der Einstufung ihrer Arbeit doch deutliche Zurückhaltung zu üben, wohl im klaren Wissen, hier vor einem umfassenderen Erklärungsproblem zu stehen. Zudem sehen sie als die größte Schwäche ihrer Studie die geringe Zahl an untersuchten Patienten an.

Tatsächlich gehen dadurch viele Fälle unter, die nicht in das »Kohlendioxid-Schema« hineinpassen wollen. Ich erlebte als Kind selbst eine OBE, was während einer lebensbedrohlichen Situation geschah. Nur einige kurze Worte zu dieser persönlichen Komponente, da sie eine direkte Bedeutung hinsichtlich der slowenischen Studie haben könnte. Wie gesagt, in knappe Worte gefasst, fand das betreffende Erlebnis bei einem starken Blutverlust in der Kindheit statt. Dieser Verlust machte einen hohen Prozentsatz des gesamten Blutvolumens aus und führte im Krankenhaus zu einer völlig klaren außerkörperlichen Erfahrung. Die Bewusstseins- und Wahrnehmungsverschiebung war komplett, sie erfolgte schlagartig und mit einer nahezu messerscharfen Präzision hinsichtlich ihres Beginns. Man beobachtet sich selbst aus einer gänzlich veränderten Perspektive. Durch den Blutverlust nicht mehr in der Lage zu stehen, wurde ich damals in einem Rollstuhl über den Innenhof eines Großkrankenhauses gefahren. Es war ein extrem kalter Winterabend, der Hof war menschenleer. Auf diesem Weg fand die OBE statt. Die Perspektive ähnelte nun dem Blick aus einem Fenster im dritten Stock, in einer Höhe von vielleicht fünf bis sieben Metern Höhe. Er war gerichtet auf das Geschehen im Hof, völlig teilnahmslos und gleichgültig, eher schon abwartend. Sich aus der Distanz unten selbst im Rollstuhl zu sehen schien nicht ungewöhnlich oder erschreckend, sämtliche Emotionen waren völlig ausgeschaltet. Der Blick war lediglich auf die Person im Rollstuhl gerichtet, die man selbst war, sowie auf Pfleger und Mutter, die den Rollstuhl vor sich herschoben. Die Perspektive ließ keinen Blick auf die Gesichter zu, nur auf die Rücken der drei Personen dort unten. Es gab zwar auffallende

Details in der Umgebung, die mir ebenfalls aus der Höhenperspektive in Erinnerung geblieben sind, doch alles glich dem gewöhnlichen Blick aus einem offenen Fenster, aus dem man sich relativ deutlich hinauslehnte. Ein Kältegefühl fehlte dabei allerdings komplett. Außergewöhnliche Empfindungen wie unerklärliche Lichter, Musik oder andere gab es bei dieser Erfahrung nicht. Es handelte sich nicht um eine tiefe NDE, die wohl in der Regel nur dann auftritt, wenn ein Betroffener bereits klinisch tot ist. Das Erlebnis hinterließ seinerzeit keine mystische Erinnerung oder entsprechende Fragen, sicherlich auch wegen des geringen Lebensalters. Erst später wurde mir klar, hier etwas erlebt zu haben, das großteils angezweifelt wird, da wissenschaftlich eben nicht erklärbar.

Dieses persönliche Beispiel ist vielleicht vor allem deshalb interessant, weil hier ein enormer Blutverlust auftrat. Dies scheint mit Blick auf die Kohlendioxidtheorie von Bedeutung zu sein. M. A. Garrioch, ein Facharzt für Anästhesie am *Southern General Hospital* der Universität Glasgow, veröffentlichte im Jahr 2004 in der Zeitschrift *Vox Sanguinis* (87 – Suppl 1 – S. 74–76) einen interessanten Beitrag. In ihm beschrieb er recht ausführlich die Körperantwort auf Blutverlust. Demnach reagiert ein Chemorezeptor des Hirnstammes durch Steigerung der Atemfrequenz auf die mit dem Blutverlust einhergehende Übersäuerung, wodurch der Kohlendioxidgehalt im Blut absinkt. Im persönlichen Beispiel aber entwickelte sich ein Nahtoderlebnis in Gestalt einer außerkörperlichen Erfahrung, obwohl ein starker Blutverlust und demnach eine unterdurchschnittliche Kohlendioxidkonzentration im Blut vorlagen!

Im Oktober 2010 gab es dann wiederum neue wissenschaftliche Enthüllungen zu Nahtoderlebnissen. Nun schien sich anzudeuten, dass das Sein nicht nach dem Tode endet. Zumindest leitet dies der niederländische Kardiologe Dr. Pim van Lommel aus seinen Forschungen ab. Er gelangt durch sie zu dem Ergebnis: Unser Bewusstsein existiert nach dem Hirntod weiter. Dr. van Lommel befasste sich eingehend mit den Erfahrungen von mehreren Hundert Patienten, die einen Herzstillstand nur deshalb überlebt hatten, weil ihre Reanimation innerhalb der essenziellen Zeitspanne von fünf bis zehn Minuten erfolgt war. Sie hatten demzufolge noch wirkliches Glück im Unglück. Hier entschieden ein paar kurze Momente über ihr weiteres Schicksal, über Leben und Tod. Diese Personen waren allesamt klinisch tot. Damit war die Situation so klar wie akut.

Bis zu dieser Studie bestand nur die Möglichkeit, auf solche Berichte über NDEs zurückzugreifen, die meist schon viele Jahre oder gar Jahrzehnte zurücklagen. Oft fehlten Details, die Situation war in etlichen Aspekten unklar. Das betraf auch die genaue Art der kritischen, lebensbedrohlichen Situation. Allein schon die große zeitliche Distanz weckte bei etablierten Wissenschaftlern ausreichend Zweifel. Die Lommel-Studie von 2010 lieferte hier eine ganz andere Grundlage. Die Situation lag offen auf der Hand: Jeder einzelne Patient hätte sterben müssen, wäre es nicht rechtzeitig zu den Rettungsmaßnahmen gekommen. Für jeden stand die lebensbedrohliche Situation absolut fest.

Zunächst einmal wurde klar, dass sich von den Betroffenen nur ein geringerer Anteil an ungewöhnliche Erfahrungen erinnerte. Von 344 wiederbelebten Patienten hatten lediglich 61 eine NDE. Und nur zwölf Prozent erlebten sie in »tiefer« Ausprägung mit allen denkbaren Grenzerfahrungen, wie sie oben schon geschildert wurden.

Das schien insgesamt ein zunächst doch eher enttäuschendes Ergebnis zu sein. Dr. van Lommel relativiert diese Feststellung allerdings klar und wirft ein: Genau diese Tatsache schließe eine *physiologische Ursache* des Phänomens aus. Die Schlussfolgerung ist messerscharf, denn *körperliche* Veränderungen erfassen alle Betroffenen weitgehend in gleichem Maße. Demnach müssten sie auch durchaus vergleichbare Auswirkungen haben. So gut wie jeder müsste dann ähnliche Grenzerfahrungen gemacht haben. Genau das aber war nicht der Fall.

Der niederländische Facharzt musste noch eine weitere erstaunliche Entdeckung machen. Als er zwei Jahre nach der ursprünglichen Studie versuchte, wieder Kontakt zu seinen Patienten aufzunehmen, erlebte er eine ganz besondere Überraschung. Zu seinem großen Bedauern erfuhr er, dass etliche der Betroffenen ihre Reanimation nicht sehr lange überlebt hatten. Doch die eigentliche Überraschung bestand in einer ganz anderen Erkenntnis. Gestorben war ein hoher Prozentsatz (43 Prozent) derjenigen Herzpatienten, die eine *tiefe* NDE erfahren hatten. Einen Monat danach waren sie nicht mehr am Leben.

Dr. van Lommel glaubt nicht, diese Beobachtung bereits wissenschaftlich erfassen oder fassen zu können. So bleibt ihm nur die

Möglichkeit, auf logischer Grundlage zu spekulieren. Für ihn scheint es denkbar, dass die Betroffenen nach der so besonders intensiven Nahtoderfahrung und ihrer dadurch neu gewonnenen oder aber gefestigten Überzeugung eines Fortbestands des eigenen Lebens über den Tod hinaus jegliche Angst vor dem vermeintlichen Ende verloren hätten. Auf diese Weise hätten sie sich leichter »entscheiden« können, von ihrer körperlichen Hülle und dem hiesigen Dasein abzulassen.

Sicher ist auch die Untersuchung von Dr. van Lommel nur ein weiterer Schritt auf dem Weg zum Verständnis von Nahtoderlebnissen und außerkörperlichen Erfahrungen. Und einige Fachleute zeigen sich eher weniger beeindruckt und meinen lapidar, es sei ja in Ordnung, den Leuten ihren Glauben zu lassen, doch der wissenschaftliche Weg sei eben ein anderer. Der renommierte deutsch-iranische Neurochirurg Prof. Dr. Madjid Samii erklärt, dass das Gehirn nach einem Herzstillstand durchaus noch weiterarbeite. Demnach würde der Patient noch feststellen können, keine Kreislauftätigkeit mehr zu haben. Ihm wäre klar: »Mein Gott, mein Herz schlägt nicht mehr! Jetzt bin ich also wirklich tot!«, wodurch dann letztlich auch diese Erfahrungen zu erklären seien. Doch wie kommt es angesichts des immensen Schocks, seinen eigenen Tod zu statuieren, zu den so häufig geschilderten Empfindungen höchsten Glücks und größter Geborgenheit?

Dr. van Lommel sieht die komplexe Angelegenheit natürlich mehr aus der Sicht des gewiss ebenfalls nicht unqualifizierten Kardiologen und resümiert: »Patienten mit der physiologischen Reaktion eines Herzstillstandes, die somit auch kein Bewusstsein mehr aufweisen konnten, zeigten dieses Bewusstsein dennoch. Sie hatten auch ein Bewusstsein von sich selbst und waren in der Lage, sich sowohl an ihre frühe Kindheit zu erinnern als auch an Ereignisse außerhalb ihres Körpers. So sahen sie bei ihrer eigenen Reanimation zu … Unser Verständnis vom Bewusstsein als Produkt des Gehirns muss neu überdacht werden.« Erklärt die Möglichkeit eines kurzzeitig weiterfunktionierenden Gehirns auch das bewusste Zusehen bei der Reanimation? Exakte Erinnerungen an das Umfeld, außerkörperliche Erfahrungen mit realistischen Beobachtungen aus veränderter Perspektive?

Was auch immer hinter ihnen stehen mag, NDEs sind kein »esoterischer Humbug« und nicht mit einigen Placebo-Erklärungen hinwegzufegen. Das gegenwärtige wissenschaftliche Weltbild will sie gewiss nicht so recht aufnehmen, den meisten Forschern sind sie wohl eher ein Dorn im Auge oder liegen einfach außerhalb ihrer Interessen, ja, wurden vielleicht absichtlich ausgeklammert. Doch all dies dürfte nur sehr wenig an ihrer Existenz und ebenso wenig an ihren Ursachen ändern.

Vor allem sehr nüchtern denkende Menschen haben verständlicherweise ein Problem mit solchen Aspekten des Lebens und vor allem des »Beinahesterbens«. Keine Frage, überhaupt dürfte es wohl jedem, der nicht selbst schon einmal ein solches Erlebnis hatte, schwerfallen, eine derartige Situation als wirklich authentisch zu akzeptieren. Und dies ungeachtet der potenziellen Erklärung. Manche würden dann höchstens noch eine Vorspiegelung falscher Tatsachen vermuten, die direkt in unserem Gehirn entsteht. Doch was macht ein nüchterner Denker, wenn er selbst urplötzlich in eine derartige Lage gerät, wenn er selbst eine NDE oder OBE erfährt?

In eine solche Situation geriet auch der Berufsoffizier und Ingenieur Alois Serwaty. Es geschah während einer Herzuntersuchung. Mit einem Male fand er sich außerhalb seines Körpers, spürte ihn bald nicht mehr, nachdem er ihn wie einen »lästigen Mantel« abzustreifen schien. Auch seine Perspektive veränderte sich deutlich. Nun bemerkte er, wie er über seinem eigenen, auf dem OP-Tisch liegenden Körper schwebte.

Gewiss hätte manch nüchterner Denker in seiner Situation die Erfahrung einfach künftig verdrängt oder das zumindest weitgehend versucht. Er hätte nicht darüber gesprochen und mit sich selbst vereinbart, darin lediglich die Folge einer extremen medizinischen Situation zu sehen, vielleicht auch eine Art Trancezustand, was auch immer. Oder war es die Wirkung eines Medikamentes? Geeignete Ausreden lassen sich dann doch recht viele finden, und wenn eben nur zur Selbstberuhigung. Serwaty war allerdings in der Lage, diese Erkenntnis umzusetzen. Obwohl er keine tiefe NDE hatte und sich auch nicht in einer lebensbedrohlichen Situation befand, wirkte die Erfahrung so stark auf ihn, dass er jegliche Angst vor dem Tod verlor. In ihm reifte die absolute Sicherheit, dass es tatsächlich ein Weiterleben gibt. Ein Sein und Dasein danach. Das einzige Problem: Er war über viele Jahre hinweg einfach nicht in der Lage, über sein ungewöhnlich scheinendes Erlebnis zu sprechen. Irgendetwas blockierte ihn hier, wahrscheinlich die Sorge, seine Glaubwürdigkeit und seinen doch so rationalen Charakter damit aufs Spiel zu setzen. Allerdings dürfte jeder irgendwann das Bedürfnis entwickeln, seine Erlebnisse und Erfahrungen mitzuteilen.

Dann begegnete Serwaty dem Mathematiker und NDE-Forscher Günter Ewald aus Bochum. Das Duo scharte bald einen kleinen Kreis von Betroffenen um sich, woraus im Jahr 2004 dann das *Netzwerk Nahtoderfahrungen* entstand.

So sind es oft Zufälle und die verrücktesten Lebenssituationen, die Menschen auf völlig neue Wege bringen. Wenn daraus die Erkenntnis resultiert, dass es immer irgendwie weitergeht, sogar nach dem Tod, dann ist das doch etwas äußerst Positives!

Ergänzende Literatur

Dieses bewusst kompakt gehaltene Verzeichnis erhebt naturgemäß keinerlei Anspruch auf Vollständigkeit. Es stellt weder ein Quellenverzeichnis des Autors noch eine Empfehlung dar, sondern listet teils auch allgemeinere Literatur zum Thema auf. Viele der aufgeführten Werke sind in der Regel relativ leicht zugänglich, liegen häufig in deutscher Sprache vor und lassen eine weitere eigenständige, ergänzende Beschäftigung mit den angesprochenen Themen zu. Das Verzeichnis enthält keine Zeitschriftenbeträge oder Zeitungsartikel. Die Auflistung spiegelt keine Identifikation mit den jeweils vertretenen Theorien oder politischen Ansichten der Autoren wider. Hier können selbst völlig konträre Auffassungen zur Sprache gebracht sein.

Bamford, James: *NSA – Anatomie des mächtigsten Geheimdienstes der Welt*; Bertelsmann, München 2001

Bandulet, Bruno: *Die letzten Jahre des Euro – Ein Bericht über das Geld, das die Deutschen nicht wollten*; Kopp, Rottenburg 2010

Brier, Bob: *Der Mordfall Tutanchamun*; Piper, München 2000

Brisard, Jean-Charles; Dasquié, Guillaume: *Die verbotene Wahrheit – Die Verstrickungen der USA mit Osama bin Laden*; Pendo, Zürich – München 2002

Coulter, Ann: *High Crimes and Misdemeanors – The Case Against Bill Clinton*; Regnery, Washington 1998

Engdahl, F. William: *Mit der Ölwaffe zur Weltmacht – Der Weg zur neuen Weltordnung*; Kopp, Rottenburg 2006

Engdahl, F. William: *Saat der Zerstörung – Die dunkle Seite der Gen-Manipulation*; Kopp, Rottenburg 2006

Ford, Franklin L.: *Der politische Mord – Von der Antike bis zur Gegenwart*; Rowohlt, Reinbek 1972

Grandt, Guido: *Aktenzeichen Politiker – Die kriminellen Machenschaften deutscher Volksvertreter*; Kopp, Rottenburg 2009

Grandt, Guido: *Andreas v. Rétyi – Bilderberger: Das geheime Zentrum der Macht* (DVD); Kopp-Media, Rottenburg 2009

Grandt, Michael/Grandt, Marion: *Handbuch der Selbstversorgung – Überleben in der Krise*; Kopp, Rottenburg 2010

Grandt, Michael: *Der Staatsbankrott kommt! – Hintergründe, die man kennen muss*; Kopp, Rottenburg 2010

Hawass, Zahi: *Secrets from the Sands – My Search for Egypt's Past*, The American University in Cairo Press, Kairo 2003

Hawass, Zahi: *Secrets of the Sphinx – Restauration Past and Present*; The American University in Cairo Press, Kairo 2000

Grey, Stephen: *Das Schattenreich der CIA – Amerikas schmutziger Krieg gegen den Terror*; DVA, München 2006

Herman, Eva: *Die Wahrheit und ihr Preis – Meinung, Macht und Medien*; Kopp, Rottenburg 2010

Hopsicker, Daniel: *Barry & The Boys – The CIA, The Mob and America's Secret History*; MadCow, Noti / Oregon (USA) 2001

Kalinka, Werner: *Der Fall B. – Der Tod, der kein Mord sein darf*; Ullstein, Frankfurt – Berlin, 1993

Mayer, Edgar / Mehner Thomas: *Die Lügen der Alliierten und die deutschen Wunderwaffen – Das Dritte Reich, die Atombombe und der 6. August 1945*; Kopp, Rottenburg 2010

Moody, Raymond A.: *Leben nach dem Tod – Die Erforschung einer ungeklärten Erfahrung*; Bertelsmann, Gütersloh 1977

Ostrovsky, Victor: *Geheimakte Mossad – Die schmutzigen Geschäfte des israelischen Geheimdienstes*; Goldmann, München 1994

Roubini, N. / Mihm, S.: *Das Ende der Weltwirtschaft und ihre Zukunft – Crisis Economics*; Campus, Frankfurt 2010

Ruppert, Michael C.: *Crossing the Rubicon – The Decline of the American Empire at the End of the Age of Oil*; New Society Pubs, Gabriola Island / Kanada 2004

Sarrazin, Thilo: *Deutschland schafft sich ab – Wie wir unser Land aufs Spiel setzen*; DVA, München 2010

Ulfkotte, Udo: *Kein Schwarz, Kein Rot, Kein Gold – Armut für alle im »Lustigen Migrantenstadl«*; Kopp, Rottenburg 2010

Ulfkotte, Udo: *Vorsicht Bürgerkrieg! – Was lange gärt, wird endlich Wut*; Kopp, Rottenburg 2009

Ulfkotte, Udo: *Vorsicht Bürgerkrieg! – Was lange gärt, wird endlich Wut* (DVD); Kopp-Media, Rottenburg 2009

Vogt, Michael: *Prof. Dr. Albrecht Schachtschneider – Vertrag von Lissabon: Der Weg in die EU-Diktatur* (DVD); Kopp-Media, Rottenburg 2009

346

Vogt, Michael: *Prof. Dr. Wilhelm Hankel – Was kommt nach dem Euro?* *Finanzkrise, Crash und Neubeginn* (DVD); Kopp-Media, Rottenburg 2009

Vogt, Michael: *Unzensiert – Was die Massenmedien Ihnen verschweigen* (DVDs, 1/2010 bis 4/2010); Kopp-Media, Rottenburg 2010

v. Rétyi, Andreas: *Bilderberger – Das geheime Zentrum der Macht*; Kopp, Rottenburg 2006

v. Rétyi, Andreas: *Denn sie wussten zu viel – Mysteriöse Todesfälle und ihre wahren Hintergründe*; Kopp, Rottenburg 2008

v. Rétyi, Andreas: *Die Terror-(F)Lüge – Der 11. September 2001 und die besten Beweise, das wirklich alles anders war*; Kopp, Rottenburg 2007

v. Rétyi, Andreas: *Die unsichtbare Macht – Hinter den Kulissen der Geheimgesellschaften*; Kopp, Rottenburg 2002

v. Rétyi, Andreas: *Geheimakte Gizeh-Plateau – Rätsel unter dem Sand;* Kopp, Rottenburg 2005

v. Rétyi, Andreas: *Handbuch der Krebsheilung*; Kopp, Rottenburg 2005

v. Rétyi, Andreas: *Zum Schweigen gebracht – Rätselhaften Todesfällen auf der Spur*; Kopp, Rottenburg 2009

Unsöld, A./Baschek, B.: *Der neue Kosmos – Einführung in die Astronomie und Astrophysik*; Springer, Berlin – Heidelberg – New York 2004

Weiss, Hans: *Korrupte Medizin – Ärzte als Komplizen der Konzerne*; Kiepenheuer & Witsch, 2008

Wisnewski, Gerhard: *Drahtzieher der Macht: Die Bilderberger – Verschwörung der Spitzen von Wirtschaft, Politik und Medien*; Knaur, München 2010

Wisnewski, Gerhard: *Kirsten Heisig: Geheimsache Selbstmord – Ermittlungen zu einem mysteriösen Todesfall* (DVD); Kopp-Media, Rottenburg 2010

Yallop, David A.: *Die Verschwörung der Lügner*; Droemer, München 1993

Bildnachweis

Abaumg, *Wikimedia Commons*, lizenziert unter Cc-by-sa-3.0 Unported: Abb. 10

Alex Johnson, *flickr.com*, Cc-by-sa 2.0 Unported: Abb. 25

AlexOvShaolin, *Wikimedia Commons*, PD-ART: Abb. 83

Bob Bobster / Juliancolton, *Wikimedia Commons*, lizenziert unter Cc-by-sa-2.0 Generic: Abb. 11

Cesar Calderon, USDA APHIS PPQ, *Bugwood.org*, *Wikimedia Commons*, lizenziert unter Cc-by-sa 3.0 United States: Abb. 36

Davric, *Wikimedia Commons*, PD-self: Abb. 17

picture-alliance / dpa; (c) dpa: Abb. 2, 5, 9, 22, 38, 39, 41, 44, 45, 46, 47, 54, 55, 65

Elizabeth Cromwell, *Wikimedia Commons*, lizenziert unter Cc-by-sa 2.0 Unported: Abb. 29

Ewan Munro, *flickr.com*, lizenziert unter Cc-by-sa 2.0 Generic: Abb. 49

flickr.com, Autor ideum: Abb. 6

Gunnery Sergeant Shannon Arledge of the 2nd *Marine Aircraft Wing*, *U. S. Federal Government*: Abb. 34

Ignis, *Wikimedia Commons*, lizenziert unter cc-by-sa-2.5,2.0,1.0: Abb. 1

Image Edition, *flickr.com*, lizenziert unter Cc-by-sa 2.0 US Unported: Abb. 70

Jonathan Dresner, *flickr.com*, lizenziert unter Cc-by-sa 2.0 US Unported: Abb. 30

Leonard Poole, *picasaweb*, lizenziert unter Cc-by-sa 3.0: Abb. 32

Luc Van Braekel, *Wikimedia Commons*, lizenziert unter Cc-by-sa generic: Abb. 24

Marion S. Trikosko, *U. S. News & World Report, Library of Congress*: Abb. 21

Mike Young, *Wikimedia Commons*, PD-self: Abb. 13

MilborneOne, *Wikimedia Commons*, lizenziert unter Cc-by-sa 3.0: Abb. 33

Momos, *Wikimedia Commons*, lizenziert unter Cc-by-sa 3.0: Abb. 27

Mulag, *Wikimedia Commons*, lizenziert unter Cc-by-sa 3.0 Unported: Abb. 43

NASA: Abb. 14, 56, 71, 73, 74, 75, 80, 81, 82

National Photo Company Collection/Library of Congress, PD-US: Abb. 62

National Security Agency: Abb. 50

New Media Days, flickr.com, lizenziert unter Cc-by-sa 3.0: Abb. 40

Oxyman lizenziert unter Cc-by-sa 3.0 Unported: Abb. 51

PD-USGOV, *U. S. Federal Government*: Abb. 52

Pete Souza/ *White House/ U. S. Federal Government*: Abb. 61

Pressestelle der Diözese Augsburg/ Dr. Christoph Gold, Augsburg, *Wikimedia Commons*, lizenziert unter Cc-by-sa 2.0 Germany: Abb. 35

Randy Montoya/ *Sandia National Laboratory, US Department of Energy, U. S. Federal Government*: Abb. 79

RFID1, *Wikimedia Commons*, lizenziert unter Cc-by-sa 2.5 Generic: Abb. 57

Sheperd Johnson, *Wikimedia Commons*, lizensiert unter Cc-by-sa on flickr: Abb. 23

Silar, *Wikimedia Commons*, lizenziert unter Cc-by-sa 3.0 Unported: Abb. 42

T L Miles, *Wikimedia Commons*, lizenziert unter Cc-by-sa-3.0 Unported: Abb. 12

Taman Renyah, *Wikimedia Commons*, lizenziert unter Cc-by-sa 3.0 Unported: Abb. 58

U. S. Air Force photo / Senior Airman Steele C. G. Britton, *U. S. Federal Government*: Abb. 19

U. S. Air Force photo / Staff Sgt. Paul Clifford, *U. S. Federal Goverment*: Abb. 18

U. S. Coast Guard Petty Officer 3rd Class Tom Atkeson, *United States Coast Guard / US Federal Government*: Abb. 8

Unbekannt: Abb. 48, 63, 72

United States Congress, U. S. Federal Government: Abb. 26

U. S. Air Force, Tech Sgt. Glynis Fresia, *U. S. Federal Government*: Abb. 15

U. S. Army, Photo Courtesy U. S. Army: Abb. 53, 78

U. S. Marine Corporal Adam C. Schnell, *Wikimedia Commons*, PD-USGOV-MILITARY-ARMY, *U. S. Federal Government*: Abb. 16

USAID: 37

Verfasser: Abb. 3, 4, 20, 28, 60, 64, 67, 68, 76, 77

WhisperToMe, *Wikimedia Commons*, PD-self: Abb. 7

Wikimedia Commons, lizenziert unter Cc-by-sa 3.0 Unported: Abb. 59

Wikimedia Commons, PD: Abb. 69

»World Economic Forum«, Sebastian Derungs, *flickr.com / Wikimedia Commons*, lizenziert unter Cc-by-sa 2.0 Generic: Abb. 31

Yusuke Kawasaki / Kawanet, *flickr.com*, lizenziert unter Cc-by-sa 2.0 US Unported: Abb. 66

Bücher, die Ihnen die Augen öffnen

In unserem kostenlosen Gesamtverzeichnis
finden Sie Klassiker, Standardwerke,
preisgünstige Taschenbücher, Sonderausgaben
und aktuelle Neuerscheinungen rund um
die Themengebiete, auf die sich der
KOPP VERLAG spezialisiert hat:

- Verbotene Archäologie
- Fernwahrnehmung
- Kirche auf dem Prüfstand
- Verschwörungstheorien
- Geheimbünde
- Neue Wissenschaften
- Medizin und Selbsthilfe
- Persönliches Wachstum
- Ausgewählte Videofilme und anderes mehr
- Phänomene
- Remote Viewing
- Prophezeiungen
- Zeitgeschichte
- Finanzwelt
- Freie Energie
- Geomantie
- Esoterik

Ihr kostenloses Gesamtverzeichnis aller
lieferbaren Titel liegt schon für Sie
bereit. Einfach anfordern bei:

KOPP VERLAG
Pfeiferstraße 52
72108 Rottenburg
Tel. (0 74 72) 98 06-0
Fax (0 74 72) 98 06-11
info@kopp-verlag.de
www.kopp-verlag.de